人文启蒙的知识传播原理

THE ENLIGHTENMENT

徐贲 著

上海三联书店

图书在版编目（CIP）数据

人文启蒙的知识传播原理/徐贲著. —上海：上海三联书店，2022. 9
ISBN 978－7－5426－7725－9

Ⅰ.①人… Ⅱ.①徐… Ⅲ.①人文素质教育 Ⅳ.①G40－012

中国版本图书馆 CIP 数据核字（2022）第 099316 号

人文启蒙的知识传播原理

著　　者 / 徐　贲

责任编辑 / 徐建新
装帧设计 / 一本好书
监　　制 / 姚　军
责任校对 / 王凌霄　张挪亚　张　亓

出版发行 / 上海三联书店
（200030）中国上海市漕溪北路 331 号 A 座 6 楼
邮　　箱 / sdxsanlian@sina.com
邮购电话 / 021－22895540
印　　刷 / 上海展强印刷有限公司

版　　次 / 2022 年 9 月第 1 版
印　　次 / 2022 年 9 月第 1 次印刷
开　　本 / 640mm×960mm　1/16
字　　数 / 430 千字
印　　张 / 37
书　　号 / ISBN 978－7－5426－7725－9/G・1638
定　　价 / 108.00 元

敬启读者，如发现本书有印装质量问题，请与印刷厂联系 021－66366565

目 录

前言　知识之光和人文启蒙

任何一种历史都有它的“前史”，那么什么是“启蒙”的前史呢？这就需要把启蒙放到人类普遍的智慧知识史中去理解。无知是人生的不幸，对任何一个人来说，有知识都比无知要强。然而，再多的知识也不能自动带给人一个明白的人生。知识不是它自己的目的，如浮士德博士的故事所揭示的，也不是人生的目的。知识只是为了帮助我们清楚地省思，明白事理。省思和明白事理是“开光”的知识境界。

开光又叫开智，开光就是启蒙了的智慧。启蒙是人的一种特殊知识需要，是一种比只是从不知到知更高的知识需要。这种特殊知识也就是人们常说“智慧”，智慧是对知识正确而恰当的运用，通过学习我们就能获得谋生的知识，但需要智识的开光，我们才能获得智慧，避免糊里糊涂虚度人生。一位精神科医生的北大观察发现，30%—40%的新生有“空心病”。他们的智商很高，又很勤奋，不缺乏知识，但不知道自己为什么活着，也不知道人生有什么理想和意义。他们缺乏的正是那种为自己确立知识目的和如何正确运用知识的智慧。

至少在公元前10世纪前，已经成文的《圣经·创世记》里说："上帝说要有光，就有了光。"德国哲学家和思想史学家汉斯·布鲁门伯格（Hans Blumenberg）在《作为真理比喻的光》（Light as a Metaphor for Truth：At the Preliminary Stage of Philosophical Concept Formation，1957）一文中认为，这是第一次把"光"当作真理的比喻。在黑暗和光明混沌不明的状态下，愚昧和真理无法分辨，而对一切事物的认识都必须从分辨愚昧和真理开始。古代不是没有主光的神，但主光的神并不都与分辨愚昧和真理有关。古希腊有"光亮的阿波罗"（Apollo Phanaios，Apollo of Light），古老的奥菲宇宙说（Orphic cosmogonies）里有一位雌雄同体的光亮之神（Phanes），但这样的神并不关心人类的智识或真理。

一直要到近现代，"光"才成为我们今天所熟悉的"知识"喻说。布鲁门伯格解释说，这是因为17世纪像笛卡尔和培根这样的知识哲学家创立了"方法"的观念。虽然他们对什么是正确的认知方法有完全不同的看法，但他们都确信，只有通过正确的方法才能获得可靠的知识。与神和上帝的"光"不同，正确方法的"光"是由人发现和掌握的。光不再是从绝顶高处普照世界，让世间万物显得一清二楚，光的照射角度是需要人自己来选择的，这就是看待事物的认知角度。人选择什么样的角度，就决定人能够看到什么，决定他能看到多少和看清到什么程度。布鲁门伯格因此称之为"人为之光"（artificial light）。[①]

---

① Hans Blumenberg：*History*，*Metaphors*，*Fables*：*A Hans Blumenberg Reader*. Edited and translated by Hannes Bajohr，Florian Fuchs，and Joe Paul Kroll. Cornell University Press，2020，p. 160.

这也就是我在本书里要讨论的“启蒙之光”：作为人文教育的启蒙——人文启蒙——不仅是知识的传播，而且是有目的的知识传播，这个目的决定了它传播怎样的知识，以什么样的方式传播、向谁传播。这样的知识才是与我们当下清醒自明的人生有关的，可以称为智慧的知识。现有的启蒙研究有的把“启蒙”当作一个成功或不成功的理念，有的当作思想史或文化史的一个特定时期，或当作一些重要现代观念的来源，我在本书里探索另一种研究途径，它讨论的启蒙是一种特殊的知识传播。

人文启蒙的知识传播不是普通的专门知识普及，而是一种给人“开脑洞”的人文教育。开脑洞也就是启蒙。开了脑洞的头脑才能理性、逻辑地思考问题、密切关注世界、对新思想和观念的良性影响持开放态度，这得益于受过训练的好奇心、联想能力和沉静的自信心。不管什么知识都可能有两种用途：它可以通过引导技术活动，为直接、具体的目的服务；它也可以通过引导人的思想、观念和行为，为更持久但不那么明显的目的服务。第一种是为谋生或技术发展的普通专门知识；第二种是为个人自身以及社会用途或道德（或者哲学或文明）用途的人文知识。

人文启蒙是在人文教育中传播人文知识，通过这样的知识传播，我们可以赋予任何学科人文价值，并不限于人文学科。如果从古今前人取得的人文思想成就来讲授经济、地理、生物学、人工智能，这些学科也都是人文主义的。相反，不从人和人文的角度来讲授，文学就停留在语法和句法的层面上，艺术就停留在画师技艺的层面上，历史就停留在年代记录的层面上，修辞就停留在诡辩或杠精的层面上，自然科学就停留在公式和计量单位的层面上。人文启蒙是一种与这些技术性知识有所区别的人的成长和成熟的教育。

本书分为三个部分，第一部分（第 1—3 章）论述“知识之光”与智慧观念的关系，并以此为背景提出，启蒙是人的一种与智慧有关的特殊知识需要，自古如此，并非始于 18 世纪启蒙运动。今天，体现于人文教育和公民教育的人文启蒙以当下性和求变意识为其主要特征，以人文阅读和思考为其基本教育手段，以人道主义为其伦理基础和精神传统。

第二部分（第 4—7 章）分别讨论启蒙知识传播的三个构成部分：一、知识传播人（知识分子）；二、知识接受者（亲近启蒙的小公众和有待觉醒的大众人）；三、互联网时代新媒介环境给启蒙知识传播带来的新问题（真假知识信息的辨别，非虚构性写作的变化，进入大众娱乐圈的严肃知识普及，以及知识普及不能代替启蒙）。启蒙不是万能的，也不能对谁都有用。启蒙是种庄稼的基肥，不是追肥。基肥能让庄稼持续地成长，结穗，但无法让杂草长出庄稼穗子。

第三部分（第 8—10 章）分别讨论启蒙的政治生态、启蒙的认识特征和启蒙的伦理取向。人文启蒙关注人和人的幸福，这种幸福既取决于支配人们生活的政治环境，也取决于人们自己的认知与伦理。启蒙是一种可能让人变得更理性，更善良的教育，但这种可能并不是无限完美的。启蒙的可能要求追溯到人的各种理智能力和各种情感的单纯而又丰富的根源，那就是人性，惟有这个根源能向我们昭示启蒙的人文教育所能达到的有效程度。

今天的启蒙虽不会像 18 世纪欧洲启蒙运动或 19—20 世纪交替时期的中国启蒙那样成为里程碑式的时刻，但会因为我们自己的努力，不至于一事无成，不留痕迹地随风而逝。风吹过的地方，总有树枝会摇动。

在这个知道得很多、智慧却很少的时代，许多人揣着明白装糊涂，或糊里糊涂装清醒、闭着眼睛说瞎话、是非不分、善恶不辨。启蒙的人文教育也就在人类漫漫的求真和向善之路上来到了一个拐点。在这个拐点上，以前那种智愚有别、真假可分的景象消失了，知识与无知、明智与愚蠢、信念与迷信、确定与动摇的界限变得前所未有地模糊。这是一个既熟悉又陌生的地界，在喧嚣和躁动中，一片死寂，什么都没有发生，什么都不可能发生，没有争论，没有事件，没有记忆，没有明天。这是一个对启蒙不友善的地方，启蒙敲门的时候，大多数的门户紧闭，但总会有人去开门。荷马史诗《奥德赛》里说，当有人敲你家的门时，就应该去开门，因为那个敲门的流浪汉或许就是一个神。即便不是神，只是一个人，他来拜访你，也会给你带来许多你不知道的远方见闻。

导言

人文启蒙是理性和向善的人文教育

启蒙与智慧同样古老，是人类的一种特殊知识需求，过去、当下和未来都是如此，并不是从18世纪“启蒙时代”才开始的。当下的启蒙与18世纪现代启蒙有传承、发展、变化的关系，是因为它们一前一后，都是有现代社会诉求的启蒙，开启和继续的是同一场尚未完成的“人道主义革命”。

平克把人道主义革命视为现代人类的进步，它部分受到启蒙运动新思想的引导，它明确地表示必须用理性和同情，“最大限度地克制甚至废止制度化的暴力”，“人们对自己的同类开始有了更多的同情心，对同胞的苦难不再无动于衷。由此产生了新的意识形态，将生命和幸福作为价值的中心，并用理性和事实来推进新制度的设计。这个新的意识形态可以被称为人道主义或人权。……我们称其为‘人道主义革命’”。18世纪的人道革命成就有限，“就如同今天一项新科技产品的1.0版，你能期待的也就这么多了。……但它的价值在于它继续升级的能力”。[①] 而今天正是它急需要升级的时代。

当下的启蒙是在长期停滞后恢复人道主义革命的未竟事业，但却遭遇到18世纪启蒙所未经历的新阻力。令人不安的现实是，“今天，人们提到启蒙运动经常是带着嘲讽的口气。左派的‘批判思想家们’认为启蒙运动要对20世纪的灾难负责；梵蒂冈的基督教保守派（theoconservatives）和美国精英右派坚信中世纪的天主教才具有明晰的道德标准，他们迫不及待地要以此取代宽容的世俗主义。甚

① 斯蒂芬·平克：《人性中的善良天使》，安雯译，中信出版社，2015年，第162、194页。

至很多中间派的非宗教作家也将启蒙运动贬低为书呆子们的复仇，笑话这些书呆子们竟然天真地相信人类是一个具备理性的物种。人们如此健忘，如此不懂感恩戴德……令人不安。我只是想提醒大家，不要忘记被启蒙运动所终结的是一个什么样的时代”。[①]

1. 启蒙是人类特殊的知识需要

没有一个历史变迁能够功毕一役，启蒙运动要终结的那个时代在今天世界的不少地方还在延续。而且，在启蒙本身遭到怀疑、打击甚至否定的当下，对启蒙的启蒙成为与智识启蒙同样迫切的任务。

对启蒙的启蒙可以从认识“知识”本身开始，尤其是知识与“智慧”的关系。知识是一种外在信息的积累，智慧是一种内在智能的成长。知识来自记忆，智慧来自领悟。知识是对过去的了解，智慧是对当下的判断，并通过这样的判断，把对过去的了解转化为对未来的准备。一个人曾经积累过的知识会因为岁月的流逝和人的自然衰老而变得黯淡、模糊（更不要说过时和无用的知识了）。老话说，多年举子成白丁，人会忘记怎么写一些汉字，忘记学过的数学公式、元素周期表、外语单词，但会因为内化了的学习能力和对人生的体悟而变得智慧，在见识和精神上永葆青春。

每一个时代的人都不会只满足于知识，而不在乎智慧。智慧关乎对事物本质的认知和伦理判断能力，启蒙关注人的智慧需要，不同于普通的知识需要，并非始于 18 世纪启蒙运动才如此。人类的智

① 平克:《人性中的善良天使》，第 162 页。

慧认知过程中虽然可以区分出不同的醒悟方式和片段，但其实就像一条流动不息的长河。当下的启蒙不过是其中的一个片刻。虽然每个人实际上都有对启蒙的特殊知识需要，但并不是每个人自己都能感知，启蒙首先要让人们知道自己有启蒙的需要。

启蒙并不涵盖所有不同性质的知识，启蒙需要知道“启蒙知识”不是什么，简略地说，第一，启蒙不是人们平时所说的“开蒙”（经常从识字、认字开始），也不是初步入门知识（读写或算式、科学常识、阅读和写作技能等等）；第二，启蒙不是今天许多人提倡的那种“普适教育”（那其实是一些不同学科的基础知识的“拼盘”），因此也不是专业学科知识的普及；第三，启蒙不是精细学科分割的学院体制中一个个小口子专业知识。虽然在这三种“不是”的知识学习过程中都有从不知到知的“开启”和“发蒙”，但不一定是与我在这里讨论的那种与“智慧”相关的启蒙。

古代与智慧有关的“开光”或“开智”虽然经常发生在人从神得到启示或其他类别的宗教领悟中，但也发生在人与人的交往中。苏格拉底与人交谈，孔子教诲弟子，传播的是他们的智慧启蒙知识。今天的启蒙则是发生在人的理性自觉之中，这样的启蒙因此也可称为“人文启蒙”，“人文”是一种人的善和智慧的实践，也是一种探索的方法——探索人生的意义和价值，也探索社会和政治改革的需要和目标。

人文启蒙首先可以从它反对什么来定义。它反对虚假和谎言，以及因此造成的愚昧、迷信、偏执和狂热。在古希腊人那里，真理神（Aletheia）与正义神（Dike）十分接近，同记忆、吟唱、光明、赞颂联系在一起，而与遗忘、黑暗、诽谤、咒骂相对立。这是一种与“善”互相联系的“真”，虚假也就是伪善，真的智慧一定是向善的智慧。对“真”的向往，揭示真相和真实，崇尚真诚和真情，这些都是不可或缺的社会之善，永远是建立或重建秩序所必不可少的。启蒙是一种对“真”的判断，是一种说真话的意愿和能力，它要帮助人们弄明白，错误、幻觉、伪装、假言妄语、无效废话、以假乱真是如何充斥在他们的生活之中，如何才能清晰自明，不至于上当受骗。

人文启蒙反对利用独断的权威规定真理、扭曲真实、混淆真相。纵观人类历史，制度化的权威为了巩固权力，不让人看到真相，一直在制造和维持愚昧和迷信。教会和国家都致力于维护并推行其正统思想。人文启蒙未必能直接挑战这样的权威，但它拒绝盲从任何正统权威。它坚信因循守旧的信念不能代替人的理性思考，反对将权威当作寻求智慧的唯一依据。

2. 理性：求真的方法和生活的态度

“理性”一词被用来表述人文启蒙所提倡的一般方法论，这是一种求真的方法论：我们应该尽可能客观地检验真理学说，如果一种学说通不过理性的检验（包括经验和推理），我们就应该否认它，或者搁置其真理地位。

同智慧一样，理性是一种有相对性的人类现象，服从于历史的条件，并随这些条件的变化而变化。希腊人的理性代表了一种与神话想象的决裂，还代表一种口头诘问、推理和反驳、遵守辞理逻辑的原则。罗马人的理性舍弃希腊人玄奥的哲学思辨，而选择实用的伦理和人生哲学。18 世纪的理性是一种“绝对”价值，照亮了人类的道路，驱散了无知的黑暗、宗教迷信的幽灵、激动情绪的幻想。今天，理性是一种批判性的思维方式，是推导、阐发、驳斥、调查事实、提出证据的一系列特殊方式。

理性必须放到历史中去理解，理性对现实的批判意义也应该如此。今天，只有当人们同意把所有问题、所有疑问都提交给一种公开的、共同的、多元而矛盾的争论时，才算是理性。没有任何的绝对价值，人们可以借其名义，在某一时刻宣布停止争论。今天，人们可以相信，每当社会生活的一个方面，一个政治或科学的观点躲避不同意见的争论，不敢面对有理有据的论争时，压制或禁止辩论的权力集团就会以某种方式把它自己变成一种宗教或神学。马克思曾经把国家官僚视为这种现代宗教和神学的维护者，“官僚精神是一种彻头彻尾的耶稣会精神，神学精神。官僚就是国家的耶稣会和神学家。官僚国家是神甫共和国。职位是它认知的原则，对职权的狂热崇拜是他的情感”。①

今天，理性面临的威胁不只是来自“只认权力不认理”的官场规则，还来自越来越精细、自我隔离的知识专业主义。这是从公共知识生活和公共理性领域中退却和逃避的结果。倡导和坚持公共理性的知识分子让位给了在小口子学术圈里自娱自乐和对公共事务绝不敢“多嘴”的专家。在越来越狭隘的知识领域里，专业学人虽然没有放弃客观、科学的探索方法，但那只是局限于他们的专业领域中，他们不能把这样的知识理性扩展到社会和政治领域中去。学科专业主义的危险在于，只接受专业训练而没有人文教育的个人，由于缺乏独立思考和判断能力，非常容易变成被他人或制度使用或利

① 《黑格尔权利哲学批判》，《马恩全集》第一卷，第583页。

用的工具。工具化的头脑受到某一种特殊兴趣的长期浸染，已经不再能理解真实的生活世界，对那里的问题和弊端变得麻木不仁、漠不关心。人文启蒙是对这一趋势的纠正，它要运用无界知识的传播力量，打破体制学科设定的界限，要使理性批判的人文价值对所有学科里的人都能产生影响。

人文启蒙不仅是理性的认知方式，而且也是理性的生活态度。人应该选择什么样的生活？人应该如何生活？什么是对我和他人都好的生活？理性思考提出道德规范，引导人们的行为。生活在群体里，人能够发现共同的目标并有共同的行动，能够确定并维持共同认可的善恶和是非标准，能够形成一套人道主义的伦理价值和原则。人文启蒙对这些未必有明确的结论或答案，但认为是值得所有人思考和探索的重要问题。

3. 当下的人文启蒙

自从尼采之后，人类无法解决道德规范问题的看法似乎已经成为一个不言自明的真理：上帝死了，人不可能建立自己的责任伦理。人文启蒙不接受这种对人的伦理的死亡判决。人文启蒙有理由相信，人类自主的道德哲学和伦理是有可能的，只有在人自主的伦理学里，道德义务才会出现。

人能够建立自主的道德哲学，意味着人可以不依赖终极的神学权威，而是通过自己的理性对善恶、是非做出道德判断。共同的道德准则可以产生于人类经验之中，形成一种人道主义伦理，也就是平克所说的“启蒙人道主义”（enlightenment humanism）。人道主义不仅关注个人的生活品质，而且还关注好社会的实现。如柏拉图所说，正义显然表现在国家中，也表现在个人生活中。在人文教育课程中阅读和思考的古代经典中，个人和社会的关系贯穿于其中。

任何启蒙都是当下的启蒙。什么是“当下”呢？福柯在去世前一年写下的《什么是启蒙》(1983）一文里对“当下”作出了精辟的阐述。[1] 在这篇文章里，他通过阅读康德的《什么是启蒙》，为启蒙做了有条件的辩护，但也批判了它的“理性主义”。他认为，康德所说的“启蒙”，意义在于“试图反思自身的当下（present）”。当下不是连续历史中的一个特定时刻，也不是某个未来时代的开端，“当下”是需要用此时此刻要“脱离”“摆脱”“走出”什么来定义的。在康德那里，那个“什么”就是“不成熟”。不成熟是康德眼里的那个必须摆脱的“坏东西”，但每一个“当下”都有其特别需要摆脱的那个特定的“不成熟”。

福柯对康德的解释对我们理解“当下”具有重要的意义，因为对于每个历史时刻的具体社会来说，它的“当下”都有某个它要“摆脱”或“走出”的坏东西，摆脱这个坏东西也就成为那个社会在那个时刻的启蒙目标：走出愚昧或迷信，走出专制或独裁，走出国际自由市场的资本主义，走出竭泽而渔的经济发展模式，等等。康德所说的“不成熟”，成了这些不同的坏东西的代名词。

福柯赞同康德把理性区分为“私人理性”和“公共理性”，康德关注的是公共理性。康德认为，公共理性走出不成熟，走向成熟，这是人类世界的出路。福柯认为，“康德表述这一出路的方式是相当

---

① 福柯：《什么是启蒙?》，李康译，https：//zhuanlan. zhihu. com/p/22895363，法文原文，‘Qu’est-ce que les Lumieres?’，*Dits et ecrits*，Vol. IV（562 – 578），Paris，Gallimard，1994。

含混的。他把这出路概括为一种现象，一种进行之中的过程，但也将其表述为一项任务，一项义务。他开宗明义地指出，人们应对自身的不成熟状态负责”。

福柯和康德的分歧是，康德认为，依靠理性走出不成熟，是影响到全体人类的总体过程；但福柯认为，依靠理性走出不成熟，并不影响到全体人类的总体过程，因为这不是一个哲学问题，而是一个政治问题。福柯认为，康德把走出不成熟的希望寄托在普鲁士君主腓特烈二世身上，他是一位开明君主，但这世界上更多的是像秦始皇这样的暴君，他们对依靠理性走出不成熟根本不感兴趣。

福柯是通过这样的哲学思考来反对“普遍理性”或“普世性理性”（universal reason）的。脱离了这个语境反对“普世性理性”，就会误以为福柯是在暗中赞成秦始皇的非理性，因为既然普遍理性是错的，又怎么能拿这个作为标准来批评秦始皇呢？如果简单地以反对普遍理性来理解福柯的，又怎么能不为秦始皇和大秦帝国的辩护呢？

今天，我们要重申启蒙的普遍理性，不是因为我们要否认不同进度的政治理性在影响世界上不同国家的成熟或不成熟程度，而是要坚持，即使秦始皇的暴政仍然存在，即使已经存在了两千多年，但却不是永远不能摆脱的，不是永远走不出去的。正像福柯理解康德那样，这个“摆脱”和“走出”让我们形成了自己的“当下意识”，而这个当下意识包含了我们所理解的，那种与我们最相关的，具有明确批判意识的“启蒙”。

当然，这不是唯一与人文启蒙有关的当下性。今天，愚蠢招摇过市、盲信见怪不怪、骗子大行其道、丑陋批量生产，许多人因痛心疾首而心灰意冷，因洁身自好而不问俗事。因此，人文启蒙在当下的主要社会义务就是扫除公共生活中的犬儒主义、怀疑主义和反智主义。明达的公民和良好的公共生活从来是人文启蒙的基本诉求。它并不因为逼仄的现实环境就放弃自己的这一信念。如果好的公共生活是我们所向往和追求的，那么，它是孤立的个人所不能达到的，只有在更大的社会文化范围内与他人取得一致，才能够达到。今天的启蒙会比 18 世纪启蒙更加强调，启蒙不是单纯在理论上陈述认识观点，而且更注重批判性的社会实践。人文思考应该超越纯粹思辨的政治和社会哲学认识方式，在实践中实现自己的理想。

4. 人文启蒙为谁消除无知和寡智

知识经常被误以为是一种普世之好，知识对不同的人都同样是有益和有用的。其实并不是这样，知识并不是所有人的共同利益，而是在统治关系中被不同地位者所争夺的一种资源：对有权者，知识是一种统治的资源；对无权者，知识是一种反抗的资源。今天，在知识权力的争夺中，启蒙是站在无权者一边的，它要消除的是普通民众的无知和寡智。启蒙要传播的是能够帮助无权者而不是有权者的知识，因此，它是一件有所为有所不为的事情。这是现代启蒙者与古代智者不同的地方。

亚里士多德的《政治学》里有着丰富的关于僭政统治手段的论述，提供的是关于专制统治权术的知识，但由于不清楚那是提供给有权者用作为统治的知识资源，还是提供给无权者用来反抗的知识资源，亚里士多德经常被当作是在为暴政出谋划策。[1] 中国的老子也

① 参见徐贲：《暴政史》，牛津大学出版社，2020 年，第一章《暴政的制度恶与人心恶》。

是一样。他虽然对统治者有“当圣人”的要求，但在知识权力的争夺上却是明确地站在了敌对无权者的一面。这就难怪他成为了法家的一个重要理论支柱。

老子在《道德经》里说的“圣人”是有权者，而不是无权者。圣人是富有智慧的统治者，懂得如何最有效地驾驭百姓。他说：“是以圣人欲上民，必以言下之；欲先民，必以身后之。是以圣人处上而民不重，处前而民不害。是以天下乐推而不厌。以其不争，故天下莫能与之争。”（第 66 章）统治者要领导人民，就要言辞谦虚，把自己的利益放在人民的后面，人民不觉得他高高在上，都乐于被他统治，也就没有人来与他争夺权位了。他还说：“圣人不积：既以为人，己愈有，既以与人，己愈多。天之道，利而不害；圣人之道，为而不争。”（第 81 章）圣人不是没有私利，而是懂得如何以“不争”来保护私利——对人民谦恭退让，让人民感觉不到压力和负担，与人方便，自己方便——这才叫智慧。

老子是在为有权者提供知识，教他们如何统治百姓。不外乎两条：寡欲与寡智。寡欲是一种道德思想教育，圣人教化百姓，应该以身作则，作出对权力不动心，无欲念的样子：“我无为而民自化，我好静而民自正，我无事而民自富，我无欲而民自朴。”（第 57 章）提倡“寡欲”是不让老百姓知道他们有正当的欲望，也有争取满足正当欲望的权利。所以，无欲是以无知为条件的：“是以圣人之治，虚其心，实其腹，弱其志，强其骨；常使民无知无欲，使夫智者不敢为也。为无为，则无不治。”（第 3 章）排空百姓的心机，填饱百姓的肚腹，减弱百姓的竞争意图，增强百姓的筋骨体魄，经常使老百姓没有智巧，没有欲望。这样，那些有才智的人也就不敢妄为造事了。

教化老百姓“寡欲”的关键在于“弱志”和“寡智”。百姓的智慧来自知识。百姓接触知识的途径通常有两条，一是有权者在教化他们时灌输给他们的；二是从其他地方传播而来的。要百姓“弱志”和“寡智”，就必须在推行统治的过程中，切断百姓与外界的联系，以免他们受到不良影响和精神腐蚀。所以老子说：“绝圣弃智，民利百倍；绝仁弃义，民复孝慈；绝巧弃利，盗贼无有。”（第 19 章）他又说：“古之善为道者，非以明民，将以愚之。民之难治，以其智多。故以智治国，国之贼；不以智治国，国之福。”（第 65 章），愚民利国，智民误国。他还说：“小国寡民。使有什伯之器而不用；使民重死而不远徙；虽有舟舆，无所乘之；虽有甲兵，无所陈之。使人复结绳而用之。至治之极。甘美食，美其服，安其居，乐其俗，邻国相望，鸡犬之声相闻，民至老死不相往来。”（第 80 章）跟邻国没有往来，对他们可能是先进的东西也不感兴趣，在精神和志向上无所追求，这样浑浑噩噩的小国寡民才会吃得香甜，在意穿得，住得安适，快乐无忧，岁月静好。

人文启蒙就是要颠覆这种愚民利国的观念，打破信息和知识隔绝，把人从“弱志”和“寡智”的清梦中唤醒。启蒙传播的知识许多都是来自传统文化之外的不同文化。清末民初和 1980 年代的两次启蒙，传播的也都是这样的文化知识。今天，以文化不同为借口抵制人文启蒙是一种当下的寡智表现，无知的美德不是真正的美德，寡智的自信也不是真正的自信。

人文启蒙倡导思想和信仰的自由和宽容。哲学的、宗教的、智识的、科学的、政治和道德的、生活方式的自由，只要不妨碍或损害别人的自由，就都应该得到保护。今天，有的人认为，在先前启蒙中提出的政治和社会诉求——自由、民主、独立人格、公民社会、法律面前人人平等——都是些“老生常谈”的陈腐观念。还有的人认为，因阶级斗争人道灾难而曾经一度痛定思痛的人道主义和民主与法治启蒙，在30多年过去后，社会功效归零，完全失败了。

此时此刻，重申启蒙，建立对启蒙的信心也就成为当务之急。启蒙是一种当下性和求变意向很强的人文教育——关乎理性的认知、生活态度和社会批判，也关乎如何理性地看待启蒙过去在特定环境中的成败得失——它的目的是人的向善。为此它必须首先认识人性和人心，认识人的精神及其各种活动，认识妨害人向善的社会、政治和文化障碍。这是一个在人类知识长河中继续探索的教育过程，用康德在《教育论》里的话来说，“非一代一代实施下去不能完成”，“每一代有前一代的知识，方能渐渐造就一种教育……发展出人的各种自然禀赋。因而人类方能朝着自己的目标前进，天意要人为自己将潜伏着的善行发展出来”。人必须要发展自己向“善”的倾向，但“上天并不曾将善预备好了，放在人心之中，善仅仅是一种倾向”。[①]同样，上天也不曾将理性预备好了放在人的头脑之中，理性也只是一种倾向，需要用教育来培养。人文启蒙就是一种人为自己预备和规划的，推陈出新的理性的和向善的教育。

---

① 转引自任钟印主编:《西方近代教育论著选》，人民教育出版社，2001年，第205页。

第一章

知识与智慧

早在“启蒙”被用来专指欧洲历史或文化史或思想史的一个专门时期（18世纪），以及这个时期特定的知识传播（作为一种教育方式的启蒙）之前，已经有了“启蒙”这个词了。《蓝登大辞典》对这个词的词源介绍说，1340—1400中古英语里就已经有了enlighten，enlightening这样的词汇，指的是赋予“智识”或“精神”之光，传授知识，照亮或照明出于幽暗不明之中的事物。

从远古开始，启蒙便是人类的一种特殊知识需要，也是以特殊的方式探索一些特别重要问题的过程或结果——人与神的关系、人生的原则、做人的道理、人的价值和意义。这种对人的存在意义特别重要的知识被称为“智慧”。智慧是利用知识、经验、常识、理解和洞察力进行思考和行动的能力。智慧不只是一种认知的能力，而且还是一种向善的行为。智慧是公正的、正义的、仁爱而有同情心的；智者以善意对待他人，他能顺物之性、顺民之情，严以律己，宽以待人，理解他人而不自我偏执，顾及他人而不放纵私欲。相反，一个精明、狡诈、算计他人的人，他可能很聪明，智识能力超群，但因为不能以善待人，所以不能被当作一个有智慧的人。

1. 古代和现代的智慧与启蒙

变化中的古代智慧

古人崇尚智慧，知道智慧来之不易，所以有各种寻求智慧的特殊方式，大致可以分为三种，分别是诗的智慧、神启的智慧和哲学的智慧。第一和第二种都是祈求神灵的庇佑（某一个神或是至高无上的那个神），第三种则是依靠作为生活方式的哲学，也是与我们今天人文启蒙特别相关的一种智慧。

第一种智慧的来源以古代诗人的咏唱之神缪斯为最典型。公元前8世纪，古希腊农民诗人赫西俄德（Hesiod）的《工作与时日》被称为民间智慧的大全，在开篇之处，诗人请求缪斯降灵感与他，不光是诗才，而且是公正："皮埃里亚善唱赞歌的缪斯神女，请你们来这里，向你们的父神宙斯倾吐心曲，向你们的父神歌颂。……宙斯啊，请你往下界看看，侧耳听听，了解真情，伸张正义，使判断公正。"

缪斯代表的是古代诗的智慧，给人带来精神的慰藉、内心的安宁和心灵的平静。赫西俄德唱道："如果有人心中悲伤要加以照料，他的灵魂因悲伤而干枯，那么，就让一个歌者缪斯的仆人——来歌颂一下古人的事迹，或者祈求奥林匹斯山诸神吧。他很快就会忘却自己的烦恼，不再记得自己的忧虑，因为诸神的赠予会很快把它转移开。"

赫西俄德的《神谱》同样以歌颂缪斯开篇："让我们从赫利孔的缪斯开始歌唱吧，她们是这圣山的主人。她们轻步曼舞，或在碧蓝的泉水旁或围绕着克洛诸斯之子，全能宙斯的圣坛。……曾经有一天，当赫西俄德正在神圣的赫利孔山下放牧羊群时，宙斯教给他一支光荣的歌。"[①] 法国哲学家、古典学家皮埃尔·阿多（Pierre Hadot）在《古代哲学的智慧》一书里指出，我们可以从诗人对缪斯

① 赫西俄德：《工作与时日　神谱》，张竹明、蒋平译，商务印书馆，1997年，第1，26页。

的祈求“辨认出后来成为哲学灵修的轮廓”，“不管是在论辩的层面，还是在静观的层面。缪斯不仅通过自己的颂歌和故事的美，使我们忘却不幸；还允许诗人和诗人的听众，获得对宇宙的看法。如果说她‘把喜悦带给自己的父亲宙斯那强有力的心灵’，这是因为缪斯向诗人唱歌，使他看到“现在、将来和过去的东西”；这恰好就是赫西奥德自己在《神谱》中所唱的歌”。[①]

古代的史诗用故事来解释事物之间的关系，从赫西俄德到荷马，史诗并不只是讲述英雄故事，而且包含了对古代希腊人非常重要的民间智慧，涉及神和人的关系、人的行为和动机、个性和秉性、情与理、命运和运气等等。希腊人先是将有关的概念外化为史诗的主题，然后又外化为戏剧的主题，最后才转化为哲学的分析。

第二种智慧的来源以希伯来人对上帝的崇拜为最典型。《圣经·旧约》的三类文体——叙事文学、启示文学（先知书）和智慧文学——中，先知的智慧来自他们以不同方式与上帝的沟通，而智慧文学里的智慧都是以“敬畏耶和华为开端”。[②] 这其实是两种不同的智慧，一种是先知智慧，另一种是敬畏神的智慧。前一种与世俗的“圣贤”智慧一样具有实用价值，后一种则是世俗之外的精神智慧。

早期的先知类似于古代近东其他崇拜型宗教里的神汉巫婆，百姓可请他祈雨、医病、寻回走失的牛羊。也有游走四方，单干或结门派的。后来扫罗称王（公元前 1030），建君主制，重大决策如兴兵、立嗣，往往先请先知探求神意，先知因此便卷入了宫廷政治。公元前八世纪起，有些先知的活动方式发生了变化，经常上圣殿和

---

① 皮埃尔·阿多：《古代哲学的智慧》，张宪译，上海译文出版社，2012 年，第 13 页。

② Robert Scott，*The Way of Wisdom*. New York：Macmillan，1971，p. 24.

街市布道，向百姓谈论国事，批评这个谴责那个，俨如今天的公共知识人。其言说经门人辑录整理和补充阐发，流传开去，因此，先知不只是在宫廷，而且在社会上也有了影响。

希伯来的先知们靠上帝的托梦，从飞鸟和走兽的踪迹中解读上帝的旨意，祈求神赐的智慧。在以色列遭受兵荒马乱之害的时候，有识之士无不忧心忡忡，先知领受神谕，既是传达上帝旨意，也是表达圣贤之士自己的悲哀。神意的赦罪、诅咒、降罚——“我主耶和华行事没有一次不将其隐秘/先启示于他的仆人众先知”。（《阿摩司书》3：7）当以色列朝野堕于安逸的时候，先知们却被来自高天的风暴不停吹打，他们奔走呼唤，企图唤醒世人。他们知道，虽然触罪的只是少数——那些王室贵族、无良祭司和“扮先知”的歹徒——承责苦难后果的却是全体子民。

扮先知的假先知败坏了先知的名声，就像今天马屁精知识分子败坏知识分子的名声一样。先知的影响衰微了，就像今天有公共精神的知识分子的影响衰微一样。公元前538年巴比伦之囚结束后，古犹太人返回家园，重修圣殿，以色列的先知传统到了尽头。先知充当上帝之人，原本就没有门槛，做的人多了，良莠不齐，名声自然就坏了。最终，耶和华传谕，要从福地铲除“先知跟秽灵”，就像以前铲除耶路撒冷的那堆异教偶像一样。“到那天，我必铲除地上偶像的名号，使它们被人遗忘；我必除去地上的假先知和污秽的灵。这是万军之耶和华说的。若有人再说预言，他的亲生父母必对他说，‘你不得活命，因为你奉耶和华的名说谎。’他说预言的时候，他的亲生父母必把他刺死。到那天，先知必因自己所讲的异象而羞愧，不再穿着毛皮衣欺骗人”。（《撒迦利亚书》13：2—4）

《圣经·旧约》智慧书里的是信仰者应该获取的智慧，正如圣经学者罗伯特·斯科特（Robert Scott）在《智慧之路》（*The Way of Wisdom*）一书里所指出的，圣经的智慧在五部智慧书里的含义和侧重各有不同，但最根本的智慧都是伦理和宗教的，“敬畏耶和华是智慧的开端”。（箴言9：10；传道书12：13—14，《约伯记》28：28）上帝是所有智慧的源泉，为了使人类能够获得这种智慧，人需要以“敬畏”来建立与上帝的关系。一个有智慧的人一定是有道德和重伦理的，优良道德是伦理不可缺少的。圣经里最常见的对比“是在智者与愚者之间的对比，愚者是愚昧的，无知的，或者至少是天真的；而且还顽固、冲动、恶毒、起冲突、道德低下。而智者则勤勉、讲信用、耐心、慷慨、和平、自制。更重要的是，智者知道自己该做什么，事情该做到什么限度，会以上帝的指引来行事”。①

所有这些都是普通人可以避免或可以做到的。这些智慧基本上都联系着人的不幸和苦难：在《约伯记》里，我们可以体会到受难的智慧和反抗的智慧，在《传道书》里则是宿命的智慧，在《诗篇》里则是又有受苦的智慧、又有虔信的智慧。上帝是所有智慧的源泉，人为了能够获得这种智慧，需要以“虔敬”和“敬畏”来建立与上帝的关系。如果说缪斯给诗人诗意的智慧，那么人从上帝那里领会的是神意的智慧。

第三种智慧来源于哲学的论辩与静思。最早用哲学来分析智慧本身的是柏拉图。② 智慧在人的智能、道德和平常生活中有不同的意思。智慧可称作 sophia（哲思），只有哲学家和那些通过静思追求真

---

① Robert Scott, *The Way of Wisdom*, pp. 9 - 10.

② Daniel N. Robinson, “Wisdom through the Ages”, in Robert J. Sternberg, ed., *Wisdom: Its Nature, Origings, and Development*. Cambridge University Press, 1992, pp. 14.

理的人才有这种“哲理智慧”。智慧又可称作 phronesis（审慎），这是政治家和立法者的“实践智慧”，它使人行事审慎，不受激情或感官表象之惑。智慧还可称作 episteme（认知），那些知晓自然及其运行原理的人拥有的就是这种“科学智慧”。

苏格拉底的智慧既是“哲理”的，又是“实践”的，合二为一，超越了仅仅只是“知识”的智慧。苏格拉底代表的那种智慧是“美德之首”的优点（*Laws*，688），也是人唯一天生具有，而非教育而获得的“灵魂的美德”。但是，智慧是会败坏的，败坏的智慧比什么都更具危害。智慧虽然是“一种永远不会丧失能力的东西”，但却会“因所取的方向不同，它可以变得有用而有益也可以变得无用而有害”，“有一种通常被说成是机灵的坏人。你有没有注意过，他们的目光是多么敏锐？他们的灵魂是小的，但是在那些受到他们注意的事情上，他们的视力是够尖锐的。他们的‘小’不在于视力贫弱，而在于视力被迫服务于恶，结果是，他们的视力愈敏锐，恶事就也做得愈多”。（*Republic*，518d－519a）

柏拉图讨论的智慧也成为法国哲学家皮埃尔·阿多（Pierre Hadot）特别欣赏的“古代哲学的智慧”。这就涉及何为哲学的问题。学院传统对这个问题的回答通常是在理论和体系中演绎，而且往往在基督教蔑视以人为本的“智慧”的偏见之下推理。阿多则给出了一个全新的回答：从苏格拉底到柏拉图，甚至自前苏格拉底时期之后，直到基督教初期，哲学总是来自某种生活方式、某种对待普遍世界观的方式，是相对于其他共同生活方式的主动选择。古代哲学因此不是一种体系。哲学首先是一种豁达，而不是静态的知识；哲学是对智慧的爱，而不是智慧本身；哲学是一种生活方式，而不是在学院里教授的学问。

这种对智慧的追求最典型地显现为“灵修的智慧”。灵修（d’exercices spirituels，灵性修炼）是一种苦修：给予肉体只是为了活着所严格必需的东西，离开狂热的热情，把自己投入到一刻也不松懈，“把一生都投入进去的那种关注”，“除非睡觉，但是，他不让自己睡着，因为他吃得如此之少（甚至常常不吃面包）；因为他不断地使自己的思想朝向灵性”。①

苦修是一种神秘的掌握自身的精神体验，后苏格拉底的几乎所有学派都提倡苦修，但方式和目的并不相同。阿多写道，“柏拉图的苦修在于放弃肉体的欢愉，采纳一种特别的节食生活安排。在新毕达哥拉斯主义的影响下，这种节食安排有时候等同于素食主义。苦修旨在通过禁食和不睡觉，弱化身体的作用，个人因此可能过上更好的灵性生活。然后，有犬儒派的苦修——某些斯多葛派也践行，它提倡忍受饥饿、寒冷和侮辱，消除奢侈、安逸和文明的机巧，培养起独立和毅力。皮浪主义的苦修训练个人视万物为无差别，因为我们不能告诉别人它们是好或不好。还有伊壁鸠鲁派的苦修，他们限制自己的渴求，以达到纯粹的快乐。斯多葛派的苦修，他们认为，人们不必执着无关要紧的事物而改正自己关于对象的判断。”尽管不同哲学学派各有自己执着的苦修，但“所有这些学派都要求一种自我分制（dédoublement），‘我’由此拒绝与自己的渴求和欲望合在一起，与自己渴求的对象保持距离，知道自己与对象分开的力量。因此，‘我’从一种片面的、特殊的看待事物的方式，上升到一个普遍的视角、一种本性的或灵性的视角”。②

---

① 皮埃尔·阿多：古代哲学的智慧》，第 168 页。
② 皮埃尔·阿多：《古代哲学的智慧》，第 202 页。

灵修几乎总是处在一种变动的过程之中。在这个过程中，那个“我”专注于自己，而且发现，他并非自己所愿意的，或想要是的那个样子。他不再与那些他曾经依附过的人或事结合在一起，他察觉到自己的发展受到了熟悉的东西的阻碍，有一些陌生、敌意的力量在冒充是他的朋友或师长，在欺骗他，误导他。他不再跟着别人的指挥棒转，而是开始走自己的路；他不再糊糊涂涂地过日子，而是开始明白地活着。他就像法布尔《昆虫记》里的蝉，在地下等待了数年，甚至十数年，一生绝大多数时间在地下度过，靠吸食树根的汁液生存。一旦时候到了，便从黑暗朝着光明爬行，爬到高处，开始羽化。法布尔写道，“四年黑暗的苦工，一月日光中的享乐，这就是蝉的生活，我们不应厌恶它歌声中的聒噪喧闹。因为它掘土四年，现在忽然穿起漂亮的衣服，长起与飞鸟可以匹敌的翅膀，在温暖的日光中沐浴着。那种钹的声音能高到足以歌颂它的快乐，如此难得，而又如此短暂。”这也许就是我们得到启蒙之光后，可以感受到的那种可能只是短暂的生命快乐。

作为生活方式的古代哲学和当下启蒙

与我们今天人文启蒙最为相关的古代智慧是哲学的智慧。对于今人来说，灵修虽然已经没有必要，但却有着多重与我们今天的智慧及自我教育相关的象征意义。第一，智慧是有代价的，必须自愿付出刻苦的自我精神操练。进行思考活动的人需要操练，所谓操练，就是在反复的实践中，不断提高，不断进步，获得新的经验和新的体会。古人的心灵训练和哲学操练的观念植根于竞技运动的理想，植根于体操这种典型的身体训练的习惯践行中。就如运动员通过反复的身体操练，重新增强并塑造自己的身体那样，人可以通过精神操练发展自己灵魂的力量，改变自己。精神操练和身体操练一样，是为了塑造一个真正的人：自由、独立、勇敢、强硕、有节制。今天，人文启蒙提倡的人文阅读是一种需要这样品质的严肃“研读”，会不断有挫折、疑难、困惑的“苦读”，而不总是让人赏心悦目的“悦读”。操练是将人的思想保持在健康和强健状态的唯一办法，只有强健的思想才不会屈服于外力的压迫，才能够抵抗有诱惑力的思想毒品和影响。

第二，智慧是对当下的高度专注，因此是当下性质的智慧。苦修不允许丝毫的心猿意马，苦修者是一个“把自己所有关注和意识都应用到当下的人，将感觉自己在当下时刻中拥有一切。因为在此时刻中，他既有实存的绝对价值，亦有道德意图的绝对价值，不再有任何东西留给渴求。整个一生和永恒都不可能带给他任何更幸福的东西。……道德活动在每个时刻都完全是完美的。因此，一个如此的当下时刻，等于一个整全的生命。关于这样一个时刻，我们可以说：我已经实现了自己的生命；我已经拥有一切可以从生命中期待的东西。我现在可以死去。”[①] 这与孔子说的“朝闻道，夕死可矣”有内在相同的地方。对于今天的人文启蒙来说，关注当下就是对社会的弊端保持高度的敏感，有一种时不我待的紧迫感，而不是让虚幻的未来梦想来干扰这样的专注。

第三，智慧专注于自身和检查良心。苦修所产生的自我意识，从本质上来说，是一种伦理活动，“由此，我们的存在方式、生活方式、看待事物的方式才得以转变。因此，意识到我们自己，指的就是意识到我们的道德状态。这是基督宗教灵性传统中叫做良心检查

---

① 皮埃尔·阿多：《古代哲学的智慧》，第206页。

的东西，即一种在古代诸哲学学派中非常普遍的修行。这种修行首先根源于这样一个简单的事实：在所有学派中，哲学的开端意味着意识到疏离（alienation）、消散（dispersion）和不幸（malheur）状态。由此，我们在皈依哲学之前，先发现我们自己。”[①] 人文启蒙提高我们的伦理意识，不仅针对社会，更是针对我们自己，对自己的错误有所认识，是自我拯救的开始，自我完善的开始，是对“我”自己弱点的意识。今天，人文启蒙也是从我自己开始的，人心和人性的启蒙比认知的启蒙更为根本，是认知和伦理启蒙的基础。

基督徒接过希腊词“爱智慧”（哲学），把僧侣主义表现为完美的基督宗教生命，之所以能够这么做，也是因为这个词指的是一种生活方式。基督教的苦修者走进沙漠和修道院，在人迹罕至的荒漠中冥思苦想、长期断食甚至断水、忍受酷热严寒。其他的宗教苦修者也有将自己与尘世分开的静思方式：在远离人迹的地方苦行修炼，印度教的苦行僧蓬头垢面、衣衫褴褛，带着象征湿婆神的三叉杖，边走边吟诵古经文，这是他们爱智慧的方式。对我们今天的人文启蒙和人文修养来说，这些苦修的行为特征已经不重要了。

重要的是，从古到今，智慧都可以是一种特别的存在模式，是某个人或某些人有别于其他人的方式存在的状态。当众人皆醉的时候，我们可以独自清醒；当众人沉溺于某种愚蠢和迷信中的时候，我们可以活得明白、理性、不受人惑。当众人一片狂热、随波逐流的时候，我们可以保持冷静，不随众，有自己的独立思考和判断。当众人像在葡萄牙作家若泽·萨拉马戈（José Saramago）的《失明症漫记》里那样感染集体失明症的时候，我们仍然能做到，有眼睛

---

① 皮埃尔·阿多：《古代哲学的智慧》，第 212 页。

就要看见，能看见就一定要看清。

如果说哲学是那种哲人借以训练自己智慧的活动本身，那么，人文启蒙和人文教育乃是我们今天可以借以训练自己思考能力的智慧活动。在古代有智慧的人那里，这样一种操练不仅仅在于以某种方式去说话和论辩，还在于以一种特别的方式在世中生活、行动和观看。同样，人文启蒙不仅仅是学会说理，学会不轻信，不上当受骗，学会诚实和真诚地待人接物，而且还是一种生活选择、生存选项和有活力的操练。这是因为，人文启蒙中有对智慧的渴求，而人文启蒙的知识观念本来就是包含在对智慧的看法之中的。

正如我们在柏拉图、亚里士多德和其他古代哲学家那里看到的，根本的智慧并不在于拥有关于实在世界的超量信息。相反，它更是一种生活方式，符合人类能够从事的最高精神活动本身，并且与灵魂的卓越和德行紧密相联。今天，好公民的形象，即智慧型公民的形象，也是与他们在群体中的共同生活方式联系在一起的。对他们来说，人文启蒙是一种保持认知、伦理、心灵、精神健康所必需的操练。经常锻炼身体可以让我们无病防病，有病治病，强体健身。为了身体健康，为了不依赖药物，我们每天必须锻炼身体。同样，我们需要人文启蒙的操练，不一定是为了变得更博学、更能干、更能挣钱、更能升官发财，而是为了在内心更自由，更完美，确保不依赖任何权威，成为真正成熟的，可以不断自我超越的人。同哲学一样，人文启蒙不会让人成为圣贤，但却能帮助人摆脱愚蠢和幼稚，在这个意义上可以说，它们都是针对人的退化的必要预防措施。

智慧：从古代进入近现代

经过漫长的中世纪，文艺复兴时代的人文学者上下求索，读遍古代的典籍，智慧是他们从古人那里得到的真理点拨。但 18 世纪启蒙时代的思想者找到了一条通往智慧的新路，那就是凭借人的自由意志、理性、和经验科学的方法来认识世界。这使得启蒙和智慧有了全新的现代意义，也成为我们今天绝大多数人认识启蒙智慧的基础。当然，今天仍然还是有许多宗教或其他信徒相信，他们所特别珍视的智慧只能来自他们的祈祷、修炼、静修或神的启示。他们相信，只有从这种感悟获取的心得和体会才能称为真正的“智慧”，这是他们信仰的一部分，但已经不再是今天绝大多数人看待智慧的方式。

今天，我们相信，智慧虽然可能是一种比普通知识更高层次或更深奥的知识，但为了接近或获得智慧，我们不必祷告，不必住在山洞里打坐或静思，我们可以通过阅读和思考，通过人文教育和公民教育，通过与别人沟通，以及从别人的思考心得和体会中学习对自己有用的东西。我们甚至不再把这样的学习结果称为“智慧”，而将之视为对我们必不可少的人生知识，也就是那种具有启蒙智慧价值的知识。这是一种世俗的现代智慧。

今天，有人着意于把这样的世俗智慧与中国传统的世俗智慧联系起来，这当然不是前人没有尝试过的。早在 1938 年，林语堂在《孔子的智慧》一书的“导言”里把孔子的学识赞誉为这样一种启蒙智慧，“孔子的思想是代表一个理性的社会秩序，以伦理为法，以个人修养为本，以道德为施政之基础，以个人正心修身为政治修明之根柢。由此看来，最为耐人深思之特点是在取消政治与伦理之间的差异。其方法为一伦理性之方法，与法家以讲严刑峻法为富国强兵之道截然不同。孔子的学说也是断然肯定的，要求人对人类与社会负起当负的责任，所谓以天下国家为己任，此点与道家的适世玩世又大有不同。”[①]

这是一种世俗人道主义的启蒙智慧，如林语堂所说，“儒家思想所持的是人道主义者的态度，对全无实用虚无缥缈的玄学与神秘主义完全弃之不顾，而是只注重基本的人际关系，灵异世界神仙不朽又有何用？这种独具特色的人道主义中最有力的教义，是‘人的标准就是人’。就凭这条教义，一个常人只要顺着人性中的善去行，就算初步奉行儒家的为人之道了，并不必在什么神上去寻求神圣理想中的完美。”

每一个时代具有智慧意义的知识——照亮人的心灵、开启人的智识、教育人如何看待人的知识、伦理和人性——都有与其目的相一致的特定传播话语形式。孔子没有留下文字著作，他的语录是他的弟子后来记录的，苏格拉底也是这样。

从留下文字的启蒙话语来看，古希腊有史诗、悲剧、历史和哲学；罗马的时候，除了从希腊传来的话语形式，还发展出具有罗马特征的话语形式。“说教诗”（didactic poetry）就是其一，说教诗成为一种与教育关系特别密切的话语形式。卢克莱修的《物性论》教人如何用伊壁鸠鲁哲学来对待人生悲苦和生老病死。奥维德（Ovid）的《爱经》（*Art of Love*）教男人和女人如何吸引或取悦异性，如何有好的行为举止，如何扮演爱情或男女关系中的角色。贺拉斯的《诗艺》（*The Art of Poetry*）指导人们如何理解文学，诗人应该如何或为何写诗。

每个时代都有具体特殊的启蒙话语形式，例如，中世纪的《圣

---

① 林语堂：《孔子的智慧》，湖南文艺出版社，网上资料（无页码）：https：//cread. jd. com/read/startRead. action? bookId = 30312166&readType = 1。

经》寓意诠释和“示例宣教”便是一种当时常用的“启蒙”话语形式。中世纪的启蒙话语也是结合了启蒙者的创造和受众的接受偏好，为了便利它的知识传授而形成的。那时候，教士宣讲基督教的教义——那是最重要的一种启蒙——运用的是一种叫“示例”的说教方法。示例的拉丁语为 Exemplum，也就是“例证”的意思，基本上都是一些道德小故事或轶事，有短有长，有的真实，有的虚构，用于说明一个道德要求或规范。示例也指某个具有示范或模范作用的行为，就像中国的孟母三迁、愚公移山、孔融让梨、韩信谢漂母一饭之恩这样的故事。

从中世纪晚期到文艺复兴，一种新的寻求智慧知识的方式出现了，那就是阅读和研习古代的经典。对文艺复兴时期的人文学者来说，最大的困难就是寻找失落或散失的典籍。就像“文革”的时候，爱读书的人最大的痛苦就是无书可读。薄伽丘就是一个爱书如命的人，他花很多时间在欧洲偏远地区的修道院图书馆里辛苦地搜寻散失的古代典籍。到文艺复兴时期，书籍仍然是罕见之物，人们将之视为珍宝，爱书之切与中世纪时别无二致，偷书犹如偷牛偷马，往往可以判处死刑。当时，许多书籍的主人喜欢在封皮上题写“书咒”，如“此书系我所爱，窃之者为贼；任尔高贵贫贱，盗书必遭天谴”。

中世纪的书籍都是靠手抄本流传，1450 年印刷术发明，在之后的半个世纪里，大约有 27000 余部作品印刷刊行，其间，人们对书籍的巨大需求使手抄本的数量也同步快速增长。出版与阅读的数量均急剧增加并趋于多样化，在两代人的时间内达到了空前的规模。有一种深受读者喜爱、特别具有知识传播效能的新话语形式借助书籍脱颖而出，那就是讽刺，多以腐败的教士和愚蠢的民众为讽刺对象。文艺复兴的启蒙话语强烈地暗示对现状的不满和求变的意愿，包含着心照不宣的挑战和批判，成为宗教改革和文化更新的重要思想准备。乔叟的《坎特伯雷故事》、薄伽丘《十日谈》、拉伯雷的《巨人传》、伊拉斯姆斯的《愚人赞》、摩尔的《乌托邦》都是这种新启蒙话语的代表作。

18 世纪，启蒙的社会批判已经从 16 世纪的暗示转变为明确而系统的表述，尤其在伏尔泰、狄德罗、卢梭、莱辛等人的作品里变得清晰可辨。这一时期的启蒙知识也发展出更具开创性的多种形式，把熟练、有趣、新鲜、有吸引力的文字与社会改革的目的有机地结合在一起。在启蒙话语形式中最具影响力的三种是历史、小说和随笔式论著（本书第七章里有专门讨论）。由于这些话语的巨大知识传播效应，思想启蒙者（启蒙哲人）和受众的知识热情高涨，思想空前活跃，前所未有地在整个社会中形成了全新的风貌和气势，也使这个时代成为名副其实的用首字母大写的 Enlightenment 来特指的“启蒙时代”。

启蒙时代的“启蒙”是一个特别的名称，用来特指西方历史、人类文化史或思想史上从 17 至 18 世纪的时期，称之为“理性时代”。但是，也有史家用理性时代来专指 17 世纪的科学发展时代，而把 18 世纪称为启蒙时代。这两个时代的不同在于，前一时代只是限于很少的高层科学和思想人士，到了后一个时代已经扩展到广大的受过良好教育的公众群体，并进而对整个社会产生影响。

18 世纪启蒙时代的启蒙

启蒙时代的思想家们被称为“哲人”（philosophe），他们并不是“哲学家”（philosopher），虽然这两个字互有联系，但哲人和哲学家并不是同一种人。哲人与其说是专门的哲学研习者，还不如说是“文人”（men of letters）、作家、沙龙里高谈阔论的年轻人。他们用一种在我们今天看来是颇为特别的方式从事知识活动。他们的教养使他们成为文体家或古典学者，他们写剧本，创作诗歌，进行艺术批评，都趣味不俗。他们对文学和艺术，以及对纯粹的思考都非常着迷，自由而率性，甚至被称为“波希米亚”人。他们是一群自由自在、酷爱自由、在旁人眼里像是想入非非，拒绝在社会角色套子里过日子的边缘人。

他们的思想和行为显得不同凡俗，像是心里暗藏着叛逆，行为中流露出不经意的放荡不羁。这使得他们的作品与那些在学院里“做学问”的哲学家或学者非常不同如狄德罗的戏剧议论、休谟论人性的随笔、莱辛在语言学方面的论辩、伏尔泰创作的新古典主义悲剧作品和哲理小说，等等。除了能够使作者感到满足、给读者带来愉悦外，他们的一些作品看上去像是没有直接启蒙效果的“戏作”。但是，在我们今天看来，这样的趣味写作显现了哲人作为“人”的丰富和多面，也让我们对他们的兴趣从作品扩大到了“人”的层面。看不到这个层面，也就很难理解他们的作品为何能在受过相当教育，有良好趣味的公众中间受到热烈欢迎并产生影响。

18世纪的启蒙知识传播发生的一个重要变化是，它所传播的世俗知识不需要虔诚的祷告、不需要苦行或解读天意、甚至不需要像薄伽丘那样翻过阿尔卑斯山，到欧洲每个角落的修道院图书馆里去搜寻古代的文化典籍。人们从此可以方便地从市场购得书籍。阅读是知识发现者唯一需要做的事情。书籍的便利大大减轻了智慧的代价，但是有一个条件，那就是人必须有寻找智慧的意愿，不懒惰、不胆怯地坚持摆脱愚昧和偏见，用康德的话来说，就是摆脱人加于自己的不成熟。这种严肃阅读意愿在18世纪似乎是不言而喻的，非常不幸的是，在今天这个娱乐至死的互联网时代，这种严肃阅读成了非常稀缺的东西。

18世纪的启蒙哲人和他们的作品书籍影响那个时候受过教育的人群，主要表现在三个方面。第一是政治哲学，从17世纪的霍布斯、洛克到18世纪的卢梭，政治哲学开始广为人知，更重要的是，政治哲学为普通人讨论或议论政治提供了一套基本的概念、词汇和说法，如“自然权利”“社会契约”“利维坦国家”“民权”“专制”“暴政”等等。有些后世的历史学家或专门研究者不承认这些观念的重要性，不承认观念真的能影响公众对政治和社会变革的要求和态度。但是，不管怎么说，不管是否能证实其影响，这些观念在18世纪下半叶确实是在被广泛运用，这是有历史证据的，因此是不争的历史事实。

第二个有重要影响的方面是关于知识的理论。洛克、伯克莱（Berkeley）、休谟、康德，他们对知识的认识和看法影响了一般公众。知识起于普通人都能了解并有所体验的经验，可以通过学习和思考上升为具有普遍意义的真理原则。这样的知识需要验证，也是可以验证的，而且是可以通过理性对话来相互交流的。人的认知虽然基于逻辑和科学方法，但却受到人性的激情因素（情绪、感受、感情）的影响，激情因素甚至比理性更有力地影响着人的行为。在影响18世纪认知的思想者中，洛克的作用尤为重要，为此历史学家用了一个形象的比喻：洛克对欧洲大陆的影响，犹如罗马法对日耳曼诸民族的影响。

第三个重要方面是人道观念。人道主义是源于欧洲文艺复兴时期的一种思想，提倡关怀人，尊重人，以人为中心的世界观，主张人格平等，互相尊重。18 世纪的人道主义更明确地形成了基于理性、仁慈的思想理论和世界观。作为一种生活哲学，人文主义通过人道关怀，从仁慈的人性获得启示，并通过理性推理来指导和传播。也可以说，人道主义是一整套以理性推理为思想基础，并以仁慈博爱为基本原则的基本价值观。在这些基本的价值观中，宽容可以说是 18 世纪最重要的公共伦理公共诉求，而同情和仁爱则成为许多人新的个人德性行为原则。

这三个方面合成了一个具有现代特色的观念基础变化，跟一群思想者同时出现在同一个国家、形成一个关系密切的思想群体圈子有关，也可称为“汤浅现象”（Yuasa phenomenon）。汤浅现象原指近代以来科学活动中心在世界范围内周期性转移的现象，由日本科学史学者汤浅光朝在 1962 年提出的。这个说法也可以用来理解人文观念的转折，虽然不一定是周期性的，但也使得观念变化特征显得清晰可见。16 世纪的人文主义主要发生在意大利；17 世纪的科学革命主要在英国；18 世纪的启蒙主要在法国。所以有这样的说法，启蒙运动的根在英国，果实却结在法国。也许在将来的某个时候又会有一个新的观念基础在我们现有的观念基础之上形成，但在那一天到来之前，直到今天，现代价值观念的发展，包括我们期待的人文启蒙，仍然是建立在 18 世纪启蒙的观念基层上的。看到这一点可以让我们一面重视和珍惜启蒙运动的现代观念贡献，一面防止将它们当作最终的真理，并因此变得自大和狂妄。

启蒙的阅读与观念

在观念的转变和发展中，阅读成为一种关键的公众教育机制，小说也成为一种人道知识传播的特殊话语手段。正如平克在《人性中的善良天使》一书里指出的那样，“人类的同情心，并不是人看到另一个生命时就会自动产生的条件反射。……虽然不同文化的人都对血亲、朋友和幼儿有同情的反应，但对于较远的邻居、陌生人、外国人和其他芸芸众生，人们就会有所保留。……是什么力量拓宽了移情的圈子。最好的答案是人们学会了读写。”便利的阅读使得智慧成为一种普通人都能得到的较高层次的知识。这种知识最基本的就是关于人的知识，“阅读就是一种转换视角的技巧。当某某人的思想进入了你的头脑，你就是站在他的立场观察世界。你不仅去看见、去听见那些你并未亲身经历过的场景，你还走进那个人的心灵，暂且分享了一些他或她对世界的态度和反应”。[①]

这是一种情感上的设身处地、将心比心的换位感受，也是一种认知上的换位思考。阅读他人的文字会让你养成一种习惯，那就是将自己放在别人的位置上，跳出自我的限制，这有助于你认知和接受别人的观点。这“可以改变一个人的成见。了解一个只有从外国人的、探险家的或者历史学家的眼睛才能看到的世界”。用旁观者的眼光来看你自己，“有了对自我的意识，才有可能对自己的生活提问，质疑旧俗和常规是否能够改变”。[②]

在情感和认知上与他人换位，以此为特征的人道主义直接推动了 18 世纪的一些社会变革，虽然只是局部的成功，但也还是表明了 18 世纪是一个进步的时代。这些社会改革包括英国禁止贩卖奴隶，也包括刑法和精神病院的体制改革。比如贝卡利亚（Beccaria）主张的刑罚改革。又如法国神经病学家和医生菲利普·皮内尔（Philippe

① 平克:《人性中的善良天使》，第 210 页。
② 平克:《人性中的善良天使》，第 210 页。

Pinel）受洛克和孔狄亚克（Étienne Bonnot de Condillac）的心理学理论影响，从他自己在精神病院工作的实际经验出发，提出人性化对待精神病人的观点。皮内尔因此被视为以人道主义态度对待精神病患者的先驱，当之无愧地成为现代精神医学之父。

由于这样的人道改革，犯罪和精神病不再从神学得到解释，不再是上帝或魔鬼的杰作，而是与社会环境有关，是可以通过理性和实验的方法去解决的世俗问题。一旦启蒙的知识改变了人们的观念，便成为推动法律和医疗体制改变的理论和道义力量。

在 18 世纪启蒙时代，人们逐渐改变了过去两千多年对“智慧”性质的认识，最重要的是在智慧中为“观念”安置了一个不可或缺的位置。智慧曾经是神的启示、是先知从上帝那里感知的奥秘信息、是传统经验的积淀、是苦修沉思的心得、是圣贤的教诲。从 18 世纪启蒙时代开始，以社会个体自我觉醒为根基的智慧来自每个人自己选择、综合、判断的能力，来自他的基本信念。对于提高智慧能力和建立信念来说，起关键作用的是观念的改变。新的观念产生了，代替了旧的观念。越来越多的人也因此变得更加成熟。

今天，“启蒙”就像“人道主义”“浪漫主义”这些含义多样而庞杂的观念一样，被人们在不同的语境中运用，充满了杂乱和矛盾，因此就特别需要追根溯源，弄清楚这些概念最初是从哪里来的，最根本的意思又是什么。启蒙最根本的意思是以某种特别的方式来获得一些特别重要和根本的知识，启蒙因此也被称为是对人生智慧的开启，与一般的知识普及是不同的。今天的人文启蒙正是这样一种与单纯知识普及不同的人生智慧启蒙。

智慧启蒙的途径在古代主要是宗教，或圣人教谕，今天的智慧启蒙更加凸显人文启蒙的性质，它的特殊途径和方式是经典阅读、人文教育、公民教育和批判性思维。在这样的教育中，我们阅读哲学、文学、政治、社会、心理学，这些人文学科的知识都是以观念的更新和发展在发挥最大的启蒙作用和能量。智慧从一开始就是认知与伦理的结合，它的见识与它的向善是联系在一起的，古代如此，今天仍然如此。今天，智慧启蒙的知识影响不仅关乎个人的苦乐、生死观、人生价值观、世界观，而且关乎他对社会正义、国家现状及未来变化的判断和参与方式。

就像人天生就有生存和繁衍的需要一样，人也天生就有对知识的好奇，人对智慧这种更高知识的需要也是与生俱来的。由于智慧是比知识更高的“知识”，实际感知智慧需要的人自然会比感知知识需要的人要少很多。但这并不意味着智慧不是人与生俱来的一种基本需要。

启蒙满足的是人对智慧法需要，正因为人永远会有对智慧的需要，人也永远会有启蒙的需要。在这个意义上来说，断言启蒙已经过时或启蒙已经失败，犹如断言人类已经不再需要智慧，断言智慧对人类已经不再有任何意义。如果人类真的已经走到了启蒙无用这一天，那么人类不管看上去积累了多少“知识”，事实上也已经陷入了精神毁灭、灵魂猥琐、心灵枯竭的境地。

今天，这也许正在变成一种现实的可能，英国小说家 H. G. 威尔士在《时间机器》里设想了这样一个人类文明发展的抛物线轨迹，当文明达到了某个“顶点”之后，便开始无可挽回地持续下降和衰落，直到回到史前的荒蛮状态。我们不知道今天的世界是否已经到达了这个顶点，或是否已经越过了这个顶点。我们也不知道这个文明抛物线究竟是不是人类的宿命。但我们知道，如果我们放弃启蒙，就此躺平，那它就一定会成为我们的宿命。如果我们不放弃，事情也许还有救。这就是启蒙的意义所在，启蒙不是万灵药，启蒙不一定能解救我们，但没有启蒙，我们肯定永远会被奴役，永远不会自由，肯定没有解救的可能。有理性的人不难在可能有救和肯定无救之间做出选择。

启蒙已经义无反顾地做出了它认为是理性的选择。人文启蒙本身就是一种拒绝这种文明抛物线宿命的选择方式。启蒙相信，不管遭遇多少挫折和逆转，人类最终可以不断进步，但这只是一个信念，谁也不能保险未来真的会发生什么。回溯到启蒙的源头，我们可以看到，18 世纪欧洲启蒙人士对世界未来的进步有一种非常现实的态度：一方面对进步持乐观其成的谨慎态度，但另一方面却在不遗余力地为可能的进步尽他们的力量。18 世纪的启蒙运动只不过是人类历史发展过程中的一个阶段性时刻，它所显现的启蒙特征、它所追求的智慧、它的追求方式和目标以及阶段性成就，这些都不是僵化不变的。今天，它之所以重要，是因为它让我们特别清楚地看清了启蒙的智慧前史，还因为它的启蒙特征至今仍然还在延续，并在影响我们今天的世界，而古代启蒙特征对我们今天的影响则已经微乎其微了。

2. 知识的谜和谜底

生死攸关的知识之谜

古希腊哲学家赫拉克利特（Heraclitus，约前 544—前 483）认为，自然和生命是 griphos，即“难解之谜”，而他自己就是解谜者。公元前 5 世纪希腊哲学家、政治家恩培多克勒（Empedocles，约公元前 495—前 435 年）的话语往往偏离清醒的哲学理论，而与隐秘的谜语更为贴近，并且以诗的形式出现。赫伊津哈说，恩培多克勒关于动物生命起源的古怪想法就是与印度婆罗门篇章中狂人呓语般的离题之谈相比也毫不逊色，“从她（自然）生出许多无颈之首，四处游荡的无肩之臂，浮游半空的无脸之眼”。[①] 在恩培多克勒的哲学里，知识便是一个有待猜破的谜语。

谜语以一种独特的方式揭示“知”与“不知”之间的神秘关系，知识存在于似知非知的不明确地带，模糊而难以明确。苏格拉底的诘问式对话是他用来问知的方式，但那告诉他和对话者的却总是“不是什么”，而非“是什么”，也就是说，求知仍然是以无知来告终，所知道的不过是“我不知道”和“我知道我不知道”。

作为谜底的那种神秘知识是非常不易参透和洞悉的。这样的知识，凡人的理性往往无法获得。而且，猜谜是一件生死攸关的事情，要么成功，要么就死，成败在此一举。斯芬克斯之谜一直到来了俄狄浦斯才告破解，斯芬克斯因为谜被猜破而自杀。占卜并不能直接获取答案，占卜的解读才是它的知识结果。解读是一种猜谜，而且是一种更危险的猜谜，因为卜卦的回答常常会因为是“隐秘回答”而答非所问，结果便会成为危险的误解和自杀性的误导陷阱。

占卜要问的是神秘的“天意”，而天意往往是不可泄露的，误会了天意，后果之严重不堪设想。希罗多德的《历史》里就有这样一个因为听不懂，或没听懂的占卜回答而毁掉一个帝国的故事。吕底亚帝国的国王克洛伊索斯仗着国力强盛，准备与波斯开战。开战之前，他请过神卦。神卦告诉他，如果他攻打波斯人，他会摧毁一个

① 约翰·赫伊津哈：《游戏的人》，何道宽译，花城出版社，2007 年，第 129 页。

大帝国。他以为那个大帝国是波斯，但其实是他自己的大帝国。吕底亚的国运已到尽头，神卦都说得明明白白了，但克洛伊索斯目空一切，自以为无敌于天下，所以听不懂神卦的意思。结果吕底亚帝国因为这场战争而灭亡了。

歌剧《杜兰朵》里也有一个谜一般的知识乃生死攸关大事的寓言。在古中国，政府下令，欲娶公主杜兰朵（Turandot）者，须猜对公主的三个谜语；但如果猜错，便要处死。有一位波斯王子莅临求婚，但猜谜失败，将于月出之时斩首。流亡中国的鞑靼王子卡拉富（Calaf）与父亲帖木儿（Timur）、侍女柳儿（Liù）在北京城重逢后，即看到波斯王子遭处决，看到杜兰朵在现场亲自监斩。卡拉富王子被杜兰朵公主的美貌吸引，不顾父亲、柳儿和三位大臣平（Ping）、庞（Pang）、彭（Pong）的反对来应婚，答对了所有问题，原来这三道谜题的答案分别是“希望”、“热情”和“杜兰朵”。

但是，杜兰朵拒绝认输，她向父皇撒泼耍赖，不愿嫁给卡拉富王子。于是王子自己出了一道谜题，公主若在天亮前得知他的名字，卡拉富不但不娶公主，还愿意被处死。公主捉到了王子的父亲帖木儿和丫鬟柳儿，并且严刑逼供。柳儿为了保守秘密，自杀身亡。帖木儿指责杜兰朵是个残忍无情的女子。天亮时，公主尚未知道王子之名，但王子的强吻融化了她坚冰般冷漠的心，而王子也把真名告诉了公主。公主没有公布王子的真名，她公告天下下嫁王子，并说王子的名字叫 Amore，在意大利文中，Amore 就是“爱”。

《杜兰朵》成为一个人必须知道的“重要事情”的寓言，包含着一种对“重要知识”的想象性理解。把这个世界上与人生死攸关的，或其他重要事情的知识想象成许多“谜”，也就是设想，谜底都已经在那儿了，问题只是如何解谜，找到谜底。找到谜底也就是“知道"，"识得"谜中的奥义，那便是"知识"。

在苏格拉底和柏拉图那里，正如我们在《美诺篇》（*Meno*）里看到的那样，关于重要事情的知识在人出生的时候就已经藏在他的记忆里了，只等待到时候被召唤出来。那藏着的便是许多谜的谜底。人在召回记忆，揭开谜底的时候，并没有创造出那里本来没有的新东西。

基督教那样的一神宗教都是重要事情的谜库，是前现代的知识体系来源。如赫拉利在《人类简史》里所说，这样的宗教"假设世上所有重要的事情都已经为人或为神所知。这些全知者可能是某些伟大的神、某个全能的神或是某些过去的智者，通过经典或口传，将这些智慧传给后人。而对于平民百姓而言，重点就是要钻研这些古籍和传统，正确加以理解，就能获得知识。在当时，如果说《圣经》《古兰经》或《吠陀经》居然泄漏了某些宇宙的重大秘密，而这个秘密又居然能被一般血肉之躯的人给发现，这简直是不可思议的事。"①

在这样的知识体系里（包括非宗教文化所尊奉的往圣先贤的"经"书），重要的事情——人从哪里来、活在世上有什么意义、应该成为怎样的人、什么是好的政治和社会生活、道德和正义是什么——都是有谜底的。而在那些知识体系里没有谜底的事情——为什么有的花有香味，有的不香；为什么有的鸟儿都是在清晨鸣叫、为什么水往低处流、为什么人能感受到喜怒哀乐、为什么有人能察明暗冷暖——则是不重要的，因此也就是可知可不知的了。

17 世纪科学革命彻底改变了这样的"谜底"知识观念。人们认

---

① 尤瓦尔·赫拉利：《人类简史》，林俊宏译，中信出版社，2014 年，第 243 页。

识到，许多事情，不管多么重要，是找不到现成谜底的。人还有许多没有谜底的重要事情需要去知道。而且，以前被认为不重要的事情其实非常重要，我们大脑里产生意识的原因直接决定了对“知识”或“美德”是什么的回答。我们又以一种不同的方式回到了苏格拉底的古老问题，如果我们不知道知识或美德是什么，那么我们怎么谈论或学习知识和美德？苏格拉底认为，对这样的问题是没有答案的，而17世纪之后的人们相信，这样的问题应该是有答案的，虽然一时还没有找到，但不断寻找，也许就能找到。寻找知识，无论结果如何，这本身就是热爱知识的人会乐此不疲地去做的事情。这也就是我们今天的启蒙对待知识的基本态度和立场：启蒙不是传播关于终结真理的知识，而是传播为何和如何寻找可靠知识的知识。

知识的神奇魔力

对于远古时代的人类来说，行动勇猛取决于身手矫健和孔武有力，而见识高超则是一种神秘的魔力。他们认为任何特别的知识都是神圣的智慧，深奥莫测，魔力无穷，因为它们都与宇宙秩序直接相关。由于神的命令及各种仪式的举行，世界万物才能井然有序，生命才能繁衍，人类才能获救——而这个宇宙秩序，只有通过有关神圣事物及其神秘名称和世界本源的知识才能获得最有力的保障。有鉴于此，各种宗教仪式都需要遵循神圣的知识，因为人们说的每一个字都直接影响到宇宙秩序。罗马人对祭拜神明有严格的规定，必须按照十分严谨的规范举行。仪式的前后顺序、细节都有专门规定，不得出现丝毫的差错。例如，在进行祭奠时，原本应该先踏出右脚的祭奠执行者若不小心踏出左脚，整场祭典就必须重新开始。祭典必须保持非常严肃、庄重的氛围，只有这样才能表达出对神的虔诚、敬畏与谨慎的态度。这就是他们的宗教知识。

英国著名人类学家玛丽·道格拉斯（Mary Douglas）在《自然的象征》（*Natural Symbols*）一书里说，今天的人们很少能懂得仪式对于古人的重要性，仪式已经变成了一个“贬义词”，被认为只是指“空洞的一致”（empty conformity）。[①] 现代人对仪式的理解并没错，因为他们生活中的种种仪式确实是装模作样的模式行为：举手敬礼，宣誓说些套话，整齐划一的正步游行，甚至也有学校组织学童在操场上集体给父母洗脚以示孝心。仪式其实就是一些以集体性代替个性，压制个性的强制一致行为。但是，在古代不是这样的，仪式是约定俗成的符号，充满象征意义和实际诉求，向参加仪式的人传达一些需要由权威人士来解释的谜一般的信息和知识。

古代的特殊知识权威人士都是与宗教有关的。古代宗教在寻求知识的时候，依赖的是超自然的神启，神将这样的知识和见识直接授予先知或宗教领袖。他们宣称，来自神的智慧和愿景（visions）是全能的神授予人类的绝对、不变的真理。在旧约里，耶和华在山顶上直接将“十诫”的真理授予摩西，而整个《圣经》都是上帝向上帝选民的无数戏剧性启示。神的启示大多是神秘的，需要通过经过特殊训练的僧侣“阐释”，才能被普通信众所理解。

对于任何一种宗教的信仰者们来说，他们向神虔诚地祷告，由此得到的领悟或想法也都被当作是来自超然神力的特别赐予。古人还用占卜的方式来询问神意，求得与他们命运生死攸关的消息。对远古文化的研究至少发现了 50 多种不同的占卜和问神方式，有的简单，有的复杂。祭坛上缭绕的香烟、动物的内脏和骨头、天上的飞

---

① Mary Douglas，*Natural Symbols*. New York：Routledge，[1970] 1996，p. 1.

鸟、地上的走兽、天文星相，无不蕴含着神秘的深奥意蕴。一直到20世纪，美国还有2000万人相信占星术。无论是在西方还是在中国，不同形式的占卜仍然是一种活跃的民间文化；大体的趋势是比古代简单，但持续不断，像是看手相和面相，用米粒、数字和字画卜卦。据内行人说，《梅花易数》一书中，洋洋洒洒罗列了如物数占、声音占、字占（字占中包括了一字占、二字占、十一字占）以及丈尺占和动、静物占等等。还有像扑克牌算命、塔罗牌法，乃至于咖啡杯中残余的咖啡渣图案，皆可预示吉凶！

这样的“知识探求”虽然神秘，但已经超出了宗教范围，知识传授人也已经从传统宗教的先知变成了俗世间的“奇人高士”。他们虽非宗教人士，但因为不凡的天赋，上知天文，下晓地理。他们身上总带着一种神秘的色彩，让人感觉到一股妖气或仙气，诸葛亮、刘伯温就是这样的人物。奇人高士的特殊知识本领来自一种神秘的研习，但更是得益于他们绝顶聪慧的天赋、直觉和本能。还有一种在常人看来神神叨叨的“异人”，行为怪异但据信有着不凡的神性和神力，他们能洞察和知晓一般人不可能知道的事情。古代人对这样的知识人物既害怕又崇敬。

今天我们知道，这种神秘兮兮的奇人高士很多都是癫痫、歇斯底里症或神经衰弱症的患者。心理学研究也发现，使用药品、酒精、幻觉蘑菇的人，或由于长期禁食、肉体折磨、旋舞等等，人就有可能会胡话连连，被人误以为是特别的智慧显现。英国哲学家罗素在《西方哲学史》里说，美国哲学家威廉·詹姆士“描写过一个人从笑气里面所得的经验；这个人只要一受笑气的作用，就知道了全宇宙的秘密，但是当他醒过来的时候，就又把它忘记了。最后他以极大的努力，乘着这种景象还未消失，就把秘密写了下来。等到完全清醒过来以后，他赶忙去看他写的是什么。他写下的是：‘整个都是一股石油的气味’。看来好像是一种突如其来的洞见的东西，很可能是把人引入歧途的。”①

除了宗教的神启和奇人高士的神秘直觉知识，各种权威是古人知识的又一个来源，可以是传统、习俗的文化权威，也可以是社会中特殊阶层或文化人士的权威，如皇帝、名流、社会贤达、领袖等。来自传统习惯的权威知识往往以箴言、格言、成语等形式流传民间。诗也是一种特别重要的话语传媒方式。正如赫伊津哈所说，“古代诗人的真正名称是 Vates，着魔者，神灵照耀者，呓语者。这些品性同时暗示着他拥有非凡的知识。他是知情者……。诗人预言家这一身分逐渐分化成先知、牧师、占卜者、神秘主义的解释者以及我们现在所知的诗人等种种角色，甚至还分化成哲人、立法者、雄辩家、鼓动家、智者以及修辞家，都是从 Vates 原始的综合类型中派生出来的。所有早期的希腊诗人都显露出他们共同祖先的印迹。他们的功能明显是社会性的；他们言谈举止好像是自己人民的教育者和监督人。他们是民族的领袖，其位置后来被智者所篡夺。”② 荷马、维吉尔、但丁都曾是这样的诗人权威。

哲学家也是一种享有特殊权威的知识身份，“最早的哲学家以一种预言式和迷狂式的口吻发话。他们这种极度的自我肯定与祭祀牧师和神话奥义阐释者相同。他们的话题涉及万物之源、开端及自然。他们的解答不是来自沉思或辩论，而是刹那间的洞察。这一古老的宇宙起源问题历久不变。自从远古时期以来它就以谜语形式出现，

① 罗素：《西方哲学史》，何兆武、李约瑟译，商务印书馆，1982 年，第 166 页。
② 约翰·赫伊津哈：《游戏的人》，第 133 页。

以神话形式解答。哲学和科学要独立出来，关于宇宙形状的悬想就必须从各种神秘宇宙学的奇异幻想中解放出来。”①

这是一种古老意义上的“哲学”，与今天人们所理解的那种自成体系，且奥涩难解、冷僻艰深的专业哲学不同。它关心的问题都与普通人的生存苦恼或困境有关。今天这样的问题仍然在困扰我们。我们无法控制的东西太多了、我们想知道如何去生活、（在当下）如何行动、如何才能排除内心的纷扰和不安宁、如何才能变得聪明起来、如何才能辨识真假和善恶、人为什么还在受苦、如何应对不可预测的命运、如何才能尽力做到最好、如何知道“我是谁”并为自己寻找人生的意义和价值、如何平衡生活中的物质和精神需要、如何追求幸福和享受生活、如何克服心里的欲望、害怕或恶的冲动、如何应对邪恶、如何面对死亡等等。古代哲学家对这些问题有许多“刹那间的洞察”，成为他们对人类文明最重要的贡献。今天，我们通过人文启蒙不断叩问这样的问题，虽然得不到最终的答案，但提问本身就是一种作为万物之灵的人所特有的精神需要。

知识：从不可教到可教

到了公元前 5 世纪希腊启蒙时期，这种“刹那间洞察”的哲学直觉已经被“智者”到处传授的实用性知识所动摇和颠覆，哲学家也从此与智者结下了梁子。智者传授的知识叫“技艺”（arts）。修帐篷、训练马匹、驾驶船只、吹奏横笛需要技艺；在公民大会上发表意见、在法庭上辩论案件，同样需要技艺。前一种技艺是在家庭里由父亲传授给儿子的；后一种技艺则由智者传授给需要的人，是要

① 约翰·赫伊津哈：《游戏的人》，第 129 页。

收费的。具体而言，他们传授的是修辞、逻辑、语法、辩术这一类与文字运用有关的技艺。

智者改变了知识传授的方法，也改变了知识运用的目的。新的知识传授者试图汇集所有由他们之前的思想家已经累积起来的科学及历史知识。他们的活动特别着重于青年人的塑造，着眼于政治生活的成功，这与修炼个人德行的目的有所不同。智者派的教育是对当时雅典社会知识需要的回应。民主生活的繁荣要求它的公民——尤其是那些希望取得权力位置的年轻人——能熟练掌握语言，这就像今天无论哪里都会要求年轻人会使用电脑和手机一样。

智者派发明了一种人工环境下的教育，在纯粹的“知识体系”内进行操作。他们是专业的教师，首先是教育家，他们为了薪酬教给学生简洁表达的方法和技能，使他们容易说服听众，用相同技巧为某个论证的正方和反方来辩护（antilogia）。拥有这种技巧的学生可以为好事辩护，也可以为坏事辩护，老师只管传授知识，不问学生如何或为何运用知识，更不为学生在社会上如何做人负责。苏格拉底和柏拉图批评智者派是知识的贩卖者，是零售批发的生意人。

哲学家苏格拉底鄙视这些收学费教授话语技艺的智者。他自己也收学生，但不收学费，至于教的是什么，连他自己都不知道。知识是否可教？对这个问题的回答分歧反映在苏格拉底和智者（被错误理解为“诡辩派”）的对立上。智者们——他们就像今天当教师并以此谋生的人——自称是知识和美德的教师。但苏格拉底认为，如果不知道知识或美德是什么，那么知识和美德便是不可教的。苏格拉底认为，这两者都是一般人没有希望获得的。甚至精选的少数人——苏格拉底自己欣然承认其中包括他本人——都无法掌握它们的定义，因此，他们事实上也是无法传授知识和美德的。如果苏格拉底是对的，那么智者们则都是冒牌的骗子。今天的大学里有很多这样的骗子，但原因与苏格拉底所说的不同。

从色诺芬和柏拉图的记述来看，苏格拉底和智者们的对立使智者蒙上了污名，智者（sophists）成为诡辩和骗子的代名词。然而，在此以前，sophistes 这一名称有褒义而无贬义。在荷马的著作里，sophie 是一种技能，不论哪一种技能。因此 sophie 这个名称指的是技能娴熟的工匠，或者艺术家，不久也用于称呼占卜者、诗人和乐师。传说中的希腊七贤人也被称作 sophists，还有苏格拉底以前的哲学家也是如此。在罗马帝国，sophistes 则是教授希腊修辞学和哲学的教师的尊称。

雅典的知识政治经济变化不可避免地改变了什么是“有价值的知识”的观念。有价值的知识已经不再是唯独哲学家才有的那种“刹那间的洞察”，而是普通人都能通过交学费找老师学习的“技艺”。今天的莘莘学子在学校里学的就是这样的技艺知识。它不再是神秘的、无迹可寻、虚无缥缈的东西，而是一种可以分成科目、分门别类、编成教材、并具有传授操作性的东西。这就是从文艺复兴，到 17 世纪科学时代，再到 18 启蒙时期，人们所关心的那种知识。现代教育的理念就是在这种知识的基础上发展起来的。

从此，知识成为一本打开的书，而不再是一个待解的谜。这是现代知识观与古代知识观的根本不同。在古代，无论是神启的、直觉的还是权威的知识，都是没有方法可循其发生踪迹的，古代虽然有知识的观念，但却没有我们今天所知道的哲学认知论。在希腊哲学里，人的知识只能被设想为预先已经存在于人的记忆里，等待唤醒的神秘信息。智慧之人被设想为一个解谜高手，索福克勒斯的

《俄狄浦斯》一剧里，俄狄浦斯因破解了斯芬克斯之谜，受人崇敬，并被拥戴为王。

但是，从近现代开始，人们对知识和智慧有了全新的认识，知识是可以传授的，而对人生价值和意义最有启发、醒悟和指导作用的知识就是智慧。正如弥尔顿在1644年致友人的《论教育》中指出的那样，知识是一个恢复对造物主"正确认识"的必备条件，"用这种知识去爱他、模仿他、像他一样，使我们的心灵更接近真正的德性，与美好的信仰相结合，使之趋于至善。但是，我们的理解不能在自身内找到，要在能感觉到的事物中找到，它不是明显地来自对上帝的知识和不可见的事物，而是来自有规律地研究可见的事物。"①这种对知识与客观规律关系的理解在17世纪已经形成了近现代认识论革命的一个主题。

3. 经验的知识需要验证

说17世纪的科学革命带来了近现代的认识论革命，是一点也不夸张的。没有这场革命就不会有18世纪的启蒙运动，也不会有我们今天从那个时代传承而来的启蒙思想传播。

在近现代哲学里，认识论，也就是关于认知问题的哲学思考，占有重要的地位。希腊人以知识作为最高的理想，但他们还没有把认知论问题纳入他们的哲学思考，这样的情况从希腊时代到罗马，再到中世纪和文艺复兴一直没有根本的改变。是17世纪近代科学的

---

① 任钟印主编：《西方近代教育论著选》，第3页。

发展使得认识论问题变得尤为突出，成为科学家和思想人士的关注重点。这是近代哲学的一大发展，也深刻地影响了 18 世纪启蒙人士对知识的看法。

知识的经验论和唯理论

近代哲学一开始就存在着两种认识论：经验论和唯理论。围绕着知识问题，哲学家们展开了激烈的争论，一些哲学家认为一切认知归根到底都来源于感觉经验，所谓科学知识——主要是实验科学——乃是对于感觉经验归纳的结果。而另一些哲学家则认为，感觉经验是相对的和个别偶然的，因而是不可靠的。所以，具有普遍必然性的科学知识不可能建立在这样不可靠的基础之上。如果有科学知识（显然我们的确有科学知识），那么它就不能以感觉经验为基础，而只能是从理性所固有的天赋观念中推演而来。惟有如此，我们才能说明科学知识的普遍必然性。这两种观念，前者被称为经验论，以培根、洛克、巴克莱和休谟为主要代表；后者被称为唯理论，以笛卡尔、斯宾诺莎和莱布尼茨为主要代表。

经验论与唯理论是两种不同的哲学模式。经验论和唯理论的根本区别在于，经验论得出的知识，它的普遍性是有缺陷的，可能需要不断修正，甚至推翻和改变。唯理论的知识是具有普遍性的，从它的知识大前提用逻辑推导出来的所有知识结论，都因为大前提的可靠而可靠，但也会因为大前提的错误而错误。因此，这两种认识论都不是完美的。

在这两种认知论中，18 世纪启蒙思想家基本上都是站在经验主义一边的。不是出于哲学论战的理由，而是因为他们本来关注的就是社会的日常现象，对之提出批评或改变的建议也是出于实用而非抽象的认知和道德改良需要。他们强调运用理性，这个理性是经验性的，不同于唯理性主义的那种绝对理性，他们将后者称为“形而上”或“形上学”，他们对唯理性主义的辛辣嘲笑成为颇具戏剧色彩的哲学表演。

经验论者关注的是经验，并且认为一切知识都来源于经验，没有其他的来源。因此，他们的思考主要集中在从经验中得来的感觉材料是如何构成知识的。他们不认为理性在认识中除了分解和组合感觉经验材料之外还有什么特殊的作用，所以他们普遍排斥形而上学的唯理性（唯理论）立场。今天，有的人把启蒙哲学倡导的“理性”错误地当成“唯理论”的理性主义来批判，是完全搞错了对象。

伏尔泰在《哲学辞典》“结论”（consequence）词条里以他一贯的幽默和调侃说了一个“唯理论”的小故事：“印度人的佛的父亲是一头大象。这头大象降尊叫一位印度公主生了个孩子，公主从左肋下生出佛来。这位公主是印度一位皇帝的御妹，所以佛是皇帝的御外甥，而大象和君王的孙儿们也就成了表兄弟了。所以，根据该国的法律，皇室一经绝嗣，象的后裔就应继承皇位。原则一定，结论就再清楚不过了。”①

唯理论的毛病就是从“原则”推出所有的“结论”，逻辑推理没有问题，但原则是否正确可靠却从来没有得到验证，因为没有人敢于质疑原则的真理性。这不只是哲学上的原则，而且还是政治的、意识形态的原则。这就是伏尔泰嘲笑的那种唯理论原则。对 18 世纪启蒙人士来说，唯理论（或形上学）是一个野心过大而不务实的思想方式，追求一种依靠虚妄的想象创造出来的整全体系。伏尔泰对此评说道，“我们不应该说，让我们开始创造原则，从而我们可以解

① 伏尔泰：《哲学辞典》，王燕生译，商务印书馆，2009 年，第 378—379 页。

释一切；我们应该说，让我们对事物作出准确的分析，然后尝试着去看，这种种不同中是否有一种原则可以解释一切……大法官培根指出了科学也许应该遵循的道路。……但是笛卡尔出现了，与他应做的背道而驰：没有研究自然，而是希望可以预测她。……这位最好的数学家在哲学上只是妄想而已……让我们去计算、称量、测量、发现吧，这才是自然的哲学，剩下的几乎全部都是虚无妄想。”①

伏尔泰嘲笑和批判“一切从原则出发”，政治意味是非常明显的，不过，他晚年全身心投入了反抗教会暴虐的斗争中，而对政治的批判则退居其次。他说，“政治不是我的本行，我总是尽己所能使人变得更智慧和更有尊严。”他知道政治哲学可以变得很复杂，随着年龄的增长，对这一点他深信不疑。“我厌倦了那些坐在他们自己的阁楼里统治国家的人”，“这些立法者草率地统治世界……他们没法管好自己的妻子或家务，却很享受管理整个世界”。②

伏尔泰鄙视那些“在阁楼里统治国家的家伙”，自己的事情都管不好，却自以为掌握了真理原则，就可以把整个世界管理起来。他之所以特别关注法国专横的宗教势力，是因为宗教改革在法国的失败，使得法国人在主教绝对正确和完全不信教之间没有折中的选择。1933 年至 1945 年纳粹统治德国时期，德国人面临着同样的困境，希特勒就是那个要把整个世界管理起来的家伙，德国人在希特勒绝对正确和希特勒是个疯子之间，没有折中的选择。

18 世纪，当德国和英国的知识分子还在宗教发展道路上昂首阔步时，法国思想家已经从屠杀胡格诺派的狂热转向了冷酷的敌对，

---

① Georges Pellissier，*Voltaire Philosophe*. Paris：Librairie Armand Colin，1908，pp. 29－30.

② Georges Pellissier，*Voltaire Philosophe*，p. 237.

狄德罗、拉美特利、爱尔维修、霍尔巴赫都对法国人的宗教进行了攻击。晚年的伏尔泰对天主教的反感更是超过了对政治的不满，这种强烈的反感与他对形上学的厌恶是密不可分的。宗教是形上思维之树上生出的一枚最为璀璨的果实，这棵树上还结出来其他看似美丽的果实，有的只是不可食用，有的能致人于死命，现代的意识形态就是那样的果实。伏尔泰当然不可能预见到这些现代果实。今天的政党意识形态已经成为新宗教。“理性”与“信仰”面临新的冲突，在这种情况下，伏尔泰对宗教形上思维的批判对我们今天需要的意识形态批判仍然有借鉴的意义。

现代人以为自己可以摧毁宗教，但他们却炮制出了一个更糟糕的“宗教”——意识形态。其实，就像灾难性的宗教一样，灾难性的意识形态之所以可怕，不在于它本身，而在于它煽动起来的狂热、暴力和恐怖。法国革命的有害意识形态不是理性、不是人权观念，而是“暴力革命”：以为彻底粉碎了旧制度就能造就一个完美的新世界，而实现这一目标的唯一方式就是恐怖与暴力。法国思想家雷蒙·阿隆在《知识分子的鸦片》一书中说，当一种政治主张借由“科学”、“理性”的名义，成为不可质疑、不容证伪的意识形态，那么它就已经蜕变为一种新的“宗教”（宗教形而上），并且比所有传统宗教都更霸道、更排外。需要特别指出的是，变成宗教的是那种政治主张，不是科学和理性。[①] 因此，我们要反对的是那种政治主张，不是科学和理性。不要拿科学和理性当那种政治主张的替罪羊。只有理性才能戳破那种政治主张编制的形而上神话。

---

①《警惕知识分子的鸦片——当意识形态成了新的“宗教”》：https：//mp. weixin. qq. com/s/9X8ipaNuVqpcak-sc7BmSA。

经验的智慧

对大多数启蒙时代的思想人士来说，关键问题不在于经验的局部知识和理性的系统知识孰优孰劣，而在于自诩具备完美系统和普遍意义的真理知识体系本来就是不可能的，不过是一个画饼充饥的神话。怀疑任何自称是具有普遍意义的知识体系（真理思维），这既是启蒙认识论的“哲学批判”，也是启蒙实践所奉行的知识原理。因此，我们看到，18 世纪启蒙思想者自己并不试图建立任何一种统一的、真理性知识体系，相反，他们之间在具体问题上充满了矛盾。这个时期“权威”的《百科全书》的知识不仅是局部的，而且有各种不同的观点。

怎么来理解这种局部启蒙知识的认知意义呢？它包含着怎样的知识与启蒙的关系呢？

从认知上说，启蒙要传播的不是所有的知识，而是经过检验的可靠知识。而且，启蒙要传播的是一种经过哲学理解的知识，它具有深入和整合这两个特征。这两个特征的知识都需要知其然，还要知其所以然，且不能知其一，不知其二。知其然，不知其所以然，或者只知其一，不知其二，都是有缺陷的知识。

知识若能知其一，又知其二，便有可能成为不同程度上的智慧，这样的智慧属于遇事能够追本究源的人，并非人人都有。追本究源需要求甚解，求深刻、求彻底，但不是在细枝末节上这么做，而是在具有普遍意义的问题上穷追不舍，是关乎“大者”的知其所以然。这就有了“知”和“识”的区别。知是信息，识是判断；知只是途径和资源，最终的目的的判断才是识。人文启蒙是让人成为有识之士，而不只是有知之士。

有识之士能根据自己实际经验或吸收而来的经验，对环境做出最有效的反应。它取决于正确、成熟的判断力。这种判断力甚至可以弥补学习普通教育知识的不足，因为不良的学校教育反而会使人丢失这样的判断力。这样的判断能力，不是直接从老师那里学得的，而是由学生自己体验得来的，是由经验、观察、实践，以及由此增进学识的习惯进展而来。它不能作为学校里教授科目的一种。判断力的有无，与一个人的人生意义和价值观，与理解自己行为的责任和做人的义务，关系极大，对他与社会和世界关系的认识也是至关紧要。

知识和智慧的差异不是绝对的，而是比较出来的，不同的智慧也是比较出来的。知识一般来说是分学科的，隔行如隔山；局部的知识是分学科的，而整体的明了，本质的智慧，是不分学科的。因此，这个学科的智慧也可以用到那个学科里。一个人先学习知识，然后运用知识，在运用中融会贯通，不仅知其然，而且知其所以然，透彻理解，在专门领域内灵活运用、得心应手。这时候，他可以说是获得了局部的智慧。然后，为了在知识和学识上登高及顶，他又去了解相关领域的新进展，和其他领域的从业者交流，在别的领域之中发现新的思想，方法，移植到自己的事业之中，这样，这个人就具备了局部智慧之外的智慧。

技能性局部智慧与体悟人生意义和价值的整体智慧是可以区别的。欧阳修的《卖油翁》讲的是局部的技能性智慧，而柳宗元的《种树郭橐驼传》讲的则是整体的养生和养民的智慧，孰小孰大，不难辨别。

《卖油翁》的故事说："陈康肃公尧咨善射，当世无双，公亦以此自矜。尝射于家圃，有卖油翁释担而立，睨之，久而不去。"卖油翁见陈尧咨射箭十中八九，只是微微点点头，这让陈尧咨很是不爽。

他嘲讽卖油翁道，“你也懂得射箭吗？我的箭法不是很高明吗？”卖油翁说：“没有什么奥妙，不过是手法熟练罢了。”这下陈尧咨真生气了，怒道，“你怎么敢轻视我！”老翁说：“凭我倒油的经验就可以懂得这个道理。”于是拿出一个葫芦放在地上，把一枚铜钱盖在葫芦口上，慢慢地用油勺舀油注入葫芦里，油从钱孔注入，而钱却没有湿。老翁说：“我也没有什么奥秘，只不过是手熟练罢了。”这是一个和庖丁解牛、轮扁斫轮差不多的故事，说的是技能性智慧。

《种树郭橐驼传》就不同了，驼背郭橐驼是个种树的能人，长安城里经营园林游览和做水果买卖的豪富人，都争着把他接到家里奉养。他种的树没有不活的，而且枝叶茂盛，果实累累。别人暗中学习，也都学不会他的绝活。有人问他其中的诀窍，他回答说：我种树，只不过能够顺应树木的天性，来实现其自身的习性罢了。但凡种树的方法，无非也就是要让树根舒展，培土平均，树根下的土要用原来培育树苗的土，捣土要结实。一旦已经这样做了，就不要再动，不要再忧虑它，离开它不再回顾。栽种时要像对待子女一样细心，栽好后要像丢弃它一样放在一边，那么树木的天性就得以保全，它的习性就得以实现。

种树的老郭说，我种树，只不过不妨碍它的生长罢了，并不是有能使树长得高大茂盛的办法；树上果子结得又早又多，并不是因为我有什么特别的办法，我只是不帮倒忙而已。别的种树人却不是这样，他们老是折腾树，按自己的意愿，培土的时候，不是过多就是过少。他们还老是对树不放心，早晨去看了，晚上又去摸摸，已经离开了，又回头去看看。更严重的，甚至用指甲划破树皮来观察它是活着还是枯死了，摇晃树根来看它是否栽结实了。虽然说种树的人爱护树，为树担心，但实际上是害了它，不让它好好地自然生长。

柳宗元在故事结尾处将其深层意思点破。有人问郭橐驼，把你种树的方法，用到做官治民上，可行吗？郭橐驼说：“我只知道种树罢了，做官治民，不是我的职业。但是我住在乡里，看见那些官吏喜欢不断地发号施令，好像是很怜爱（百姓）啊，但百姓最终反因此受到祸害。早上晚上都有小吏跑来大喊：‘长官命令：催促你们耕地，勉励你们种植，督促你们收获，早些煮茧抽丝，早些织你们的布，养育你们的小孩，喂大你们的鸡和猪。’一会儿打鼓招聚大家，一会儿鼓梆召集大家，我们这些小百姓停止早饭、晚饭去慰劳那些小吏尚且不得空暇，又怎能使我们繁衍生息，使我们民心安定呢？”柳宗元不是在提倡无为而治，而是为了矫正烦苛和折腾之过。

如果今天的父母都能像郭橐驼种树那样培养子女，或者当官的都能像郭橐驼种树那样治理百姓，那么，受到这样对待的子女和百姓就有福了。这便是一种懂得如何既爱护、关怀，又顺其自然，养民者当顺人性的大智慧。它看上去很平凡，但却是许多高学历和位高权重者没有能参悟到的道理。

《卖油翁》和《种树郭橐驼传》各自说了一个关于智慧的故事，但说的却是两种不同的智慧——前者是熟能生巧的智慧；后者是举一反三的智慧。前者只涉及技能；后者则从技能跨越到“养民”，即官和民、政府和治理，以及政治的目的。相比起前者来，后者更能以小见大、见微知著，也比前者更有想象的空间和联想的价值，因为前者只是同类联想，而后者则是跨类联想。《种树郭橐驼传》里的“种树”成为一个观念的隐喻，比普通的形象隐喻包含更多可以上升为一般认知的概念和观念。普通隐喻只是用一物代替另一物，尽管表面上有变化，但内在意义不变；而观念的隐喻则指向某种一般的道理或规律，内在的意义得到了深化和提炼。而这正是人文阅读所追求的一种阅读联想效果，因为这种联想效果，阅读也就有了一种开脑洞的哲思意味和乐趣。

4. 现代启蒙知识的批判意向

《圣经》智慧与近现代启蒙智慧的不同

《圣经》的智慧书属于古代近东智慧文学的范畴，智慧文学的重点是关于上帝、人类、创造、邪恶和苦难的本质的存在性问题。在今天的《圣经》智慧书有五个部分，分别是约伯记、诗篇、箴言、传道书、雅歌，许多人会误以为其中的智慧是圣贤或高人的睿智卓见，然而，《圣经》最初的对象不过是打鱼的、修网的、赶毛驴的、种田的、打马掌的、开小旅馆的，对他们来说，深奥难解、高深莫测的智慧，不仅门槛太高，而且也全不相干。《圣经》里的智慧是对普通人有意义，也是他们应该获取的智慧：如何敬神、善待自己的邻居、遵守上帝的戒律、对来世的解救保持信心等等。

我们今天对智慧的理解与《圣经》里的智慧显然是不同的，主要表现在三个方面：一、知识与智慧的关系；二、智慧的话语方式；三、智慧注重守成还是批判。这三个方面都应该成为我们今天传播启蒙知识时的考虑因素。

第一，知识与智慧的关系。司考特在《智慧之道》（*The Way of Wisdom*）一书里指出，古代的时候，智慧与知识之间并不像今天这样有着清楚的区别，“智者（智慧的人）首先是一个有知识的人，他有特殊的技能，更重要的是，因为他具有对人生正道和意义的不凡知识，他可以对他人有所教诲……做人的正道便是智慧，歪门邪道便是愚蠢"[1]。

我们今天一般把智慧理解为一种对实践和行动有指导价值的综合智识能力：包含理解、联想、情感、逻辑、辨别、分析和判断。智慧可以使人对世间的人情世故、做人处事、知天达命的道理有深刻的认识。这样的智慧又被称为"做人的学问"。无论是"智慧"，还是"学问"，都是比"知识"要高的境界。知识不过是你从别人那里得来的一堆未必经过验证的杂乱信息；学识（或学问）是你经过自己的思考、验证和厘清的，因此比较可靠和确定的知识；智慧不仅是可靠的学识，而且还是一种有道德目的的行动。

第二，智慧的话语方式。古希伯来、埃及、美索不达米亚的历史文化中都有一种"智慧文学"的文字记录。《圣经·旧约》的"耶利米书"（18：18）和"以西结书"（17：26）都说到以色列社会里三种向导式的人物：先知、祭司和智者（长老）——先知求异象、祭司讲律法、长老设谋略。智者的长老乃是谋略之人。犹太人是上帝的选民，先知属于自己的民族，而且只是属于他们自己的民族。他们只关心作为"上帝选民"的犹太人，他们的任务便是沟通上帝和他的选民。祭祀的工作是主持敬拜和献祭的仪式，讲解律法，教诲人对上帝的义务。先知、祭司的话语都代表宗教权威。

和先知、祭司不同，智者长老不诉诸神启和宗教的权威，"他们关注的是作为个体的人，或者更确切地说，关注的是处在个体与社会关系中，以及处在他个人思考中的个体。智者建议的是人在每天工作的世界里应该如何行事、应该具备怎样的人品、何为可以称善的生活方式，因为那是一种一以贯之的，有价值、有意义的生活方

---

① Robert Scott, *The Way of Wisdom*, p. 3.

式。他们说话所依据的权威是道德经验，以及真正有宗教信仰之人的成熟智能。他们的方式先是建议和教诲，然后是说服和论辩”。[1]

古代智慧运用的主要话语方式包括：诗、箴言、成语、教谕故事、寓言、“示例故事”。《圣经》福音书里就是耶稣的故事汇集，一直到中世纪，“示例故事”（Exemplum，起励志或警示作用的小故事）仍然是基督教智慧的主要劝说话语，中世纪有不少专门提供这类例证小故事的书籍，供教士们方便运用，书里的故事包括寓言、民间故事、传说，还有历史或自然故事等等。著名的例证集子有，《维特列的雅各所编的示例故事》（*Jacques de Vitry's book of exempla*，约公元 1200 年）、《谢立冬所编的寓言故事》（*Odo of Cheriton's Parabolae*，公元 1225 年后）、《波宗的尼古拉斯所编的道德故事》（*Nicholas Bozon's Les contes moralisés*，公元 1320 年后）都是中世纪广受欢迎的故事集子。

箴言、格言、励志故事所包含的是一种被称为“常识”的智慧，没有受过教育的普通人最容易被这种“智慧”所吸引。早期基督教在社会底层人群中传播，起到艰难人生“逃生门”（escape hatch）的作用。他们到基督教会里寻找受苦受难的同伴，抱团取暖，用一些现成的“人生智慧”互相安慰。在这样的群体里，寻找智慧成为一种逃避现实困境的方式。一直到今天，在一些特定的人群中仍然是这样，他们也把各种心灵鸡汤当作是指导他们人生意义的“智慧”。

这种常识智慧的特点就是零零碎碎、互不联系、不成系统；各部分之间也多有矛盾和歧义。同一件事，拿来励志的时候可以说

---

① Robert Scott，*The Way of Wisdom*，pp. 4 - 5.

“愚公移山”，拿来警示的时候可以说“蚍蜉撼大树”；同一件事可以说“当机立断”，又可以说“三思而行”；一面可以说“宁为玉碎，不为瓦全”，一面又可以说“留得青山在，不怕没柴烧”或者“好汉不吃眼前亏”。美国著名人类学家克利弗德·吉尔兹（Clifford Geertz）指出，在任何一个社会里，“常识”都是依赖于一些相对组织化、固定化的思想而存在的。他在《作为文化系统的常识》（Common Sense as a Cultural System）一文中写道，“常识性智慧毫不讳言地坦承自己是‘看对象说话的’（ad hoc）——其实就是一堆格言的说法，它并不是正规的原则、原理化的理论、或系统化的教义。”[1] 常识智慧的判断是不确定的，并不代表思想人士那种深思熟虑和合理论证的知识方式，而只是代表“大多数头脑清楚的人”的想法。常识智慧是一种民间智慧，什么场合什么对象说什么话，没个准。

从16世纪文艺复兴开始，经过17世纪，再到18世纪启蒙运动，这样的智慧已经无法满足人们对知识和智慧的需要。在培根、霍布斯、洛克、孟德斯鸠、伏尔泰、卢梭、休谟、亚当·斯密那里，我们看到的主要是一种被称为“论述”的新话语形式，讲究的是理性、逻辑、原理的普遍性、理论的一贯性。另外，启蒙时代的历史、小说、通信、对话成为知识话语的重要形式。

第三是智慧的守成和批判倾向（也被视为“保守”和“激进”）的区别。希伯来智慧书里“智慧”的含义和侧重各有不同，但最根本的智慧都是伦理和宗教的，“敬畏耶和华是智慧的开端”。（箴言9：

---

① Clifford Geertz，*Local Knowledge*：*Further Essays in Interpretive Anthology*. New York：Basic Books，1983，p. 90.

10）上帝是所有智慧的源泉．为了能够获得这种智慧，人需要以“敬畏”来建立与上帝的关系。一个有智慧的人一定是有道德和重伦理的，优良道德是伦理不可缺少的。圣经里最常见的对比“是在智者与愚者之间的对比。愚者是愚昧的，无知的，或者至少是天真的；而且还顽固、冲动、恶毒、惹起冲突、道德低下。而智者则勤勉、讲信用、耐心、慷慨、和平、自制。更重要的是，智者知道自己该做什么，事情该做到什么限度，会以上帝的指引来行事”。[①] 所有这些都是普通人可以避免或可以做到的。这样的智慧是守成性质的，人服从上帝的意志，理解的要服从，不理解的也要服从，如果有什么不对，那么不对的一定是人。

智慧要求的是无条件地遵守上帝为人类制定的律法，服从上帝的意志。但是，在《约伯记》里还有另一种智慧，这是一种质疑的、批评的，甚至是反抗的智慧。《约伯记》的智慧特别表现在约伯向上帝发出的问题上和发问的方式上。他遭受了上帝的不公正对待，饱受冤屈，怎么对待自己的冤屈呢？这考验着约伯的智慧，考验着他能不能智慧地应对自己的处境。这种智慧对所有遭受过冤屈和不公待遇，却又无处申诉的人们是具有普遍意义的。衡量这种智慧价值的不是是否能在上帝面前好好表现，违心地对上帝做自我检讨，以求上帝的开恩和平反，而是要向上帝讨一个说法，并说出可能会冒犯上帝的真话：我是个好人，你为什么这么对待我？你这样残害无辜，还算是一个好上帝吗？罗伯特·斯科特在《智慧之路》中称此为“反抗中的智慧”（wisdom in revolt）。

形成明确的批判性取向，这是18世纪启蒙知识传播的最重要的

① Robert Scott，*The Way of Wisdom*，pp. 9 - 10.

特征。文艺复兴的知识意识是守成和保守的，早期人文学者的眼睛是朝后看的，他们的任务是要复兴古代的知识。法国学者福柯指出，到 16 世纪的时候，西方知识话语才正在发生一种从“注释”向“评说”的转型。[①] 蒙田随笔的出现是这种知识话语转型的一部分。注释的任务主要是搜集，然后才是添加。它对任何一种对象或话题，都是把前人写过的所有东西尽量收集起来，不管由谁写的，是直接的还是间接的，都把它们合为一个知识整体。评说的知识者则必须有他自己的主张、观点、看法。它要求写作者回到“事情”本身，以事情本身为对象，这就必须对前人对具体事情说过的话和积累的知识作评价性的甄别，在其中选择那些与写作者自己直接观察相一致的部分。

根据传播知识的目的对知识进行甄别和选择，这种知识意向经过 17 世纪科学革命，到 18 世纪启蒙时代，已经形成了成熟的批判意识。知识可以是中性的，客观的，但智慧一定是有行动倾向的，因此必然带有对当下批判和改革的意向。福柯在《什么是启蒙》（1983）一文中，在解释“当下”意味着什么的时候，特别强调的正是启蒙的这一重要特征。当下并不简单是指时间流程中的一个片刻，而是一种与现时现刻特别有关的具有压迫性和阻碍作用的不自由状态，以及想要从这一状态中“出走”和“解放”，最后“摆脱”这一状态。要摆脱这个“阻碍”便成为现时现刻的启蒙目标，因此，启蒙的目标是不断在变化的，所以才需要与时俱进和推陈出新的启蒙。

---

① Michel Foucault，*The Order of Things*. New York：Pantheon Books，1971，p. 80.

互联网时代的启蒙智慧和批判意向

在互联网时代的今天，我们对智慧的理解更强调“智慧”与“知识”的不同。网络上知识爆炸，但也充斥着大量肤浅、零碎，没有经过检验的知识。因此便有了网络时代“有知识无智慧”的说法。其实这个说法放到 18 世纪启蒙时代也是适用的，只是由于当时的知识量没法与互联网时代相比，因此严重程度还不那么明显罢了。

18 世纪，康德对启蒙的定义是，人需要克服加于自己的不成熟，变得成熟起来，为此，人需要“勇于认知”。这样的启蒙定义放到互联网时代的今天，已经是不适用了。在康德对启蒙的定义里，勇于认知的反面是“懒惰”和“怯懦”，“有如此大量的懒惰和怯懦的人，当大自然早已把他们从外界的引导之下释放出来以后时，却仍然愿意终身处于不成熟状态之中，这是别人为何那么轻而易举地就俨然以他们的保护人自居的原因所在。处于不成熟状态是那么安逸。如果我有一部书能替我有理解，有一位牧师能替我有良心，有一位医生能替我规定食谱，等等，那么我自己就用不着操心了。只要能对我合算，我就无需去思想：自有别人会替我去做这类伤脑筋的事”。

在今天的互联网和智能手机时代，无数的人们对“知识”充满洋溢的热情，成天在网上流连忘返，甚至可以为此不眠不休。你说他们懒惰吧，他们比谁都勤快；你说他们怯懦吧，他们什么网站不敢浏览？什么话不敢信口雌黄？但是，他们的上下求索，找来的可能全是些垃圾知识。他们不知道如何检验和甄别他们找到的“知识”，随时可能因为热爱和渴望知识，反而更容易上当受骗。因此，他们真正需要的不再只是“勇于认知”，而更是“善于认知”。他们需要的不是更多的知识，而是从真知获得的“智慧”。这就使得互联网时代的知识和智慧区别变得更加重要。

随着智能时代来临，人工智能也许终将取代人脑储存知识的功能。也许很快，我们的大脑便不再需要储存太多的知识。只要我们需要，我们可以随时通过互联网来搜索。什么是知识？回答是，知识就是谷歌。但是，谷歌的知识良莠不齐，真假混杂，辨别真假，它本身并没有能力区分有意义或没有意义的知识，也没法判断有价值与没有价值的知识。作出这样的区分和判断便越发必须依靠一种被称为“智慧”的能力。

因此，互联网时代的人们必须比以前任何时候都更需要知道智慧与批判性思考的特殊内在关系。启蒙要求人们对互联网信息的保守和求变之不同倾向有充分清醒的辨别意识，不要被那些打扮成“正确”或“激进”，其实是在阻碍和破坏启蒙的信息或知识所迷惑。启蒙的智慧必须是批判性的，它的行动的目标就是促进社会的进步。

在今天的互联网时代，智慧的认知和批判性都有其自身的特征，都是在与知识的差别中显现出来的。从认知上来看，网络上的普通知识是肤浅和零碎的，往往是知其然，不知其所以然，知其一而不知其二，更糟糕的是，这样的知识一般都是没有经过验证的道听途说和人云亦云。对满足于这种“知识”的人们进行启蒙，最重要的就是让他们知道，这样的知识可能是有害无益的，知识需要经过知识者自己的验证和判断，才能成为可靠的，对他和他人有用的知识。用今天的话来说，这是一种经过批判性思维验证的知识。

我们可以把经过验证的知识称为“学识”，学识是比网上普通的知识信息可靠得多的知识。智慧是比学识更高一层的知识。智慧是对可靠知识的合理运用，其本质是人用理性做出正确判断和基于这一判断有所积极行动。这对知识分子有特殊的意义。知识分子至少应该是有学识的人，如果他们要发挥知识分子在社会中应有的作用，那么他们就不仅需要有学识，而且需要有智慧：善于察觉社会中存在的问题和制度缺陷、知道如何审时度势地提出批判意见、如何在允许的言论尺度内发出批评的声音、运用怎样的话语策略和利用什么传媒手段去影响公众，等等。这样的智慧才能使他们成为能有效影响他人的知识分子。18 世纪的启蒙哲人是这样的知识分子，今天的社会仍然需要能起到启蒙作用的知识分子。

但是，当下知识分子在启蒙批判意向上有着与 18 世纪启蒙哲人不同的特征，差异是明显的。批判意向的差异是通过确认不同的批判对象来形成的。18 世纪启蒙的批判对象是宗教、陈旧习惯、传统桎梏等文化因素造成的愚昧、偏执、迷信。这些是 18 世纪启蒙的主要批判对象。今天，在文化性因素之外，还有权力操纵和意识形态的因素，不仅有传统习惯和守旧思维，而且还有对自由思想和言论的钳制、宣传洗脑、强制性说服、僵化的教育体制等等。这些都是当下启蒙批判所不能忽略的。

当下的启蒙面临着前所未有的反智和反启蒙联合势力，18 世纪的君主虽然专制，但并不反智。相反，欧洲君主欢迎能加强他们统治的启蒙，这使得启蒙哲人有了腾挪和变通的机会。启蒙哲人一直是受尊重的公共知识人。但是，当下的启蒙者就没有那么幸运了，2021 年 6 月，罗翔被骂。骂罗翔的人，也骂过张文宏、易中天、莫言。不难发现这种反智谩骂背后的心理动因，太多的人，没法得到肯定，或者足够的肯定，就以这样的方式来弥补。对他们来说，这是最容易，也最安全的途径。骂谁都没有比骂讲理的知识人士更安全的了，他们不会回骂，不会动粗，不会封谁的口。骂是一种最快速的自尊增补剂：你智慧，你博学，你敢说话，好，那就越要骂你。这才显得比你更有能耐，更敢说话。和他比，你虚伪，虚假，一文不值。

18 世纪的启蒙哲人何曾受到过如此的敌意对待？伏尔泰 83 岁那年回到巴黎，人们像迎接国王一样迎接他，路易十六都感到有些嫉妒了。本杰明·富兰克林也来拜访，带着他的孙子，希望得到伏尔泰的祝福。这位老人将他的手放在年轻人的头上，祝福他献身于“上帝和自由”。今天，有的民众仇视启蒙、蔑视知识分子、嘲笑他们的公共责任，这种无知和偏执之见，这样极端的自以为是和自我欺骗，在历史上还未曾有过可与之相比的记载，既然是当下启蒙难以改变的，所以也就特别需要郑重对待。

今天的启蒙也许正处在一种前所未有的困难境地之中，但这不是放弃启蒙的理由。人们过去对启蒙的现实影响期望过高，而在达不到这个期望时，便对启蒙因失望而言放弃。其实，启蒙思想和观念经常不是形成政治和社会生活的决定性因素。相反，只有当这些思想和观念与某些有利的历史条件和结构性力量相结合时，它们才会对改变制度形式的运作过程产生足够影响。启蒙传播的未必是新创的知识，启蒙只是在特定的环境中，用适当而有效的方式，传播人类已经普遍拥有的，但并非那个环境中人们已经知晓或愿意接受的重要知识。启蒙并不必然会立刻带来提升智慧、改善人心和社会变革的效果，启蒙更像是神话里往复推石上山的西西弗斯，在做一件谋事在人、成事在天的事情。

如果幸运，有一天启蒙与社会变革也许能恰巧前后或同时发生，那也是因为那时候变革已经成为一种普遍的渴望，并酝酿出了适合启蒙的环境气候。启蒙者不过是昼夜更变之时先啼鸣的鸟儿，我大学同学王国清有一首《黎明》的诗：

沉沉夜色太虚清，
枕上梦回万籁宁。
一鸟啼来千鸟和，
声声翠啭出黎明。

那只先啼鸣的鸟儿只不过是先啼鸣而已，它不啼鸣，千百只鸟儿也会啼鸣，因为黑夜已经将尽，天光快要放明。天色黎明，并不是因为鸟儿啼鸣，正好相反，鸟儿啼鸣，那是因为黑暗之后天已经快要亮了。

第二章

启蒙的哲学批判

启蒙是一种有目的，有方法的知识传播，18 世纪的启蒙思想传播者被称为“哲人”，他们也这么看待自己，并把他们的知识工作称为“哲学”，无论其知识产品的话语形式是论述、对话、通信，还是戏剧、小说、历史、词典、《百科全书》。那么，他们那种“启蒙哲学”又是怎样的知识呢？

他们那种用以启蒙的知识不是告诉人们，三角形三个内角相加一定是 180 度、水是 1 个氢原子和 2 个氧原子的结合、距离与速度或时间成正比、土星有几颗卫星、收入除去花销便是剩余、金子比白银贵重五倍、人有三十二颗牙齿。他们关心的是与人的社会和道德存在有关的另一类知识问题，这类知识问题从远古便已经在困扰人类了：人是从哪里来的、人活着是怎么一回事、人为什么要敬神、为什么不能无法无天、什么是善和恶及罪和罚、为什么要做好事而不能做坏事、为什么国王得由国王的儿子而不是你的儿子来当，等等。对这类问题的思考和思考方式就是启蒙人士所要传播的知识。

并不是只有哲学才关心这类问题，神话、史诗、宗教、传统、习俗中都可以发现对这些问题的不同解答，有的充满了智慧和睿见。与它们相比，哲学并不见得更能提供确实无疑的回答。政治哲学家列奥·斯特劳斯在《什么是政治哲学》一书里说，哲学只是一种处理问题的方式，“这种处理既追根究底又包罗万象”，“探求（quest for）智慧的哲学是对普遍知识和对整全（the whole）知识的探求。如果此类知识唾手可得，就没有必要探求”。因此，哲学思考的两个特点是“追根究底”和“整全求解”。不能“追根究底”和“整全求解”并不意味着人们对“根底”或“整全”毫无想法，这样的想法是先于哲学的，用斯特劳斯的话来说就是，“哲学是用整全的‘知识’取代有关整全的‘意见’的尝试”。①

在这里，斯特劳斯把“知识”与“意见”做了区分。哲学家是特别讲究“知识”，而不满足于“意见”（看法）的那种人，哲学的知识特征是“求知”而不是“有看法”。这也就是斯特劳斯说的，“从根本上讲，哲学并不拥有真理，而是探求真理。哲人与大众不同的特点是‘他知道自己一无所知’，洞察到我们对最重要事物的无知促使他倾尽全力去获取知识。若是因这些事物无法回答就回避与此相关的问题或置之不理，他就不再是哲人。”②

然而，在知识和看法之间并不存在哲学家看到的那种质的分别，事实上，绝大多数人并不是哲学家，他们把自己所“知道”并深信不疑的东西都直接看成是他们的“知识”，而不只是可以也应该怀疑的“看法”。这是因为，他们的知识也是有某种知识权威或可靠依据作支撑的。这样的知识可以分为五种，也代表五种寻求真理（truth）知识的途径，它们分别来自，一、神启（启示），二、权威，三、直觉，四、超验理性，五、经验（科学）。其中，神启、权威、直觉是古代的认知方式，而自从17世纪科学革命之后，超验理性（唯理性主义）和经验（经验主义）就成为两种基本的认知形态。

---

① 斯特劳斯：《什么是政治哲学》，李世祥等译，华夏出版社，2011年，第2页。
② 斯特劳斯：《什么是政治哲学》，第2—3页。

1. 启蒙哲人及其“哲学”

哲学是一种“有条理的批判习惯”

18世纪启蒙思想家们从事的是一种经验性，而非唯理性的知识工作，但它并不属于那种科学意义上的经验主义。它赞赏经验和牛顿的科学，反对神启、传统权威、奇异直觉，也反对先验理性的形而上学，它有着与这五种典型知识都有区别的重要特征，那就是它的“批判”。18世纪，这种知识结构被称为“哲学批判”，今天我们把它称为“批判性思维”。批判性思维是我们今天启蒙所主张并要努力传播的知识理念和方式。

就其社会影响而言，启蒙思想家是盖伊在《启蒙时代》里所说的那种“真正的哲学家”，而不是今天在学院里玩玄学游戏的“哲学教授”。盖伊写道，“真正的哲学家则有一种井然有序的世界观，一种‘注重观察和讲究准确的精神’。他是真正的经验主义者，承认知识的局限，但也决心尽其所能地追求新知。正是因为他不承认神灵而只承认人间社会，所以他能够比正统宗教的信徒更好地为自己的同胞服务。他既不会热衷于社交活动，也不会讨厌幽居独处，但是他‘懂得自己如何在退隐和入世二者之间分配精力’”。文艺复兴时期的一些“人文主义者”可以说是他们的前辈。①

这样的哲学家并不因为对经验的偏好和对人间社会的关心就把自己认同为普通大众的伙伴——这其实只是一种装模作样的“谦逊”和作秀。他们毫不讳言地把自己视为民众的“教师”（不然哪里还谈

---

① 彼得·盖伊：《启蒙时代》，上卷，刘北成译，世纪出版集团，2016年，第118页。

得上什么“启蒙”）。启蒙哲学家有他自己应该做的事情，否则他就不应该冒充这个称号。狄德罗这样描绘一位启蒙哲学家应该做的事情，“执政官主持正义，哲学家教导执政官什么是正义，什么是非正义。战士保卫国家，哲学家教导战士什么是祖国。教士劝导人民要爱戴和尊敬神灵，哲学家教导教士什么是神灵。君主掌控一切，哲学家教导君主懂得他的权威的来源和界限。所有的人都对自己的家庭和社会负有义务，哲学家教导每一个人这些义务是什么。人会遭遇不幸和痛苦，哲学家教导人们如何承受这些”。①

狄德罗所说的哲学家工作，是厘清人们平时经常运用，但又总是模糊不清的一些基本观念：正义、是非、幸福、道德、人性、权威、国家、政治等等。这样的观念构成了人们可以理性思考社会问题的基础。普通人并非在这些观念上没有想法，但他们的想法经常是肤浅和零碎的，没有条理，也不能相互联系。启蒙哲学要提供和鼓励的是一种有条理、足够明确的批判性知识，它是整全的，而且要尽可能地追根究底。

在启蒙思想家那里，哲学是一种“有条理的批判习惯”。如盖伊所说，“这个定义不同于传统定义。一方面，它具有包容性。善良的意愿、清晰的思想、对迷信的敌视，有这几项就足以算得上是哲学家。另一方面，基于上述相同的理由，启蒙哲人的定义又显得极端狭隘；它把文字游戏和体系建构从真正的思想领域里清除出去。我们会不断地重申这一点：对于启蒙运动而言，哲学的时代也是或主要是批判的时代”。“启蒙”与“批判”并列，不仅仅是表示联合行

① Denis Diderot，*Oeuvres complètes*. Ed. J. Assézat and M. Tourneus. Paris，1875－1877，Ⅲ，p. 248. 此处标注引文的原出处，译文是《启蒙时代》译者的，上卷的译者是刘北成，下卷的译者是王皖强。书中多处这样的情况，不再一一详注。

动，它们是同义词，正如恩斯特·卡西勒所说，是“对同一状况的不同表述，旨在从不同的角度来刻画弥漫于整个时代、并促成了这个时代各个重大思潮的基本思想活力的特征”。①

批判，我们今天称之为“批判性思维”，是一种追求和管理知识的方式，它偏爱的工具是分析，它的必要环境是自由，它的批判意识则针对现实。启蒙哲人大胆地谈论必须消灭“迷信”这个野兽，因此有人指责启蒙运动“只会否定”。这是一种对“批判”（criticism）常见的误解，其实，criticism 的希腊语词源 krinein，指的是“区分”（separate）和“选择”（choose），是一种有自觉意识的仔细的求索，尤其是以一种怀疑的心态探求知识。在求索知识的过程中力求寻见暗藏的假设、不同的方面、纠缠在一起的思绪，评估孰轻孰重。由于这些特征，批判性思考是一种开放的思想，而不是封闭的思想体系。它尤其怀疑和不信任作为封闭思想体系的“形而上”——今天我们经常称其为“政治正确”或“思想教条”——也就是一点不奇怪的事情了。

也正是出于对这样一种哲学批判的执着，亚当·斯密也建议用哲学修养作为“对付狂热和迷信之毒的最佳解毒剂”。休谟把哲学视为根治迷信的最高级的，也是唯一的药方。他在《论自杀》一文中写道：“真正的哲学”能够唤起比激情“更公正的情感”，甚至唤起不受哲学指导的“最健全的理性”。休漠还很自然地援引西塞罗的《论占卜》来支持自己的论点。②

休谟是用亚里士多德的“中庸美德”来看待“迷信”（superstition）

---

① 彼得·盖伊：《启蒙时代》，上卷，第 121 页。

② Hume, *The Philosophical Works of David Hume*. Ed. T. H. Green and T. H. Grose, 4 vols. London, 1882, Ⅳ, pp. 406 - 407.

之害的。与我们今天的理解不同，他说的迷信，其对立面不是无神论（无宗教信仰），而是“狂热”（fanaticism）。迷信和狂热代表两个相反的极端。真正的宗教信仰应该同时避免这两个极端，因为这两个极端都有危险的社会后果。休谟认为迷信源于对未知的恐惧，人们通过迷信活动来安抚未知的危险力量，从而保护自己。迷信源于过度恐惧，狂热源于过度自信。迷信对社会远比狂热危险。迷信的人害怕直接接近神，将权力交给神父；而狂热的人拒绝承认他们与神之间有任何中介。迷信助长胆怯，热情助长无畏。因此，迷信总是与专制政府和政治被动如影相随。在社会观念上，像休谟这样的 18 世纪思想家倾向于将迷信视为“边缘群体”（包括民众和妇女）的特征。

今天，我们对迷信有了不同的理解和认识，虽然今天的启蒙也要克服迷信，但与 18 世纪的克服迷信已经有了不同的内涵。今天的迷信仍然是出于过度的非理性的恐惧，因为恐惧，饥不择食地相信神力、政府、魅力领袖对自己的保护。因此，迷信还会表现出对个人崇拜，对流行观念的狂热，而这种崇拜和狂热的危害程度则大大超过了当年休谟的估计。德国人对纳粹主义的狂热和对希特勒的崇拜都是他们的迷信产物。而且，现代迷信的另一个重要特征就是从众效应和迎合世俗价值，大家都有的一致想法或行为一定是对的，而个人如果有不同的想法或行为，则一定是错的。

今天的启蒙以批判性思维来纠正迷信，包括狂热的群体自信、个人崇拜和从众思维。这与 18 世纪启蒙的哲学纠正和哲学批判也不尽相同。这也许是因为 18 世纪曾是一个哲学的时代，而我们今天却已不再是。

18 世纪是一个比我们今天在思想和精神上都更乐观、更强健的时代。哲学批判远比今天更加深入人心。贝卡里亚认为，人类应该无限感谢勇敢地把真理的种子“从自己晦暗的书房中”广泛撒播出去的哲学家。1780年，意大利法学家和哲学家加埃塔诺·菲兰杰里（Gaetano Filangieri）出版了构思宏大的政治科学论著《立法的科学》。书中把哲学家抬举到连狄德罗都想象不到的高度。他写道：“哲学家不应该是体系的发明者，而应该是真理的使徒。”只要邪恶还在伤害人类，只要愚昧还在带来痛苦，“哲学家就依然有义务宣讲真理，维护真理，提升真理，说明真理”。哲学家是“任何地点任何时代的公民”，他“以整个世界为他的国家，以大地作为他的学校。后代都将是他的门徒”。在德国，康德在《系科之争》一书里更清晰地做了类似的论断。他语带调侃地宣布，要让“低级的”哲学系科从神学、法律和医学这三个“高级的”系科中独立出来。他写道，低级高级之分想必是政府发明出来的，不会是学者发明的。国家需要威吓臣民以便于统治，因此用三个高级系科来灌输服从观念，并规定这三个系科的教学内容。它们都听命于权威，必须盲目地遵守为指导它们而制定的规则。只要它们开始质疑规则和权威，就牵涉到哲学了。这个“哲学”首先是一种与人生有的智慧，而不是任何“高级系科”的专门知识。[①]

几乎可以肯定，前苏格拉底的哲学家，既不懂形容词“爱智慧的”（philosophos），亦不知动词“找智慧”（philosophein），更不用说名词的“爱智慧”（philosophia）了。对此，尽管存在某些古代的可以提出反证的证据，但正如阿多所说，这些与“哲学”相关的词汇极有可能到公元前5世纪时才出现。那时候的“哲学家”不仅有

① 彼得·盖伊：《启蒙时代》，上卷，第120—121页。

苏格拉底，而且还有索福克勒斯、殴里庇德斯和智者派哲人。也许是在公元前 5 世纪历史学家希罗多德的著作里，第一次提到了被称为哲学的活动。

根据希罗多德的讲述，梭伦（公元前 7—前 6 世纪雅典的立法家、七贤之一）与吕底亚王国的克罗伊苏斯国王之间有过会面。后者为自己的权力和财富感到骄傲，对梭伦说了这番话，“我的雅典主人，有关你的智慧（sophies）和游历的传言已经传到我们这里。我们听说，因为你对智慧有一种鉴赏（philosopheon），所以你已经看过许多国家，为的就是渴望看到它们。”①

这里，我们窥见到智慧和哲学在那个时代意味着什么。梭伦云游的唯一目的，是获得关于实在世界和人的大量经验，发现不同的地方和习俗。在这点上我们应该注意，前苏格拉底哲学家显然把自己的智性劳作视为一种 historia（探究或研究）。探究能够使得探究者拥有超乎一般知识的“智慧”，凭借这一能力，他就能在关于人类生活的事情上作出准确判断。

克罗伊苏斯向梭伦夸耀他的财富和幸福，梭伦回答说，没有人在认识自己的生活之前，就能够说自己是幸福的。克罗伊苏斯听了很不高兴，把梭伦赶走了。后来他因为愚蠢、傲慢和过于自信，好端端地把自己强大的帝国送进了坟墓。在他身上，我们充分看到，愚蠢是一种个人和国家的灾难。

希罗多德告诉我们的是，与“哲学”有关的词汇也许此前已经出现，但毕竟在公元前 5 世纪的雅典里才被广泛使用。一般来说，在古希腊，用阿多的话来说，“以 philo 开头的复合词已经用来指明

---

① 希罗多德:《历史》I. 30。

一个人的综合品质——他找到自己的兴趣、快乐或一生致力于某种特定活动的生活理性（raison de vivre）。例如，爱饮（philoposia）是一个人在喝酒时的快乐和兴趣；爱荣（philotimia）是喜欢荣誉的获得。因此，爱智（philosophia）应该是一个人接受智慧的兴趣”。①

这样的“爱智”（哲学）与康德拒绝恭维的“高级系科”知识是不同性质的。也正是在这个意义上，康德认为，哲学是惟一只听从理性的学科。让高级系科居高临下地蔑视爱智慧的哲学家吧，哲学家对这种蔑视毫不在意，因为只有他是真正自由的。放到今天来说，康德维护的“哲学家”不是在大学或研究所里自以为是的哲学教授们，他们往往把自己的哲学“专业”当作是学术女王王冠上最为璀璨的明珠，以为这样便再也没有人敢蔑视他们的“哲学”。但是，他们并不是康德所说的启蒙哲人，与高等系科的哲学家相比，启蒙哲人是批判意识明确的“杂家”。放到今天来说，他们是关切社会并从事启蒙工作的公共知识人。他们从事的是只听从于理性，而不是专业主义权威的知识活动。

“轻松而明显的哲学”是启蒙所需

在18世纪启蒙时代，社会启蒙的“批判哲学”与高级的“学术哲学”的区别已经显现出来了。前者关心的是批判哲学会有怎样的积极生活成效，而后者关心的则是如何建立一种精细、傲人的学术体系。它们各有各的目标、性质、方法和价值，不能互相代替，也不能以此抑彼。对两种不同哲学的分辨，以休谟说得最透彻。②

---

① 皮埃尔·阿多：《古代哲学的智慧》，第9—10页。

② 以下休谟对哲学和形而上的观点，文献来自彼得·盖伊：《启蒙时代》，上卷，第127—128页。

休谟称前一种为“轻松而明显的哲学”，认为“人大体上生来就是要行动的”，因此要对人的恶习和美德作出有益的观察，给人们的行为提供指导规则。他称第二种为“深奥的哲学”，“把人当作一个讲道理的生物，而不仅仅是活动的生物来考察”。它不是要改善人种，而是致力于理解人类。

休谟说，第一种“浅易的哲学”实际上，而且也应该比“精确而深奥的哲学”更流行。但是，因为“事情往往走得更远，甚至绝对排斥所有的深刻推理”，所以他开始捍卫“通常称作形而上学的东西”（那是一种相当深奥的哲学）。他的辩护既清楚又合理：无论在伦理学里还是在美学里，正常的理智都依赖于按照一般原则而进行的严密推理。“在任何情况下，精确都是有助于美丽的，正确的推理是有助于细微的情趣的。我们纵然想夸张其一，贬抑其他，那也是白费的。”理论思辨虽远离实践生活，但不会贬损其实用价值。

但是，休谟接着又说：“这种深刻抽象的哲学里的这种晦涩遭到人们的反对，不仅因为它令人痛苦、令人疲乏，还因为它是必然造成不确定和错误的根源。”这种反对意见是休谟喜欢在哲学上加以玩味的：“在这里，人们对于大部分的形而上学，确实提出最公道、似乎最近理的反驳。他们说，形而上学实在不是一种真正的科学；形而上学之所以生起，或者是由于人类虚荣心的无结果的努力，因为他们爱钻研人类理解力绝对不能企及的题目；或者是由于大众迷信的一种伎俩；那些迷信因为不能用公平的理由来为自己辩护，所以就摆出这些纠缠人的荆棘来掩护它们的弱点。”因此，哲学家必须把不同种类的形而上学分开。

休谟认为，“我们要想使人类的学问完全免除这些深奥的问题，惟一的方法是，认真地研究人类理解的性质，通过对其能力的精确分析来说明，它绝不适合研究那样遥远、那样深奥的题目。我们必须先费这样一番力气，以求在以后能活得安逸，而且，我们还必须细心来培养一种真正的形而上学，以求消灭虚妄假混的形而上学。”好的形而上学将会驱逐坏的形而上学：“精确的和恰当的推理是惟一的万应良药，它可以适合于一切人，一切性格；而且，它可以推翻那个深奥的哲学和形而上的行话——那套东西与大众迷信混合起来，使得自身已经不能被粗心的推理者穿透，并且装出科学和智慧的模样。”休谟讨厌故意的“深奥”，他对“深奥哲学”更是充满了怀疑，因为“深奥的哲学似乎迄今仅仅是迷信的庇护所，是荒谬和错误的掩护物”。

当然，形而上本身并不等于故作深奥，由于经验推理无法达致具有充分认知可靠性的普遍结论，人的思维不能摆脱对形而上思考的需要。经验性认识论对形而上的批判不只是批判一种思维方式，更准确地说，是为了提倡，对任何一种思维方式，都应该是用良好健全的思维去批评恶劣的思维。并不是所有的形而上思维都是恶劣的，但是，在一般人的日常生活中，即使形而上不是恶劣的思维，也是累人的，令人厌烦的思维，因此人们往往把它当作只是教条或当然的真理来简单地加以接受，而这就成为一种危险的，因此是恶劣的思维。

从性质上来说，经验认知比形而上思维（唯理主义思维）对普通人更有用，它是一个方便的，相对可靠的思维工具，但不是万应灵药。经验认知是一种每天都能见效的现实方案，但不是唯一正确的思维途径。启蒙思想特别提倡经验思维，主要是因为它简便易行，只要使用时小心谨慎，就可以带来明显的好处。启蒙的知识需要相对简化和易于生效，因为它需要在普通人，而非专业哲学人士中传播。对启蒙的一般对象来说，诉诸于经验比诉诸于抽象概念或假说是更有效的思维方式选择。

18 世纪启蒙人士抨击形而上，本身就是在传播一种启蒙知识。因此，他们采用的不是哲学论战的方式，因为一旦陷入哲学的概念大战，那便是学术论战，而不只是启蒙了。启蒙人士抨击形而上，运用的是巧妙的比喻和嘲讽，甚至修辞谑戏，而不是哲学原理论述。这本身就是大众哲学的特征，用休谟的话来说，是一种“轻松而明显的哲学”。

伏尔泰曾经写道，形而上学就像是小步舞曲，舞者表现得非常轻快优雅，但结束时又回到了起点。也就是说，形而上思考从一个普遍正确的大前提出发，推导出一个封闭体系中永远正确的种种结论，每一个推导的结论都回过头来证明那个最初前提的正确，又回到了起点。

伏尔泰还曾把从柏拉图到莱布尼兹的所有形而上学者比作来到土耳其苏丹后宫前厅的一群游客。他们远远地看到一个太监，就开始猜想那个晚上苏丹与妃子做爱几次。“一个游客说，三次，另一个游客说，四次，等等。其实，苏丹整夜都在酣睡。”伏尔泰不是在说笑话，他的讽刺和嘲笑其实是要表达一个观点：启蒙运动的伟大老师——培根、牛顿和洛克——通过奉行实验哲学，无可比拟地推进了人类关于世界的知识。1741 年，伏尔泰非常睿智地告诉一个年轻人：牛顿教给人们“要检验、权衡、计算和测量，永远不要猜想”。牛顿绝不是那种编织体系的人，“他自己观察，也让人们观察，但是他没有把自己的幻想置于真理的位置”。[①] 同样，构造一种关于社会

① Voltaire, *Voltaire's Correspondence*. Ed. T. Besterman. Paris, 1953 - 65, Vol. 11, p. 85.

不同人等及其矛盾和利益冲突的理论，也需要观察、检验、分析和权衡，而不能依靠某个被普遍当作唯一正确的真理。

2. 神的理性和人的理性

对哲学思考来说，整体的思考和理解最为重要：宇宙观、人生观、道德观、思辨能力、批判性思维等都是其必要的部分，也是理解政治伦理、良序社会和人性善恶的基本。整体理解需要准确的概念、具有普遍意义的观念、可靠知识的原理、从中做出的推理，这些都是理性思维的工具。

沟通神和人的是理性

不同的人有不同的宇宙观，有的人相信世界，包括人，都是上帝创造出的，人世间的一切都是上帝安排的（神创论）。有的人相信，上帝创造了宇宙的自然秩序，但并不亲自过问人间社会的事情，人的事情得由人自己处理，结果的好坏由人自己负责，与上帝无关（自然神论）。有的人相信宇宙是由某种物质构成，人和人的世界都是自然进化的结果，自然和世界并没有本该是什么样子的秩序，物竞天择，适者生存（进化论、无神论）。宇宙观经常被归入“信仰”的范畴，在现代社会里是私人领域的事情，需要“宽容”地来对待。

如果只是作为个人信仰，宇宙观并不是启蒙所要直接传播的知识。对于启蒙知识的传播来说，宇宙观虽是一个重要的部分，但却是经常被搁置的主题，涉及的时候被当作“假说”，而不是绝对的真理。但是，人文启蒙仍然会有明显的宇宙观倾向，它是自然神论或不可知论的，既不同于无条件的神创论，也不同于无所敬畏的彻底无神论（因为没有自然秩序，所以战天斗地、改天换地、胜者为王、败则为寇）。

古希腊七贤之一的泰勒斯（Thales）是最早提出宇宙秩序说的哲学家。他认为，外部世界和人的心灵有许多共同之处，否则，外部世界就不能被人的心灵所认识或理解。外部世界与人的心灵的交汇点，就是它们共同的“理性”。

这样的“理性”就像欧几里德几何学里的“圆”那样，是一个概念，人并没有创造圆或理性，人只是发现了圆和理性。完美的圆只能存在于概念之中，同样，理想的理性也只能是一个理念。在现实中谁也不可能画出完美的圆。对这种概念的“圆”可以有三种不同的对待方式。第一，你随便画一个看上去像是圆的图形，说这就是圆。同样，有人把“工具理性”“功利理性”“极权理性”也都说成是“理性”。第二，你无数次地试图画出完美的圆来，但每次都失败了，所以你说，根本就没有圆，圆是骗人的。无数的思想家、哲学家曾经想定义理性，没有一个给出完美的定义，所以有人认为，理性本来就是一个虚幻的假象。第三，你画出了一个看上去无懈可击的圆，就把它就当作了概念里的那个完美的圆。哲学家成功地定义了理性，就把这当作了与理念本身一样的理性。

然而，沟通神与人的那种理念的理性既不是任何只是被称为“理性”的理性，也不是被虚无主义取消了的理性，甚至不是被哲学家成功定义了的理性，而是一种人类虽不能及，但永远心向往之的理性。它不断地引导人类朝着与愚昧、迷信、偏执相反的方向前进。这就是启蒙的理性。

不管 18 世纪启蒙哲人是否知晓泰勒斯的学说，他们也是把理性当作人在内心认识自然世界的一个可靠途径。人是理性的动物，他要理解的自然世界并不神秘，是可以用理性来认识的。自然世界可以用理性来认识，是因为它的创造者是“理性的上帝”（reasonable God）。从逻辑上来说，这是一个循环论证，但却为造物主和他的创世设计提供了一个方便的，难以证伪的解释。这是宗教教义的共同特点。

理性上帝的观念在神的理性和人的理性之间建立了沟通的可能，至于这种沟通有多顺畅，是有不同的看法的。一般来说，基督教新教人士比较能接受这种沟通的说法，而天主教人士则不然，因为天主教信奉的天主就是超越人的理性认识的。无神论者不信上帝，所以理性也就没有上帝什么事了。

总的来说，18 世纪启蒙人士对天主教能够代表真理认知的想法持怀疑的态度，在法国比在英国尤为明显，这与天主教在法国的势力特别大有关。在新教传统的英国，洛克、安东尼 · 柯林斯（Anthony Collins）、沙夫茨伯里等思想家都曾肯定地表明相信上帝理性，以洛克的影响最为深远。

洛克提出，人出生时的认知犹如一块白板，知识都是后天的，不是与生俱来的，人对上帝的认知也是这样。洛克认为，上帝的存在是无容置疑的，否则人就不能理解自己的存在和与这世界的关系——洛克的时代还没有“进化论”的学说。理性是人认识自己和世界的重要智能，这不是说神的启示是不可能的，而是说，即使有神的启示，人也无法直接从神获得启示，而是必须通过人的媒介。先知、使徒、教士便是传递神意的中介。然而，他们不是神，人们对他们传递的信息是需要运用理性去理解的，否则只能是盲信和迷信。洛克进一步认为，神的启示也许超越人的理性，因为有理性不能认识的事物或现象。但是，神的启示不会与人的理性相矛盾，启示的存在也许会让人的理性有“用不上”的时候，但不会导致人的理性变得不再重要。

洛克的思想影响了 18 世纪的自然神论（Deism），这是一种在 18 世纪欧洲广为传播的宗教观念。自然神论的基本原则是，上帝是人可以用理性来认知的，之所以存在这么多关于基督教的迷思和神话，完全是因为教士阶层为了维护一己私利而一直在欺骗和愚弄普通民众。启蒙的目的就是要去除笼罩着基督教的神秘主义，扫除它那种致人愚昧的迷信和谎言。约翰·托兰德（John Toland）发表于 1696 年的《基督教并不神秘》（*Christianity not Mysterious*）便是最早的宗教启蒙之一。

自然神论是一种怎样的宗教信仰

在许多 18 世纪的思想人士那里，自然神论的上帝是通过他的造物来向人类显现神意和神的存在的，人虽然不能与上帝直接对话，但人可以从上帝的创造来领会神创的意图。上帝创造了追求幸福的人，说明上帝要人追求幸福而不是苦难。人有对自由和平等的要求，是因为上帝创造了自由和平等的人类。人喜爱物质享受，是因为上帝创造了让人享受的物质。贪婪虽然是一宗罪，但原来是一种“圣爱”，人凭此而热爱上帝创造并给予这个世界的物品。但是，这种对物质的爱遭到扭曲，变成了纯粹物质主义的痴迷，这才变成了人的罪过。人世间确实有许多苦难，但这不是因为上帝要如此，而是因为社会的败坏和政府的失败，人必须为世上的苦难负责，不能推诿于上帝。更重要的是，人有理性，是因为上帝将理性赐予人类，如果理性不是人认知上帝的工具，那上帝又为何将此工具赐予人类？

在许多神学家和哲学家眼里，自然神论显得肤浅而不成系统，休谟就曾以他一贯的怀疑主义对自然神论提出质疑。他在《关于自然宗教的对话》（*Dialogues Concerning Natural Religion*）里表示，人不能知道上帝创造世界时究竟有什么动机或意愿，他还表示无法确定人可以用理性来理解他们认为可以用理性来认识的神。

我们不必把自然神论当作一种因完善才广有影响的宗教教义，它只是一种宗教假说。虽然只是一种粗略的假说，但让启蒙思想能在民众中传播一种有用的宇宙观。直到今天，自然神论仍然在相当程度上发挥这样的作用。它用一种自然主义的神意说来支持“人生而自由”“人生而平等”这样的政治诉求，也支持启蒙的认识论和伦理人道主义原则：自由、理性、宽容、仁爱、同情、公正等等。正因为人们相信有一个理性的上帝，他们在荒诞、疯狂和非理性的处境下才不至于彻底绝望，而是坚持相信，有一天人类能回归上帝为人类创造的理性秩序。就算人们没有关于上帝的教义知识，他们在万般无助的绝境中，仍然会向一个理性的上帝呼喊，希望得到他的帮助。

人们经常就把这样的上帝称为“上天”“上苍”“老天爷”。这个“天”似乎与义理化、价值化的“天”、“天意”、“天命”、“天道”有些相似，但与其说是哲学或宗教，不如说是一种弱势者的民间信仰（folk-belief）。天、天命、天道的问题一直是先秦时期各家关切的问题。殷商西周时期，“天”、“天命”是被作为人格神看待的。但到了孔子，它的人格神色彩被淡化，孔子说，“天何言哉？四时行焉，百物生焉，天何言哉？”天不言，而四季照样运行，百物照样生长。荀子的“天人相分”思想更清楚地表明，自然界和人类各有自己的规律和职分：“天能生物，不能辨物，地能载人，不能治人。”（《礼论》）“天有其时，地有其才，人有其治。”（《天论》）天有天道，天道不能干预人道，天归天，人归人。“列星随旋，日月递照，四时代御，阴阳大化，风雨博施，万物各得其和以生，各得其养以成，不见其事而见其功，夫是之谓神；皆知其所以成，莫知其无形，夫是之谓天。”（《天论》）天是自然天，而不是人格神，天没有理性、意志、善恶好恶之心。所以人向天呼救是没有用的。而孟子以天为授命之主宰，以民意达天心，而天心本在奖善而警恶。

人是在绝望的时刻才向天哀告的。洛克在《政府论·下》第十四章里说，“就像在世界上没有裁判者的其他一切场合一样，人民没有别的补救办法，只有诉诸上天。”向上天或上帝呼救，把上天或上帝当作理性的，愿意倾听受难者陈述冤屈原委的至上权威，这是受难者为了活下去不能没有的信仰。它的价值是不能用哲学或宗教原理来衡量的。

同样，我们理解 18 世纪启蒙时期的自然神论，不能停留在它的教义层次上，因为事实上，它是作为一些基本的批判原则在起作用的。这些批判原则比自然神论作为一个完整的信仰系统要更加重要，在不同的欧洲国家有不同的体现。

英国的自然神论者是一个真正的思想学派，继洛克之后，托兰德在《基督教并不神秘》提出了一个关于宗教的简单而又明了的理性主义命题：惟一名副其实的宗教就是合乎情理的宗教，基督教在原初时正是这样的宗教，“福音书中没有违背理性或超越理性的东西”。这响应了洛克的基本主张，神的启示扩展了理性，这是对易犯错误的人类的宗教支持，绝不会与人的理性冲突，反而会增强这种理性的力量，并且帮助人把握信仰的奥秘。

英国启蒙没有把英国国教当作一个攻击对象，而是把理性与宗教、自由与美德、天性与社会结合为一种社会性的伦理。理性是重要的，但并不是唯一和决定性的。仁慈和同情同样重要。与理性一样，仁慈和同情也是神造的合乎情理的人性部分。如希梅尔法布在《现代性之路》一书里所说，“仁爱是比理性更适度的美德，也许是更人性的美德。而且，仁爱的时代比理性的时代有更适度的抱负，但是更实用。如果说仁爱的时代远远没有达到当时改革者和自那以后的历史学家会喜欢的程度，但它的确体现了……一种精神和艺术的显著进步。如狄德罗在解释启蒙运动中所说的，是‘人类精神向前进军’。”①

英国的自然神论者完成了创导的工作，法国启蒙哲人的自然神论显现出更为明显的批判意识，把矛头直接对准了天主教的教士阶层。孟德斯鸠虽然尊敬基督教，但正如我们在《波斯人信札》里可以看到的，他尖刻地挖苦教士，但赞美作为宇宙建筑师的造物主。他鄙夷罗马天主教制造的神话，蔑视所有的崇拜仪式，但尊崇基督教的道德思考。伏尔泰在《哲学辞典》里把天主教的方方面面挖苦了个够，但承认，基督教对普通人的道德规范是无可取代的。他痛恨教士，但从来没有否认造物主是永恒的立法者，而来自造物主的人的理性和良知完全足以指导人的行为。

伏尔泰认为，不同的宗教教派应该相互宽容，这也是做得到的。他特别欣赏英国在这方面的经验。他的《英国书简》前七封信谈的就是有关的问题，他介绍了英国的一些教派，但并没有对它们下判断。他承认人能解决的问题相当有限，但是在这个有限的范围内，人仍然能够通过认识某些问题，而获得自由。比如说，在各教派你

① 格特鲁德·希梅尔法布：《现代性之路》，齐安儒译，复旦大学出版社，2011 年，第 85 页。

死我活的争斗中，如果我们认识到没有谁的信仰是无可争议的，那么这种宗教宽容的态度就会使人类社会少去许多痛苦。在他同公谊会信徒谈话时就指出，是否施行洗礼的仪式，并不妨碍一个人能否成为一个好基督徒。他认为，那些繁琐的宗教仪式实际上和真正的信仰无关。

在伏尔泰看来，宗教内部各个教派的纷争，只是表现出人类的愚蠢和挑动争斗的人别有用心。宗教的正理是谦逊与宽容，能遵循这条正理的宗教才是有益的信仰。18 世纪启蒙哲人很少有不可知论和无神论的，他们大多是自然神论者。他们认为从维系社会、树立统一的道德规范这个角度想，宗教还是必要的。因为越是理性地思考，越会感觉到人不能彻底解释宇宙中无穷无尽的变化和规律，也不能断定所谓终极原因。相反，倒是很有可能有一只全能的手，远远超越永无休止的千变万化，阻止种种事物越出给它们所划定的范围。这样一种自然神论观点表现了人因为理性而认识到自己的有限，在人之外还存在着人力所无法控制的力量，有一个在人的认知之外的至高存在在规范着宇宙万物的运行。人类的认识可以接近这个至高存在，但不能穷尽它。这是理性的限度，也是哲学的谦逊。

自然神论满足粗浅的信仰需要

在法国，自然神论是一个反抗宗教压制和自由思想禁锢的重要策略选择，是一种宗教上的“打着教旗反教旗”。正如盖伊在《启蒙运动》中所说，“无论是舶来的还是本土的，自然神论给一批具有影响、且愈益增多的读者提供了一个令人满意的自然理论，给愤世嫉俗的不敬神态度提供了一个堂而皇之的借口：它使怀疑论者可以用区分‘真基督教’和‘纯粹迷信’并假装宣效忠‘真基督教’来骚扰那些虔诚的信徒。许多激进分子在经历自然神论之后最终成为唯物主义者，而且如狄德罗那样，从未完全抛弃自然神论的词句。还有一些唯物主义者，如霍尔巴赫那样，迟至1760年代后期，依然觉得有必要翻译和转述特伦查德（John Trenchard，1662—1723，英国自然神论者）和伍尔斯顿（Thomas Woolston，1668—1733，英国神学家）的著作。”①

自然神论把基督教和基督理性化了，基督是一位了不起的道德导师，但不具神性，也与神迹、预言或其他神秘的事情无关。这样重新解释基督教，为18世纪启蒙人士提供了一种对传播理性宗教观念有用的“表态策略”，表明他们并不是无神论者，并不反对宗教，而是为了让宗教回归它的理性和人道正途，发挥更大更好的社会作用。而且，他们绝大多数心里确实也是这么想的。

德意志启蒙具有后发启蒙的特点，文化尚未定型，在理性宗教上也是受到英、法启蒙的影响，自然神论是通过翻译进入德语地区的，而且还是通过大众杂志的介绍，这与启蒙思想在中国的传播方式颇为相似。在信仰的问题上，德意志地区的人民一向比英国或法国人更加严肃和虔敬（从另一种意义上来说也更加保守和顽固），这使得德国人在内心深处始终把信仰看作是一件神圣的事情。在这个地区传播理性宗教的观念比在英国和法国困难得多。让理性宗教在德意志保持活力的人是莱辛，他的处理办法相当独特，那就是把基督教的神迹和预言（宗教神话）和对《圣经》文字的理性分析（圣经考据）区分开来。

他在1774年到1778年间，发表了莱马卢斯（Hermann Samuel

①《启蒙时代》，上卷，第357页。

Reimarus，1694—1768）《为理性的上帝崇拜者辩护》的一些片段。在其中的一个片段《耶稣及其门徒的目的》里，耶稣被描述成一位传统守旧的犹太人，他相信自己是《旧约》中预言的犹太弥赛亚，受神的召唤来建立一个人间王国：他是一个仅仅在乎犹太人的、具有超凡魅力的民族领袖。最初，他的门徒是拥戴他为领袖的一群狂热弟子，相信这个有限的使命。但是在他死后，他们把他的纲领普世化，把他的人间王国变成一个天国，并且改编耶稣的生平故事，使之适应他们的新目的。换言之，福音书中的许多内容要么是添枝加叶，要么是彻底的伪造。因此，历史上的基督教就是一个巨大的神话编造。

莱辛认为，莱马卢斯对于《圣经》文字的历史批判充满了令人信服的证据，《圣经》中记载的许多神迹和预言，在当今的理性时代看来确实是荒诞不经的。但是，“文字并非精神，‘圣经’并非宗教。因此，针对文字和圣经的反对意见，也并不是针对精神和宗教的反对意见……而且，在圣经存在之前，就已经有了宗教。在福音书作者和使徒写作之前，就已经有了基督教。……这种宗教并不是因为福音书作者和使徒的传授而成为真实的，恰恰相反，正是因为它是真实的，他们才传授它。书写成文的传统，必须根据其内在的真理性来解释”。①

莱辛认为，对于《圣经》文字的理性批判并不能用来否定基督教在道德实践方面的价值。《圣经》中确实充满了谬误，但是基督教在人类实践的历史过程中却曾经促进了道德的发展。如果说莱马卢

① 《莱辛神学著作》，引自詹姆斯·C. 利文斯顿：《现代基督教思想》（上卷），何光沪译，四川人民出版社，1992 年版，第 63 页。

斯侧重于从理性的角度来揭露基督教信仰的荒谬性，那么莱辛则坚持把基督教信仰的理论意义和实践意义区分开来，看到基督教信仰的历史合理性。这样的描述符合基督教初期产生和发展的真实历史，它是理性的，它并不反对宗教本身，而是要排除那些为宗教编造的神话和迷信，还宗教最初对人道德和良心规范的真面目。在这样解释的基督教理论中，上帝只关心世界和自然秩序的创始，不干涉人类的具体生活方式，上帝已经失去了实质的意义，所以不需要否认上帝的存在。

这与伏尔泰肯定基督教道德教化作用的方式颇为相似。在伏尔泰那里，自然神论的核心是自然法，自然法不是来自上帝，而是来自人的理性良心。他在《哲学辞典》“自然法（对话）”（Loi naturelle，dialogue）词条中表达了这个意思：道德良心是人的“本能”，与有没有上帝没有关系。

> 乙：自然法是什么？
>
> 甲：自然法就是令我们感到公正的本能。
>
> 乙：您把什么叫作公正或不公正呢？
>
> 甲：就是天下的人都认为公正或不公正的。

伏尔泰认为，所谓“理性”也就是“头脑清醒”，自然法是有理性的人都能从自己心里获得的，“要不是从头脑清醒的人们心中所具有的自然法观念获得（好和不好）的想法，又到哪儿去找呢？一定要在自然法观念里去吸取这种想法，别处是没有的”。[①]

---

① 伏尔泰：《哲学辞典》，第603，603—604页。

伏尔泰赞同的是那种简单而合理的宗教信仰，自然神论符合这个条件，也是启蒙时代许多人拥有的朴素信仰。它的构成教义既简单又只有几条，无非是，上帝是天父、自然是天道、幸福就是顺应天道、人类皆兄弟、该以和平和仁爱相待。他《哲学辞典》的“迷信”（superstition）篇开头的第一句话就是，“凡是超出崇敬一位至高主宰而不全心全意服膺他永恒命令的行为，几乎都是迷信。相信只要举行某些仪式就可免罪，便是最危险的迷信”。①

任何一种宗教的传播都是因为能满足许多人基本的心灵和情感需要，而不是因为其仪式华丽或教义博大精深，理论在宗教面前是无力而脆弱的。自然神论的成就并不在神学或哲学上，而是在于它能满足许多人基本的、粗浅的宗教需要，那就是相信自己活在一个可以用人的理性去认知的自然世界秩序里。没有这样一个秩序，人的生存意义和价值又在哪里呢？想象有一个由造物主创造的自然秩序，比想象它是由某种历史或人为力量推动要容易得多。这就是大众的信仰。

在学术认识看来，自然神论的神学不真实，但信仰本来就是超越真实的。迄今为止，人类无法用经验证据来证明确实存在这样一个理性的自然秩序，实际情况经常是正好相反，所以也就更需要把它想象成神的作品。自然神论给人的希望是，虽然神创的自然秩序，由于人的社会和政府的失败，没有能够按照神意原来的样子呈现在我们面前，但总有一天会呈现出来，有待于未来的人类去见证。

自然神论思想局限从来就没有少遇到神学家或哲学家的批判，

---

① 伏尔泰：《哲学辞典》，第603，603—604页。

但它的历史意义毕竟不可轻视。自然神论重新描绘了欧洲的宗教地图。接受并倡导自然神论的人们（包括启蒙哲人）或许不太深刻，但肯定是敏锐的思想者，他们善于发现自己对手的弱点，并借力打力，用宗教的语言批判宗教的神话和迷信。自然神论的宗教想象因其理性的比喻而非常容易被理解和接受。上帝被比喻成钟表匠，在时间开始之初就赋予这个世界以伦理法则，任何人都可以通过独自运用自己的理性来发现这些法则。至今这种哲学还是具有情感吸引力和逻辑说服力的。

经过 17 世纪的科学革命，在牛顿科学盛行、常识受到推崇的环境里，自然神论乃是可以采纳的合情合理的宗教。牛顿本人就是一个自然神论者。18 世纪初，自然神论者是带着恰当的主张出现在恰当的历史时刻。可以说，那时候的自然神论顺应了时代的需要。后来自然神论之所以逐渐淡出，主要不是因为它在辩论中被击败，或被其他信仰所代替，而是因为它的学说和批判已经变成老生常谈，也就是说，被人们广泛接受了。这就像贝多芬的钢琴曲“献给爱丽丝”，今天许多人听到这种曲子已经没有感觉了，这首曲子不是不美了，而是因为人们听过太多次了，太熟悉了，因此也就像老生常谈一样在你的耳朵旁淡淡飘过。

自然神论今天的伦理意义在于，它让人在相信神不能改变人的命运的同时，对神保持敬畏之心，丧失了这样的敬畏心，人做事便不再有底线。在道德方面，承认有一位代表秩序和正义的神，要比不承认好得多。伏尔泰有一次对朋友说，“我希望我的律师、我的裁缝、我的仆人，甚至我的妻子信奉上帝，我想，这样一来我就不会那么频繁地被抢劫或是戴上绿帽子了。”在伏尔泰看来，社会宗教应该发展体面阶层的信徒。它甚至应该包含皇室成员，伏尔泰害怕仆人是无神论者，更加害怕国王是无神论者。他说，“一个无神论的国王比一个狂热的拉瓦亚克还要危险。”拉瓦亚克（Francois Ravaillac，1578—1610）是一位法国天主教狂热分子，1610 年刺杀了亨利四世。[①] 伏尔泰所说的是一种起社会道德作用的宗教，没有它的帮助，国家的法律就像是一个没有拐棍的瘸子。

国家的法律不可能惩治所有的恶和罪，再完善的司法制度也没有这个能力，何况司法制度是由不完美的人运作的，而且经常本身就是腐败和堕落的渊源。只有神明才能对人间所有的善恶洞若观火、明察秋毫。也就是人们常说的“人在做，天在看”。有一位神明来惩罚人世法律所不能制裁的罪恶，也的确是有益人类的福泽。其实，相信有一个至善至公的神，是人类具有普遍道德感的一种本能自觉（正确与否是另外一个问题），它也是人类普适价值的来源。真正神圣的东西，是人类的道德规范，它需要有一个指导人类向善努力的基本动力。正因为这样的需要是人类普适的东西，所以它本身只能来自创造了所有人类的上帝。

3. 批判理性和工具理性

批判理性和工具理性的区别

启蒙哲人推崇批判，抨击形而上唯理性主义，这清楚地表明，启蒙运动不是像它的指责者们所宣称的主张“理性万能”。启蒙的知

① Voltaire，“A，B，C，” in *Philosophical Dictionary*. Ed，and tr. Peter Gay，New York：Basic Books，1962，Ⅱ，p. 603.

识论对不同的理性是有所甄别的。它抨击形而上的唯理性主义，体现出两种相互关联的方式：一方面主张用理性扫清愚昧和迷信；另一方面反对把理性说成是惟一的，甚至是主导人的精神活动的力量。启蒙的批判也不认为世界上所有的神秘现象都可以通过理性科学来得到阐明。康德认为，开悟是通过勇于运用理性和理解力使自己摆脱遵循别人指导的懒惰习惯而实现的。理性是人走向成熟的标志，但只有能够用理性看待理性本身的局限，人才算是真正成熟。

启蒙理性不是工具理性，但却经常在人们批判工具理性的时候被无辜伤及（“躺枪”），被当作暗藏的工具理性来加以批判。这是因为批评者看不清这二者之间的实际关系和重要区别。

首先，我们要知道，启蒙理性不只是理性，而且更是具有普遍性的理性（universal reason），而工具理性（或经济理性）是不具有普遍性的。启蒙理性是一种通过独立思考来怀疑和验证的理性，它不盲从权威，对权威持怀疑的态度。这就意味着，启蒙要求任何人对任何事都能有辨别真伪、认清是非的能力，惟有如此，方能获得可靠的知识。然而，怀疑权威是有条件的，那就是必须有可以替代权威，比权威更可靠的知识依据，这个依据就是“理性”。

人可以运用理性，根据可靠的证据或理由，得出可靠的结论。因此，理性就好比是人的眼睛，人是因为有眼睛才有视觉的，同样，人是因为有理性才能辨别真伪和判断是非。对我如此，对你如此，对所有人都如此，因此，理性是一种对人类来说是普遍性的认知能力，就像人的视觉是一种普遍性的感知能力一样。

第二，普遍理性并不意味着每个个人永远都只用理性来思考，或者永远不被激情或幻想所动摇。眼睛决定了视觉的可能性，虽然无法保证不会看错，但却是看事物的唯一可能。同样，理性决定了思想的可能性，虽然不一定总是运用得当，但没有理性便无从思考。普世理性指的是，如果足够多的人努力完善理性思考的能力，公开且公平地运用这种能力，他们的合作就能造就一个显得像是自然而然的普世理性秩序。

第三，理性秩序的价值基础是“真”——真实、真相、真话、真理。“真”是一个不可动摇、不言自明、毋庸置疑的普遍价值。不管是谁，都会希望别人对他诚实、真诚、诚恳，而不是欺骗或愚弄他。由于欺骗和谎言的普遍存在，对任何一个权威，在我们能够确定它说真话、告示真相之前，都是不可确信的，都需要确定后才能决定。真话或真相，不管如何逆耳、令人不快或难堪，都是一个理性群体对权威的基本要求。这样的理性不是个人或少数人的，而是可以在群体内或群体之间分享的，因此是普遍理性。对任何违背普遍性的所谓“理性”，普遍理性都是一种批判的尺度，这使得普遍理性也成为批判理性。18 世纪启蒙思想家称之为“哲学批判”。

与具有普遍意义的启蒙理性相比，“工具理性”（经常表现为经济理性）不具有普遍意义。它是一种对局部利益的功利考量，对我有用的，对他人未必有用，甚至有害。工具理性的原则不是启蒙理性的怀疑和验证，而是对人的本质的一种假设：人是自私、利己的动物。因此，人的选择和行为应该有利于自己。人与人之间只有利益的交换，没有别的，所以不要感情用事。这就是工具理性的“理性”。这样的“理性”必然排斥人际关系中的其他理性相待方式，不承认慈善、同情、恻隐、无私之爱（如父母对子女的爱、夫妻和家人之间的爱）其实也是包含理性因素的。工具理性以是否能成功或达到目的为其效能标准，所以可以不择手段、无所不为。

然而，工具理性或经济理性却也并不一定是启蒙理性的对头，而是可以用来支持启蒙理性。例如，启蒙理性不信任意识形态或“口号”的权威真理性，工具理性或经济理性事实上也能起到这样的作用，在“开动脑筋自己思考”这一点上，可称启蒙理性的好帮手。在经历了“宁要社会主义的草，不要资本主义的苗”的非理性年代后，“黑猫白猫，能抓住老鼠就是好猫”的工具理性就有一种恢复理性的作用。狂热的口号让人激情澎湃，失去思考能力，引发非理性行为。但个人钱包对此有清醒作用。不管什么理性，只要对非理性有遏制的作用，都比非理性要强。但是，启蒙理性不是抓老鼠和性价比的理性，这一点是明确的，所以必须把这两种理性区别开来。

现在人们谈论较多的是工业化或官僚化的工具理性，这也是一种只讲究效能的理性。它的特点是非个人化、高效率、可预测性。它把社会当作一部与人性无关的怪兽机器，这部机器上有无数固定的岗位，任何岗位都可以由任何个人占据，谁能使这个岗位最有效能，谁就是最好的选择。每个岗位的工作效能都是预定好了的，不能高效实现，便被淘汰和置换。个人只是这部机器的齿轮和螺丝钉，完全不能影响这部机器是行善还是作恶。在工具理性支配的国家社会里，功利的追求渗透在每个人的生活方式中：急功近利、唯利是图、只图成功，不择手段。人们平时所谓的“有奶便是娘”，“精致的利己主义”，说的就是这样的工具理性。启蒙是为了让人们能够摆脱这样的工具理性生活方式，怎么能说启蒙的理性中暗藏着这样的工具理性呢？

由于 19 至 20 世纪德国政治经济学家和社会学家韦伯讨论并批判了工具理性，现在有一种普遍的误解，误以为是韦伯首先提出工具理性的问题，而工具理性就是启蒙时代理性的盲点，因而成为启蒙理性的变态延续。这是完全错误的。启蒙时代的思想家亚当·斯密早就提出了工具理性的问题。因此，对工具理性的思考本是启蒙时代对理性多方面认识的一部分，而不是它的一个盲点。

1776年，斯密在一个不起眼的扣针工厂里看到一种令他印象深刻的生产方式，他在《国富论》（第一篇，第一章）“论分工”里写道，“一个人抽铁丝，一个人拉直，一个人切截，一个人削尖线的一端，一个人磨另一端，以便装上圆头。要做圆头，就需要有两三种不同的操作。装圆头，涂白色，乃至包装，都是专门的职业。这样，扣针的制造分为十八种操作。有些工厂，这十八种操作，分由十八个专门工人担任。固然，有时一人也兼任两三门。我见过一个这种小工厂，只雇用十个工人，因此在这一个工厂中，有几个工人担任两三种操作。像这样一个小工厂的工人，虽很穷困，他们的必要机械设备，虽很简陋，但他们如果勤勉努力，一日也能成针十二磅。以每磅中等针有四千枚计，这十个工人每日就可成针四万八千枚，即一人一日可成针四千八百枚。如果他们各自独立工作，不专习一种特殊业务，那么，他们不论是谁，绝对不能一日制造二十枚针，说不定一天连一枚针也制造不出来。”

这样高的生产效能，让斯密看到机器时代“普遍富足”（universal opulence）的希望。生产能力的提高，不仅是因为同一工厂里工人的分工合作，而且还因为同一个国家，甚至不同国家之间许多公正的分工合作。制作羊毛外套的劳动分工不仅包括制作程序中的工人，还包括“造船工人、水手、制帆人、制绳人等”。

斯密不觉得这样的分工有什么害处，今天我们对这样的分工有了批判的看法。我们质疑一个工人一天到晚，日复一日地重复同一个机械动作，会对他造成这样那样的心理和人格伤害。斯密清醒地意识到一种两难的困境，他要问的是，替代这种机械分工的生产方式就一定更好，更人性化吗？他描述了英国农民从放羊、剪羊毛、纺纱织布到做成一件外套的低效工作，而且，这些农民一辈子都在重复同一种单调的生活方式。他们厌倦、痛恨这样的生活方式，这才愿意到工厂做工。工厂工作虽苦，但也比捆绑在土地上永无出路要强。要不是因为有千千万万这样的农民，工业革命又怎么会成功？

今天，我们仍然面临着与斯密相似的两难困境，在这个困境中没有好的选择，只有从当事人自己角度看到的比较不坏的选择。例如，青壮年农民离乡背井，丢下老人和孩子进城打工，成为权利严重缺失的廉价劳动力。我们在同情之余，要问的也许是，在他们抛土离乡之前，他们是享有更多权利、更有尊严、生活品质更好的农民吗？

因此，启蒙理性对待机器生产工具理性的态度并不是一味否定，更不是以为可以找到某种方便又美好的替代方案。启蒙理性既看到工具理性对人性的伤害，又看到它的合理性和必然性。这样的批判理性又怎么会像某些人想象的那样，糊里糊涂地自己就沦变为工具理性呢？批判理性的特征就是能认识到理性自身的局限性，它不会教条主义地对待特定环境中某种理性出现的缺陷和错误，它总是能够记录缺陷，检查错误，把自己再往前推进一步。

启蒙理性是极权理性的敌人，不是朋友

启蒙的批判理性并不排斥合理范围内的经济理性和工具理性，它承认每个人的自我利益和追求自己幸福的合理性，也承认市场经济、自由贸易、无利不起早的合理性。但它同时也坚持社会公正、共同富裕、慈善和福利、消除贫困、减小贫富差距、限制政治和经济特权、反对歧视的合理性。批判理性对经济理性和工具理性的

"合理性"甄别是以人道主义价值为标准的：自由、平等、宽容、公正、正义。今天，我们还见证了20世纪专制和极权的那种特殊的统治工具理性，在像希特勒等人这样的极权主义统治者手里，工具理性和功利理性将残忍、贪欲、杀戮、迫害合理化为一些对社会全面操控和压迫的作恶理性手段。区分和区别对待不同的理性因此成为今天启蒙的一项比18世纪更细致、复杂的任务。

人道主义价值观形成了18世纪启蒙的批判理性传统，启蒙哲人倡导的理性是清除愚昧、迷信以及一切压制人自由思考的力量，而清除愚昧、迷信和压制是为人类在人道主义之路上的进步扫清障碍。若非如此，启蒙不能合理地坚持，知识优于愚昧、思考胜过迷信、自由强于压制。若非如此，启蒙也不能合理地宣称，清醒比糊涂好，成熟比不成熟好。只有清醒、成熟和理性的人，才能胜任批判，善于批判，也才能解放他自己。

这也是为什么康德说，不坚持理性，也就没有启蒙。理性指的是克服人加于自己的不成熟。他在《纯粹理性批判》第1版序言中写道，"我们这个时代可以被称为批判的时代，没有什么东西能够逃避这批判的，宗教企图躲在神圣的后边，法律企图躲在尊严的后边，而结果正引起了人们对它们的怀疑，并失去人们对它们真诚崇敬的地位，因为只有经得起理性的自由、公开检查的东西才能博得理性的尊敬。"

启蒙的批判理性与狭隘的经济理性和工具理性是可以分辨的，也必须分辨。但是，在一些以往对启蒙理性的理解中，批判理性和工具理性的区别却被不当地模糊了，其中特别有害和荒谬的是把启蒙理性与20世纪那种被称为"工具理性"的极权作恶理性直接联系起来。

20世纪，出现了一些看似困惑一些欧洲思想人士的问题，为什么欧洲遵循理性，仍然会产生法西斯、大屠杀？为什么理性的光明会走向理性的黑夜？1945年，第二次世界大战结束时，法兰克福学派的霍克海默（Max Horkheimer）和阿多诺（Theodor Adorno）合著《启蒙的辩证法》，提出了这样的问题。他们说，写这书的目的是“拯救启蒙的希望”。“启蒙一向的目的，是将人们从恐怖中解放出来，并建筑他们的自主性，然而，在经过充分启蒙的（欧洲）土地上，灾难却发出胜利之光”。霍克海默和阿多诺认为，启蒙运动本身“已包含了今天处处可见的倒退的种子”。①

他们断定，这自毁的种子就是启蒙运动形成的“理性易于变成绝对”的思想，导致绝对的错与对的判断。绝对的思想，不仅同保障民主自由的多元化价值相去太远，再迈一步，就是不宽容和暴力。由于暴力和理性的联姻，在现代史上生出的像希特勒和纳粹这样的理性邪恶来。

然而，他们也不能不承认，理性有两种层面。一种是人道理性，旨在创造和确立人类精神价值；另一种是工具理性，计算、规范，以度量、厘定世界。他们认为，和极权主义绝对思想结为一体的是工具理性。既然人道理性可以与工具理性加以区分，既然哲学的批判理性包含源自启蒙时代的自由和人道主义价值，那么，为什么还要把希特勒的纳粹主义与启蒙运动的哲学批判理性挂钩呢？难道希特勒等人是自由和人道主义价值的传人吗？倘若如此，那些抵抗这些暴君的思想或普通人士，他们代表的又是什么呢？霍克海默和阿

① Max Horkheimer and Theodor Adorno，*The Dialectic of Enlightenment*. New York：Continuum，[1947] 1974，pp. x；3，xi.

多诺都是反纳粹的思想人士，如果他们自己不是运用理性和人道主义的批判武器，又能用什么来抵抗和反对纳粹主义呢？

霍克海默和阿多诺在极权理性与启蒙理性之间形成联想，依靠的主要就是对“理性”观念的理解。他们是犹太人，二战前和二战中犹太人的集体苦难不仅是德国纳粹恶行的结果，而且也是整个欧洲对纳粹绥靖、姑息和迁就的结果。许多犹太人，尤其是德国犹太人认同欧洲现代文明，早已把自己看成了欧洲人。犹太人的空前苦难遭遇当然会令他们觉得被欧洲文明背叛了。这种感受是刻骨铭心的，引发对欧洲文明的反思，要到那里去寻找自己苦难的根源。

1946 年左右的欧洲知识人士对现代极权的认识才刚刚开始，他们并不清楚如何去理解纳粹极权这个史无前例的新生事物，阿伦特的《极权主义的起源》之所以伟大，是因为她有意并相当成功地建立一套新的讨论观念和语言，但是《启蒙辩证法》不是这样。两位作者把纳粹极权从观念上追溯到他们熟悉的现代西方文明源头，也就是 18 世纪的启蒙运动。他们之所以这么做，只是因为那几乎就是他们熟悉的，唯一可以用来试图认识纳粹极权的一个认知工具。“工欲善其事，必先利其器”，从过去半个多世纪极权主义理论的整体发展来看，1946—1947 年人们还刚在摸索如何找到可以用来认识极权的理论工具，有的成功，有的并不成功。霍克海默和阿多诺的理性观念追溯虽然并不成功，但却为后来其他人的不断机械重复带了节奏。

他们把纳粹极权与 18 世纪启蒙运动联系起来，除了对辩证法的误用和滥用（第九章里还要讨论），一个重要的原因也许是暗中在起作用的历史认知“熟悉原理”，也就是用他们熟悉的欧洲现代启蒙去认识完全陌生的纳粹极权。德国社会学家和电影理论家齐格弗里德·克拉考尔（Siegfried Kracauer）是公认的西方写实主义最具代表性的电影理论家，他在《电影的本性》一书说到过这样一个故事，有一位著名的导演拍了一个电影短片，影片5分多钟长，拍的是现代都市风光和都市生活：高楼大厦、车水马龙、酒吧旅馆、熙熙攘攘的人群。他把片子给非洲还生活在原始状态下的土著人看，他们还没有经过文明开化，对现代生活完全陌生，一无所知。克拉考尔要观察的是他的现代都市生活片对这些土著人会有怎样的视觉效果。

结果放完这个片子之后，土著观众在兴高采烈地谈论一只鸡。问题是，这位导演本人从来没有意识到他的片子里有一只鸡。他为此感到困惑，回去后一帧一帧地拉这个影片，仔细去看，终于在一个角落里发现了一只鸡。而这个鸡出现的时间是低于8画格的。什么意思呢？我们知道，电影是每秒钟24画格的连续运动，如果一个事物出现的时间低于8画格，一般人是感觉不到它的存在的。但是，那些土著人观众关注到了。为什么呢？原因很简单，因为那只鸡是他们在影片中最熟悉的事物。那只鸡是他们唯一熟悉的，而那些都市的高楼大厦、车水马龙、酒吧旅馆，因为不熟悉，全部变成了背景。那只鸡因为熟悉，成为了主角。于是在电影学中便出现了一句话：你是否看见了那只鸡？

每个人在看电影和看作品，乃至看问题的时候，看到的经常只是自己眼中的那只鸡。决定他看到那只鸡的，是他的文化背景、人生经历、知识结构，并以此为基础的敏感点和观念联想。霍克海默和阿多诺是纳粹极权的受害者，在他们的受害敏感意识中，所谓的纳粹工具理性与启蒙理性的相似就是出现时间低于8画格的那只鸡。由于想要在他们熟悉的启蒙理性中找到纳粹作恶的观念逻辑，他们硬是把启蒙理性放大成了一桩必须为纳粹罪行负责的罪过。

观念的追溯不能脱离历史变化的具体环境，在恶劣的环境里，什么好东西都会变样，但一定要弄明白为什么变样的真正原因，不能张冠李戴。淮橘为枳，淮河以南甜美的橘子移植到淮河以北，就成为苦涩的枸橘。枸橘难吃，不是因为橘子曾经甜美，而是因为新的土壤和气候环境生长不出甜美的橘子，所以也就有了与甜美完全不同性质的枳。这种情况在我们熟悉的环境里也屡屡发生。在新的环境里，法农和萨伊德的批判型后殖民理论变成了狭隘民族主义的理论，列奥·斯特劳斯基于人的自由和解放意识的人文教育变成了知识拼盘的普适教育；启蒙变成了大众媒体趣味性的知识普及；作为人文或公民教育核心的批判性思维变成了刻意躲避政治的语句分析技能，或者对政府和企业合理化决策的建议。纳粹德国的极权理性与启蒙理性都称为“理性”，就像甜橘和苦枳看上去都是树上黄黄的果实。吃水果的人厌弃苦枳，不应该成为他们不喜欢甜橘的理由。同样，我们也不应该因为厌恶极权理性，就放弃唯一能有效揭露和反抗极权的批判理性。

启蒙理性与“哲学家的谦逊”

在 18 世纪启蒙哲人的著述中，我们可以清楚地看到他们倡导理性思考、理性地表达自己的意见，同时他们也对自己的无知有着清醒的认识。实际上，他们进行哲学思考的一个核心关切，就是探寻和确立理性的限度。休谟敦促人们去“发现人类理性的恰当领域”，这也就意味着有不恰当的领域。康德否定有某种固定真理等待人们认识的观念：哲学思维至多是一种讲究程序的可靠方法，是探索荒野用的指南针。伏尔泰用哲理故事极大地推广了这种哲学观。在小说《米克罗美加斯》（*Micromégas*，1750）中，伏尔泰想象了一个来自天狼星的巨人。巨人表示要用一大卷哲学来告诉人类一个自然的大秘密。当科学院的秘书打开这本书时，他看到的只是一页页的空白。秘书说："啊！正如我预想的！"

在另一篇辛辣的小说《默农》（*Memnon*）里，伏尔泰创造了一个自鸣得意的理性主义者，默农成为一个"纯粹理性"的一个代表。他决心要有一个"完美的哲学人生"，因此为自己计划了一个摒弃一切激情和欲望，完全合理的生活方式：不近女色、不喝酒、不生气、量入为出等等。可是，生活里发生的事情却不是他能够理性计划的，在一天之内，他迷上了一个漂亮女子，吃了大亏，因为烦闷而寻求朋友的安慰，结果又上了当，斗殴中被打瞎了一只眼睛，还发现自己存钱的银行原来是个骗子。居然在一天之内失去了"眼睛、健康、财产和理智"，当然，也因此丢掉了一个完美理性哲学家的梦想。

如果说伏尔泰在他的小说里讽刺了哲学家的理性傲慢，那么德国诗人和作家维兰德（Christoph Martin Wieland，1733—1813）的小说《阿伽通的故事》（*Die Geschichte des Agathon*）读起来就像是用德文改写的《默农》甚至《老实人》。这是一部"教育小说"（或称"发展小说"），小说描写了主人阿迦通（意即"好人"）从脱离现实的理想世界转向现实生活，并决心为公众事业献身的发展过程，带有自传的性质。这里，维兰德提出了"和谐的人"的思想，认为只有感情和理智、心灵和头脑达到和谐的人才是"好人"，只有"好人"才会有"好的时代"。主人公从一个可爱的妓女那里学到世俗的智慧，为了平庸世俗的感官享受而抛弃了虚妄的理性主义哲思。维兰德似乎是要告诉人们，冰冷的理性主义、傲慢的体系建造，对人的各个方面都有损害，尤其是剥夺了人的享乐。

这种对人类骄傲，包括理性的骄傲和自大的调侃，在启蒙哲人中间被称作“哲学的谦逊”。[①] 吉本赞扬“有自知之明的无知”；达朗贝尔把人类的知识生动地描绘成浩渺大海中几个互不相连的岛屿；维兰德问道：什么是真理？回答是，人在无知的黑暗中看见了一些微光，仅此而已：“人要谦逊！”

事实上，大多数启蒙哲人在论述这个问题时，都有哲学家宣称自己无知的坦言。这种谦逊态度可以追溯到柏拉图笔下的苏格拉底。在《泰阿泰德篇》中，苏格拉底自比为一名接生婆，善于帮助别人生孩子，并能识别出小孩的才能，但他自己不会生孩子。培根和洛克重新捡起了这个比喻，把它直接传递给了启蒙运动。培根自比为“敲钟人，必须早起召唤人们上教堂”。洛克认为自己的《人类理解论》一书不过是一篇哲学的序言，把自己比作“一个小工，能清扫下这个地基，移走一些挡在知识之路上的垃圾”。霍尔巴赫（Holbach）在《自然的体系》（*Système de la nature*）里猛烈攻击人在知识问题上的自以为是：“人不是生来就能认识一切；人也不是生来就能了解自己的起源；人并不是生来就能深入事物的本质，也不是生来就能追溯到最初的原则。”[②]

这样的“哲学谦虚”与目空一切的“工具理性”及其极端形式的“极权理性”形成了鲜明的对比。哲学批判的基本假设是，对所有的事物都是可以怀疑的，包括怀疑者自己的怀疑。因此它所秉持的是一种理性的怀疑，而不是仅凭敌情观念、敌对情绪，或者永远对人不对己的怀疑主义。狄德罗在《百科全书》中写道：“事实可以

① 以下文献见《启蒙时代》，上卷，第133页。

② 霍尔巴赫：《自然的体系》，上卷，管士滨译，商务印书馆，1988年，第73页。

分成三类：神的活动、自然现象以及人的活动。第一类属于神学，第二类属于哲学，最后一类准确地说属于历史。它们都同样要接受批判。"[1]

启蒙思想家们自己的知识属于哲学，不属于神学。他们把历史当作启蒙知识传播的主要话语手段，启蒙的新史学是一种用前例教哲学的知识方法。历史不只是过去，今天也属于历史，也需要从历史来解释批判。这种批判中包含了启蒙哲人随时随处的知识好奇心，也包含了他们对澄清事理的永不满足的渴求。一切知识，包括产生于理性的知识，都同样要接受批判。这样的批判理性不可能见容于任何全能和极权统治的逻辑，又怎么能要求启蒙的批判理性来为极权统治的逻辑担负认识和道德责任呢？水果刀被用来杀人，是水果刀的过失呢，还是杀人犯的罪行？

现代理性是启蒙运动的孩子，但却并不只是西方文明的孩子，理性更不是西方社会的特权。理性是人类共同拥有的精神和智识财富。理性不是单一的，批判理性和工具理性不是同一品种的理性，也不只是在表现形式和内容上稍许有些差别而已。还有其他不同形式的理性：商人的理性不同于慈善家的理性；政客的理性不同于教育家、艺术家、作家的理性；医生的理性不同于厨子的理性；数学家、电脑或网络工程师的理性不同于人文或社会科学研究者的理性。一般而言，不能用一种理性代替或否定另一种理性。但对于启蒙来说，并非所有的理性都具有同样的相关性和重要性，它关注的是批判理性，传播的是有关批判理性的知识。今天，我们简单、易懂地

---

① Denis Diderot，*Oeuvres completes*. Ed. J Assézat and M. Tourneus. Paris，1875 - 1877，XV，p. 3.

称之为批判性思维，它要求明确的概念、严谨的推理逻辑、对不同意见的开放心态、问题对象的明确界定、细致的分析和清晰的表述，在最大程度上避免盲信、偏执、先入之见和自以为是。这显然并不是一件容易做到或完美完成的事情，但却是一个确定不变的理性目标，对学术和科学研究是如此，对社会和政治问题也是如此。

4. 启蒙批判的认知与道德

“轻松而明显的哲学”也能刨根问底

18世纪启蒙思想家称自己从事的是“哲学批判”和“哲学思考”，他们的哲学是休谟所说的那种“轻松而明显的哲学”，不仅是知识，而且是行动，至少是行动的准备。这种哲学与那种深奥、玄虚，与行动无关的思辨哲学是不同的。哲学是一种刨根问底，力求整合的问知方式，无根底就无整合的基础，不整合便无根底的结果。

那么，什么才算是“根底”和“整合”呢？对于不同的人们，或思考不同问题的同一人来说，对这个问题的回答都是不同的。例如，在思考人的主体意识与知识的关系时，不涉及“理性”的问题就不能算是触及了根底，不讨论“唯理性主义”和“经验主义”的范畴区别便不能算是整合。但是，若是思考“论证”（argument）思维的知识可靠性，就算是哲学性的思考，也不必追溯到理性这样的根底或范畴。图尔敏（Stephen E. Toulmin）是一位哲学家，他对论证提出的“图尔敏模式”被称为“哲学分析”，但也只是限于剖析论证的六个部分：主张（claim）、保证（warrant）、论据（grounds）、支持（backing）、语气（modality）和反驳（rebuttal）。

这六个部分的剖析之所以是“哲学”的，是因为它们比人们对论证的“结论”和“理由”的理解要更为深入，也更为周全。这里所说的“哲学”是一种相对而言，而不是绝对的思考问题方法，不是一种在今天大学课堂上由“哲学家”讲授的“专业”。图尔敏模式在“哲学家”眼里也许算不得什么哲学，但对于一般的启蒙大众来说，已经是足够的深入和全面了。

启蒙哲学中的怀疑论、经验论、现实主义、反迷信和反盲信，严格地说都算不上是哲学，这些实际上是使得哲学可能产生的知性立场。但是，正如我们不可能把启蒙思想里的“破”和“立”，“有疑”和“不疑”的因素割裂开来一样，我们也不可能把知性立场与它们接纳的哲学原则绝然区别开来。

所谓的知性立场只是一种认知的基本倾向，而不是对所有问题回答的预设立场。例如，启蒙思想对事物持审慎的怀疑态度，怀疑是在不能确定之前暂不确定，不是断然否定将来也许会有确定的可能，否则便成了犬儒主义。如果对事物采取“凡是敌人赞同的我们都要反对”这种因人论事的预设立场，对“敌人”所说的事情事事怀疑，拒绝相信，绝不相信，那就不是启蒙思想审慎的怀疑态度了。审慎的怀疑导向求证，而不是终止求证，否则就成了我们今天常见的那种敌情或阴谋论思维，或是怀疑一切的知识虚无主义。

然而，18 世纪的启蒙哲人不是为怀疑而怀疑，也不是凡事都要怀疑，他们只是在与重大观念有关的问题上特别谨慎，因而也有更多的疑虑。对于他们来说，怀疑或排除怀疑都不是判断，而只是为判断做准备。在怀疑和判断的关系上，他们有古代哲学的皮浪（Pyrrōn）式怀疑主义可以比照。皮浪提出了“搁置”的概念。他认为，人无法认识事物本身，人的意见永远是主观的，因此，对待一切事物正确的态度就是搁置判断。启蒙哲人不是这样的怀疑主义者，他们并不认为对一切事物都应该搁置判断，对有的事情，他们是拒绝搁置判断的。

我们今天是从 18 世纪启蒙哲人而非皮浪那里学习怀疑的审慎怀疑主义的精神。狄德罗或休谟的怀疑主义不是一种皮浪式的哲学原则，而是一种可以学习并具体运用的知识验证方法。今天我们称之为批判性思维，也就是用权衡证据（evidence）、命题（proposition）或结论（conclusion）等等的真伪，来确定我们的判断，如果不是真实的，也至少是合理的。

这也是我们今天在说理教育中所要求的那种对人和对己都必不可少的知识检验。和启蒙时代的思想者一样，我们并不对所有的事物同样采用“搁置”判断的原则，而且，我们还会清楚地表明我们的判断。例如，就算所有人，包括权威人士都一致赞同死人能够复活、语录可以治愈聋哑、思想可以让土地亩产万斤，我们也会毫不犹豫地表示不能苟同，更不要说确信不疑了。

从知性立场到道德立场

与“知性立场”同时起作用的是“道德立场”。如果说启蒙知识的知性立场上“求真”，那么它的道德立场便是“向善”。18 世纪启蒙的这种向善的道德立场被盖伊称为“道德现实主义”。

“现实主义”并不是指启蒙哲人缺乏想象力，相反，启蒙哲人非常自由地，甚至竭尽所能地发挥了道德想象力。说启蒙哲人是现实主义者，“是说他们是从日常生活的具体经验中提取供他们使用的材料，然后不断地回到那种生活来更新和检验。那些创建了美利坚合众国的启蒙哲人在他们起草伟大的辩护文献时，几乎每一页都诉诸生活的经验。他们的欧洲兄弟也为此而赞不绝口”。启蒙运动的现实主义并不采用后来现实主义或自然主义的那种令人压抑和痛苦的形式。启蒙哲人太喜欢社会和审美方面的优雅东西了，不会把现实看到太龌龊污秽，当然也不是岁月静好。对于他们来说，穷人是现实存在的，富人也是现实存在的。他们绝不鄙视日常事务，而是在日常生活中建立自己的世界；“他们也不过分讲究，所以能够去寻找政治经济学的法则、法律制度和人类行为的动力，描述不识字阶层的辛劳和中产阶级的奋斗”。①

这种道德现实主义的风格也渗透在他们的戏剧、故事和小说中，伏尔泰的小说《老实人》呼吁，在道德上“让我们耕耘自己的花园吧”，莱辛的戏剧《智者纳坦》呼吁的是宗教宽容；狄德罗的《拉摩的侄儿》告诫不要在道德是自暴自弃；还有卢梭的《朱莉》，或《新爱洛绮思》（1748 年），书中描述被禁止的爱情，难以忍受的包办婚姻，还有那些平凡女子（包括女仆），其悲惨命运让许多与她们在生活中毫无交集的成年男女充满了道德同情，感动得热泪盈眶。一位退役的军官在给卢梭的信中热情洋溢地说：“你让我为她发疯。想象一下吧，她的死让我泪如泉涌……。我从来没有这样尽情地哭过。阅读此书给了我如此之强烈的体验，我相信，我会很高兴在完成阅读的最后一瞬间死去。”②

道德现实主义诉诸普通人自然、直觉的同情和怜悯，而不是依靠复杂的伦理哲学、逻辑推理或理论推导。它在普通人的日常活动，

---

①《启蒙时代》，上卷，第 165 页。

② Quoted in L. Hunt, *Inventing Human Rights: A History*. New York: Norton, 2007, pp. 47 - 48.

而不是形而上或阶级斗争的理论里寻找现实，每个人的道德反应和思考比精致的哲学伦理推理更重要，人与人之间的友谊与情爱比抽象的积极性或阶级斗争更真实，商人们互相之间的生意或人脉关系比臆想的社会契约历史更实在。启蒙哲人对道德最有意义的思考、最热情的行动乃是由普通事件触发的。今天，我们社会里对道德问题最有意义的思考和行动仍然是由生活里的事件触发的，如2012年12月13日佛山两岁女童小悦悦在被汽车碾压18名路人见死不救，一周后，女童因伤势过重永远地离开了人世。这样一桩发生在日常生活里的惨剧引发了人们对世风日下、道德沦丧的感叹和批评，甚至有人提出要引入“见危不救”的罪责。

伏尔泰接近70岁时，一桩发生在法国的宗教事件——一个名叫让·卡拉的商人被处决——使他全身心地投入对法国司法制度的批判。1761年10月13日，图卢兹市的一位颇受人尊敬的胡格诺派商人让·卡拉深夜发现长子马克·安东尼在店铺里悬梁自尽，一时全家慌了手脚，母亲失声痛哭，惊动四邻。突然，在围观的人群中有人说道：“马克·安东尼是被他父母杀死的，因为他选择了天主教。”图卢兹市的一位法官闻讯赶来，一不调查，二不审讯，甚至连现场也没看上一眼，便将“谋杀”事件当晚在家的人员全部拘捕归案。

马克·安东尼是一位28岁的青年，因为出生在一个新教家庭，受到天主教的歧视。他曾学过法律，一心想当律师，但因无法弄到天主教徒的证明书，被迫从事商业。他想从父亲那儿得到一笔钱做生意，遭父亲拒绝，失望之余，天天上咖啡馆借酒浇愁，后因债务缠身，更觉前途渺茫，一念之差便寻了短见。

这本来是天主教宗教政策造成的悲剧，结果反而嫁祸于受害者的家人，硬说马克之死是因为家人不准他皈依天主教。虽然有律师挺身而出，为受害者的家人辩护，但辩护的律师反而受到司法权力的不公对待。1762 年 3 月 10 日，法庭不顾一切无罪的证据，粗暴地判决卡拉车裂之刑。临刑前，老卡拉悲愤地说："我已经说明真相，我死得无辜。"

事发不久，伏尔泰便听到各种传闻。他对教会历来持怀疑态度，卡拉事件更是激起了他对教会和司法当局的无比愤慨。他决心为维护人的尊严、为争取信仰自由而奋斗。他通过各种渠道，沉着冷静地亲自调查和搜集证据，并邀请流放到日内瓦的卡拉的两个儿子来到他当时的居住地费尔奈。他根据这两兄弟提供的详情和从别的渠道得到的信息，作出了自己对事件的判断，并付诸行动。他发表了卡拉两兄弟的口供，写了揭露这起惨无人道的冤案的小册子，并为卡拉太太提供一切费用，把她接到巴黎。冒着聚众滋事、造谣蛊惑、对抗政府这类罪名的风险，伏尔泰的道德行动引起了法国社会对这个案件的广泛关注。1763 年 2 月 3 日，他又亲自写了上诉书，作出"我敢肯定这家人无辜"的结论。3 月 7 日，枢密院下令重审此案，蒙受不白之冤的卡拉老汉及其一家终于得到昭雪。

道德认知和道德行动

像伏尔泰这样的道德行为之所以被称为"道德现实主义"，是因为无论是对当下公共事件的介入，还是对历史人、事的思考，无论是反教会的嘲讽，还是学术或政治论辩，他采取的都是出于对道德原则的现实行动。在卢梭那样的哲学家那里，道德同样是世界观的核心。卢梭于 1761 年写道："我喜爱的与其说是形而上学的真理，不如说是道德的真理。"卢梭所说的"道德真理"是一种具有普遍意义的道德原则，如每个人都不应该蒙受不白之冤、都应该受到法律的公正对待、人不能对他人见死不救、人对他人的苦难应该有同情和恻隐之心、人生而自由，以任何理由剥夺他人的自由，就算被剥夺者自己愿意，也是不道德的。

当然，人明了道德真理，并不意味着他就一定会有相应的道德行为。所以，人真正的向善不只是有正确的认知，而且更是有与正确认知一致的道德行为。只有付诸行动，有所行动，道德才是真实的。任何一个人追求认知的真理，也必须同时追求道德的真实。真正的道德启蒙就是要清醒地看到，知道真理并不一定会去践行真理，知识和道德并不总是携手并进。事实上，恰恰是因为意识到了认知和道德的脱节，18 世纪启蒙哲人才会怀疑普及知识一定会改变人们普遍的社会行为。他们没有苏格拉底那种“人知错就不会犯错”的想法，他们知道，人经常知错犯错、明知故犯。他们对人知行不一的倾向有远为现实主义的估计。

卢梭经常被攻击和嘲笑为不谙世事的梦想家，但他坚持说，真正的知识是实用的知识。他在《爱弥儿》中写道：“重要的不在于知道什么，而在于什么是有用的。”因此，他让年少的爱弥儿在实际事物中，而不是在书本中成长。虽然今天许多人会把获得知识和传播知识也看作是一种行动方式，但这样的说法并不完全符合 18 世纪启蒙哲人对知识的看法。就他们启蒙的社会改良目的来看，他们的知识不是用来代替行动的，而是用来准备行动的。

就每个启蒙哲人而言，这种对行动的偏好，乃至行动的可能性，不仅取决于他置身的国家和时代，也取决于他本人的性格。吉本就仅仅满足于取悦和教导一个有教养的小圈子，这些人大多在阅读《罗马帝国衰亡史》之前可能就已经是无神论者了。那些喜欢论辩的启蒙哲人，如孔多塞，则试图在政治、经济和社会关系方面掀起一场革命。启蒙哲人的行动范围很广，从狄德罗和达朗贝尔用《百科全书》传播新知识观念、贝卡利亚推动刑法改革、孟德斯鸠谴责欧洲的征服活动、亚当·斯密主张自由市场经济、莱辛鼓吹宽容的诗歌，到霍尔巴赫激烈反对基督教的言论以及伏尔泰对“败类”的无情抨击，我们看到的是非常多样化的实际行动。

启蒙要求道德认知和道德行动一致，也就是要求在特定的环境中采取具有道德诉求和道德意义的行动，其道德诉求是具有普遍价值的，其行动是具有现实意义的，并在一定程度上具有改变现实的可能性。许多知识分子将此视为他们对社会的道义责任和自我价值所在。虽然人们对“知识分子”有不同的定义和理解，但大多肯定他们的一个共同特性：不只是拥有某种学科知识，而且还有社会关怀和学人气节。这样的知识分子会对他们认为不道义、不合理的事情提出批评。这在中国也不例外。孔子说“天下有道则庶人不议”，反过来说便是“天下无道则庶人议”。而天下总是处在“无道”或不尽合于“道”的状态。这里的“庶人”也包括身无官职的知识分子。“议”即是“批评”，故孟子有“处士横议”之语。古代称有才德而隐居不仕的人为“处士”，他们是不做官的体制外读书人；“横议”就是不平则鸣，纵论时政，与文人从政不尽相同。今天，有这种“处士横议”行动的经常是一些知识分子。他们的存在犹如苏格拉底所说的“牛蝇”，他们批判思考的公共价值在于其对社会弊病和不良社会环境的敏感，也在于其对不良环境定会负面地影响人们的认知和道德保持高度的警觉。

18 世纪纵论时政的启蒙哲人把“哲思”当作一种解决具体问题的严谨方式，今天的启蒙应该继承的就是这样的哲思。虽然我们今天不再称之为哲思，而经常称之为批判性思维，但是，今天我们把思考作为解决具体问题的严谨方式，仍然是一种负责任的值得赞许的务实态度。这和那些仅仅为了改良话语技能的“批判性思维”是不同的。在公共话语逼仄的环境里，技能性的批判性思维以“不谈政治”和避免“政治化”为借口脱离现实中的具体问题——其中大部分其实都与政治有关——变成了一种只是在课堂里自娱自乐的概念或逻辑游戏。对普通民众来说，与政治有关的不一定是谁在掌权的问题，或政客们如何勾心斗角和争权夺利，使用何种阴谋诡计，而是人民自己想要有怎样的公共生活，成为怎样的公民，有怎样的人生，如何让社会更公正更正义。所有这些开始也许是他们社会当下的道德状况问题，但如果从制度来批判思考这些问题，它们也就成了政治问题。

第三章

启蒙与人文教育

人道主义被视为18世纪启蒙进步的一个标志，这场进步中的主要部分受启蒙新思想和新观念的引导，它开始划出重要的边界，绝不允许宗教裁判、残忍处罚和暴政权威；它开始设想用公民契约代替君权神授，用法治代替人治，要求最大限度地克制甚至废止制度化的暴力。人们对善良情感有了新的认识和重视，同情、怜悯、恻隐之心、普世友好成为一种社会价值，因而把生命和个人幸福提升到一个从未有过的高度，并以此作为理性改革的标准来推进新制度的设计。这是人道主义带来的变化。

这样理解人道主义，包含了对现代人道主义两个基本要素的理解：理性的认知和善良的情感（同情心），这两个要素分别是关乎认知和伦理的。这当然还不是一个对人道主义的充分定义。在英语中，人道主义和人文主义是同一个词（humanism），在对人道主义的理解里，这两个不同的说法经常有所重叠和交叉。主要的区别在于，文艺复兴时期称为人文主义或人文主义者（经常是大写的 Humanism 或 Humanists），而自从启蒙运动开始有了现代意义的人道主义，则通用小写的 humanism。美国历史学家爱德华·契尼（Edward P. Cheyney）在他对人道主义多义性的描述里说，人道主义“可以是早期人文主义者在希腊文化中发现的对生命的理性平衡；也可以是指学习人文学科知识和文明的文字；还可以指摆脱宗教的教条，对生活的各方面都满怀兴趣，就像是伊丽莎白女王或本杰明·富兰克林那样；再可以指对人类的所有激情做出反应，如莎士比亚或歌德；或者指那种以人为中心和裁判者的哲学。尽管人道主义的意思不易把握，但自从16世纪之后，以人为中心便成为人道主义最重要的意思”。①

契尼对人道主义的描述显然包括了人文主义，为了方便，我在这里也用“人道主义”这个统称。从18世纪启蒙时代至今，对人道主义的认识都是建立在以人为本的基础上的，是对宇宙、人的本质、人性、人类共同认知与伦理的总体观念。以人为本的观念形成于16世纪早期，是人类文化走出中世纪神启世纪的标志，人文学习和研究是欧洲文艺复兴时期学者和作家们所从事的独特知识和文化活动。在我们今天对人道主义传统的认识里，依然传承了文艺复兴人文主义者们的一些基本价值观——以人为本、以人为尺度、人的尊严、知识无价、知识的向善取向、人可以像天使一般优秀——并将这些价值观在更大范围的哲学思考中发扬光大，推陈出新。

1. 人道主义：从文艺复兴到启蒙运动

如何师从古人

文艺复兴的人文主义并非都符合我们今天的认识和需要，它首先是对中世纪基督教来世主义人生观的反叛，来世主义人生观蔑视当下的现世人生，期待来世永生。人文主义者将这种对个人永生的渴望转变为对现世人生的喜乐，现实人生的充沛活力和无限丰富唤醒了对新型知识的好奇。因此，人有意义的存在典范不再是在修道院里度过沉思人生的僧侣，而是身心健全、全面发展、自我实现的新型凡人。人文主义者们对这世上的万事万物、各色人等、善恶共存

① *Encyclopedia of Social Sciences*. New York：Macmillan，1937，Vol. Ⅳ，p. 541.

的人性充满了好奇，对各种知识满怀渴望。伟大的意大利艺术家达·芬奇和米开朗琪罗就是这种文艺复兴的知识典范。19 世纪英国诗人勃朗宁的许多人物肖像诗作就是以个性复杂、矛盾、丰富的各色晚期中世纪和文艺复兴人物为原型的，其中最脍炙人口的有《我的前公爵夫人》（My Last Duchess）、《利波·利比兄弟》（Fra Lippo Lippi）、《安德烈，裁缝之子》（Andrea del Sarto）、《圣普拉西德教堂的主教吩咐后事》（The Bishop Orders His Tomb at Saint Praxed's Church）等等。

文艺复兴的人文主义也包含着对天主教会权威和宗教钳制知识的反叛。人文主义者们虽然没有放弃基督教信仰，但他们的知识活动越来越依赖理性而非信仰。人文学识的苏醒主要在于重新发现希腊、罗马的古代经典和思想。中世纪末期已经开始出现了对古典知识的兴趣，而文艺复兴接着又朝前跨出了一大步。

但是，文艺复兴时期人文学者的知识兴趣只是集中于希腊、罗马文化，这并不利于开拓具有现代意义的观念。这个时期的许多人文学者毫不掩饰他们对科学的蔑视，他们强烈的复古情怀也使他们无法形成新的政治和社会观念。他们与天主教会所代表的政教秩序保持良好的关系，他们对腐败教士的嘲讽基本上是对教会的善意批评，是在要求和帮助教会清理门户。在它的影响下发生的宗教改革才真正触动了天主教会权威的根本。人文主义者强调教育，但是，他们的理想教育是以复兴古代为目标的，而不是像后来启蒙运动那样，要代之以具有现代意义的观念更新和思想启蒙。

如果说文艺复兴时期的人文主义者是师从古人的基督徒，那么，启蒙运动时的思想家们才是热爱古代的现代人。① 莱辛在 1756 年给

① 以下古人问题的文献来自《启蒙时代》，下卷，第 233 页。

摩西·门德尔松的信中写道，“让我们向古人学习吧，除了大自然，还有谁是比古人更好的老师?”第二年，狄德罗也由衷感叹道：“我会一直向法国人高呼：真理！自然！古人！索福克勒斯！菲罗克忒忒斯!”但他们都不是复古人士，用盖伊的话来说，他们都是“自始至终尊重传统的革命者”。

在如何对待古人的问题上，狄德罗和伏尔泰都可以说是代表人物。狄德罗既赞赏古人，又谋求个人的行动自由，雄辩地与崇古狂和现代野人论战，崇古派一味地赞美古老，现代野人则对古典著作一窍不通乃至故意蔑视。狄德罗对从荷马到拉辛的古典文学有透彻认识，因而不会盲目地加以模仿；他又对古典文学充满爱，所以不肯轻言推翻古典的艺术准则。伏尔泰比狄德罗更能身体力行，在他那里，热爱经典与独立启蒙之间并没有什么内在矛盾。伏尔泰致力于让他那个时代的古典主义摆脱死气沉沉的学院形式主义，保留其精华，去除其冗余。他的作品是一种古典与创新的结合和平衡，“作为路易十四时代的产物和启蒙运动最杰出的发言人，伏尔泰一直提倡得体、清晰、讲求规则。他博览群书，具备过人的语言天赋，对文学的优劣具有敏锐而独到的直觉，因而他也会修改自己的品味，让自己的主张与时俱进”。师法古人不如师法自然，贵在创新而非仿效。但创新又并非无根之木，无源之流，不能闭门造车，更不能为标新立异而任性胡为。创新意味着从自己的需要出发，对传统资源进行甄别、挑选和重构。惟有如此，方能古为今用，推陈出新。

启蒙人道主义与宗教

启蒙时代的人道主义因为具备了新的时代意识，变得更加丰富和深厚，它把以人为本的观念具体化成一些与现代人如何看待自己和历史有关的基本观念，包括每个个体生命的价值、伦理、道德秩序、理性、教育、宗教与迷信的区分、人类进步与未来等。

启蒙人道主义不是要用人来取代上帝或神，而是认识到，人是一种虽然渺小但却无比尊贵的存在。无论以什么漂亮的理由杀死一个人，都是最大的罪恶。战争以爱国主义或者其他高贵的借口把人推向死亡，希腊、罗马时代崇尚伟业、颂扬战争，赞美战争中的英雄。而启蒙人道主义谴责战争，呼吁和平，因为战争是人类最大的祸害。伏尔泰说，爱国意味着一个人除了自己的国家之外仇恨其他所有国家。如果一个人希望自己的国家富强，但又不牺牲他国，他就是一位理性的爱国者和世界公民。他说，只要国家之间存在战争，他们中间就没什么好选的。他最痛恨的就是战争。“战争是万恶之首，所有侵略者都会修饰自己的罪行，冠之以正义的头衔。”人的生命是珍贵的，需要千辛万苦才能培养一个人，而毁掉他却是轻而易举，“一个人由籽苗，也就是还在母体内的时候，变为动物状态，也就是婴儿的时候，再变为自己能感受到具有成熟理性的状态，这个过程需要二十年。要认识哪怕是人体结构很小的一部分，也需要三十个世纪。要了解灵魂，则需要永恒的时间。但是毁掉一个人，只要一瞬间”。这是一种多么残酷而非理性的毁灭！①

18 世纪启蒙把矛头对准腐败的教会和僧侣，经常被视为“反宗教”和“无神论”。不能说这全然出于恶意的扭曲，但也并不是全部的真相。许多启蒙哲人痛恨的是迷信和狂热的信仰方式，以及它所造就的愚蠢和蒙昧，而不一定是宗教本身。宗教和迷信是有区别的：

---

① 威尔·杜兰特：《哲学的故事》，蒋剑峰、张程称译，新星出版社，2013 年，第 194 页。

宗教产生于人的自然精神需要，而迷信和愚昧则是出于便利统治的需要。伏尔泰对天主教冷嘲热讽、嬉笑怒骂，他的著名口号是“消灭败类”（écrasez l’infame!）。这个“败类”就是罗马天主教会和它腐败的教士阶层。他说，“第一个无赖碰上第一个傻瓜，便成就了第一个神学家。”但是，晚年的伏尔泰意识到，宗教为人的道德行为提供了某种赏罚原则，对上帝的信仰除非连带着对惩罚、奖励的永恒信念，否则没有什么道德价值。也许，对一般人而言，有一个因果报应的上帝是必需的。有一次，朋友问他，一个无神论的社会能否存活？他回答说，可以，如果他们都是哲学家的话。但是世上少有哲学家。一个小村庄，要想治理好就必须有宗教。有了宗教的约束，“就会极少被抢劫和欺骗”。①

伏尔泰相信，神的观念对人类是必要的，也是自然的。他在《哲学辞典》的“上帝、诸神”（dieu，dieux）词条中说，“这个神的观念又从何而来呢？是从最粗野的人心中随年龄的增长而发展起来的那种感觉和自然逻辑而来的。人们看见大自然的惊人效果，丰收和荒年，晴空万里和暴风骤雨的日子，好事和灾难，人们便感到必有一位主宰。……人们便需要承认，在由于人类的软弱无能而产生的新统治者当中，还要有一些更高的统治者，承认必须有一些具有无上威力能使那些欺压同类的人们胆战心惊的（最高统治者）。”而神就是那个“能使那些欺压同类的人们胆战心惊”的最高权威。在中国人的观念中，那就是始终张开眼睛看着人间世界的“老天”。伏尔泰希望，神的这个观念能够控制像尼禄这样的暴君。

普通人期盼神或“老天”对那些“欺压同类的人”有震慑的作

① 威尔·杜兰特：《哲学的故事》，第192页。

用，这样他们虽然生活在不公不义的世上，仍可以不至于完全陷入绝望的黑暗。所以伏尔泰又说：“一些公民鉴于人类的弱点、邪恶行为和遭受的苦难，而寻觅一种精神上的依靠来保持他们的道德，为他们在人生中的颓废和恐怖寻求一种支持。”由于宗教的实际作用，伏尔泰认为，对宗教或宗教人士不应该采取全盘否定的态度，“一位愚蠢的教士招人轻视；一位恶劣的教士惹人愤恨，但一位温良、虔诚、不迷信、慈善而又开明的教士是人人应当珍重和尊敬的人。您害怕恶习，我也一样，我们要联合起来防范它。但是对于那些有益于社会的习俗，在没有被崇拜狂或骗人欺世的言行所败坏的时候，却不要加以非难。”

宗教不能把所有的人都变成好人，但宗教可以让许多人愿意遵守基本的行为规范，并相信天地间毕竟还有“公道”二字，坏人最后是要遭报应的。这种粗浅的宗教要比完全没有信仰要好得多了。就算宗教只能起到有限作用，也还是应该欢迎宗教在普通人生活里发挥道德效能，“人们能够对上帝表达的最好敬意就是心平气和地拥护他”。①

伏尔泰对宗教的看法在18世纪启蒙哲人中是有代表性的，宗教是道德虚无主义的制衡力量，是一种社会需要，而不只是个人的信仰或精神需要。即便如此，个人的信仰或精神需要也仍然是一种对普通人来说是合理的需要，宗教能满足这种需要，而哲学是不能代替宗教的。然而，对于受过很好教育人士来说，宗教主导人生的时代已经过去了。自然神论在这些人士中的盛行就是一个标志。自然神论里的上帝在他在完成对万物秩序的创造之后就休息了，从此人

① 伏尔泰：《哲学辞典》，第424，450，452，454页。

的世界自行运转。上帝已经失去了实质的意义，这才不需要否认上帝的存在。既然上帝变得既不指导现实生活，也不解决人的道德困惑或解答人生意义的问题，上帝实质上也就开始“死了”。伏尔泰似乎已经察觉到，某种可怕的事情正在发生，他想保留宗教，也许是为了不让“上帝死了”的后果变成一场不可收拾的道德虚无主义灾难。

无神论不是道德虚无的罪魁祸首

自然神论的上帝是一位非实质的上帝，上帝“休息了”，但并未“死了”。“上帝死了”是今天我们熟悉的一个说法，似乎让现代人可以理直气壮地当无脑的无神论者。18 世纪的时候，“无神论”或“无神论者”是一个脏字，不仅在普通人中间如此，在知识阶层人士中间也是如此。无神论不只是指没有基督教信仰，而且是指什么宗教信仰都没有。这样的人是很可怕的，因为在人们眼里，他是没有灵魂或良心，也不在乎来世的人，因此也就会放任自己、全无约束、无法无天、胡作非为；也就是人们所说的道德虚无主义。今天，我们似乎就生活在这样一种恶劣的道德状态下。至于原因是否就是无神论信仰，还是另有更加深层和隐蔽的原因，那就需要我们深入思考了，而这正是一个很根本的人文启蒙问题。

18 世纪启蒙哲人中最有代表性的无神论人物是霍尔巴赫，但他并不是一个道德虚无主义者。他并不认为宗教的超自然伦理是医治人类道德缺失顽疾的唯一良方。他在《自然的体系》（*Système de la nature*）中写道，“只要不抱成见地观察事物，我们就会发现，宗教及其狂热的、超自然的伦理所强加于人的大部分清规戒律，都是滑稽可笑和不可能付诸实践的。禁止人们的激情等于是禁止他们成其为人；劝一个有着热烈想象的人节制自己的欲望，等于是劝他改变自己的体质，等于是命令他的血液流得慢一些。”霍尔巴赫列举了一些类似的宗教规劝例子，如不要追求财富，应该放弃渴望名声。最明显、生动的例子就是性爱：“对一个性急的情人说他必须遏止对迷恋对象的激情，就等于跟他说要他放弃自己的幸福。”① 在霍尔巴赫看来，这种做法无疑是十足的愚蠢，他确信，不仅是基督教，所有的宗教其实都有这样的道德要求，简直就是强迫人自残。他认为，启蒙哲人必须把人的自然身体从有阉割狂的虔诚之人手中解救出来。

霍尔巴赫以世俗人道主义看待人的道德问题。在他看来，道德不是被动地听从于宗教的戒律，而是需要人对自己的自然欲望有合理的认识，并自己知道如何加以约束和管理，不至于走向自我放纵的非理性极端。因此，霍尔巴赫反对哪怕是合乎理性的宗教，因为他相信人有理性就够了，不需要宗教越俎代庖。他认为，宗教从来就不能阻遏罪行，反而会引发犯罪。在这一点上，狄德罗似乎颇有同感，他认为，如果一个国家需要靠上帝来阻止人们偷盗，只能说这个国家是落后的。他说，上帝的存在就像婚姻，这个观念只对少数个人有用，对于世上其他所有人来说都是灾难；“牢固的婚姻誓约带来了多少丈夫，就必然带来几乎同样多不快乐的人。对上帝的信仰造就了多少信徒，就必然造就了几乎同样多的宗教狂热者。”凡是存在对上帝的信仰的地方，“道德义务的自然秩序就被颠覆，道德就会败坏”。②

当然，无神论的讨论只能在少数知识精英之间私下进行，被笃

---

① Baron d'Holbach，*Système de la nature*. 1770，Vol. I，p. 357.

② Diderot，*Correspondance*. Ed.，Georges Roth. Vol. V，p. 134.

信天主教的普通人听见会是一件危险的事情。有一次，伏尔泰在费尔奈款待朋友，他们开始谈到无神论的问题，伏尔泰示意先别说话，他把仆人遣出房间，然后解释了如此小心谨慎的原因："你们想今天晚上被割断喉咙不成?"这个故事是不是真实姑且不论，但反映了当时启蒙哲人在宗教问题上的谨慎小心和矛盾心理。伏尔泰自己并不是一位宗教信徒，却一再提倡作为社会宗教的基督教。这种宗教能维持社会秩序，持续不断地传达一种警告：上帝无时无刻不在注视着尘世，惩恶扬善。这个上帝肯定不是伏尔泰所信奉的那个上帝。他是自然神论的主要解释者，他坚持的是一种相对理性的宗教，将胡说八道、教规、操纵和教士的权力减少到最低限度。他相信，法律越简单，法官就越受尊重；宗教越简单，牧师就越受尊敬。

人存在于社会的伦理秩序之中，启蒙人道主义以一种不同于神启和神主秩序的眼光来看待以人为本的伦理秩序，并重新审视人与神的关系。这种人道主义的伦理观承认人性中本有的自私、虚荣、骄傲，而不是把人盲目地无限拔高。这就是 18 世纪启蒙的道德现实主义。

人的所有行为或行动也许都与利己和自私脱不了关系。然而，虽然我们有理由相信，道德有时只是利己主义的装饰和掩护，良心不是上帝的声音而是对警察的恐惧，但我们仍然可以坚持，只要有良好的社会环境，即使没有宗教的帮助，人的道德教育也是可能的。对于像中国这样没有宗教传统的国家，这一信念的人文价值更是不言而喻。

今天人文主义的道德启蒙不是宗教的，而是社会的，同时也是人性和人心的。道德不应在神学中发掘，而应该在人性中提升。道德是在社会的变化过程中变化的，是社会环境塑造的结果，不是一成不变的启示和教义。道德必须决定什么是善的，必须是教育的结果。在这样的观念中，“教育”可能扮演着一种社会宗教的角色，这在卢梭那里有明确的表现。1771年，他在为波兰人写的治国方略中建议道，教育至关紧要，“教育赋予人们的心灵以民族形态，并因此引导他们的舆论与趣味，让他们出于性情、激情和需要而成为爱国者”。①

卢梭关心的显然是公民道德，而不是个人道德或基督徒的道德。他所说的也不只是学校教育，而是公民社会的教育，“所有公民都彼此认识、互相扶持”。他还建议颁行禁止奢侈的立法，抑制贪婪和对奢侈的渴望；要允许有助于培养尚武精神的“军人的享乐”，但“必须禁止赌博、戏剧、喜剧、歌剧等一般的宫廷娱乐（宫廷也要以身作则，禁止这些娱乐活动）。应当禁止一切让人们变得柔弱，让他们分心、让他们彼此隔绝、让他们忘记国家和自身义务的东西，禁止所有让他们很享受和娱乐的东西”。② 卢梭对社会整体性的渴望使他只能设想一种集体主义的公民教育，这种教育是他的古典共和理念为基础的，并不适合现代民主共和。20世纪的极权政体已经证明，这种集体主义道德教育很容易成为变相的臣民教育和奴民教育。

我们今天的人文启蒙需要一种与18世纪不同的教育观念，它的现实前提是，在上帝之外的道德生活是有可能的。今天，许多人对道德沦丧、世风日下、颓废腐败、社会失序满怀忧愤。经常有人提出，造成当下社会道德危机的一个原因就是国人缺乏基督教那样的宗教信仰。也有人提出，虽然没有一个造物主的神，但中国的儒学

---

① Rousseau，*Oeuvres complètes*. Ed. Bernard Gagnebin，et al.，Vol. Ⅲ，p. 966.
② Rousseau，*Oeuvres completes*，pp. 970，962.

在特定的意义上说，也是一种宗教。儒学关心的不是死后灵魂如何得到救赎、精神如何得到解脱，而是在现世如何修身、齐家、治国、平天下，成为一个有德之人。这两种说法的共同之处在于强调宗教对国民行为的道德约束作用。今天，人文启蒙并不否定宗教的这一作用，但并不认为，缺少了宗教的条件（“上帝死了”），人的道德和行为就注定不再有准绳和约束，就此“一切皆有可能”，就此堕入空虚和虚无。对古人来说，宗教很少经过个人的思考或反思，而只是一种惯例、一些传统性的想法或活动。我们今天的人文启蒙强调的正是宗教不能给予人的，甚至反而是有意压制的东西：自我意识、能动创制、自我塑造、批判性思维。人文启蒙的教育也是以这些作为它的目的和基准的。

启蒙与人类进步

18 世纪启蒙人道主义的另一个特征是它对人类“进步”的信念。从此之后，进步在启蒙话语中一直占有一个重要的位置，因为如果我们不相信进步，不相信知识和教育能带来进步，启蒙还有什么意义呢。平克 2018 年出版的《当下的启蒙：为理性、科学、人文主义和进步辩护》（*Enlightenment Now*：*The Case for Reason*，*Science*，*Humanism*，*and Progress*）一书中遭到批评最多的就是他对人类进步的乐观评价，因为当今世界上正在发生许多文明倒退的事情。回顾历史，启蒙时代思想家对进步的信念也就显得更加有意义。

尽管 18 世纪是一个对进步有信念的时代，但并非所有的启蒙哲人对进步都抱有信心，狄德罗始终意识到，人们多么容易重新退回野蛮状态，贸易的扩张和奢侈的扩展都会导致腐败。与许多同时代人一样，他把世界历史看成是循环的，发展必然会导致将来的衰落。

向启蒙的迈进永远不可能一帆风顺。启蒙哲人基本上都对人类的改善心存疑虑。丰特奈尔（Bernard Le Bouyer de Fontenelle）察觉到，历史上大量的激情和奇思怪想如何诱使人们偏离道德进步。孟德斯鸠的《论法的精神》（1748）关注各种可能的改革，不过与他更早的《波斯人信札》（1721）一样，它也对衰落表示担忧。在《论法的精神》（第 8 章）里，他讨论各种腐败的政府形式会如何出现，腐败的政府可能创造表面的繁荣，但却一定带来社会的全面道德倒退。

当然，这些并不是否认启蒙时代的人们真切地感觉到进步的希望。今天的情况也差不多，尽管退步还在发生，尽管我们在社会的腐败和倒退面前，不得不压缩对希望的信心，但我们不相信这个社会真的会一蹶不振，一路走到黑，返回半个世纪前那个物质贫乏、道德野蛮的丛林时代。

相信人类进步有两个意思，第一个是对进步的信念，相信进步是必要的，也是可能的。第二个是对是否有具体进步的事实的看法。对进步有信念不等于肯定当下已经有了进步。虽然我们可能看到退步正在我们眼前发生，但这并不能动摇我们从人类历史或长期来看对进步的信心。进步和退步都是比较而言的，进步和退步交织在一起，是一种常态。今天许多青年人能够进大学读书，比到乡下种田就是一个进步。在读大学生的人数比抗战时期，比 1977 年高考招生时不知高出多少倍，这也是进步。但同时大学的精神却在丧失，这就是退步。不管怎么说，比起文革中靠“推荐”上学，今天的学生凭考分入学毕竟也还是进步。

从历史来看人类的退步，否定人类的进步，卢梭恐怕是唯一的一位，难以找到与他志同道合的启蒙哲人。这尤其表现在他对人类堕落史的悲观描述中，而这一堕落恰恰是进步的反面。而且，卢梭不赞成理性，他向往行动。在伏尔泰和卢梭身上，我们又看到历史走向对立观点的冲突，其实这也是理性和本能的古老碰撞。

伏尔泰总是相信理性，相信可以通过言辞和文字更好地启发人。卢梭不赞成理性，他向往行动，对革命带来的风险毫不畏惧；他相信兄弟般的人间情谊能重整被骚乱和因古老习俗的失效而肢解的社会。废除法律，人们将能进入平等、公正的时代。卢梭送给伏尔泰一本《论人类不平等的起源和基础》，阐明自己反文明、反文学和反科学的论点，希望能够重返野人和动物的自然世界，伏尔泰回复说："我已经收到您反对人类的新书了，非常感谢……没有人能像您这样聪慧地想使我们再次回到畜生的状态，读您的书让我想要四肢爬行了。但是我已经六十年没有做过这样的练习了，我感到很不幸，可能我没办法做到了。"① 他看到卢梭将这种对野蛮的激情继续用在《社会契约论》中，感到十分恼怒，他在给博尔德（M. Bordes）的信中写道："先生，你现在看到了，让-雅克像一个哲学家，就如同一只猴子像人一般。"他是"第欧根尼的一只疯狗"。但是他却抨击瑞士政府烧毁了这本书，他坚持他那著名的观点："我可以不同意你说的每一个字，但是我誓死捍卫你说话的权利。"② 当卢梭遭遇许多敌人攻击时，伏尔泰热情地邀请他住在自己的乐园里。

伏尔泰认为，所有对于文明的斥责不过是幼稚的胡说八道，人在文明中远比在野蛮中好。他告诉卢梭，人在本性上是捕食的野兽，文明社会是对野兽的约束，缓和他们的兽性，通过社会秩序创造出理性和快乐发展的可能性。他同意现状并不理想："政府允许特定阶

---

① Voltaire, *Correspondance*, August, 30, 1755.

② Voltaire, *Correspondance*, March, 1765.

级说让那些工作的人纳税吧，我们不应该纳税，因为我们不工作，这样的政府比霍屯督人的政府好不到哪儿去。”即便再腐败堕落，巴黎还是有她可以弥补的特点。

伏尔泰在他的哲理小说《如此世界》（*The World as It Goes*）里讲述了一个进步会有代价、成就伴随腐败、繁荣必有缺陷的故事。天神交给使者巴蒲克（Babouc）一个任务，要他去考察属于波斯的波斯波利斯城（Persepolis）。天神听说波斯波利斯城“疯狂而放荡”，道德败坏到不可思议，考虑是否要对该城进行惩罚甚至毁灭。巴蒲克到那里以后，被他所发现的罪恶吓了一跳，但是经过一段时间，他发现尽管这里的人易变、相互诋毁，且爱慕虚荣，但是也同样彬彬有礼、和蔼可亲、行善仁慈。巴蒲克在细心考察之后，认为传说中的该城堕落，一部分是由于转变过程中的复杂矛盾所致，一部分则属观念的认知问题，巴蒲克似乎在这座城市的腐败中看到了某种希望，于是乎决定巧妙地建议天神不要毁灭甚至不要惩罚这座城市。他找到全城最好的铸工，用不同的金属、泥土和石头（最贵的和最贱的）铸成了一尊小人像，交给天神。他说，“你会仅仅因为这不是纯用金子和钻石做的就把他砸毁吗?”天神不再想要摧毁波斯波利斯城了，而是任其“如此世界”。

原先，天神要毁灭波斯波利斯城，问题是，毁灭了这个城市就能解决这个城市的问题了吗？重新建起一座城，那里的人就不会变得败坏而放荡吗？这原本就是一个古老的制度与人的关系问题，腐败的制度被摧毁，建立了新的制度，新制度很快变得像旧制度一样，甚至更加腐败。制度的根本进步有待于人性的改变，而人性的改变即使可能，也是十分缓慢的。毕竟，如果人只想改变制度而不改变人的本性，那不变的本性迟早会在制度中死而复生。

不同的三种进步

这是一个自古至今困扰政治和社会制度变革的难题，人们建立制度，制度束缚人。如何才能打破这个循环呢？启蒙运动时，对这个循环问题就有两种不同的回答，伏尔泰和自由主义者认为，理性可以通过教育和改变人来打破循环，这应该是一个缓慢而和平的过程。但是，卢梭和其他激进者则认为，这个循环只能用本能和充满激情的行动来打破，打破旧的制度，在热情的驱动下建立新的制度，倡导自由、平等和博爱。折中这两种回答，也许可以认为，摧毁旧的需要激情，但是只有理性能够建立新的。然而，这个理论上的折中在现实中却难以实现。

在历史变革的关键时刻，制度与人性孰轻孰重，制度与文化的变革哪个优先，都会成为争论的焦点。1919 年 5 月 4 日学生运动以后，《新青年》的几位负责人已开始左右（激情与理性、激进与温和）的分化，如陈独秀、李大钊等向“左”转，胡适、陶孟和等则被视为“右翼”。这种分化主要源于对“进步”（政治变革）靠什么推动的不同观点：激进派要求采取“革命行动”，而温和派则仍然要在文学、思想、学术等方面继续开创，对于政治则仅评论而不实际参加。

今天的启蒙仍然要思考制度与人性的关系问题，但已经不再局限于激情与理性之间的选择，而是更关注究竟是什么构成了进步和人们对是否有进步的感觉，并在这个基础上提出如何促成与人道主义目标相一致的进步。

例如，美国社会学家约翰·托菲（John Torpey）在《平克与进步》（Pinker and Progress）一文中指出，进步是由三个方面构成的：物质、技术和道德，这三个方面并非同步发生。只专门关注一个或两个方面，却将之视为进步的全貌，便会让人得出“进步了”或者“没进步”的片面结论。而对进步本身的怀疑和否定则是因为混淆了进步的三个不同方面，把技术的进步自动当成了物质的进步，或者把技术和物质的进步简单地等同为道德的进步。[1]

物质、技术和道德这三个方面并不是同步发展的。技术进步并不等于所有人的物质生活都会有所提高，在我们这个技术已经智能化的时代，技术的发展首先服务于统治和军事的需要，民生物资的改善只是局限于部分富裕者，还存在着大量极其贫困的人口，就算技术和物质进步了，对他们也没有意义。而且，生活的手机化使得年老的“落伍者”处处为难，寸步难行，他们当然感觉不到有什么进步。技术与物质的进步更不能等同为道德的进步，越发展，人不见得就越道德，实际情况正好相反。许多人曾经期待，物质需要的满足会带动对政治和社会权利的要求和满足，因此有利于制度的改革和进步，但现实是事与愿违。

18 世纪启蒙运动时代，孔多塞（Condorcet）在法国革命期间被雅各宾党判处死刑，在监狱等待死刑期间，他仍然没有放弃对人类进步的信念，写下了《人类精神进步的历史看法》（*Outlines of An Historical View of the Progress of the Human Mind*）。他依然坚信，随着人类的教育和理性程度提高，不同方面的进步会相继发生，因为“自然将真理、幸福和美德联系在了一起”，“不同形式的进步由一条不可分割的链条联系在一起，进步虽然有时会中断，但肯定会在未来发生”[2]。然而，康德对进步的态度却有更多的怀疑和不确

① Published online June 2018，https：//doi. org/10. 1007/s11186-018-9320-z.

② https：//oll. libertyfund. org/title/condorcet-outlines-of-an-historical-view-of-the-progress-of-the-human-mind.

定，他写道："即使人类整体而言，已经在很长的时间里一直在前进和进步，但谁也不能保证进步的衰落不会在这个时刻发生，也难以断言进步会从现在开始大步前进。"到了19世纪，韦伯更加沮丧地问道，除了技术的进步，"进步真的有可以承认的意义吗？为进步服务真的是一项有意义的志业吗？"①

韦伯的反问其实已经包含了他自己的否定答案。20世纪的两次世界大战都是高科技的战争，带来的却是空前的人道灾难。为战争和作恶的科技进步服务，真的是科学家们有意义的工作吗？希特勒的德国科技领先世界，但德国人的道德感却倒退回了野蛮时代，纳粹的极权统治代表着高效行政和军事管理的进步，它拥有最先进的科学技术，但带来的却是对犹太人的大屠杀和对欧洲的战争蹂躏。让毁灭性的力量掌握在不该掌握它的势力手中，对人类是一种犯罪。

一个国家凭借科技或生产能力所创造的"盛世"或"治世"并不意味着政治或社会的进步，它只是意味着政权较为稳固、国库较为充裕和军事力量较为强大。就算经济得到增长，也不意味着社会公正、国民整体福祉、可持续发展的进步。竭泽而渔的资源开发、难以逆转的环境破坏、低人权的发展模式、唯利是图的商业操作、日益扩大的贫富不均、暴富权贵的奢靡和腐败，这些都足以令人怀疑，就算经济增长是一种"进步"，这种所谓的进步对活着的人和子

---

① Steven Lukes and Nadia Urbinati，eds，*Condorcet*：*Political Writings*. New York：Cambridge University Press，2012，pp. xxiv，xl. Immanuel Kant，"The Contest of Faculties"，in Hans Reiss，ed. *Kant's Political Writings*. Trans. H. B. Nisbet. New York：Cambridge University Press，1970，p. 180. Max Weber，"Science as a Vocation"，in H. H. Gerth and C. Wright Mills，*From Mar Weber*：*Essays in Sociology*. New York：Oxford University Press，1946，p. 140.

孙后代到底有什么意义。

启蒙的任务不是简单地表扬进步，把进步作为一种鼓励进取的乐观主义来宣扬。启蒙的任务也不只是把进步当作一种浅薄的、欺骗性的意识形态来加以否定或批判。启蒙是为了让人们懂得，为什么有些事情的“变好”——利润、流水生产的效率、统治或掌控人民的效能、军营式的学校管理——并不能带来国家和社会的整体进步。为什么一个国家在这些方面的“进步”不是蔑视或嘲笑其他国家“落后”的理由。启蒙关心进步，是为了让人们更加看清这样一个令人不安的现实：虽然在一些方面取得进步——识字率、电脑使用率、疾病的抗生素治疗、许多人衣食住行的便利，但却依然存在着令人触目惊心的停滞和退步：权利和待遇不公正、政治和社会的非正义、暴力和恐怖、冷漠和残忍。关注进步是为了具有整体意义的，与所有人，而不是少数人或部分人的尊严和福祉有关的真正的进步，用什么样的标准来衡量这样的进步，这才是人文启蒙最关心的问题。

2. 人文主义的传承

“传承”是一种怎样的继续和变化

18 世纪启蒙运动成为我们当下启蒙的一个重要参照点，因为它有别于以前种种具有启蒙意义的古代文化变革——前 5—前 4 世纪智者在雅典的教育启蒙、罗马的法制启蒙、基督教人道主义的启蒙、文艺复兴的人文主义启蒙等等。古代经典中有丰富的人文内涵，丰富的人文关怀渗透在各种与人的存在境况相关的问题中，包括友谊、信任、背叛、骄傲、自欺、孤独、罪过、惩罚，涉及了道德的人、伦理的人、政治的人、法律的人、公民的人。关于这些问题的讨论，直到今天仍然有重要的参考价值，我们通过经典阅读的人文教育来了解和吸收这些人文滋养。

启蒙运动是现代启蒙的开端，它开启了众多可以与时俱进地发展、变化和丰富的现代观念，不仅有政治和社会的观念，有人的道德情感和价值观念，还有个人教养、人际礼仪和文明交往的观念。所有这些观念都不是固化的，而是处在不断朝好的或不好的方向的变化过程中。

与时俱进的启蒙包括两个根本的方面，第一是传承，第二是变化。传承的是一些 18 世纪启蒙开启的现代政治和社会观念，如理性、自由、平等、权力制衡、社会契约、自然权利等等。这些都是可用来理解和讨论当代政治和社会存在的基本概念，我们今天用这些概念，而不是古代的忠孝节义、虔诚或命运、德行来看待我们的生存环境和人生意义。与时俱进的启蒙是通过人文教育来传承的，公民教育是人文教育的一部分。

我们今天与时俱进的人文启蒙，与 18 世纪启蒙同属一个传统，尽管有不同的特点，但却有重要的传承关系，这是因为人文学知识与科学知识不同，是积累型的而非替代性的。17 世纪经典物理学的奠基人牛顿，如果面对与其隔世二百多年的爱因斯坦相对论，会目瞪口呆，莫名其妙；但我们阅读洛克却会觉得他其实比我们自己还更了解当下最需要的是什么样的政治知识。但是可以说，人类在文化和精神信仰上一直都仰赖着诸如耶稣和孔子、老子、苏格拉底、柏拉图、亚里士多德这些“轴心时代”文化创始者们所开创的“文化元典”精神与思想供养。人文启蒙传承的就是这样的精神和思想供养。

对人文启蒙来说，传承原本已经包含了“变化”的意思。传承在英语里叫 tradition，经常翻译成“传统”。其实，“传统”一词并不能把“传承”的“变化”含义完全呈现出来。传统只有在传承中才是活着的过去，因为是活着的，所以才与当下和未来有联系。需要传承的是传统中还能激发当下的灵魂和精神，而不是过去有过的东西。

广义的传承是指一种文明在整个人类共同体范围内的传递，18 世纪启蒙是一个时刻，我们今天的启蒙是又一个时刻。我们所说的“与时俱进”，就是把从古代到现代由无数思考者所获得和阐发的观念和价值观——如自然、神、正义、法、道德、人性、自由、平等、友谊、同情、权力、权威、政府、权利、民主、共和等等——传递下去，当中主要强调的是传递这个行动本身，而不是单纯指某些观念和价值观的具体内容。

例如，18 世纪的人的“自然权利”是用一种前文明的“原初状态”或“神创说”来设想的（霍布斯、洛克、卢梭），今天我们则是从普遍人权来讨论每个人的公民权利。又例如，孟德斯鸠是最早提出分权和权力制衡的，但他设想的是贵族对国王权力的制衡，这种贵族政治在今天已经失去了现实相关性。再例如，美国启蒙所产生的宪法第一修正案规定了每个公民的自由言论权利，然而，2020 年美国大选之后，科技巨头推特和脸书封杀特朗普的声音，引起了互联网时代言论自由的争论，有人认为，川普依然是这个星球上最有权势的人物，在这个意义上，社交媒体和主流媒体联合封杀他，应该首先被视为权力制衡而非侵犯言论自由。不同意这种看法的人可能认为，权力制衡是指由宪法规定的不同权力机构之间的制衡，这些权力机构都是直接或间接民选的，而媒体不是这样的权力机构，因此“制衡”说根本就是无的放矢。总统是人民选出来的，媒体不是，总统说的话是与选民相关的公共信息，不管他说得对不对，公民都有知情权，媒体没有权力剥夺公民的知情权。如果我们允许民间的媒体对总统权力起这种“制衡”作用，那么工会、行会、教会，甚至黑帮和犯罪集团，是不是也应该让他们起这样的制衡作用呢？2021 年 6 月，美国著名公共知识人乔姆斯基因为对以色列进行了批判，说以色列是在美国的支持下对巴勒斯坦的压迫是犯罪，他的推特账号也随之被封，乔姆斯基对这种言论审查和封锁的愤怒回应是，“不应该容忍他们（媒体巨头的）的巨大权力”。

还有一个支持媒体巨头限制言论自由的说法：从美国宪法第一修正案的角度出发，对言论自由构成侵犯的主体是政府行为者，推特和其他社交媒体属于私人商业机构，并不具备侵犯言论自由的主体资格。就此而言，社交媒体全面封杀川普虽然在事实上限制了川普的言论，但并不在法律意义上伤害川普的言论自由权。一方面承认川普的自由发言受到事实上的限制，另一方面又说，他的言论自由却有没有受到法律上的伤害。不同意这一看法的人会说，这是逻辑混乱、自相矛盾的诡辩和强词夺理。这就好比，人家拆了你的屋，你还会说他在法律上并没有禁止你进大门吗？然而，不管这双方意见如何不同，他们提出的自由言论新问题本身却是需要我们今天自己好好思考的，因为 18 世纪启蒙对自由言论的认识已经不能再满足今天我们对启蒙知识的需要。

今天，启蒙传承的是 18 世纪启蒙的人文传统，在人文教育中，这个传统经常被称为“人道主义”，在英文中人文和人道是同一个词。人道主义并不是一种系统的哲学，它是由一些源自古代人本主义传统的基本认知和伦理原理所构成。其中最重要的原理便是以下几条。

第一，对人的信念是人道主义的核心，它相信人有能力，也有责任解决自己的问题。人解决问题需要依靠自己的理性，运用必要的知识和适当的方法，因此，人的教育和自我教育成为关键。

第二，它反对所有的命定论、宿命论或决定论，相信人自我塑造和改造的可能。人确实受制于传统、习俗、现实制度等等的限制，但人有自由想象和创造的潜能，有可能在客观条件的范围内创造自己的命运和未来。

第三，理性是人类共同的认知能力，基于人类的共同本性可以形成普遍认可的价值观。这种普适价值应该贯穿于日常行为的道德和行为规范，不是用来代替后者，而是用来检验它是否与人类的其他部分维持必须的联系。人类整体大于任何一个种族、民族、国家或宗教，这是不言而喻的。

第四，每一个人类共同体的个体成员只要不伤害他人，就都有追求和实现自己心目中幸福的权利，每个人的自我发展和自我实现都会有益于群体共同的福祉。

第五，个体的发展包括理性、道德、美感等不同的方面，不能忽视美感的人格教育作用。美不仅让人愉悦，让人热爱自然，而且还是提升人的精神和趣味品格所必须的心智活动。

第六，社会进步是一个大趋势，虽然有挫折，但不可能永远停滞。对人类整体来说，进步是一种可能，也是一种需要和目标。和平、民主、经济和教育机会的平等、社会公正、法治、公民的自由权利等等是必要的条件。

第七，相信科学，但不是迷信科学或科学主义。科学不只是技术，而且更是一种实验性的、可靠的求知和知识积累方法。

第八，它代表一种顺乎自然的宽容精神。所谓自然，乃是一种独立于人的主观意志的物质和生命存在，是不断变化的整体存在，不要剥夺彼此的存在机会和权利是学会彼此相处的第一步。任何一个国家的社会都不是家庭或部落，而是一个由个人、部落、群体和阶级组成的复杂整体。他们有着不同的历史以及彼此冲突的利益。因此，意见分歧和行为差异也就在所难免，实际上是受到鼓励的。宽容知识多样性乃是有效追求知识不可或缺的前提条件。公开辩论哪怕会产生错误的观念，也许必须的，它能使批判的心灵运作起来，让人们至少能够探讨一种大多数人可以接受的生活哲学。正如洛克早在《论宗教宽容》中所说，宽容不但不会助长煽动性的派系，反而能造就社会和平。

我们大致归纳人道主义的一些观念特征，是我们今天在不同的人道主义种类（如宗教人道主义和世俗人道主义）中进行甄别和选择的结果，今后也可能随着时代、环境、认识、需要等等的变化而发生改变。但这并不妨碍这些观念特征对我们当下人文教育取向的关键作用。

古今之间的人文理解

人文教育是人的自由教育，也是思考“什么是人”“如何做人”“何为人的价值和意义”的启蒙教育。人文教育和启蒙教育的共同理想是实现人性的完整。完整的人性包括理性、德性、欲望和技能。人文教育重视和尊重宗教对完整人性的解释和影响，但不局限于此。这和狭隘片面的唯物主义把宗教视为迷信是不同的。但是，人文教育并不认为，在人的心灵、精神、归宿、终极意义等问题上只有宗教才有发言权，这与教徒的排斥世俗的情结很不一样。一位著名学者就曾以此这样贬低启蒙的人文教育意义：“所谓‘启蒙’所要做的，恐怕只是为大家提供一套道德和伦理底线，解决一个底层的问题，即什么事情是不能做的。而更高阶的困境，即人应该做什么？人活着的意义是什么？这些问题需要由一些高级的宗教或者文明来解决。启蒙只能解决世俗层面的问题，而那些心灵深处的终极性问题，则需要依靠一场古典的复兴，到轴心时代的基督教、佛教、儒家、道家和古希腊文明中去寻求答案。”

其实，宗教并不能自动启迪人生的道理，要是能够的话，各种各样的宗教信仰者岂不都成了哲学家？各种教会里有的是“吃教饭”的，跟随他们的教徒的教育和思想程度上都够不上思考“高层”的问题，有一项研究发现，美国的教会鱼龙混杂，像普救会、长老会、安立甘宗、卫理会等相当开放、信众平均教育水平也比较高，南方浸信会等福音派比较蒙昧，信众平均教育水平也比较低，功能相当于共和党右翼的宗教支部，除了传教，也是为极右势力提供精神鸦片的场所，跟内战前后一些南方教会的功能差不多。美国民众中大约三分之一是大学本科毕业，而在美国各群体中，大学教育水平占比，按宗教划分，印度教 77%，犹太教 59%，佛教 47%，无神论 43%，穆斯林 39%；按基督教主要教派划分，普救派 67%，安立甘宗 59%，圣公会 57%，长老会 47%，福音派各分支 10%—19%。因为会众主体的教育和价值观等，华人教会大部分是山寨福音派，反堕胎、反同性恋、反进化论、反全民医保、反社会福音等。

同宗教一样，单纯的“古典复兴”也不会自动满足现代人的心灵需要，或解答他们的精神或终结问题，更不能用来代替启蒙。这是因为，启蒙知识中本来已经包括了丰富多彩的古典知识，而且，更重要的是，启蒙是有目的的，它决定我们今天如何选择古典、选择什么，不选择什么，为什么，等等。启蒙不是单纯的“古典复兴”，而是从当下的需要来了解和认识古典。文艺复兴也许是一种相对单纯的古典复兴，但 18 世纪启蒙不是，虽然这二者都是“争自由”，16 世纪古典复兴的文艺复兴是向过去争自由，而 18 世纪的启蒙运作则是向未来争自由。

今天的启蒙教育并不是一种复古的人文教育，古代宗教和文化中确实提出了许多今天启蒙教育仍然在关注的人文问题：怎么活才有意义、何为人生的价值、如何对待幸福和不幸、苦难对人生的意义、如何在一个不理想的世界里安身立命、如何对待人生的生老病死，等等。但是，从近现代起，人类对这些问题已经有了不同的思考和认识。如何对待死亡便是一个例子，在古代经典中，人文阅读可能接触多种多样关于死亡的思考：如古希腊有从赫拉克利特、毕达哥拉斯到苏格拉底、柏拉图，古罗马有从卢克莱修、塞内加到爱比克泰德、马可·奥勒留，中世纪到文艺复兴时期，则有奥古斯丁、阿奎那、乔叟、但丁、蒙田，启蒙运动时期则又有伏尔泰、卢梭、拉美特利、狄德罗、康德。然而，古人的思考再丰富也不可能预见我们今天的问题，我们今天对“安乐死”“堕胎”“胚胎基因实验”的伦理争论就必然需要古人没有的死亡认识。

人文教育的阅读包括非常丰富的读物，随时都能触发对生命和人生意义的思考，并非只是涉及一些“底层的问题”。在人文启蒙的知识中，重要的不只是某个古人在某个问题上有什么看法，而且更是不同的古人在同样或类似的问题上有什么不同的看法可以相互参照，这就形成了一个思考人文问题所需要的古今和中外“语境”(context)，我们自己的看法是安置在这样的语境中的，并在这个意义上，与古人的思考形成了传承的关系。

也许正是因为如此，“观念史”（history of ideas）成为一种很有当下特色的启蒙写作形式，古代是没有的。美国哲学家和思想史家亚瑟·洛夫乔伊（Arthur O. Lovejoy，1873—1962）最早提出了观念史概念，并在20世纪早期开始对其进行系统研究。观念史研究人类观念随着时间的演变而表现、保持和变迁的历史，通常被认为是思想史的姐妹学科，或者是思想史中的特别方法。观念史研究，通常是涉及哲学史、科学史、文学史的跨学科研究。广义上说，观念史与思想史（intellectual history）是可以互用的，但细分而言，观念史和思想史的主要区别在于，观念史类似范畴史或概念史，其主角是观念，而思想史关注的不是观念本身，而是观念与观念持有者更为广阔的生活的外在关系，其主角是现实改变过程中发生的思想行为和内容演变。美国历史学家达林·麦马翁（Darrin M. McMahon）的《幸福的历史》（有中文译本）就是一部以“幸福”观念来贯穿的历史，他的《神圣的精灵：天才的历史》（*Divine Fury: A History of Genius*）则是“天才”观念的历史。这样的观念史是特别具有人文启蒙知识意义的。

3. 推陈出新的启蒙

今天，人文教育以它自己的方式探讨人的心灵、精神和信仰问题，拒绝将这些视为宗教或古代文明的专属问题。人文教育以人性为最高德性的伦理探讨不是为了树立某种绝对正确的教义或主义，更不是为某种现行的政策作解说，而是为了即使在政治、经济结构发生剧烈变更乃至动荡的情况下，社会和文化的素质也不至于受到致命的破坏，这样才能平稳地、有信心地再生。人文教育所关注的并不是教科书里那一点抽象观念的知识，而是人文的新观念可以如何影响人们对现实问题的看法，并有所行动。它传承的正是 18 世纪启蒙的那种明确的现实关怀。

今天，与时俱进的启蒙必须考虑到当下的知识形态和特征，否则不可能进行有效的启蒙知识传播。与 18 世纪的书籍阅读时代相比，今天的互联网时代，尤其是社交媒体时代，人文启蒙所传播的知识形态已经发生了巨大的变化。

启蒙必然关乎知识传播。那么，什么是与启蒙有关的知识呢？知识传播与传播的知识有什么关系呢？今天互联网的知识传播与 18 世纪纸媒书籍的传播有什么同与不同的？在对这些问题的回答里也可以看出启蒙的与时俱进。我在《与时俱进的启蒙》一书里把当下启蒙归结为三个相互联系的部分：真相、认知和观念三个互相联系的部分。这三个部分都与“知识”传播有关。在《人文的互联网》一书里，我还专门讨论了互联网时代的知识特征。这里仅就互联网时代的知识特征提出启蒙知识传播的两个方法调整：第一，知识“停留点”检测，而非终点验证；第二，知识是优质思考（good thinking），而非真理思考（truth thinking）。

作为“停留点”而非“终点”的知识

任何真实的知识都可以让人从不知到知，从不明白到明白，因此都可能有去除愚蠢、开启蒙昧的作用。例如你以前不知道什么是 COVID-19，了解以后你就知道了，也知道要戴口罩、勤洗手，比不懂和不讲卫生自然是有了进步。今天的互联网让人们可以方便地得到这样的知识，但是启蒙就完全是另外一回事了，互联网的知识传播方式反倒使得启蒙不得不面临新的障碍，当然，我们也可以将此视为一个挑战和机遇。

互联网的知识并不就是与启蒙相关的知识。关乎启蒙的知识是以启蒙而不是以知识本身为目的的，它包含真相、认知和观念三种因素：真相让人了解和明白事实；认知改善人的理解和认识能力；观念让人能判断是非和辨别善恶。缺少了这三个部分中的任何一个，启蒙就不可能真正帮助我们认识人性、提升良知、优化社会和改良政治。我们需要发现真相、优化认知和明确观念，为的是能确立与人的自由和自我解放相一致的长远目标。启蒙的真相、认知和观念都必须以真实、可靠的知识为基础，也都是以这样的知识形式出现并传播的。真实、可靠的知识是唯一能起到启蒙作用的知识。

能起这种启蒙作用的知识必须是可靠的真实的知识，所以启蒙的第一个因素是“真相”。在今天的互联网时代，真实、可靠的“知识”是用合理的证据或理由证明为真实的信念（belief）。这个对知识的认识可以追溯到希腊的源头，在希腊人那里，知识是真实的观点，是因为只有正当的理由才为人们所信服和相信。17 世纪启蒙先驱的笛卡儿则提出，知识是经得住怀疑的东西，我们在可以想象的任何情况下都不会怀疑的，那才是知识。现代科学家认为，知识是可以反复试验、被证明无误的事物。

因此，正如互联网专家，哲学家拉里·桑格（Larry Sanger）在《互联网如何改变我们（以为我们）所知道的》一文中所说，“自柏拉图之后，哲学家们认为，知识实际上是一种特殊的信念。首先，它必须是真实的，而且，它必须是证明合理的（justified），有好的理由或证据来支持它。例如，我们可以这样假设，我在随便一个什么博客上读到‘希斯·莱杰（Heath Ledger）死了’，就不加辨析地信以为真。那么，就算那是真实的，我也不‘知道’那是真实的，因为网上随便看到的博客里，经常有编造的东西。博客里说了什么，并不就有了相信那个说法的好理由。然而，如果我在几个有信誉的信息来源里读到这个消息，那么我相信它，便要合理得多，这时候我可以说是‘知道’了”。我所“知道”的信息是被证实了的，因此成为我的“知识”。[1]

知识是被视为具有真实性的观点或信念，这种真实性并不等于人们一般所说的“客观性”（objectivity）或“事实”（facts），而只是在一个有限度的意义上的“被合理证明的信念”。如美国作家和技术专家戴维·温伯格（David Weinberger）在《知识的边界》一书里指出的那样，知识因此是一个“停留点”的系统，其正确性又是由许多停留点来证明的。在大多数情况下，这个系统运作良好。[2] 例如，你有一个问题，向专家咨询（正确的询问策略），你得到了一个结论性的回答（你想知道的），由于你接受他支持这个结论的理由和证据（正当、可靠），对你来说，你得到的信息是可信任的、靠得住的，所以你可以不再继续询问了，这个停留点就是知识。当然，如果另一个人不这么以为，他还可以继续质疑、追问，直到到达一个至少是暂时可以不再继续追问下去的停留点。在公共说理中，如果一个经过证明的结论对一些人具有说服或达成共识的作用，它也可以是这样性质的停留点，虽然不一定真的是找到了什么“客观”或“事实”的东西。

---

① Larry Sanger，“How the Internet Is Changing What We（Think We）Know”. http：//www. larrysanger. org/hownetchangesknowledge. html. 希斯·莱杰（Heath Ledger），1979 年出生于澳大利亚珀斯市，澳大利亚影视演员。2008 年 1 月 22 日，年仅 28 岁的希斯·莱杰被人发现死于纽约的公寓内。

② 戴维·温伯格：《知识的边界》，胡泳、高美译，山西人民出版社，2014 年，第 34 页。

这个知识的停留点可以从批判性思维的两个方法来理解：论证（argument）和探究（inquiry）。这二者之间有着内在的联系，讲究严密论证，但同时又自由探究。这样对待知识在互联网时代具有特别的意义，因为互联网提供了探究的方便，但却没有相应的论证机制。论证就是为一种信念（“结论”）提供理由或证据（“前提”）；如果所提供的理由是充分的，则被认为是经过严格论证的知识，不再是一般的“看法”或“意见”。

虽然互联网知识缺乏论证机制，但这并不是否定网络知识的理由（许多人正是这么错误以为的）。网络化的知识虽然不是那么确定，但却更加容易获得；不是那么可靠，但却更加透明；不是那么权威，但却更加多元；不是那么一以贯之，但却更加丰富多元。新知识让人们感到更加自然，只要我们学会运用批判性思维的方法——如图尔敏的论证分析模式——来验证来自网络的知识，互联网知识的缺点是可以克服的。[①]

知识是优质思考，而非真理思考

对知识停留点的检测是一种论证程序的验证，它要求理性、合乎逻辑、言之有据、结论明确、概念清楚、证据真实可靠等等。然而，尽管有了这样的严格论证程序，仍然不能保证最后的结论就是确实无疑、不可质疑或批评的“真理”。古老的知识运用的是类推的方法，它通过作为隐喻的观念联想发生作用，即为了认识一个事物引入另一个事物：光是波，语言是一棵树，上帝是一个明智而可敬

① 得名于当代批判性思维教育理论先驱图尔敏（Stephen Toulmin），参见徐贲《明亮的对话：公共说理十八讲》有关章节。

的人，大脑是被知识照亮的黑暗洞穴。如果这个隐喻的观念联想不再有效，便可以换用其他更适用的：光是粒子，语言是一条河，上帝是一个微分方程，大脑是一个渴望栽培的花园。[1]

然而，现代人类并不认为类推法是推进知识的科学方法，而是认为，知识的基础必须建立在“事实”，而不是类推之上。类推只是一种“看法”和“想法”，而不是事实。任何看法或想法是否可靠，最终还得用事实来检验。古人和现代人在如何打下坚实的知识基础问题上有分歧，但都相信，知识必须要有一个基础，否则便是无根游谈。

对事实的信任不应该成为对事实的迷信，今天，我们认识到，知识的大厦建立在事实的基础之上，但这本身就不是一个事实。人们常说，事实胜于雄辩，好像只需列举事实，真理也就自然会浮现出来。实际并非如此，实际是，用事实说话，经常仍然不能胜于雄辩，因为事实是为雄辩服务的，雄辩为了成为雄辩，经常挑选对它有利和有用的事实，无视或隐去对它不利的事实，虽然是在用事实做证据，但与说谎没有什么两样。从批判性思维来说，这是“单方论据”或“隐瞒论据”，俗称“摘樱桃”（cherry picking），也就是古希伯来人说的，半真话就是全然的谎言。全部用事实做论据的结论，也未必就能得出可靠的结论，更不要说是真理结论了。比如，有人断言，面包是有害的食品。他选择性地运用这样的“事实证据”：一、吃面包的人百分之百最后会死；二、爱吃面包的名人中包括希特勒、斯大林和乌干达独裁者伊迪·阿明；三、90%的暴力罪行都是罪犯在吃过面包的 24 小时内干下的。每一个证据都是“事

① 尼尔·波兹曼：《娱乐至死》，章艳译，广西师大出版社，2004 年，第 16 页。

实”，但你会接受这些事实证据所支持的结论吗？

这样看待事实，当然不是要否定事实的真实价值，而是要看到，对于启蒙的知识传播来说，事实是必要而非充分的条件。既然是必要的，那就是一个非常重要，少了它就不行的条件。不考虑真实，也就不可能有启蒙知识的可靠认知。

启蒙的知识必须是尽量经过去伪存真的，它代表一种注重验证的思考方式，经常需要有对思考的思考，它是优质思考（good thinking），而不是真理思考（truth thinking）的结果。在互联网时代，这种知识比在18世纪的启蒙哲人时代更难获得了。这是因为，互联网时代的“知识门槛”很低，虚假的信息很容易冒充为知识。18世纪著书立说的写作者都是受过很好教育的人，参加狄德罗《百科全书》的将近200位写作者都是当时有权威的专家，他们同属于一个类似于今天“同行评审”的知识圈子，知识的门槛相应也就很高。就算他们的不少知识今天看来已经过时，但在当时也是真实可靠的知识。

今天互联网上的各种信息不再有这样的“同行评审”把关，知识的荣誉机制也不发生作用。知识生产的“把关”机制失灵了，无论是谁都可以上传所谓的“知识信息”。放在18世纪，除非是为了牟利而生产“阴沟文字”，书籍的知识信息传递成本颇高，因为总是有出版社、刊物、报刊编辑的知识质量把关。而互联网时代的信息传递的成本急剧下降，甚至是零成本，所以连经济考量的“成本把关”也都不复存在。这就是为什么我们在互联网上看到这么多的虚假信息和匿名写作的“厕所行为”。

这类行为往往有负面情绪或阴暗心理原因。人性中本来就有偷窥、妒忌、幸灾乐祸、起哄取乐、贪婪、自私、自欺欺人、势利、偏见、笑人无气人有、暴戾失控等阴暗心理，互联网的匿名机制让许多人有机会宣泄这些情绪。发泄经常是出于非理性的冲动，缺乏自控力和自制力。正如许多群众研究所揭示的，这些情绪具有强烈的传染性，在聚集成群的人中间，各种情绪也会迅速传染。越是偏激的，越是有误导性的信息传播得越快，产生劣币逐良币效应。

今天的启蒙比以前更需要强调，正确的认知是建立在可靠的知识基础上的，认知不仅需要知道事实真相，而且对事实真相的性质、原因和关联等等有深入的理解和认识。例如，我们知道了历史灾难的事实真相（如杨显惠的《夹边沟纪事》），还需要对它有进一步的本质和原因认知，而这并不是真相叙述本身就能完成的。真相叙述满足人们的好奇需要，而认知剖析则超越了这种需要。

互联网阅读的碎片化、短小化对于深入、全面的真相认知是一个很大的不利因素。虽然一些公众号也刊载长一点的论述文章，但无法在传播上与轻松读物匹敌。轻松读物是为了娱乐和消遣，它并不提供批评意见，对传播新思想、新观念也没有兴趣。因此，观念的更新会因为互联网特别流行的那种阅读而遭遇困难。启蒙的一些基本观念和价值，如“自由”“理性”“宽容”“权利”“进步”甚至被当作毫无新意、令人厌烦的老生常谈。

人文启蒙所传播的观念和价值是优质思考而非真理思考所需要的。这些观念和价值之所以值得传播，不是因为它们代表永恒不变的真理，而是因为它们与我们今天期盼的幸福、好社会、好生活密不可分。这样的人文启蒙向社会中的所有人传递两个观点：其一，启蒙所尊崇和倡导的观念和价值是与人类共同体福祉紧密相关的，这个人类共同体包括今天的中国人；其二，纵观中国历史，我们还远未能践行这些观念和价值观。人文启蒙不是在谈空洞、抽象的自由、理性、平等、宽容，而是在谈我们在当下还欠缺的那种自由、理性、平等和宽容。

人文启蒙不是一种战斗姿态

在传播这样的观念和价值时，人文启蒙采取的不是战斗的姿态，而是温和、理性的说服方式。反对启蒙理念的人经常采用一种慷慨激昂的战斗姿态和高调亢奋的对抗口号来宣示他们的立场。人文启蒙不可能说服这样的反对者，因为说服的效能是有限度的，在相当程度上取决于对方是否愿意被说服。启蒙只能开导那些能以开放的心态，考虑别人说服意见的人们。启蒙依靠的"说服"诉诸人的理性，运用的是一种有教养的文明语言。

18 世纪启蒙的一个重要成就就是确立了文明对话和礼仪交谈的规范，其核心就是"教养"。文明的教养和礼仪是启蒙时代的一项重要社会改良成绩，英国的作家们（洛克、艾迪生、斯提尔、约翰逊博士、休谟）对此有重要贡献。18 世纪温和的公共言谈和说理被称为"良好礼仪"（good manners），从彬彬有礼的小圈子向社会传播开来。它要求人们谦恭有礼，理性言说。当然不等于这些在那时已经蔚然成风，而是反映出当时的人们还缺这方面的素养，也表明它正在社会中产生影响，形成一种新的社会气象。中国古代缺乏修辞辩论的传统，但不缺少彬彬有礼的传统，只是经过阶级斗争的岁月，到了今天的互联网时代，到处充斥着狼声虎调。先秦著作中，《老子》是没有驳论的，当然也没有争论或辩论。《论语》中有批评，但几乎没有辩论。《庄子》《孟子》等战国之文，辩论就多了，也比较典型。辩论最多的是西汉桓宽的《盐铁论》，全部是法、儒两派的辩论实录。著名政治学家萧公权对它的评价是："立言不尽扼要，语意复有重出，不合逻辑之处亦数见不鲜”。而且，辩论也不符合今天的规范，“预议者互诋对方之人格，互毁对方之宗师”，各趋极端。[1] 在这之前的辩论几乎都是君子之间的，所以鲜有恶言相向的，后来攻击性的辩论渐渐多了，是什么原因，有心的朋友不妨留心一下，厘清其中的发展变化和原因，也可以成为一种与时俱进的本土文化启蒙。

洛克在《教育片论》中多处讨论的“教养”（civility）。洛克说，良好的教养要求我们在言行举止中避免“不端”和“无礼”，对别人要表示“善意”和“尊敬”。要做到这个，“有赖于两件事：首先，从心底要保持一种不去侵犯别人的心思；其次，要学会表达那种心思的最为人接受、最为人喜悦的方法。从其一，人可称得上是彬彬有礼；从其二，则可称得上是优雅得体。”洛克所说的“彬彬有礼”和“优雅得体”不是不要批评，而是要将心比心地顾及别人的感受。这是一种必须通过学习来养成的习惯，礼仪的语言“像其他的语言一样，是由各个国家的时尚和习俗所决定的，它需得在规则和实践当中，主要通过观察那些公认为教养良好的人的行为举止而习来的”。[2]

今天，文明对话和公共说理的启蒙需要变得比 18 世纪更为迫切，人文教育的这一启蒙任务也就格外艰巨。许多人似乎认为，既然已经摆脱了贫困，富有起来，就该挺直腰板，大声说话，于是任性成了自信的显现。他们缺乏的是个人教养的启蒙。一个从贫困突然变得富有的人，可以在很短的时间里习得许多能显示“教养”的

---

① 萧公权：《中国政治思想史》，商务印书馆，2017 年，第 274，279 页。
② 洛克：《教育片论》，熊春文译，上海人民出版社，2005 年，第 211 页。

能力：如挑选各种名牌，衣着入时，购买艺术品，学会饭桌礼仪，学会欣赏名酒，喜好咖啡和雪茄，喜欢上高尚运动如网球、高尔夫、骑马等等。但是，只要这个人一开口说话，他是否真的有教养就会立刻显露出来。教养的语言富有智识但不炫耀，有识见但不咄咄逼人。这样的语言是很难模仿的。

萧伯纳有一个剧，叫《匹格马列翁》，剧中有一个出身贫贱的卖花女，语音学家希金斯（Higgins）和朋友匹克林上校（Pickering）打赌用这位街头卖花女作实验，通过六个月改变她的语言和外表，使之成为仿佛出身名门的贵族小姐。卖花女经过一系列训练，果然完全脱离了出身贫寒、言行粗俗的氛围，在出入任何高贵场合的时候都能引起众人瞩目。在萧伯纳的剧里，最难训练的部分是一个人的口音，而容易模仿的则是外表装饰和时尚爱好。这个剧在今天的象征意义是，除非一个人的表达方式能够从粗野、暴戾转变为理性、得体和有趣，他还不能算是一个真正有教养的现代文明人，而且，即便在被调教得看上去像是受过教育之后，仍然可能因为缺乏必要的人文素养而语言贫瘠、思想平庸、知识浅薄。

有教养的语言并不需要老是板着面孔，一本正经，它有思想的内涵和深度，但又轻松自如、幽默诙谐、机智有趣。有教养的语言能够做到说理而不专横、博学而不卖弄、优雅而不矫情、通俗但不粗俗、得体而不拘谨、友善但不放肆、轻松而不做作、幽默而不油滑。这种语言是一种人文阅读和写作的长期教育结果。这种教育在18世纪是以贵族和绅士阶层为对象的，但在今天的大众时代，应该成为普通公民话语教育的一部分。这也是人文启蒙应有的推陈出新。

4. 启蒙与人文阅读

人文阅读与“受过教育的了解”

启蒙传播关于何为人文阅读（原理）、如何进行人文阅读（方法）、为何需要人文阅读（目标）的知识。人文阅读是一种关乎人的自我认知的阅读，它首先是一种换位体验和思考的经验，它让别人的思想进入你的头脑，也让你站在别人的立场上观察世界，由此打开了广阔、丰富、复杂的人类心灵和经验世界。人文阅读要求有开放的心态，它让人首先要认真对待自己的无知、消除自己的成见、克服自己的偏执，因此成为一种自我启蒙。

阅读操练思想，思考辨别善恶，没有人文阅读也就不可能有人文教育，人文教育从本质上说是一种运用语言和言语交流——阅读和写作——的教育，读写的能力是它的知识特征。人文教育培养的知识不是精深的专门学科知识，而是在普适教育基础上形成的与人的自由意识和自主主体有关的，具有精神和人格解放作用的知识，因此成为“自由教育”（liberal education）。人文阅读让人能感受到人文情怀、人格志向、人道关怀，人生智慧，更重要的是，人文阅读是一种教育和自我教育的过程，它能增强和提升人的思想和判断能力，这是一种被称为“批判”的智识能力。

亚里士多德在《论动物部分》（*On the Parts of Animals*）的开篇处区分了两种不同的知识，一种是学科的系统知识，另一种是对学科知识有根据的了解，称为“受过教育的了解”。他写道，“每一种系统科学，从最低微到最高贵的，都承认两种不同的通晓方式。一种可以称之为学科的科学知识，另一种是对这种学科知识的受过教育的了解（educated acquaintance）。受过教育者应该能够对专家表述的学科方法的优劣做出一种公正的大致判断（off-hand judgment）。受教育的目的就是为了能够做出这样的判断。甚至可以说，由于一个人具有这样的能力，我们才认为他受到了全面教育（universal education）。要知道，只有那些能够就几乎所有学科知识都有批评能力的人，我们才称他们为受过全面教育者，而对只有专科知识的人，我们不是如此称他们的。这是因为，一个人很可能对一门学科很在行，但不具备这样的能力。”①

这段话里有四个要点。第一，对任何学科都可以有两种不同的知识。其中一种是通过一般性的学习，而不是长期的专门学习获得的了解。譬如，你的专业不是政治哲学，但你可以通过阅读许多政治科学的书籍，或在大学选修一两门有关课程，获得关于这门学科“经过教育的了解”。启蒙所要传播的正是这种性质的知识，与科班出身的专家知识不是同一性质。

第二，就经过教育的了解来说，在获得专业知识之外，还有一个更重要的知识目的，用亚里士多德的话来说，那就是培养“批评能力”，主要是独立思考和判断的能力。用今天的话来说，就是批判性思维的能力。如果一位政治学者主张专制优于民主和宪制、独裁胜过权力分散和制衡，那么，有批判性思维能力的人就不会盲从这位专家权威，而是会对他的专业知识和方法提出质疑。启蒙正是以开启和培养这样的批判能力为目标的。

第三，“全面教育”是一种人文教育，不同于专业教育，它培养

---

① Quoted from *A History of Knowledge*. New York：Ballantine Books，p. 135. 原文：http：//classics. mit. edu/Aristotle/parts _ animals. mb. txt。

人的批判意识和批判能力，只有具备这样意识和能力的才配得上说是受过“教育”的，而只有学科知识的人只能说是受过“训练”。专业知识再博大精深，也不等于就具有批判性判断的能力。如果说启蒙是一种教育的话，它是全面教育，不是单一学科训练。

第四，每个人都可以借助全面教育和“经过教育了解”的知识，培养和提高他的批判性思考和判断能力。启蒙要推动的人文阅读是为这个目的服务的，它不受学科界限的限制，虽然做不到亚里士多德所说的涉及“几乎所有的学科知识”，但跨学科、多学科的特征是很明显的。这样的启蒙，对作为知识个体来说，是一种人文教育，对于社会个体来说，则是一种公民教育。

今天，一些关心公共事务的知识分子经常受到“不专业”或“不务正业”的指责，其实知识分子对于社会的贡献远不止于他的专业知识，而更在于他基于受过教育的知识素养让他对社会问题有敏锐的观察和批评意见，相比起专业知识来说，这与他接受新观念和联系现实问题的出众能力更有关系。哈耶克说：“知识分子既不是一个有原创力的思想家，又不是思想之某一特别部门的专家。典型的知识分子不一定必须有专门的知识，也不一定必须特别有聪明才智来传播观念。一个人之所以够资格叫作知识分子，是因他博学多闻，能说能写，而且他对新观念的接受比一般人来得快。”① 启蒙的公民教育作用正在于在普通人当中培养这样一种一直是知识分子才有的能力。

---

① 转引自殷海光：《什么是知识分子》，https：//www.163.com/dy/article/G43JCA150541WGP9.html。

人文学科的精神和人格教育

亚里士多德的“全面教育”理念在文艺复兴时期重新受到重视，成为人文主义教育的目标，也帮助塑造了知识多面型的“文艺复兴人”（renaissance man）。必须看到，这样的文艺复兴人只是一个理想化的“全人”人格，与当时许多杰出的多才多艺者的实际知识成就还是有相当差距的。不过，这并不削弱全人教育理念本身的价值。今天，虽然我们知道，教育事实上不可能造就真正的全人，但我们仍然在倡导全人教育，把它作为一个对狭隘专业教育的批判性参照。狭隘专业教育把学生们培养成国家和市场经济机器上的齿轮和螺丝钉，倡导全人教育乃是要把他们从这样的生存状态下解放出来，恢复他们作为“人”的尊严和价值。这种全人教育便是启蒙性质的。

文艺复兴时期的人文教育与我们今天的理解的文科教育并不完全相等，那时候的人文教育是一种“七艺教育”，由“三加四”的学科组合构成。三指的是语法、修辞和逻辑；四指的是代数、几何、天文和音乐。它们之所以有“liberal”的性质，是因为能够起到“liberating”的作用。也就是说，谁有了这些知识，也就摆脱了因为没有受过教育的那种愚昧、无知和偏执，获得了精神和人格的解放。

这种人文教育在20世纪已经发生了根本的变化。文艺复兴的人文教育并没有成功地培养它所期待的那种无所不知的“文艺复兴人”。如果连达·芬奇、乔瓦尼·皮科（Giovanni Pico）、培根这样的人物都做不到无所不知，那更何况一般人呢？知识追求因为“文艺复兴人”的失败而变得更实际，也更功利，因此有了明显的从多科“经过教育的了解”向专科“系统科学知识”的转变。单科知识的教育更能够见到成效，也有利于形成一个更和谐无争的学院群体结构。

随着这一知识形态的转变，大学也被划分成不同的学科，学科里又再划分出不同的专业。不同的系科、专业之间各走各的路，彼此相安无事。竞争被局限在一个个小格子的学科和专业范围内，再激烈也影响不到大学整体结构内的稳定和团结。以前在他自己学科之外也“批评”和“判断”的受过教育者已经不复存在。正如英国作家斯诺（C. P. Snow）在《两种文化》（*Two Cultures*）里说是，在大学这个被割裂的世界里，一个个小格子之间已经无对话可言。这就是可悲的“专业主义”（professionalism）。今天大学里的人文课程开设得越来越少，“文科”甚至被当成了教育资源的一种浪费，文科生成了“没用的人”。“全人教育”沦为令人惋惜或遭人嘲笑的对象，就算偶尔被人提起，它最关键的“批判”和“判断”教育也已经几乎荡然无存。

在这种情况下，启蒙重申人文教育的重要性，有两个意义：一、全面教育；二、批判性思考。首先，人文教育和人文启蒙的使命意识传承了亚里士多德的“全面教育”理念以及在此基础上的文艺复兴“全人”理想。人文教育要求拒绝做身心有残缺的人，主张在认知和伦理上不可偏废。人必须要成长为头脑和精神、理智和情感都健全发展的完整之人。18 世纪启蒙运动开创了现代整全之人的理念，虽然模糊不清，但轮廓已经浮现，那就是理性和同情的人。今天，人文教育可以使这个整全之人的形象变得更清晰，将来还要变得更加清晰。

文艺复兴或启蒙运动都没有发明“整全之人”，也没有创造这样的人，而只是试图重新记忆他而已。这样的人是人类老祖宗早就知道的，是他们的古老智慧，却在 500 多年前被遗忘了。现代人忘却了古人对世界和人的许多美好体验。人所拥有的最美好的体验，就是对于神秘的未知。只有当我们感受到超出日常生活之外的神圣的东西，我们才能觉得人生更有意义，更有价值。五六个世纪以来，因为自然科学的影响，人们将知识的大厦建立在化约论（Reductionism）的哲学基础之上。化约论认为，复杂的系统、事物、现象可以将其化解为各部分的组合，以此来理解和描述。于是，关于人的复杂的，有机结合的知识被分割，分割，再分割，分割成许多极小的部分。而在古代，人类老祖宗运用了更加整体性的哲学思想。人文教育和人文启蒙所做的事情，只是把对人的关注带到原来那个方向上而已。这也是为什么人文教育如此坚决地反对小格子知识的"专业主义"的原因所在。

其次，现代的整全之人已经不是文艺复兴时代的"全知之人"或者启蒙时代伏尔泰式的"哲人全才"。人文教育的目的也不在于重新开启"全知之人"或"哲人全才"的理想，而在于倡导一种不受学科和专业限制的独立判断和批判思考的精神。批判型的知识分子就是这种精神的体现，他们经常被指责为"不务正业"和"多管闲事"，而他们在自己专业之外的那种"经过教育而了解"的知识则遭到蔑视和嘲笑。没有了有社会责任的知识分子，社会或者大学里虽然显得岁月静好，但却已经变成了专家们鸡犬相闻，老死不相往来的地方。如果受过教育的人都不能培养和运用综合的思考、判断和批判能力，那么，还能指望谁呢？

没有谁比在学术小格子里安分守己且沾沾自喜的知识分子更猥琐，更平庸的了。知识分子受教育，之所以可称为"受过教育"，无非是说他们比普通人学术视野更开阔，知识心态更开放，因此也就更敏感，更善于判断，更勇于批评。没有这样的敏感、判断和批评，受教育者也就失去了真正的知识优势，他的知识骄傲和尊严也就成为自欺欺人的玩笑。近代文艺复兴播下的是龙钟，没想到在六百多年后的大学教育中收获的却是跳蚤。

文艺复兴人是以崭新的知识视野和心胸展现了一种全新的人的尊严和骄傲。皮科（Pico）于 1486 年写下《关于人的尊严的演说》（*Oration on the Dignity of Man*），宣称“人是万物的尺度”。人成为宇宙的精神中心，至少是和上帝一样的宇宙聚焦点。同一年，他从希腊、拉丁、希伯来、阿拉伯作家那里收集和拟定了一个多达 900 个议题的辩论提纲，挑战全欧洲的学者们到罗马来与他辩论。不难想象他的阅读和思考面是多么广泛。这场旷古奇闻的辩论大会没有开成，因为梵蒂冈已经盯上了他那份长长的辩论提纲，并将其中 13 项判定为异端邪说。皮科被关进了监狱，好在不久后便被释放。

皮科要就 900 个论题与全欧洲的学者辩论，他真的有这个能耐吗？想来未必。但他敢于向整个学界叫板，而那时候他才 23 岁。这说明什么呢？第一，至少在皮科的时代，大量的阅读和掌握多种“经过教育了解”的知识并不是不可能的事情，可以设想，皮科用于辩论的基本上都是这样的知识。第二，凭借这样的知识，他就敢叫板“专家”和“学者”，辩论一定是主要关于某些可以运用于不同学科的基本知识原则，而非零碎的细节。第三，皮科的胆略或狂妄表现了一种让现代学人不得不自愧弗如的文艺复兴人气概，就算从一开始皮科就注定会失败，但他也还是不愿意放弃尝试。

皮科于 1490 年去世，67 年后，弗朗西斯·培根出生，他可以说是文艺复兴时期最后的殿军人物。他最著名的夸口就是“一切知识都是我的领域”。当然，他并不是一切知识领域里的专家，事实上，在他那个现代科学已经在兴起的时代，他连一个学科领域里的专家都谈不上。但他有一个可以用于所有学科的方法论判断：亚里士多德科学论的演绎方法已经不再适用，而他自己所提倡的经验和归纳推理才是正确的科学探索方法。然而，亚里士多德的两种知识论并没有过时，培根以他自己的方式证明，亚里士多德关于“经过教育了解”和普遍适用的“批评”的观点，不仅仍然适用，而且还能推陈出新，与时俱进地发扬光大。

人文阅读与普遍重要问题的思考能力

文艺复兴人的精神和人格是要成为出类拔萃的人，这也是启蒙的精神和人格理想。人能够依靠自己的努力和才能，而不是因为好运、上天眷顾、贵人相助、家庭背景优越，或者歪门邪道而能够在人群中昂首挺胸。这样的个人尊严在今天已经不能被许多世人理解。他们眼里只有权势和金钱，虽然受过很好的教育，但对精神的高尚和人格的出类拔萃毫无认识也毫无兴趣。这是因为他们丧失了对普遍重要问题的思考能力。

人如果丧失了对普遍重要问题的思考能力，不管读过多少书，有多高的学历，专业知识多么精湛，都不过是受过教育的庸人，见过世面的井底之蛙。他们与 18 世纪那种因为缺乏教育、受宗教束缚而愚昧、迷信、偏执的普通民众同为愚众人，只是性质不同而已。他们的愚昧不是因为没有受过教育，而是因为只受过一种教育。这使得我们今天的当下启蒙不再适宜步 18 世纪启蒙的后尘，因为今天的启蒙对象并不只是因为缺乏教育才愚昧和无知的。

今天启蒙的受众已经发生了变化，那么启蒙者呢？如果他们还能称为“启蒙者”的话，他们同样发生了变化，不是变得更睿智、更杰出、更能胜任，而是变得平庸、无能和不思进取。

18 世纪的启蒙者都是当时的饱学和有志之士，孟德斯鸠的《论法律的精神》、伏尔泰的《英国书简》和《哲学辞典》、狄德罗主编《百科全书》、卢梭的《论社会不平等的起源》和《社会契约论》、休谟的《人性论》、亚当·斯密的《道德情操论》和《国富论》，还有许许多多其他著作，无不是由作者深厚的阅读和思考积淀而成。然而今天，启蒙缺乏的正是这样的启蒙者。有一篇《最可怕的是一群不读书的教师在拼命教书》的文章，痛陈当下中青年教师群体因缺乏人文阅读而陷入的知识窘境："按理说，教师本应是一个很执着的读书群体，然而在应试教育和功利教育的戕害下，他们眼中只有分数、只有成绩，只有对学生的胡搅蛮缠，而对于生命中的阅读，却逐渐淡化了。不少教师已完全远离阅读，这太危险了。"

然而，今天的启蒙却不得不指望这样一个"疏于读书、荒于读书或者根本不读书的群体"去推进。他们缺乏启蒙的人文阅读实践或经验，他们熟悉的只是千篇一律的教材和教学参考书。他们不读书，是因为"太忙"或者根本就没有兴趣，因为对他们的业务或工作评定采用的是与思考和判断力完全没有关系的标准。这样的教师正在教育下一代的学生，复制他们自己受过的那种思想平庸、浅薄的教育。

这是一个思想平庸、胸无理想但野心无度、利欲熏心的时代。许多人精神空虚，不思进取，沉溺于白日梦中。这样的时代正好最需要通过人文阅读和人文启蒙来提升人的素质修养和对普遍问题的思考能力，从而在精神和人格有所进取。

然而，当下世上有太多人对精神和人格上优秀起来没有兴趣，也没有意愿。他们当中许多并非没有潜在的能力，而是没有精神目标和问题关怀。他们所受到的教育让他们被惰性制服。他们的生活世界里看不见酬报或收获，他们不再相信人在权势和金钱之外还有值得努力的价值和目标，因此把什么都不干当成自己处世和人生的原则，甚至还有了一个流行的说法，叫“躺平”。其实，人要生存，在进棺材之前是不可能躺平的。躺平的人既不是回归自我，也不是消极反抗，而是一种因无知而采取的逃避姿态。他们得到许多想反抗但自己又不敢反抗的人士的赞赏。其实，躺平者逃不出他的生活困境，躺平只是幻想换一种活法，这个愿望后面藏着恶劣环境形成的绝望、屡遭挫折蒙受的灰心、缺乏意志造成的懦弱、拙于思考能力带来的愚昧。

启蒙就是要让他们看清自己的问题本质，而不是轻言放弃。法国社会学家迪迪埃·埃里蓬（Didier Eribon）在《回归故里》（*Retour à reims*）一书里问道：“我们来到这个世界时，命运是否早已被宣判?”这就是一个具有普遍意义的重要问题。

阅读《回归故里》这样的作品可以引发成长中的年轻人对社会阶层、原生家庭、心灵创伤、身份认同、出身背景等重大问题的思考和联想，并从新的视角来看待问题。原来他们的遭遇不是他们个人的问题，而是大家都普遍面临的困境，比如当公司要求一个人 996 式拼命工作时，新的视角能会让人更加清醒地认识到“我做不到不是我无能，是这个制度本身就不合理”。个人面临的困扰或困境因此觅得了社会性的根源。从这个意义上来讲，对于身处困境的个体来说，人文阅读不仅具有创伤治愈的效能，而且更具有在认识社会问题的基础上人格自塑的作用。

人文阅读是一种精神和人格自我培养的途径。它能帮助我们形成真实的现实感，并对之有所思考和批判。对于今天的启蒙来说，皮科和培根这样的文艺复兴人仍然有启发意义，不只在于他们跨越学科界限的知识兴趣（这个可以通过普适教育来培养），而且更在于他们对普遍性重大问题的思考能力。现代作品的人文阅读更能唤醒对当代社会的问题意识，但不只是局限于此，也应该扩展为对普遍重要问题的思考，这才有助于成为一种有历史感和人类文化价值的思考。这是人文经典阅读可以培养的能力。人文阅读不只是阅读，还可以帮助我们培养起积极提问、独立思考、批判性判断的能力。

我们每个人在自己的阅读经历中都会有许多锻炼这种思考能力的机会。作家阿乙曾说："如果没有阅读的话，我的写作就寸步难行。基本上是这样，我的生活非常寡淡，每个人的生活其实都非常寡淡，但是，它内在又极其地丰富，如果你没有阅读的帮助的话，你的生活就白白过去了。"没有广泛的阅读，每个人的生活都是非常有限而寡淡。这样的生活让人颓废、犬儒，甚至绝望。人文阅读是对扩大我们空间视野和时间视野、改变消极心态唯一可能有效的途径。

人文阅读是一种开放型的阅读，互联网时代的人文阅读有了更多与他人沟通的机会，这对于打破一个人的孤独和绝望是有利的。我们可以多多寻找和利用这样的机会，如网上的阅读小组、公开课、音频节目、新书介绍和推荐、书评和评奖活动、阅读体会交流等。

英国罗汉普顿大学（University of Roehampton）大学英语教授珍尼·哈特莱（Jenny Hartley）在《阅读群体之书》（*The Reading Groups Book*）里通过对实际读者的调查发现，许多普通的读者都能得益于与他人一起的阅读。当然，在这样的阅读中也会碰到不少具体的问题。英国作家和评论家玛格丽特·福斯特（Margaret Forster）在该书"前言"里说："大多数读者对阅读什么书和如何阅读都有困难。在读过一本书之后，他们想知道别人从阅读中获得了什么。因此阅读是一种社会性的活动。”[①] 据哈特莱估计，在英国有五万个读书组织，在美国则多达五十万个，从福斯特的调查来看，读书团体在展开阅读活动时，最难决定的就是阅读什么书籍，这个决定过程有时候会花费全部组织活动的一半时间。

为什么挑选阅读的书籍这么不容易呢？这是因为，每一次认真的挑选都必须回到“为什么阅读”这个老问题上去。世上有这么多书籍，我们的阅读精力和时间又是如此有限，如何才能使我们阅读的思想收获和人文效益最大化，便成为首要的问题。严肃的阅读先需要有严肃的挑选。严肃的人文阅读不同于娱乐和消遣的“兴趣阅读”，阅读的兴趣所至——城市生活和梦想、励志图书、城市青春故事、八卦故事、时尚风情、动漫游戏以及各种关于物质生活的书籍——基本上与思想无关，阅读的结果只有感想，没有思想。这样的阅读挑选读物，只要“有趣”就行，无需费力劳神。

但是，严肃的人文阅读不同，阅读的严肃性来自生活的严肃性，严肃阅读意味着严肃思考，因为生活中充满了不幸和灾难、暴力和恐惧、贫富差距、阶级冲突、不公不义、尔虞我诈、勾心斗角，因为生活受制于不可理喻的权力和权威、偶然的成功或失败、复杂的欲望和动机、交织的善良和邪恶，呈现出令人不解的混乱与秩序，如此等等，因此才有许多问题需要思考，而这些问题之所以是严肃的，是因为它们关系到每个人的生活意义和品质。

如果人文经典阅读的启蒙能够有意识地引导普通民众的严肃阅读，应该是一件很有帮助的事情。尽管这项工作很难做到尽善尽美，

---

① Jenny Hartley，*The Reading Groups Book*，2002 – 2003 Edition. Oxford University Press，2003，p. viii.

人人满意，但可以有效地传播两个部分的知识：第一，大致有哪些多元文化的经典著作；第二，如何有效地阅读经典著作。对于具体的读者来说，第一部分的知识会因为课程的设计而在历史时期或文化种类上做必要的限制（如西方人文经典会以希腊、罗马、早期基督教至中世纪、文艺复兴和启蒙运动来确定课程内容）。这一部分的不同知识板块之间的差别是明显的。但是，无论什么样的知识板块，只要是人文经典阅读，第二个部分的原则、方法和目标应该是有共同性的（当然，不同板块的相关性程度是不一样的），那就是为了提高思辨能力、发展批判性思维、增强人的自由意识和判断能力。这样的人文阅读在要求或重点上会有不断尝试和调适，但它的思想启蒙意义却不会因此有所改变。

第四章

启蒙与不完美的人文知识分子

在我们这个只有颠覆才能吸引眼球的时代，人们批评得最多，最不愿意用平常心去看待其人性弱点的恐怕就是“人文知识分子”了。人文知识分子——文科教授、学者、法学家、经济学家、历史学家、社会学家、作家、记者等等——是最有可能成为人文启蒙知识传播者的。许多人对这类人文知识分子抱有过高的道德期望，认为他们的两个基本条件应该是“注重德操”和“献身真理”。有的人文知识分子自己也参与制造这样的神话。然而，这种理想主义的神话并不真实。人文知识分子也是凡人，并非道德和真理的化身。科学家、政治家、医生、艺术家、音乐家、画家的成就都有个人品格和真理之外的衡量标准，为什么人文知识分子（以下简称“知识分子”）就偏偏是例外呢？

这也许是因为，在文化理念上，人们对知识的完美性有所需要和迷恋。许多人自己在道德上多有瑕疵，于是把完美的道德想象投射到知识模范身上，为自己制造了“知识”等同“德性”的幻觉，而一旦幻觉毁于真相，便会因幻灭而迁怒于知识分子本身，于是“反智”便成为他们的一种报复。其实，这样的偶像幻灭和报复（揭短）也发生在英雄和伟人身上，只是没有像对知识分子那样激烈和极端。

自古以来就有知识分子为自己刻意营造一种“道德完美”的自欺欺人的幻觉，这种情况在中国文化传统中尤其明显。他们把知识分子放在“士”的传统中烘托其气节和操守，赞美其文化托命者的悲壮使命（“从道不从君”）。更有一种似乎只是在中国式“士”那里才有的特殊德行显示，那就是，专制统治对知识分子越酷虐、越羞辱、越残忍，知识分子就越是会用类似苦行僧的道德自虐的方式，“施之于自身的暴力”，来证明自己的德操和价值。这样的高洁道德形象“出自士人刻意的自我塑造，自觉的姿态设计。……凭借一系列方式（记号）而自我确认，而为人所辨识”。[①] 事实证明，现实中即使存在这样的知识分子，也是凤毛麟角，不足以成为知识分子的特征，但这样的幻觉和神话却一直被当作一种精神满足的传统一直保存了下来。

在西方知识者那里没有所谓“士人风骨”的说法，也找不到那种可怜的自我陶醉或自虐证明。然而，就对人类文明的贡献而言，有“士人风骨”的未必比没有的更大。再说，当世道骤变，政治的疾风猛烈刮起的时候，那种所谓的“风骨”根本经不起现实考验，摧朽拉枯，顷刻间烟消云散，化为乌有。能坚持的都死掉了，剩下的都是能适者生存的，“风骨”基因也就自然在进化过程中被逆向淘汰掉了。当然，也偶尔可看见在极少数人那里不绝如缕的。有人哀叹知识分子的边缘化，抱怨生不逢时，世风日下，其实不妨从知识分子自身的弱点和表现找找原因。边缘化有两种，一种是在基本完成现代观念启蒙的使命之后，另一种则是因为外力阻碍和自我保全而放弃这一使命。

谁的人性弱点越是暴露，当然也就越容易成为道德批判的靶子。英国作家尼格尔·罗杰斯（Nigel Rodgers）和迈尔·汤普森（Mel Thompson）在《行为糟糕的哲学家》（*Philosophers Behaving Badly*，2004）一书里描述了8位伟大哲学家的变态人格，卢梭在宣扬《爱弥尔》“爱的教育”同时却把自己的5个孩子都送进了孤儿所；叔本

① 赵园：《明清士大夫研究》，北京大学出版社，1999年，第10，459页。

华是个极端刻板的、终身不敢接触女人的吝啬鬼；尼采是个手淫狂并死于梅毒；罗素生性放荡，经历过四次糟糕透顶的婚姻；维特根斯坦是个极端自私的禁欲主义者；海德格尔勾引自己的女学生然后一脚踢开，为了政治仕途，背叛朋友，忘恩负义；福柯是同性恋和受虐狂，最大的爱好就是在旧金山的同性恋性乱俱乐部乱搞并最终死于艾滋病。正如作者所说，“生活的智慧并不一定能带来理智的生活”，这些大师们试图指引人类走上真理的道路，却在自己的人生中沦为欲望和诱惑的囚徒。好在这两位作者不是专注于博人眼球的花边新闻（但仍然脱不了这个嫌疑），而是另有“严肃的目的”，那就是在用弗洛伊德心理分析的方法，试图从哲学家不堪的生活中寻找他们伟大思想的源头。他们强调，探究哲学伟人糟糕的私生活，并不是要否定他们的哲学思想，而是要拿老题目做新文章：哲学家的工作是与他们作为人的经历联系在一起的，他们都是作为人的思想家。

在《行为糟糕的哲学家》之前，另一位英国作家保罗·约翰逊（Paul Johnson）也写过一本关于哲学家糟糕行为的《知识分子》（*Intellectuals*：*From Marx and Tolstoy to Sartre and Chomsky*，1988）。他以卢梭、雪莱、萨特等人为例，将知识分子私生活中最不道德、最见不得人的一面一一抖搂出来。卢梭说自己“对人类有一种无与伦比的爱，并富有超卓的天分和领悟力来增加人类的福祉”，但在实际生活中，他却是一个忘恩负义之人。他的情妇华伦夫人多次在他危难之际伸出援手，而当华伦夫人落难时，卢梭对她的求助却置之不理，听任她贫病而死。“正直”的雪莱对挚爱他的母亲大不敬，变态地诬蔑她同妹妹的未婚夫通奸。托尔斯泰鼓吹“博爱”哲学，自以为是上帝，甚至是上帝的兄长，但生活中的他经常引诱村妇，出入妓院。他对自己的私生子拒不承认，更不关心。亲兄弟将死，他却拒绝前往探视。毕生致力于“抨击邪恶”的萨特性生活糜烂，在性伴侣西蒙·德·波伏瓦的帮助下，时常勾引十六七岁的女学生和十来岁的男童。罗素 98 岁的一生中结婚四次，中间还有过无数个情人，80 岁时还和第三任妻子离婚另娶；他老态龙钟之后“仍在追逐他遇到的每一个穿裙子的人”。

约翰逊写的也不是关于知识分子丑闻的花边新闻，他也有自己的严肃目的。他站在英国政治保守主义的立场上——他是英国政治家撒切尔夫人的朋友、顾问和演讲词主笔——揭露左派知识分子的伪善和言行不一。约翰逊并不是一个反智主义者，他自己就是一位正直、诚实，杰出的知识分子，与他在书里讨论的那些伪善、乖张的变色龙是不同的。他想要告诫世人，别被知识和学问的假象迷惑了，要当心知识分子！

对知识分子作道德评判有去魅的作用，但却容易造成误导性的印象。因为并非所有的知识分子都是“照妖镜”里的道德怪物；而且，道德或人品批判很容易沦为“人品和动机论”的攻击：坏人一定干坏事，坏的动机一定没有正确的话。其实，著名的知识分子有道德缺失，但不见得比政客、专业人士或普通人更严重，之所以特别惹人瞩目，木秀于林恐怕是一个原因。然而，我们有理由相信，和其他专业人士一样，就算知识分子有个人品德或私生活的瑕疵和毛病，他们能否对社会有所思想贡献或起到启蒙的作用，也完全是另外一个问题。那些对启蒙思想传播有过重要观念贡献的知识分子，私生活的缺陷并不能抹杀其思想的光辉，也不能动摇他们在人类思想历史的特殊地位。

1. 知识分子的蜜蜂王国

知人论事和就事论事

在我们考量知识分子的启蒙作用时，要避免把他们理想化。理想化是一种“知人论事”的看问题方式，极易变成“诉诸人身”（Ad hominem）的逻辑谬误，也就是用与当前论题无关的个人特质——如人格、动机、态度、地位、阶级或处境等——作为驳斥对方或支持己方论证的理据，这是一种不相干的谬误。诉诸人身又称作“对人不对事”、“因人废言”或“因人设事”、“以人废言”。它不考虑立论者的论断内容是否真实，也不根据逻辑反驳的规则和要求，单单用对立论者的印象就否定或抨击他的论点。

人文知识分子所起的作用是启蒙知识的传播者，不是完人品德模范或人格榜样。牛顿并不是一位品格高尚的科学家，但他的个人品格与他的科学贡献是可以区分开来的。伏尔泰或卢梭的个人品德不见得不如牛顿，为什么他们的个人品格就不能与他们的启蒙贡献区分开来呢?

如果一个社会足够幸运，有一些德操高尚又献身真理的知识分子来担当启蒙者的重任，那是上天特殊的恩赐，但这不是启蒙的必要条件。即便没有这样的启蒙者，照样也能有启蒙知识的传播。启蒙者对社会最重要的贡献是观念的更新，没有观念更新，一个社会就会死水一潭、万马齐喑，成为一个僵尸社会。社会既需要有新观念，也需要对新观念可能的非善后果有足够的警惕和判断能力。启蒙的一项根本任务就是帮助人们提高这样的判断能力。

18 世纪作家伯纳德·曼德维尔（Bernard Mandeville）说过一

个蜜蜂王国的寓言故事，有一群蜜蜂生活在一个蜜蜂王国里，这个王国很繁荣，但也满是各种不道德行为。有的蜜蜂们开始抱怨起来。为什么不能让所有的蜜蜂都变得道德，成为一个道德的蜜蜂王国？上天听到了蜜蜂的抱怨，同意改变蜜蜂社会，让它们的道德愿望如愿以偿。

第二天，所有的蜜蜂都变成了百分之百诚实的蜜蜂。结果怎么样了呢？结果是灾难性的。犯罪和罪犯没有了，所有的警察都失业了，成了无业游民。所有的法官和律师也都必须另谋生路；建造监狱的工程师和工人也都没了工作。医生向病人承认，病人的毛病其实是医生治不好的。从此，病人不再来找医生。没有人再炫耀财富，所有的奢侈品不再生产。一句话，整个蜜蜂社会一下子变成非常萧条，整个垮掉了。大多数的蜜蜂离开了家园，移居国外，少数还没离去的蜜蜂只好居住到树洞里去。路过的人听见几只悲伤的蜜蜂在议论：我们以前曾经是一个伟大、强盛的蜜蜂王国的子民，真不敢相信，以前那个繁荣的蜜蜂王国竟然落得了这个地步。

这个故事的寓意清楚地写在这首长诗的第一页上，“私人的恶习能带来公共的利益”。曼德维尔的意思是，那些我们假装感到羞耻的“恶”其实可能为社会的繁荣作出贡献。每一个社会都需要有某些或某种程度的不轨行为或犯罪行为，这些行为是社会运转的润滑剂，没有它社会这部复杂的机器就不能平滑、顺畅地运转。因为人性本来就有幽暗的一面，所以不管我们愿意不愿意，承认不承认，现实就是如此不尽如人意。

这个道德寓言可以用来佐证“水至清则无鱼，人至察则无徒”的古老智慧。知识分子有影响他人的强烈欲望，当年鲁迅弃医从文，就是因为他相信文学对社会的影响远超医学。在不少人眼里，想影响他人是动机不良：野心、妒嫉、贪婪、自私、自大、狂妄。但是，就像蜜蜂王国里那样，社会的活力本来就离不开人的这类动机。我们会经常发现，那些具有完美品格但却缺乏影响力欲望的人，他们在追求荣誉时，因为爱惜羽毛、害怕别人的议论，就会犹豫、沮丧和退缩。我们也常常发现那种好出人头地、荣誉感特强的能人们，没有任何困难能吓倒他们的勇气，没有任何流言蜚语能够惊骇他们。后一种人，只要他们对正义或人性的诉求特别敏感又特别坚持，就有可能成为好的启蒙知识传播者。

在 18 世纪的思想家中，我们可以看到一些与后一种人十分相似的启蒙大师。他们是启蒙事业所需要那种特立独行、精力充沛、见识不凡、眼光独到、文采飞扬的知识分子。他们身上可能有这样或那样的性格毛病和弱点，这是因为他们有着真实而复杂的人性。一方面自我中心，目中无人；另一方面敢想敢说，无所畏惧，这才让他们能在当时的社会中脱颖而出，成为引领思想新潮的人物。

伏尔泰和卢梭就是这样的人物，尽管在他们活着的时候就有许多私德非议，但完全无碍于他们在思想界唱主角。为什么呢？因为他们具有观念创新者的素质：他们是以思想为生活的人，他们倡导的观念——理性、自由、宽容、民权——具有振聋发聩、惊醒世人的作用。

这些新观念与他们强烈的社会批评意识和行为是联系在一起的，他们是当时许多固有价值的反对者。剖析和批评他们所在的社会，反对其现有的价值，乃是批判型知识分子的任务。至于剖析或批判得对不对，那是可以争议的。鲁迅犀利无比地剖析和批判了中国人的国民劣根性，但沈从文在写于 1935 年的《中国人的病》里认为，哪里有什么国民劣根性，原本就是给无良的社会制度逼出来的。国民劣根性只是表象，如果不触及和批判导致国民劣根性的东西，再尖锐的批判也无助于改变国民劣根性。鲁迅对他笔下的阿Q、祥林嫂、润土哀其不幸，怒其不争，但却不再深入到为什么不幸和不争。钱穆在《中国历代政治得失》也认为是制度问题，“历史上没有历久不坏的制度。何况是法术，仅凭私心，临时造作，哪能长久？清代（统治）……只需要有服服帖帖的官，不许有正正大大的人。结果造成了政治上的奴性、平庸、敷衍、腐败、没精神”。

新观念的剖析和批判是有不同层次的，然而，无论是在哪个层次上，如果知识分子不对普遍的生活方式、流行的意见、固守的风俗习惯，以及其深层原因发生怀疑并且提出批评，那么，即使他读书再多，也不过是一个有腿的书柜而已，而启蒙者的社会价值是远超过这个的。这仍然是我们今天衡量一个知识分子工作社会意义和作用的基本考量。

伏尔泰的人格一直遭人诟病，他虚荣、势利、贪财、爱摆阔。他有发假誓、伪造文件的嫌疑。他爱显摆，他的餐桌旁有穿制服的仆人服侍，银餐具上都刻有家族的纹章。他日常的穿戴怪异而随意，但每逢星期天他必定会十分隆重地穿衣戴帽，带蕾丝花边的长袖口拖到指尖，因为他认为，这样会给他带来一种“高贵气质”。伏尔泰出身于上流社会家庭，家族中既有富裕的中产阶级，也不乏有权势的贵族，但他违背父亲的意愿选择了文学道路，不得不靠自己来站稳脚跟，也终身带有苦苦打拼的创伤。虽然启蒙哲人大多厌恶势利小人，蔑视奴颜婢膝，但伏尔泰却对格拉布街的雇佣文人——这可是自家兄弟——冷眼相待，还对普鲁士君主腓特烈二世情深意切。这可不是什么启蒙哲人可以炫耀的事情。伏尔泰为了入选法兰西学院而四处奔走，就连老于世故的庸人也反感他如此自贬身份。他为了与俄国皇室拉关系，特意撰写了打着历史的幌子、其实纯属溜须拍马之作的《彼得大帝》，达朗贝尔认为这本书令人作呕。

卢梭同样在生前就声名不佳。他自大高傲，落落寡合，艺术观点激烈而偏执，私生活行为惊世骇俗。他是个难以相处的怪物，不惜与朋友闹翻，包括伏尔泰、霍尔巴赫和休谟。伏尔泰等人甚至公开发表小册子，对卢梭遗弃自己亲生子女的行为进行攻击。他晚年在颠沛流离的生活中，写下《忏悔录》，反省着自己的精神世界，当然也是回击人们对他的谴责、曲解和中伤，从反面证实他确实因私德有缺遭人诟病。但他始终相信自己品行的高尚纯洁、诚实自然，至少不比攻击他的那些人低下。他的性格缺点并不能用“邪恶”或“卑鄙”去理解，是一些没有被充分约束的自然人性弱点。卢梭的自我意识是平民的，不是贵族的，更符合一个凡人，而不是超人或天才。

卢梭的与众不同不在于他从未犯下普通人的那些私德过失，而在于他能对此坦白而且忏悔。他说：“我现在要做一项既无前例、将来也不会有人仿效的艰巨工作。我要把一个人的真实面目赤裸裸地揭露在世人面前。这个人就是我。”他讲述了自己如何说谎、行骗、偷东西、调戏妇女，嫁祸于人、背弃友谊，等等。卢梭沉痛地忏悔了自己在一次偷窃之后把罪过转嫁到女佣人头上，结果使她遭受不幸对待；他还忏悔自己为了混口饭吃，竟然背叛了自己信仰的新教而皈依了天主教。从卢梭的忏悔语气和剖析深度来看，他对自己“卑鄙龌龊”的行为的认识是真诚、深刻的，坦率得令人难以想象。《忏悔录》提供给世人一个全面的、真实的人的形象，身上既有崇高、善良和美，也有卑劣、邪恶和丑，既有勇敢和坚强，又有软弱和怯懦，既有朴实纯真，又有虚假伪善。但是，在忏悔的那一刻，在说出了自己内心中曾有过的虚假和伪善时，他是朴实和纯真的。

怎么来看待伏尔泰或卢梭私德的“劣迹斑斑”呢？也许只有当他们的私德与他们公开倡导的公共价值（理性、自由、宽容、人道）发生矛盾的时候，私德才成为一个有公共意义的问题。因为这时候的私德缺陷会因为一个人的言行不一、口是心非而削弱他的公共言论说服力。否则，私德便没有多大的“知人论事”价值，只是传记里的趣闻或八卦而已。这恐怕也是对他们“知人论事”应有的尺度。

例如，伏尔泰是一位伟大的启蒙哲人，他写下无数文字，为启蒙冲锋陷阵，对中古黑暗时期和教会的压迫作尖锐的攻击。狄德罗写信向他致敬，说：“在我们心中激发出一种对说谎、无知、伪善、盲目崇拜、专制等强烈的憎恨。”如果伏尔泰在私生活里拜神算命、讨好教会或教士、骗财诈色，或给书籍审查官充当眼线监视其他作家，那么狄德罗就是看错了伏尔泰。若不然，伏尔泰的虚荣、势利、贪财和爱摆阔，则是与狄德罗致敬的那个启蒙哲人伏尔泰不相干的“缺点”。

其实，如何恰当地理解“知人论事”，避免因人废言，这也是如何全面评价批判型知识分子社会作用的问题。今天，对批判型知识分子的蔑视和攻击集中在两个方面，一个是所谓的“不专业”，这个我们在第三章第四节里讲到“受过教育的了解”（educated acquaintance）时已经讨论过了。另一个是他们的私人品德，指责他们的野心、妒忌、贪婪、自私、自大、狂妄。经常是猜度多于事实证据，即便可以坐实，也只是普通人的天性而已。那些都是你和我都有的情感或欲望。对待这类知识分子，应该就事论事地看待他们在具体问题上的具体观点和表述方式，而不是用人身攻击的方式否定他们的观点。就事论事的评判标准是独立思想、明确判断、言之有理、价值明确。只要他们的作品能够传播有益于社会的高尚价值和精神自重，表现真实的人性、出色的才智、健康的趣味，就应该得到社会的善待。

私德完美不是天才的标配

像伏尔泰和卢梭这样的杰出思想家，如何看待他们私人品德与思想贡献之间的关系，在18世纪已经成为一个启蒙思考的问题。他们的同时代人狄德罗在他的讽刺小说《拉摩的侄儿》里就对这个问题有过深入、透彻的思考。

《拉摩的侄儿》是狄德罗在1761年至1774年间写成的，那时候他已经快50岁了。他已经即将完成《百科全书》的工作，所以开始有闲暇从事私人的秘密写作。他生前并没有发表这部著作，据说是因为里面提到了好几位法国文化名人，而且说的都不是什么好话，如莫里哀、伏尔泰、孟德斯鸠，当然还有法国人非常喜爱的伟大作曲家让-菲利普·拉摩（Jean-Philippe Rameau，1683—1764）。

在狄德罗的这个对话体故事里，杰出人才的问题被当作“天才”的问题，故事主角“拉摩的侄儿”是一个渴望成为天才，而始终无法达成心愿的人，这样的渴望也使他对天才有了超越一般人的深刻认识。这就像今天那些对知识大师——萨特、罗素、海德格尔、乔姆斯基——的批判来自那些渴望成为但又无法成为真正大师的知识分子，而绝不是平民百姓。

与拉摩的侄儿对话的是一个“哲学家”，他在这位“准天才”身上看到了“才能”与“品德”之间最具戏剧性的矛盾：在他身上，才智与愚蠢，高雅与庸俗，疯狂与沉静，正确思想与错误思想，卑鄙低劣与光明磊落奇怪地融为一体。用哲学家的话来说，像他这样的人们，“因为他们的性格和别人的性格迥然不同，他们打破了我们的教育、我们的社会习俗、我们关于礼貌的惯常观念所造成的令人讨厌的常规。如果在一群人中出现了这样一个人，他会像一颗酵母一样，开始发酵，使每个人都恢复了他自然个性的一部分，他动摇着和鼓动着人们，他令人们对他表示赞许或斥责；他使真理显示出来，他使人认识谁是善良的人，他把恶棍的假面具揭穿了。这时候有知识的人才倾听他并且学会辨别人们”。①

虽然人们可以用普通人的道德标准去批评那些拒绝循规蹈矩的天才，但却无法用这样的标准真正理解天才及其贡献，因为天才经常是习俗类别的“例外”。启蒙时代是一个对经验现象进行科学分类的时代，这已经成为当时西方知识的主导方式。分类意味着依靠规则来进行理解，但天才却是规则的例外。天才自然而然成为“科学”的难题。科学对人的理解似乎注定要与天才的观念格格不入，在科学看来，人本身就不过是某种经验现象。但是，天才不是这样，天才是神秘的，代表一种看似超人的力量。天才莫名其妙地存在于特定的个体身上。然而，这又是启蒙思想所欢迎的，因为由于天才的存在，人可以更加有信心，也能更欣慰地告诉自己，人类是宇宙间独特的存在，人类不仅仅是动物，人类还可以像神一样。

如果有一个特质可以描述天才，那就是天才的“独创性”。这种独创性、与众不同和出类拔萃是天生的。像伏尔泰和卢梭这样的启蒙哲人，没有他们的独创性，也就没有他们对人类思想史的独特贡献。正因为这样的独特贡献，人们为他们创造了一种“纯粹性”的

---

① 狄德罗：《拉摩的侄儿》，江天骥译，《狄德罗哲学选集》，商务印书馆，2018 年，第 219 页。

神话。正如狄德罗在《拉摩的侄儿》中所表述的，天才是纯粹的，不能成为天才，是因为被杂质化了。只有纯正的纯种，没有纯正的杂种。杂种顾名思义就是不纯正的，杂种就是杂种。也就是说，可能有纯正的天才，但不可能有纯正的俗人、庸人，也不可能有任何种类纯真的平庸者。他们都是一些非鱼非鸟，什么都不是的杂种。拉摩的侄儿不甘心当这样的杂种，他认为，相比起一个什么都不是的平庸杂种来说，还不如做一个“伟大的王八蛋”。

在许多普通人眼里，伏尔泰或卢梭正可以说是“伟大的王八蛋”。人类世界和历史为什么需要这些“伟大的王八蛋”呢？

《拉摩的侄儿》里的那个哲学家给出了一种回答：优秀的天才作品最终可以救赎这些不完美的天才，“很快或以后会竖立雕像，以纪念他们成为人类的恩人”。天才对他们自己周围的人没有好处，甚至是个麻烦，但这并不等于他们对社会无益。人们是因为得益于天才的社会贡献，而不是因为周围熟人喜欢他们，才肯定天才的。哲学家说：“没有大智而不带着一点狂的，可是他们却不能不令人惊异叹服。我们将要视那些没有任何天才产生的时代为平庸的时代。天才将是和他们在一块生活的那些民族的光荣。迟早人们会给他们建立纪念像，把他们看作造福人类的救星。”[①] 这番话也让我们想起了像乔布斯这样的天才，他是个让周围人都头疼的怪人。哲学家的意思很清楚，那就是，任何一个时代都需要天才，没有天才，社会就没有原创力，就会丧失进步的活力。所以，我们应该容忍天才的“狂”和“怪”，因为没有这样的“狂”和“怪”，他们就会和你我一样平庸，成不了对人类思想观念更新有贡献的人物。

① 狄德罗：《拉摩的侄儿》，第223页。

2. 怪癖、个性和风格

著名的美国文化社会学家阿尔伯特·萨洛蒙（Albert Salomon）在《进步的暴政》（*The Tyranny of Progress*，1955）一书里称 18 世纪的一些启蒙哲人为人类有史以来的首批“弥赛亚式的波希米亚人”，而 20 世纪由启蒙者转变而成的职业“革命家们”便是他们的激进传人，但这是一种人格类型的传承，未必就是思想观念的传承。

18 世纪的启蒙哲人大多数是凭自己的聪明才智获成功的“文化人”。他们学会与心怀敌意的人（如思想和作品审查者）巧妙周璇，与部分利益一致者（如出版商）结为朋友。他们之间形成了一个志趣相投、惺惺相惜的“文人共和国”，创造了一种适合他们知识追求和交友需要的生活方式。这样知识分子本身就是一个新型社会群体，一个文化圈子。在外人看来，他们是挺“古怪”的一群人。他们的活动中心不是宫廷，也不是教堂，而是咖啡馆——咖啡馆也可以成为其他类似地方的比喻说法，如沙龙。

孟德斯鸠发现了咖啡馆的一个特殊社会功能——咖啡馆是无家可归的知识分子的家。咖啡馆和酒馆不同，虽同为聚会之地，但并不同样利于交谈。人们在酒馆里喝得醉醺醺的，头脑变得不清晰，说话口齿不清，胡说八道。酒馆里虽可群聚，但不利于交谈。咖啡馆则不同，人们在那里聚会，越喝越兴奋，越清醒，文思滔滔，口若悬河。这才是高谈阔论的最佳状态。

孟德斯鸠写道，“咖啡馆在巴黎颇受青睐。这里有许多咖啡馆，有的供人相聚闲聊，有的供人下棋。有这么一间咖啡馆，喝了它调制的咖啡能让人说话更风趣：至少，每个人都认为，他出去时要比进来时风趣四倍。”狄德罗的《拉摩的侄儿》就是在咖啡馆里闲聊出来的风趣产品。

咖啡馆文化是文化人同道们之间的一种交往方式，孟德斯鸠接着说：“不过，这些天才身上最让我惊讶的是，对他们的国家而言，他们简直百无一用，他们以幼稚的行为消磨自己的才智。比方说，我到巴黎后发现，他们所热衷的，都是关于最琐碎事情的争论。话题不外乎古希腊某位诗人的出生地和死亡时间，而这些已不为人知达 2000 年之久。”[①] 孟德斯鸠讽刺咖啡馆是一个不食人间烟火的空谈之地，这未必全然确实，却显示了一种当时文人的生活方式。

萨洛蒙说：“从理想型的角度看，咖啡馆的知识分子是波希米亚人——这一独特标签是指那些不屈从于公认的社会和职业准则的文人。最重要的是，他们对自己的收入来源满不在乎。不管是不是结了婚，他们都可能放弃种种责任，而且，他们不喜欢走文学和学术事业的正常通道。”[②] 一句话，他们是一种另类的，把思想看得比挣钱重要的，生活在主流社会或体制边缘的局外文化人。今天，自由艺术家、自由写作者、独立电影制片人、拒绝服从大学体制业绩考核的教师或教授，都可以说是这样的局外人。他们是最具思想和文化独立意识和批判性的文化人，被那些体制内的文化人士蔑视和排斥。他们经常是启蒙知识最热心的传播者，也是启蒙观念的身体力行者。

不合常情常理的边缘人

18 世纪的启蒙知识分子许多都具有社会边缘人的特征，萨洛蒙

---

① 阿尔伯特·萨洛蒙：《弥赛亚式的波希米亚人》，见费迪南·布伦蒂埃等：《批判知识分子的批判》，王增进译，中国社会科学出版社，2007 年，第 34 页。

② 萨洛蒙：《弥赛亚式的波希米亚人》，第 35 页。

正是在这个意义上称他们为“波希米亚人”的。这样的知识分子本来就与社会中普通人不同，是不能用常情常理去理解的。在许多人眼里，他们“不安分”，喜欢“多事”，甚至是“吃饱了撑的”。他们的志向、抱负、特长和行为都不是一般人的标准可以衡量的，所以并不是普通人喜欢的一类人。有人说，社会需要少数人来提高上限，多数人来提高下限。18 世纪的启蒙者不是圣贤之人，而是热心人，他们想的似乎不是从他们自己身上来提高社会上限，至少不是道德上限，他们反倒是更热心于帮助社会中其他人来减少愚昧和无知，让他们变得不那么愚昧和无知。降低了愚昧和无知，社会的下限也就自然提高了。直到今天，启蒙的知识分子恐怕还是这样并非圣贤的热心人。

波希米亚人生活境况缺乏归属和稳定感，漂移不定，始终只是局外人，这决定了他们作为社会人的边缘性。像波希米亚人那样的知识分子，他们的生活境况具有正负两种功能：正功能是为建构真正的道德准则，他们选择与社会保持距离；负功能是由于是异类，他们又显得对社会不负责任。“波希米亚人”成为启蒙知识分子在社会里“不受待见者”“多管闲事者”尴尬身份的一个象征。启蒙经常是一件两头不讨好的事情，对于既得利益的上层来说，动他们的利益等于动他们的性命，而启蒙一定会动到他们的利益。对于很多底层的人来说，改变他们的观念，就等于辱骂他们的祖宗。世世代代的底层观念正是牢固的上层利益的基础。试图说透这一切的人，就成了上述双方共同的敌人。

狄德罗可以说是 18 世纪启蒙哲人中的波希米亚人代表。在与教会和政治势力不断发生激烈冲突 20 年之后，他才完成了一部总结科学知识的伟大著作《百科全书》。他那看起来矛盾，难以理解的生活方式是他致力于启蒙的结果，而不是原因。为了做一名自由道德家和思想家，他舍弃了神学和法律方面的工作。作为一名独立的作家，他一度生活在为生存而不断的挣扎中，借过食品杂货商的钱，同修道士玩荒唐的把戏，谎称要加入他们的行列以便获得资助。他为那些懒惰和无能的牧师撰写布道词，靠讲授自己并不熟悉的科目维持生计。他在巴黎的生活是在法兰西喜剧院前面的普罗克普咖啡馆（Cafe Procope）中的演员们中间度过的，在勒让咖啡馆（Café Regence）的牌手们中间厮混。在皇宫广场，他身边尽是记者、制造并传播谣言的无聊知识分子以及无所事事、调侃一切的知识分子小丑。他的“波希米亚”的堡垒是塞纳河畔的书报亭，与他为伍的是一伙伙吊儿郎当、愤世嫉俗的各色写手和作家。

狄德罗的生活方式并未妨碍他的启蒙工作。他的精神专注让人不得不佩服。甚至，他的生活条件还帮了他的忙。不管是不幸的婚姻，还是广泛的交际，都未能中断他的工作习惯。看来，对于像他这样的知识分子而言，只有波希米亚式的边缘人方式方能成就其事业。

卢梭是另一位“波希米亚人”式的启蒙哲人，他可以说是一个彻底的自由边缘人，他虽然并不完全属于哪个启蒙运动的阵营，但却是属于启蒙运动的。他先后与许多启蒙哲人反目成仇。他一度与狄德罗十分亲密，他崇拜过伏尔泰，他投靠过休谟，到头来全都以恩断义绝和公开指责告终。卢梭的写作也有鲜明的波希米亚风格。今天，波希米亚风格是指一种与嬉皮时尚息息相关的浪漫风尚，它在 19 世纪开始成为一种反文化。但是，当反文化成为一种时尚时，它自己就成了一种文化风尚。18 世纪的卢梭也是这样，他开始是一个异类，对赞同或反对传统的人们，他都保持一种骄傲的距离，他的文风自由、潇洒、就像偏好宽松、随意、悠闲、浑然天成的波希米亚艺术风格一样，拒绝任何约束。而正是卢梭式的独特文风，在他那个时代备受推崇，即使是卢梭的批评者也受他影响。

当然，也不是所有的人都欣赏卢梭的文风，休谟就表示，卢梭的作品轻言肆口，其特点是措辞激烈、带有一种近乎强迫性的自发性，致命地醉心于简洁优雅，虽然卢梭拼命想表达得清晰明了，但结果却掩盖了文章的本质内涵。卢梭的文字流畅、活泼，但未必都经得起仔细推敲，而他的每一次澄清都招致了新的误解。他留下来太多的矛盾，即便不是他的敌人，也难以为他圆场。卢梭是个剧作家却又猛烈攻击戏剧，是个道德家却又抛弃子女，是个宗教哲学家却又因可疑的理由两度改变信仰，是个自由意志论者却又念念不忘强制，是个自然神论者却又指责其他自然神论者不信教，是个友谊的颂扬者却又与每一个人都反目成仇。

启蒙作家的边缘人生活方式让普通人感觉到古怪，然而，边缘人的写作风格却能让人们觉得耳目一新，与读者习惯了的文风绝然不同。自由写作人王小波的写作就有这样的特点，他的随笔因此能在不知不觉之中对普通人产生了巨大的启蒙效应。可以说，王小波就是我们这个时代的一位波希米亚人作家，他是一个边缘人，拒绝依附任何体制，在许多人眼里显得太特立独行，行为古怪，被赞为“文坛外高手”、“浪漫骑士”、“行吟诗人”，却无人真的愿意仿效。最能显现王小波写作特征的正是那种波希米亚风格的自由自在、独来独往、自然浑成。在一个思想刻板、语言僵化、行为一律、千人一面的社会里，这样的人格和写作风范本身也就有了开智和启蒙的作用。

王小波在文章里所说所议之事都是普通读者所熟悉，但又没有好好思考过的，而他的自由、风趣、随意的表达方式又与人们习以为常的那种僵化、暴戾、粗鲁、仇恨、激烈的语言格格不入，形成了鲜明的对比。正如于仲达在《自由人文主义者的精神特征：读王小波》一文中所说，王小波让我们看到："启蒙是多么重要，尤其是温和的启蒙。当下确实需要王小波，这个民族一直在欺和瞒，几千年了，到现在，还是在培养奴才，培养机器，培养人格分裂。我们缺乏那个揭穿皇帝的新装的孩子，最多就是做'沉默的大多数'，王小波出来了，说实话，而且用有趣的话说。王小波是故意的，他有一种颠覆的快感，还有一个启蒙的使命感！"① 虽然王小波有一种颠覆的冲动和快感，但他永远是在说理，而不是寻衅争吵，这也是我们可以从他的启蒙中学到的东西。

好争吵和说道理

好辩论，好争吵是许多启蒙知识分子的共同特征，中西皆然。鲁迅就是一个典型的例子。他与郭沫若交恶，与林语堂反目，与其兄弟周作人终身绝交。他性格过于刚烈，对别人的批评十分敏感、耿耿于怀，常常为了一些琐碎的事情而小题大做。后期的鲁迅，更是个性变得十分怪僻。但鲁迅在近代思想史上的位置并未因此而撼动，他对国民劣根性的批评至今仍然具有思想启蒙的意义。新文化时期的启蒙人士中爱骂人的当然不止是鲁迅一人。当时启蒙话语的主要文体是"杂文"，而"骂"则成为不少五四杂文的一个共同特色，也成为其他启蒙者批评的对象。

《新青年》杂志以其"杂文"著称，且被称为后来杂文的先导。

---

① https：//www. zgnfys. com/a/nfwx-30816. shtml.

散文史学家俞元桂说："《新青年》创办初期，陈独秀、李大钊等人的一些议论文，思想新颖，激情充沛，又写得生动活泼，平易畅达，可说是白话散文的一种最初形式。该刊从 1918 年 4 月号起开辟'随感录'专栏，专登短小泼辣的议论文字。这些具有文学意味的杂感短评便是后来统称为'杂文'一类作品的先导。"但是，《新青年》却是以"骂"为人诟病。更令人骇然的是，《新青年》不仅骂人，而且还坚持骂人有理。对此，当时的人就有所批评。宋声泉《文学革命时期的'林纾败北'问题新探》一文中有一节就是专门谈《新青年》骂人的。不妨从宋文中取几个例子。

1919 年 2 月，胡适致信钱玄同说："适意吾辈不当乱骂人，乱骂人实在无益于事。……若他真不可救，我也只好听他，也决不痛骂他的。"钱玄同回信称："老兄的思想，我原是很佩服的，然而我却有一点不以为然之处：即对于千年积腐的旧社会，未必太同他周旋了。平日对外的议论，很该旗帜鲜明，不必和那些腐臭的人去周旋。老兄可知道外面骂胡适之的人很多吗？你无论如何敷衍他们，他们还是很骂你，又何必低首下心，去受他们的气呢？"胡适主张，即使意见对立，骂也不是公共说理的正当方式，钱玄同则认为，说话太平和、理性，便是"旗帜不鲜明"，太迁就"那些腐臭的人"。"好人骂坏人，应该！"这种对人不对事的态度，与"文革"斗争哲学的"好人打坏人，活该！"是同样的斗争逻辑。如张耀杰在《北大教授：政学两界的人和事》中所说，"由《新青年》杂志开启的新文化运动路线图由胡适而陈独秀而钱玄同、刘半农、周作人，就是从'平等讨论'到'不容匡正'到'骂人有理'"。

同样是在 1919 年 2 月，蓝志先致信胡适时，再次谈及《新青年》的"骂人"问题："讲到《新青年》的缺点，有许多人说是骂人太过，吾却不是如此说。在中国这样混浊社会中讲革新，动笔就会骂人，如何可以免得。不过这里头也须有个分别，辩驳人家的议论说几句感情话，原也常有的事，但是专找些轻佻刻薄的话来攻击个人，这是中国自来文人的恶习，主张革新思想的，如何自己反革不了这恶习惯呢？像《新青年》通信栏中常有这种笔墨，令人看了生厌。本来通信一门是将彼此辩论的理由给一般人看的，并不是专与某甲某乙对骂用的，就便骂得很对，将某甲某乙骂一个狗血喷头，与思想界有什么好处呢？难道骂了他一顿，以后这人就不会有这样的主张了么？却反令旁观者生厌，减少议论的价值。吾敢说《新青年》如果没有这几篇刻薄骂人的文章，鼓吹的效果，总要比今天大一倍。”这也就是梁启超说的，骂人“无益于事实，徒暴露虚骄的弱点，失天下人的同情”。

蓝志先说，彼此辩论的理由是给“一般人”看的，不是辩论双方用来相互顶嘴或打口水仗的。这指明了公共说理的一个重要特征：辩论是一种公共议论性质的说理，意在影响“第三者”，即普通公众。但是，他对“骂”的社会不良影响显然估计不足，他说，“在中国这样混浊社会中讲革新，动笔就会骂人，如何可以免得”，其实，骂本身就是一种混浊的语言，混浊的语言存在于混浊社会之中，帮助混浊社会的延续与再生，甚至使它越来越混浊。因此，社会越是混浊，就越需要清晰、平和、理性的不混浊说话方式来为其做出改良的示范和进步的目标。只有这样的说话方式才能促使人的内心和社会发生良性变化。

对“骂”的批评应该成为我们今天一项紧迫而重要的公共启蒙。同样的话，在说的人自以为是批评，而在听的人和受批评的人耳了却可能成为“骂”。骂是一种很难绝对定义的话语行为，启蒙话语里的嘲讽、玩笑、幽默、挖苦都可能被理解为不怀好意，甚至是恶毒阴险的骂。虽然启蒙话语不能完全避免这样的“修辞之骂”，但却可以也应该避免“破口大骂”，像鲁迅和林语堂对骂“畜生”就是破口大骂。启蒙可以是文明话语的说服，也可以是语气激烈的批评或者责备，但决不可污言秽语，破口大骂。

“破口大骂”与批评和责备不同，它的目的不是让人明白道理，而是蓄意侵犯和伤害别人，是谩骂中的“一级谋杀”。“破口大骂”专挑那些最粗鲁、最下流、最肮脏的字眼。善于破口大骂的人都不仅“能说会道”，而且必定对最有伤害力的语言颇有心得。这种语言包括非人化（把人叫作动物）、侮辱家人（尤其是母亲）、将人极度肮脏化和矮化（“烂货”、“傻 B”）等等。

与心理学研究伤害一样，对语言伤害的认识也可以派作两种截然不同的用处。心理学的知识既可以用于避免，也可以用于加剧伤害（如设计出各种特别能折磨人的酷刑）。同样，知道什么语言最有杀伤力，既可以用来避免，也可以用来加强语言伤害。“破口大骂”与“滥施酷刑”一样，是一种有目的的，具有虐待倾向的暴力和伤害。

在当前的网络语言中有许多的“骂”，背后有不同的个人或社会原因，有的是因为对现实生活中的不公和腐败感到不满和愤怒，但又无可奈何，无能为力，骂成为他们疏通恶劣情绪的管道；有的是从骂中得到一种自由和解放的感觉；有的是因为觉得骂很“爽”，很“酷”；有的是因为骂已经成了习惯。网骂中还有一些是很不堪的污词秽语，纯粹是有目的的侮辱和伤害。期待一个没有骂的和谐世界是不现实的，但是，守住骂的文明尺度，不让骂变成破口大骂，却是完全办得到的。

3. 知识分子的讲理和说理

讲理和说理的区别

讲理和说理之异同是今天启蒙要传播的一项重要知识。这项启蒙甚至还有相对于古人待人之礼的“文艺复兴”的意义，因为古人比我们今天许多人更重视道德行为意义上的“讲理”，古人把讲理当作一件与廉耻心，而不只是与说理技能有关的事情。讲理是做人的道德标准，只有讲理的人才可能真正学会说理的技能。今天的启蒙要在古人讲理讲廉耻的基础上，传播说理技能的知识，并把说理提升为一种现代公共生活的原则，让说理启蒙既成为一种人文教育，也成为一种公民教育。

讲理和说理是不同的，“讲理”是指一个人的品质和素养：“他是一个讲理的人”，是说他理性、讲道理、通情达理、愿意考虑不同的意见。“说理”是指一个人陈述自己看法和说服他人的能力：“他是一个很会说理的人”，是说他言谈有逻辑、有条理、言之有据、思虑周密。知识分子受过教育，应该是有教养，懂道理的人，应该是讲理的，也应该会说理。

讲理的人不一定都善于说理，不善于或不会说理是因为缺乏如何说理的知识。而不讲理的人就算有说理的知识，也不会好好说理。说理只是一种技艺，技艺不能决定它自身的用途或目的，有的人掌握了说理的技艺，但却用它来说歪理，说理也就成为巧舌如簧的善辩或诡辩。没有文化的人不讲理就骂娘、骂大街；有文化的人，尤其是知识分子不讲理不是这样，他们会耍诡辩和狡辩的伎俩。

不少人认为，当今中国社会中说理缺失，网络上谩骂成风，就连许多知识分子也不会好好说理，而这是因为中国传统文化缺少逻辑和说理的传统。这样的理解是片面的，也是不真实的。中国古人虽然不一定充分了解说理的话语结构和规则，但却是从来都主张人必须讲理，他们把讲理当作是一个正派做人的道德教诲。不讲理之害的本质不在于不善说理，不是知识的不足，而是道德的缺失。

中国古人把一个人的言辞与他的道德、教养和人品联系在一起，因此，言论谈吐不只是说话的方式，而且也是做人的方式。老子不主张人多说话，与他主张“无为”的做人方式是一致的。他和后来的禅宗一样，主张实行身教。他说：“不言之教，无为之益，天下稀及之。”可惜的是这种不言之教，天下的人很少能够做得到。他又说：“知者不言，言者不知。”如果真的有智慧，那就干脆别说话，既然这么主张“沉默是金”，根本不愿多言，又怎么会对“美言”有好感呢？老子对美言的看法是这样的：“信言不美，美言不信。善言不辩，辩言不善”。在老子看来，美言都是虚伪的，不可相信的，他痛疾虚伪，所以反对“美言”。摒弃美言与诚实做人是一致的。

孔子说：“巧言令色，鲜矣仁!”（《论语·八佾》）又说：“仁者，其言也讱”。（《论语·颜渊》）他以为言语迟钝的人才是仁者。孔子不像老子那样主张“知者不言，言者不知”，他本人就是一位“知者”，而且话还挺多，所以他更关心的是“怎么说话”，而不是“要不要说话”。他主张，说话不要过分文饰，通情达理就好。所以他说：“辞达而已矣。”（《论语·卫灵公》）在通情达理的前提下，孔子认为说话还需要讲究技巧，不然就会缺乏说服他人的效果，这就是为什么他说：“质胜文则野，文胜质则史。文质彬彬，然后君子。”（《论语·雍也》）太会说话就会浮夸，而不会说话或粗野无文当然也就无法发挥语言的说服功能。

其实，就算沉默寡言的老子也是需要说话的，不然也就没有他的《道德经》了。而且，他说话还挺有技巧，算得上是“美言”。所以梁朝的刘勰在《文心雕龙·情采》篇里说：“老子疾伪，故称美言不信；而五千精妙，则非弃美矣。”这是实在的话。老子说，“信言不美，美言不信。善言不辩，辩言不善”，这便是在运用排比的修辞法：他甚至也运用了对偶，可以说是开六朝骈体美文之先河。

庄子的学说，通常被认为“其要本归于老子之言”。所以他在言语克制的问题是与老子看法相似。在《逍遥游》篇中，他曾经借古代的怀道者肩吾批评楚国隐士接舆说话的技巧说：“吾闻言于接舆，大而无当，往而不反。吾惊怖其言，犹河汉而无极也；大有径庭，不近人情焉。”他反对大而无当、滔滔不绝的说话方式，主要是反对夸夸其谈。在辩论的时候，一个人滔滔不绝地说话，不让对方有开口的机会，哪怕自己完全没有道理，也能在气势上压倒对方，让他显得哑口无言。

中国古人有很强的“言说”意识，但缺乏“辩论”意识，但也不是完全没有。魏晋南北朝魏徐幹（170—217 年）在《核辩》中说，“俗士之所谓辩者，非辩也。非而谓之者，盖闻辩之名，而不知之实，故目之妄也。俗之所谓辩者，利口者也。彼利口者，美其声气，繁其辞令，如疾风之至，如暴雨之集，不论是非之性，不识曲直之理，期于不穷，务于必胜；以故浅识而好奇者，见其如此也，固以为辩，不知木讷而达道者，虽口屈而心不服也。”也就是说，有的人口若悬河、滔滔不绝、花言巧语，不过是伶牙俐齿而已，并不是真正的论辩。但这样却能打动浅薄和好奇的听众，而“达道者”（明白道理的人），虽然说不过他，但心里还是不服的。

这番 1800 年前说的话放到我们今天这个互联网时代也还是非常

适用，网络上的“利口者”已经不是一个两个，而是一群一群的。这更造成和强化了“谁利口谁有理”的假象。而且，互联网上的利口有“回音室”的效应，也就是网上意气相投者聚在一起，同声相求，相互反馈，不断互激，以嗓门大来压倒对方。这样压倒对方其实是一种语言暴力，它让人心生害怕和厌恶，与讲理的“说服”效果是背道而驰的。

徐干《核辩》里说，说服贵在让人口服心服，不然就不是说服（辩），而是在强词夺理（“屈人之言”）地压制（“陵盖”）他人，“夫辩者求服人心也，非屈人口也。故之为言别也，为其善分别事类而明处之也，非谓言辞切给而以陵盖人也”。他认为，辩说的是非，应该根据道理的曲直，而不应该见定于口的巧拙，理直者虽木讷仍是对的，理屈者虽巧言仍是错的。他说：“故君子之于道也，在彼犹在己也；苟得其中，则我心悦焉，何择于彼？苟失其中，则我心不悦焉，何取于此？故其论也，遇人之是则止矣；遇人之是而犹不止，苟言苟辩，则小人也。”真正的道理不管在谁那里，都是正确的，明白了正确的就应该高兴，知道了错误的就不要喜欢它，别人说得对就到此为止，硬不服气，故意怄气，故意抬杠，那就是小人了。

知识分子未必是说理的表率

当下，人们很关心在交谈或辩论中的“杠精”现象，“杠精”与“抬杠”有关，抬杠的原意是普通人情绪性的争辩、顶牛和跟人拧劲，性情执拗的人容易跟人抬杠，甚至没事找茬、无理取闹。相比之下，杠精与性情没有什么关系，杠精的抬杠经常是工作需要，是完成上面交代的任务。即使在个人争论中，杠精也很少是情绪性地耍脾气，而是沉着、机智地耍赖和狡辩。

知识分子比普通人更善于抬杠，不是普通人那种情绪性的，非理性的抬杠，而是读书人才擅长的“理性抬杠”，看上去是在“说理”，其实经不起逻辑可靠性和说理规则的检验。知识分子抬杠有两个不同的类型：第一种是游戏型的斗嘴或斗智；第二种是不肯认错的争辩和顶牛。第二种抬杠开始时可能自知有错，自觉理亏，但死要面子不认账。结果便厚着脸皮强词夺理。而且，开始是自卫性的抬杠会最后会转变为进攻性的诡辩，成为具有公害危险的杠精。抬杠并不是杠精的全部，而只是杠精歪门邪道中的一种，与欺骗、哄瞒、误导一起为杠精所使用。

第一种斗智抬杠具有游戏和玩笑的性质。夫妻、朋友、熟人之间也经常会用这样的抬杠来调侃，打趣，不仅不伤感情，还能增进彼此热络的关系。这样的“抬杠”与是不是“犯蠢”或“小人”没有关系。社会人类学家约翰·赫伊津哈在《游戏的人》一书里指出，游戏的优劣自有其独立的标准，“游戏超出了智慧与愚蠢的对立，同样超出了真与假、善与恶。……它没有道德功能，优缺点的评估在此也不适用”。抬杠经常是两个爱人之间表示亲热的一种调情和撒娇，用赫伊津哈的话来说，就是“走出‘真实’生活而进入一个暂时别具一格的活动领域。每个小孩都明白地知道他‘只是在假装’，或者说‘只是玩玩’”。[①]

哲学家喜爱这样的游戏，《庄子与惠子游于濠梁之上》里就有一个例子。庄子与惠子游于濠梁之上，庄子曰：“鯈鱼出游从容，是鱼之乐也。”惠子曰：“子非鱼，安知鱼之乐？”庄子曰：“子非我，安知我不知鱼之乐？”惠子曰：“我非子，固不知子矣；子固非鱼也，

---

① 约翰·赫伊津哈：《游戏的人》，第 9 页。

子之不知鱼之乐全矣!”庄子曰:“请循其本。子曰‘汝安知鱼乐’云者，既已知吾知之而问我，我知之濠上也。”这也许就是一个语言和概念的游戏。

当然，人们可以把这看成是一场严肃的哲学辩论，但正如赫伊津哈所说，哲学辩论本身就是一种“斗智”的游戏。在哲学家身上体现出古代智者游戏的两大要素:“引人注目的夸饰作风和强烈的论战欲望”。希腊有一种被称为“智者”(sophists)的人，他们传授辩论的技艺，不管是正方还是反方，都能在辩论中胜出。苏格拉底的同时代人希庇阿斯被称为“无所不知的希庇阿斯(Hippias Polyhistor)。”他经常在奥林匹亚山上以一个全面天才的身份出现，声称随时可以对任何主题进行辩论——他已经准备好了!随时可以回答任何问题，且从未遇到过敌手。庄子也是一个有夸饰作风和强烈论战欲望的人，和希庇阿斯一样，也有一股“无所不知”，随时准备对任何主题进行辩论的气概。所以才说他是在和惠子玩斗智的游戏。哲学家的一些著名的“思辨”也都是这样的智力游戏，如古希腊哲学家赫拉克利特说的“人不能两次踏进同一条河流”，东周战国时期公孙龙的“白马非马”说。

第二种抬杠是厚脸皮的诡诈和狡黠的行为，是一种功利性的诡辩。有的只是自知理亏，但因为死要面子，不肯认错。死要面子是知识分子的通病。对他们防守型的杠精不必太当真，人家要面子，不妨就给他留一点面子。防守型的杠精一般心里是明白是非的，知道自己错了，只是面子挂不住，等事情过了，情绪调整过来，你再跟他说理不迟。到那个时候，他或许就能明白事理，不再坚持自己的错误。如果我们能够谅解这种要面子的心理，也就不要得理不让人，把对方当作“蠢人”或“小人”。说理本来就应该是一件有情有理之事，是为了说清问题，不是为了羞辱或贬低对方。

许多人误认为，不讲理的问题完全出在不懂逻辑或逻辑错误上，我们固然可以在不讲理的话语中找到“转移话题”“乞求问题”“循环论证”“草人靶子”这一类的逻辑谬误，但关键并不在于此。关键是，不管你如何向不说理或说歪理的人解释他的逻辑错误，他就是“不吃这一套”，因为他的目的本来就不是要逻辑、理性地说理，而是故意要用逻辑谬误来作为胡搅蛮缠、攻击他人的武器。进攻性的“不吃这一套”既不同于一般说理的逻辑谬误，也不同于谎话的不实之辞。

这样的不讲理就已经不是个人道德行为问题，而是社会公害的问题了。18 世纪启蒙思想家休谟在《人性论》一书里指出，人的行为与社会道德观有关，而道德观是社会习俗和习惯的产物。休谟是一个道德现实主义者，他指出，一个人有道德行为，未必是因为他是一个道德高尚的人，而是因为他有荣誉心和羞耻心。因为有荣誉心，所以他做一件事情，总会考虑到别人会如何看待自己。在一个正常的社会里，不讲理是一件没有教养、品格低下，丢人的事情，要是谁胡搅蛮缠、蛮不讲理，一定会遭他人鄙视。既然如此，就算这样做对自己有好处，谁都会因为要体面，不愿被他人看不起，所以会避免不讲理。相反，如果在一个社会里，不讲理不但不被人看不起，而且还被当作是一种能耐，那么，讲理和说理的启蒙也就变得举步维艰。

在这种情况下，知识分子在公共言论中的理性说理也就有一种特别重要的示范作用，这不仅是一种言语的示范，而且也是一种荣誉和耻辱行为的示范。中国古代虽然不如希腊、罗马有一套完整的修辞和演说理论，但并不缺乏荣誉和耻辱的观念。中国古代的言行观念始终与做人的道德品行（君子和小人的区别）联系在一起。荣辱观固然可以引导人们的言语行为，但言语行为规则也可以培养正确的荣辱观。因此，从言语规范来进行的公共说理教育也就可以成为一种社会伦理和道德的启蒙教育。

说理是需要学习、自我训练和付诸行动的。有知识并不会使人自动变得会说理，教授之间谩骂竟然能用“屁眼教授”这样的脏话（后来公开道歉了），还有“说不”类书籍里那种颐指气使、强梁跋扈、不讲逻辑和证据的强词夺理。理查德·桑内特（Richard Sennett）在《公共人的衰落》（*The Fall of Public Man*）分析了著名法国作家左拉的《我控诉》一文（原是一封给总统的公开信），指出了这位世界级作家的说理不当问题。其中的一个问题也是我们当下公共说理中常见的，就是我在本章开始时述及的“人品或动机论指责”。

左拉在此信中控诉了法国政府的反犹太主义，以及对法国陆军军官阿尔弗雷德·德雷福斯（Alfred Dreyfus）的非法拘禁。德雷福斯本人在此前就被认定间谍，并判处终身监禁。左拉在信中直言本案的不公，并控诉对德雷福斯的判决缺乏切实证据。此信在法国国内外引起极大反响，左拉本人因为此信被控诽谤。法院在1898年2月23日判其有罪，而为逃离监禁，左拉逃到英国，直至1899年6月才返回法国。左拉因为这一义举而被赞誉为知识分子的良心。

然而，他在信里的说理是否得当却是另外一个问题，桑内特指出，左拉指责帕蒂·克莱姆（Major du Paty de Clam，调查负责人，逮捕德雷弗斯的军方代表）是第一个陷害德雷弗斯的人，“但左拉并没有寻求法律的或者事实的证据”，而是主观断定“这次事件的对与错将可以从帕蒂·克莱姆的人格中看出来”。左拉这是在利用文字修辞而非理性说理的影响力，“如果他能够让读者觉得帕蒂·克莱姆是一个恶心的人，那么帕蒂·克莱姆肯定构陷了德雷弗斯。因此，……左拉立即妙笔生花地对他的为人进行了一番描述，把他描绘成一个阴谋家，一个爱看传奇小说的人，一个热衷于阴谋诡计和在深夜幽会神秘女的人（第 6 段）。而帕蒂·克莱姆之所以能够成功地陷害德雷弗斯，既不是由于制度需要替罪羊，也不是由于军队的领导层需要为自己正名，而是因为帕蒂·克莱姆拥有一种催眠其他人的能力，‘因为他认为他自己拥有通灵术和招魂术，能够和魂灵对话（第 7 段）’”①。

左拉把这个案件描绘成了英雄与魔鬼对决的个人道德戏剧，这很符合普通民众看待公共问题的心理方式。左拉还用煽情的语言来攻击那些迟迟不肯在这个事件上表态的军官：“这些人怎么能够睡得着呢？他们也有心爱的妻子和儿女啊！”（第 15 段）这也是能在情绪上打动普通公众的修辞手法。今天我们知道，公共说理要诉诸理性、逻辑和事实证据，不应该迁就普通人的心理习惯和动情方式。我们还知道，在公共说理中应该避免煽情和夸张——知识分子在这方面可是一把好手——否则说理就会变成一场眼泪和怒火的比赛，因而失去了理性分析和认识真正制度性弊端和原因的意义。

君子之道和公民美德

今天，讲理和说理已经不只是古人所说的君子之道，而且更是

---

① 理查德·桑内特：《公共人的衰落》，李继宏译，上海译文出版社，2007 年，第 316—317 页。

一种公民美德：自由、诚实、说真话、有逻辑理性、自己有尊严也尊重他人。讲理和说理的启蒙教育不只是消极地为了减少不讲理和不善说理，而且更是积极地为了提高整体国民的素质，让人们能更加热爱真实、更加理智、善于思考、敏于判断、更能明白是非和善恶。说理教育已经成为现代人批判性思维的一个重要部分，不仅是一种思维技能，而且也彰显人类好社会理想所必不可少的人文价值和原则。虽说这是一种现代启蒙，但也是踏着古人的足迹走过来的。

在启蒙的知识传播中，必然会有先行者和示范者，先行者对社会有正确示范的责任和义务，这应该是不言而明的。但是，就是这样显而易见的道理也会因为知识分子自己的不安和顾虑变得模糊不清。在他们的种种顾虑中，最难以克服的似乎就是害怕自己因为启蒙而显得对普通人“居高临下”了。这种害怕已经使得一些知识分子得了一种对“知识不平等”的恐惧症。这是一种病态的，因焦虑而失去行动能力的“偏执型恐惧”（paranoia），当然，表现的严重程度因人而异，并不相同。

自欺欺人地假装知识平等，这个毛病在中国知识分子中流行已久，从 1950 年代开始的知识分子思想改造一直就在灌输知识分子不能高高在上、不能居高临下的“正确”思想和态度，文革中批判臭老九和五七干校教育他们，更是把警惕“高高在上”和“脱离群众”变成了知识分子头上的紧箍咒，让他们落下了惊惶不安、惊弓之鸟的偏执型“恐高病”。

其实，他们害怕的知识高低论不过是一种用来对知识分子进行洗脑的“具身认知”（embodied cognition）。人类有一种用身体来转化抽象概念的本能，人是直立的动物，把好的、优秀的东西想象为处于上方，反之则处于下方，天堂在头上，地狱在脚底下。其实，稍微动动脑筋就不难对这样的具身认知提出质疑，有特别专长或知识的就一定意味着高高在上吗？这两件事情之间真的有这样的逻辑关系吗？所谓的“高”，其实完全可以用其他的说法来代替：丰富、周全、熟练、有经验、见多识广、深思熟虑，等等。

公元前5—前4世纪的希腊哲学家就已经否定了我们今天习以为常的知识高下想象。古希腊人把所有的知识和技能都称为“优秀”或“技艺”（arête），驯马需要专门的驯马师、驾驶船只需要具备航海知识的船长、吹笛子需要有技艺精湛的吹笛手、探究智慧需要有哲学家。谁的知识优秀，谁就有义务向他人传授技艺，提供高标准的榜样，这是他们的光荣，也是他们对城邦的义务，没有谁会为此感到羞愧、内疚和不安，他们是心理健康的人，没有今天许多读书人害怕与群众有知识高下差别的那种偏执型恐惧病。

今天，许多中国知识分子把“精英”当作一个贬义词来使用，生怕被戴上“精英主义”的帽子。什么是精英呢？无非就是出类拔萃、不同凡响，这是一种荣誉，一件值得骄傲的事情。现在不是提倡“工匠精神”吗？有工匠精神的不就是手艺人中的精英吗，要知道，古代的能工巧匠是很少的，绝大部分都是平庸的手艺人。害怕当精英，难道还要装平凡、装平庸不成？各行各业都不是这样，为什么知识分子偏偏要在启蒙知识传播上表现得如此畏畏缩缩呢？

18世纪启蒙时代呈现的是一幅与我们今天完全不同的文化景象，那个时候的启蒙知识分子珍视自己所担当的文化引导者和教导者角色。知识不只是个人的文化修养，而且是文化人与社会的一种联系方式，一种对社会尽责的方式。有太多的事情摆在知识人的面前：太多的不公不义需要匡正，太多的迷信有待戳破，太多的偏见有待纠正，太多的庸俗权威和习惯有待改进。我们今天的生活世界虽然与 18 世纪不同，但还是有许多这样的东西有待改变。

古代的哲学家从来不讳言自己的社会责任，苏格拉底说，他要来刺痛雅典人这匹怠惰之马的牛蝇。虽然背时，但小加图从来没有放弃他的罗马道德教导者角色，普鲁塔克在《小加图传》（The Life of Cato the Younger）里所说，加图是不应季节的果实，“因为我们虽然乐见或赞美这样的果实，但却无法享用。因此，加图那种老派的性格，在过了很长一段时间之后，出现在腐败的人们和堕落的习俗面前时，虽然受到赞扬和敬佩，但却已经对人们没有用处了。因为，他那种美德的崇高和分量与这个时代已经完全格格不入了”。

今天中国的启蒙知识分子似乎与小加图有同样的处境，也许确实成了“不应季节的果实”，但知识分子没有必要妄自菲薄，不想当将军的士兵不是好的士兵，不想影响公众的知识人也不可能是以启蒙为志业的好知识分子。柏拉图《理想国》里的洞穴故事说的是一个经历了两次剧痛的“明眼人”故事，第一次是当他走出黑暗洞穴，来到阳光下的时候，第二次是他决心把阳光世界告诉洞里人，又重新回到黑暗洞穴的时候。他是确确实实从高处走回黑洞里去的。如果他害怕居高临下地走回会黑洞，那么，我们今天读到的就不是半个启蒙的故事，而是整个的一个与启蒙无关的故事。

与启蒙相关的道德价值观可以分为两种，一种是“后果论”的价值（consequential value）：一个事物是否有价值取决于它是否有用、有益或有效；另一种是“非后果论”（nonconsequential value）的价值，一个事物的价值在于其自身的性质，就算后果不好，也无损于价值本身。加图的道德取向是非后果论的。他舍生取义、宁为玉碎不为瓦全，虽然死了，但维护了他心目中的宝贵价值。苏格拉底也是一个非后果论者，因为他相信，不经审视的生活是不值得过得。启蒙也应该是一个非后果论的价值，因为启蒙是一个让人活得明白，不受他人之惑的过程，不经历这个过程的人生是不值得去过的。经过审视的生活好过锦衣玉食的苟且人生。就算启蒙失败，也还是要坚持启蒙的价值。因此，启蒙也会成为启蒙知识分子与他人共享明晰思考的义务，对普通“读书人”来说，这是一项额外义务，也就是康德所说的“不完全义务”（imperfect duty），能不能担当起这个义务，能不能以非后果论看待启蒙，把“公共型知识分子”与普通“读书人”区分了开来。

4. 知识分子的自我启蒙

知识分子鞭笞知识分子

在任何一个社会里，知识分子都是启蒙知识的主要传播者，他们为他人传媒启蒙知识，而他们自己也需要不断的自我启蒙。知识分子的自我启蒙是在对知识分子的批判过程中取得的自我认知。

自古就有知识分子对知识分子的批评，往往是严厉刻薄，毫不留情，简直就是鞭笞。古希腊喜剧家阿里斯托芬在《云》里对苏格拉底竭尽讽刺挖苦之能事，他斥责哲学追求普遍性，将人从家庭和政治共同体的各种关系中剥离出来；而哲学家则故意误导无知的蠢人，让他们落入不切实际，脱离现实生活的深坑。18 世纪英国讽刺作家斯威夫特（Jonathan Swift）在《格列佛游记》里描绘了一个叫拉加多（Lagado）研究院的地方，那里的学者们从事的学术工作包括从黄瓜里榨取阳光、回收人类粪便以加工再生食品等。

上个世纪末以来，对知识分子的批判成为一种颇为前卫的文化批评类型，1988 年，英国记者和历史学家保罗·约翰逊（Paul Johnson）出版了《知识分子：从马克思和托洛斯基到萨特和乔姆斯基》（1988）一书，描绘了一大群 19 和 20 世纪的大知识分子，他们聪明绝顶而自相矛盾，魅力十足而又十分危险。他们当中许多人行为失德，却声名卓著，所以随便在大街上找几个人都比这些不道德的知识分子要强。不幸的是，约翰逊后来也被他的情妇公开指责为“伪善之徒”。2002 年文化批评家罗杰·金博尔（Roger Kimball）出版了《心灵的生命》（*Lives of the Mind: The Use and Abuse of Intelligence from Hegel to Wodehouse*），刻画了一大群“犯傻的天才”知识分子，正如英国批评家沃尔特·白芝浩（Walter Bagehot）所说，“胡说八道的本事，蠢人根本不是天才的对手”。2003 年，法官和法学教授理查德·艾伦·波斯纳（Richard Posner）在他的《公共知识人》（*Public Intellectuals*）一书里，讥讽知识分子不肯安分地当专业学者，专注于专业问题，而是偏偏要对公共事务说三道四，结果出尽洋相。

知识分子因为犯傻或不专业而胡说八道，这正是索维尔（Thomas Sowell）在《知识分子和社会》（*Intellectuals and Society*）一书里的基本论点。那么，谁是索维尔所说的“知识分子”呢？与许多繁琐的知识分子定义不同，索维尔提供了一个简洁、实用、有效的定义，是这本书里最有特色，也最有启发价值的部分。

索维尔把知识分子定义为“那些工作始于观念也终于观念的人”，“知识分子的特质与他们寻求的角色完美地结合在一起。这一点既适合于正宗的知识分子，即那些从事的工作是以制造观念为终端产品的人；也同样适用于通常意义上的知识阶层，包括那些所持观点中反映出知识分子理念，处于知识分子核心圈外的广泛地带的人们”。[1] 知识分子定义的核心是“观念”（ideas）和“工作”（work），他们“同他人一样，拥有知识和观念的混合体”，那些有丰富专门知识但不甚关心观念的人不是知识分子，而那些有知识而又以观念为“毕生事业”的人才是知识分子。按照这样的定义，启蒙知识的传播者显然可以说是知识分子，因为启蒙知识最重要的部分就是观念的更新。

索维尔说，工程师、建筑师、金融家、医生、律师等职业人士不是知识分子，他们所专长的知识需要智力（intellect），但并不因为拥有这样的知识而被当作知识分子（intellectuals）。甚至大学人士，如会计学、外语、体育、护理、数学、计算机知识的教授们，也经常并不从事知识分子的工作。相反，有的非大学人士，如索维尔青睐的美国大法官小奥利弗·温德尔·霍姆斯（Oliver Wendell Holmes Jr.）、少数诗人、出版人、刊物出版者，却可能因为从事知识分子的工作而成为知识分子。

“工作”指的是对一个人来说是“首要的事情”（primary occupation），尽管他未必以这件事情来谋生。“观念”指的是对历史、人性、人生、社会、政治等具有普遍意义的大问题的看法，这些经常是一些不那么切身的问题，正如唐纳德·坦嫩鲍姆在《观念的发明者》（*Inventors of Ideas*）一书里所说，“历史——人类生活的记录——对许多人来说可能是悲惨和充满苦难的，它是否有意义？在什么基础之上？人们所能想到的最好的政体或政府是什么？人们是否应当有绝对的、全面的自由来质疑这样一个政府或与其相关的

---

[1] 托马斯·索维尔：《知识分子和社会》，张亚月、梁兴国译，中信出版社，2013 年，第 342、369—370 页。

经济制度？为什么？什么是人性？对这个问题的不同回答如何与关于政府和公共利益的观念相联系？”[①] 那些把思索这类观念问题当作人生大事的人们，便是知识分子，他们传授的是与人文启蒙有关的知识。

很显然，传授专门技术知识并不等于传播与人文启蒙有关的知识。启蒙知识分子传播的是与思想和观念有关的知识，其中包含对人的“才智”的特殊理解。如索维尔所言，理解和运用复杂观念的能力不只是“智力”（intellect），而且更是“才智”（intelligence）。[②] 才智还包括：在选择相关解释因素时，在为任何新出现的理论确立实证检验时的严谨判断，以及这种严谨判断与智力的结合，“才智减去判断就是智力”。这个对智力和才智的区分是为了指出，有的观念是愚蠢的——愚蠢是智慧的反面，是危险的，相对而言，迟钝是智力的反面，则比较不那么危险。[③] 人文启蒙要开启的是人独立思想和判断的能力，它要克服的与其说是人的无知，还不如说是人的愚蠢。无知可以通过一般的学习变得有知，而愚蠢则必须通过启蒙才能走上智慧之路。

但是，并不是所有的愚蠢都是可以启蒙的，受民族主义情绪支配的知识分子的愚蠢就是一种对启蒙油盐不进的愚蠢，不仅是个人愚蠢，而且可能成为一种公害。2017 年，某出版社出版了湖南某博导教授写的《文明源头与大同世界》。该书作者声称，经过他的研究，古苏美尔文明、古埃及文明、古希腊与古罗马文明，统统都是

---

① 唐纳德·坦嫩鲍姆/戴维·舒尔茨：《观念的发明者》，叶颖译，北京大学出版社，2008 年，第 2 页。

② 索维尔：《知识分子和社会》，第 4 页。

③ 索维尔：《知识分子和社会》，第 4 页。

由中国移民创造的。该作者还公然宣称，德国人与法国人的祖先都是由古代中国的人演化而来，连英语与英国人都发源于大湘西的英山，连日本人，韩国人，东南亚人，也都是来源于此地。作者由此还断言，世界上一切文明，都是发源于中国。这不是普通人的愚蠢，而是“高级知识分子”才会表现出来的愚蠢。由于它顶着知识权威的光环，它对其他人还起到强化了愚蠢的作用，不少人对这位教授的“研究成果”表示赞赏，称“这种观点可以提高中国人的文化自信”，自夸道，“华夏先进了一万年，落后了一百五十年”。

在这样的知识分子身上，我们看到了典型的“不明智的智力”，一种虽不迟钝，但却极为荒唐的愚蠢。乔治·奥威尔在《民族主义的基本问题》（Notes on Nationalism，1945）里说，“一个人需要是知识分子才会相信这种事情，普通人是不会当这种傻瓜的”，这句话被表达成了一句常被人引用的话，“一些观念是如此愚蠢，以至于只有知识分子才会相信，因为没有任何一个普通人会愚蠢到会相信那些观念的程度”。奥威尔说的就是那种信口雌黄的知识人士。他们之所以成为公害，是因为他们为情绪性的民族主义煽风点火，火上加油，让它变得更加虚假不实、狂妄自大，自以为是，以至完全丧失了理性。

激进和保守的文化政治方略

索维尔认为，对是非、善恶缺乏判断力的知识人士几乎是 20 世纪的特产，“几乎没有一个滥杀无辜的独裁者缺乏知识分子支持者；这些独裁者不仅拥有自己国家内部的知识分子支持者，而且也拥有自己国家之外的民主国家内的知识分子支持者。……斯大林、希特勒都有各自的崇拜者、捍卫者和辩护人”。[1] 奥威尔、阿伦特、朱特都批判过这样的知识分子，索维尔的批判与他们不同在于，他不仅强调判断力的重要，而且更是从知识分子的“圣化理念”来寻找他们“不明智的智力”的原因。

“圣化”（anointed）原意是“受膏”，即用芳香的油、奶、水、融化的黄油或其他物体涂抹身体，人和事物受膏，标志其引入了神圣的能力，灵或神，也可被视为使人或事物摆脱“魔鬼”的危险影响，是健康和精神的保护。圣化理念包括开启崭新未来的美好主义、梦想、乌托邦想象等等。它经常是一种浪漫想象、幻觉或故意编造的谎言和欺骗，但却能让人陶醉于其中。希特勒德国的纳粹主义、墨索里尼的法西斯主义、前苏联的斯大林主义都曾经是对许多知识分子特别有诱惑和吸引力的圣化理念。索维尔认为，圣化理念对左派知识分子——作家、哲学家、历史学家、大学教授——的影响更大，也更广泛。

在索维尔那里，圣化理念的对立面是悲剧理念。悲剧理念也就是 18 世纪苏格兰启蒙的保守主义理念，“人类极为艰难地保留着文明的薄纸，借助脆弱的文明来逃避混乱与野蛮状态”，在“谦和和谨慎”的基础上，人类从经验中不断成长”。这是一种历经沧桑、饱受忧患、了然人世苦痛、洞察人性幽暗和邪恶本能的智慧，“那些看到了更多生活的挫折、弊病和变态的人，并不会去提出所谓社会问题的‘解决方案’。这些人看到人类的悲剧处境。由于人类与生俱来的局限性，人们在物质的生活世界里，既囿于个体的局限，又受制于社会的局限”。与圣化理念的改天换地宏图大志相比，“悲观理念认

---

① 索维尔：《知识分子和社会》，第 4 页。

为人类文明仅仅维持本身就需要巨大、不懈的能力；这些年来须依靠经验的实践，而不是'振奋人心'的新理论”。[①]

其实，不只是18世纪苏格兰启蒙人士，就连看似激进的法国启蒙哲人也都是悲剧理念信奉者。在法国相对稳定的君主专制统治下，法国启蒙哲人的政治哲学是相对温和的。在他们那里，提出怎样的政治哲学或理论，以什么样的话语来表述，与他们传播的知识和运用的传播方式一样，都是政治方略的一部分，因此需要放在实际的政治环境里去理解。这种政治方略把启蒙者的自我保全放在第一位，然后才谈得上反对什么或要求什么。一直到今天，这仍然是所有启蒙者的基本政治方略。启蒙者不会像革命家那样去鼓吹革命，他们知道鸡蛋碰石头会是什么结果，至少在政治方略上也不会像革命主义那样公然主张带有危险的圣化理念。

伏尔泰、狄德罗和他们的许多同道把改革的主要希望寄托在开明专制上，不要说革命的火药味，就连反叛的情绪也都很勉强。卢梭是他们中间最激进的，但是，即便政治激进的卢梭，在与17世纪的洛克相比时，他的政治理论在对待专制的问题上也要间接和软弱得多。这是他们两位对美国建国和宪政建树的影响一强一弱对比鲜明的一个主要原因。洛克说，统治者必须把人民置于他们自己的意志、选择与同意的政府形式之下。但在卢梭那里，从自然状态到社会只是一个自然演化的过程，并不涉及政治权力。他也不认为任何暴力革命会带来一个道德的共同体。他认为，人们必须自由地建立和加入某种新的契约共同体。有了这样的契约，共同体才能使他们真正获得自由和解放，使他们摆脱腐朽的文明。

① 索维尔：《知识分子和社会》，第95—96页。

索维尔用区分圣化理念和悲剧理念来提出对知识分子的政治批判，与马克·里拉在《危险的心灵：政治中的知识分子》和朱特在《未竟的往昔》中的知识分子批判取向是一致的。里拉认为，对于有社会责任感的知识分子来说，重点不在于他们是否应该参与政治，而在于如何参与政治，以怎样的价值立场，为何目的而参与政治。里拉所担忧的是知识分子由于陷入精致的思想游戏而忘记了“哲学与政治权力行使之间的关系”，因而无视哲学或理论被“被暴政滥用”或被政治势力操控的可能。① 里拉所说的那种“暴政”就是与民主相对立的“专制”（tyranny），当知识分子对自己可能帮助暴政或专制政治的危险丧失警惕的时候，他们的思想就会在“不计后果”和“不负责任”的歧路上越滑越远。里拉触及了一个令人费解的现象：“过去一个世纪的欧洲历史中，在民主国家、共产主义或法西斯国家里，都有许多哲学家、作家和法学家支持和捍卫极权主义的原则和它的可怕统治。知识分子本该对极权暴政抱以警惕，怎么反倒会背弃自由和独立探索的理想？又怎么会在立场上赞成专制制度下的大规模压迫和因此造成的人道苦难？”②

这是每一个历史学家在确认某个权力时必须明察的，确认希特勒的权力与确认美国革命后的宪制权力具有完全不同的政治性质，因为这两种政权有道德本质的区别，考验着历史学家的道德判断力。丧失这一判断力的结果是历史真实感和反思能力的退化，很多敏感的或拖而不决的困难议题会因此在历史书写者（和为他们叫好的读

---

① 马克·里拉：《当知识分子遇到政治》，邓晓菁、王笑红译，中信出版社，2014 年。《致中国读者的短札》，第 1 页。

② “The Reckless Mind：Intellectuals in Politics”. http：//www.nybooks.com/books/imprints/collections/the-reckless-mind-paperback/。

者）眼里变得不再是问题，他们会有意无意合理化他们的当下处境，甚至生出我们最幸福的自豪，无知无畏与有知无畏之间的界限变得模糊，同样不断重复“凡是存在的便是合理的”这个教条原则，同样培养出一种保卫当下的本能。

美国已故历史学家托尼·朱特（Tony Judt）对知识分子丧失道德判断力充满忧虑，他认为，知识分子最珍贵的是他们的道德真诚。道德真诚的根本要求就是摆脱“党性思维方式”，保持个人思想和判断的自由与独立。他讨论的三位法国知识分子（布鲁姆、加缪、阿隆）的最大共同点便是他们的“勇气与正直”。虽然他们在“大部分时间都活在对手的厌恶、怀疑、蔑视或嫉恨之下”，成为“某些重要方面的‘局外人’”或“背时者”，但他们都能避免陷入党派同路人的处境。当政治暴力和迫害无情而血腥地展现在世人面前时，那些斯大林主义同路人“使劲忍气吞声，帮社会主义祖国的大审判和古拉格说话”。后来又有了别的同路人，“这是反殖民主义作家的处境，他们费尽唇舌，为推翻了一个帝国的另一个帝国的独裁……开脱；同时，这也是六七十年代‘第三世界主义’的处境，他们强迫自己去理解……‘文化大革命’和波尔布特的柬埔寨的意义，证明他们的行动实属正义”。[①] 那些同路人知识分子在政治和道德上“不负责任”，不是因为某种政治权力强迫了他们，而是因为他们自己选择了党同伐异的思维和理论方式，无视具有普遍意义的是非原则。

道德论批判及其局限

对知识分子的政治批判不同于道德论的知识分子批判，道德论

① 托尼·朱特：《责任的重负》，章乐天译，中信出版社，2014 年，第 15 页。

批判瞄准的是知识分子的个人道德堕落、浅薄虚荣和自私动机，试图从知识分子的个人性格、人格特征、个人利益和学术品质去寻找他们背叛社会责任和道义使命的原因。这样的道德论批判虽也有助于我们思考知识分子需要具备的素质和品格，但却有着明显的局限。

第一种是把道德生活视为知识分子发挥社会作用的条件，加缪在小说《堕落》中暗示这种对萨特等知识分子的道德批判。在他眼里，这些知识分子表面上道貌岸然，实际上男盗女娼；表面上才高八斗，实际上腹中空空；表面上视死如归，实际上胆小如鼠。加缪借主人公克拉芒斯之口指出：人不审判自己，就无权判决别人；人要想成为法官，就要先做忏悔者。加缪因为自己能坚守个人和政治道德，和布鲁姆、阿隆一起被托尼·朱特视为法国公共知识人的典范，他们最大的共同点便是他们的“勇气与正直”。

但是，从道德现实主义的角度来看，人无完人，谁又在道德上没有这样或那样的缺陷呢？过高的道德要求会变成在道德上的求全责备，因此会有因人废言之弊。一个人私生活的不足甚至不检点不能抹杀其思想的贡献。但是，对于从事道德教育或规训的人士（如牧师和教士、政治辅导员、领导同志），个人的道德倒应当是必须言行一致，否则就会被人视为伪君子，提倡再好的道德，也难以对他人有说服的效果。至于像伏尔泰和卢梭（还有鲁迅）这样的启蒙者，他们在普通人眼里的那种道德缺失更多地表现为性格的怪癖或生活方式的不拘小节上，不应该作为否定他们社会批判观点或批判型知识分子的理由。

第二种是用“浅薄虚荣”来否定批判型知识分子的社会作用，这在当下对批判型知识分子的蔑视和妖魔化中是最常见的理由。“浅薄”是一个主观的判辞，可以指非原创型的知识，也可以指相对于

“专业”知识的那种浅显易懂的知识。在用词上，“浅薄”和“浅显”的不同在于，浅薄还暗示“错误”和“误导”。其实，绝大多数的启蒙知识都不是，也无需是原创型知识，启蒙传播的是已有的，但许多人还不知道的有用知识，学术观点是不是“前沿”不是首要的考量，相比之下，可读性、针对性、问题意识更加重要。启蒙知识传播的目的不是让人们在知识上变得“专业”起来，而是获得亚里士多德所说的那种“受到教育的了解”。

启蒙知识传播方式的一个重要手段就是对知识的简化、通俗化、局部化和具体化。这在启蒙型的时评、文化评论、事件分析或其他短小论述中表现得特别明显。今天，在大众媒体上进行的政治哲学、刑法学、比较政治学等启蒙知识传播，有哪一种不是以浅显易懂和能让受众喜闻乐见为首要考量的呢？浅显易懂和深入浅出经常是一种学问深厚，举重若轻的结果。

今天，对批判型知识分子另一种常见的指责就是，他们只讲批评，却不涉及自己的批评能力。也就是说，知识分子在提出批评之前，需要证明自己有这个能力，没有能力就应该闭嘴。这是一个典型的“二十二号军规”式的指责：你要批评吗？那你先证明你有能力。但你不能证明你有这个能力，因为你很浅薄。这就像要求一个被关进精神病院的健康人证明他是健康的一样，你想要走出精神病院吗？那你就得先证明你是健康的，你再怎么证明也是白搭，因为你是神经病，你的证明不算数。知识分子言论不是真理而是看法，看法是否有道理，他是否有能力证明自己的看法，都需要在不同观点的交锋中，通过验证才能知道。所以，得先让知识分子说真话，先别管他说得对不对。事实上，在知识分子不能自由说话的社会里，其他人不管多有能力，又何尝能自由地说真话呢？事先要求有能力才能发言，不过是为了封口和堵嘴罢了。

第三种是用“自私动机”来否定批判型知识分子的作用，这在今天的反知识分子理由中也是重要的一条。其实，著名社会学家熊彼特（Schumpeter）早在1942年出版的《资本主义、社会主义与民主》一书中就已经描述了这个问题。他认为，知识分子之所以热衷于批判，是因为他们靠批判为生，只有批判才能显示他们的存在价值，才能获得他们想要的社会位置。相对宽容的社会特别盛产这样的知识分子，是因为它有合适的言论条件。熊彼特从历史社会学的角度指出，历史上最早的一批现代意义上的知识分子是文艺复兴时期的人文主义者。他们与资本主义同时登上历史舞台。正是资本主义引发的世俗化浪潮使他们步出修道院，成为波希米亚式的学者。在当时的历史背景下，批判比阿谀奉承更能为他们带来荣誉和报酬，所以，为生存计，他们多数选择了批判。喜欢新思想的王公贵族是他们的服务对象，是他们的主人（patron）。这时的主人是个体性主人（individual patron）。到了18世纪中前叶，知识分子的生存依靠慢慢由个体性主人转变为集体性主人（collective patron）——资产阶级公众。伏尔泰选择浅显、生动、奔放、诙谐的文风，就是为了扩大自己作品在资产阶级公众中的吸引力，受到名利双收之效。①

用“名利双收”“沽名钓誉”这样的理由指责知识分子，从道德现实主义来看，是没有什么意义的。斯密在《国富论》里从道德现实主义来看待一般从业者劳动对社会的贡献，他说，“我们不是借着屠夫，啤酒商或面包师的善行而获得晚餐，而是源于他们对自身利

---

① 费迪南·布伦蒂埃等：《批判知识分子的批判》，王增进译，中国社会科学出版社，2007年，258—259页。

益的看重”。为什么我们就不能用同样的心态去对待知识分子的知识劳动和贡献呢？为什么我们不能同样说，人文启蒙的知识分子就是在社会中传播某些必要、美好公共价值的知识人呢？

社会需要这样的知识人，是因为他们倡导的那些美好价值是稀缺的东西，而不是已经过剩。这些价值包括自由、平等、民主、法治、公正、宽容、正义、真实、诚实、善良、美、同情、人道主义。社会并不是借着知识分子的完美德行和高尚人品而得益于他们所传播的美好价值观念的。即便他们虚荣、骄傲、自大、自以为是，那又怎么呢？反过来，难道不能说他们有进取心、荣誉心、自信心、勇于担当，敢为天下先吗？评断动机的好坏或者是否纯粹，陈述的只是一种主观的看法，并不是客观的事实。

嘲弄专家、鄙夷名人、蔑视大师是当下很盛行的社会心态，这也许说明一般人已经不像以前那样盲目崇拜权威了。但是，这种怀疑或否定应该是理性的，而不是情绪性的。许多人都是抱着偷窥或幸灾乐祸的心情看待一些知识权威们糟糕的私生活，而不是真的对知识分子的德操或献身真理有什么深刻的认识。因此，我们或许可以这样来理解对知识分子的道德要求：这种道德要求主要不是他们私生活里的道德操守（各人对私领中的道德有不同的理解，我们今天一般也不去干涉别人的私生活），而是针对他们公共言论与公共行为是否一致。正如《行为糟糕的哲学家》一书里所说，值得关注的是“（哲学家）糟糕行为与其鼓吹的公正和真实相矛盾”。而且，这样的关注也能让我们看到，“生活的智慧并不一定带来理智的生活。哲学的博爱对人类的脆弱从来都是没有免疫力的，我们也不能指望那些大师拥有的感情或性生活达到与其名声和思想般配的高度。不管他们的生活多么愚蠢，多么糟糕，他们对人类思想和自我理解的贡献都是巨大的”。[1]

由于知识分子的社会影响力，他们的公共言论和行为会带来不同的社会和政治后果，有的有益，有的有害。说真话有益，说谎话有害；揭露真相有益，隐瞒真相有害；真实历史有益，伪造历史有害；忏悔罪过有益，隐瞒罪行有害；呼唤正义有益，粉饰太平有害；为百姓和弱者发声有益，对权贵谄媚和奉承有害；反对暴政和专制有益，明里暗中支持暴政和专制都有害。如何在这许多“益”和“害”之间进行判断和选择，如何永远站在“益”的一边，这样的判断和选择对于负有启蒙责任的知识分子来说，自然要比对普通人更加重要。因此，我们有理由对他们提出比普通人要高一些，但不是完全不同的道德要求。更重要的是，启蒙知识分子把知识和学识从书斋和专业学科里解放出来，像新闻记者那样关注普通人的日常生活，像哲学家那样开导他们体悟其中的意义和价值，像心理医生那样帮助他们排除内心的隐秘焦虑和障碍，像船夫那样一趟又一趟地将载人的渡船从愚昧、迷信的此岸划向明智、清醒的彼岸。不管他们是否符合人们头脑中的完美道德标准，他们毕竟是在做着有益于我们大家的事情。

---

① 尼格尔·罗杰斯和迈尔·汤普森：《行为糟糕的哲学家》，吴万伟译，新星出版社，2006年，“前言”，第249页。

第五章

后真相文化中的“小公众”和“大众人”

从启蒙的目标来看，当下我们期待第三次启蒙与以前有过的两次现代启蒙有所不同。第一次启蒙发生在清末民初，人们正在从旧专制统治的臣民转变为新的共和公民，启蒙的目标是宪制和民主；第二次启蒙发生在20世纪70年代末至80年代，“球籍”危机下闭目塞听的国民准备走进广阔的开放世界，启蒙的目标是有不同解释的“现代化”；第三次启蒙尚不过是一个愿景，如果能够发生，将是一次互联网时代摆脱狭隘民族主义和犬儒式愚昧的认知和伦理解放。启蒙就像是一把扫帚，人们平时把扫帚放在不起眼的门角，只是在看到脏东西时才会想起扫帚，所以启蒙一定会有具体的目标。我们是在看到难以忍受的大面积愚昧、迷信和偏见时，才感觉到需要启蒙的。这是启蒙与普通教育的不同。

任何一种教育都可能有启蒙的因素，但启蒙并不是指任何一种教育，古代的斯巴达，现代的纳粹德国或斯大林苏联都有教育，但都不是我们今天所认可的那种启蒙教育。公元前5世纪雅典有了“智者们”所从事的技艺教育，传授的技艺包括修辞、语法、辩论等“公民技艺”。那是一个被称为雅典启蒙的时代，但那也不是我们今天所说的启蒙。

我们今天所期待的启蒙是一种针对互联网时代的社交媒体和后真相负面影响的人文启蒙，与现代“人文教育”（liberal education）的基本目标是一致的，它的产品是人格健全和健康人性得到全面发展的社会公民，它是一种明理教育，也是一种公民教育。在社交媒体和后真相的特定“大众人”社会里，人文启蒙首先是要帮助人们摆脱缺乏个体自主意识和缺乏思考、判断能力的愚昧状态。不同的时代有不同的愚蠢和蒙昧表现，而克服愚蠢和蒙昧，让人变得聪明和明白起来，这从来就是启蒙的基本任务。

从蒙昧向明白的转变经常是一个痛苦而非快乐的过程，犹如逆水行舟般艰辛，要克服途中的一个又一个障碍：盲从权威、随大流、情绪冲动、单凭直觉、捷径思维等等。绝大多数人天生就是懒于思考的，既不愿意也不习惯自主和独立思考。思考会给内心脆弱的人带来极大的焦虑和不安全感。他们渴望的是安逸而非真理，对威胁到他们的安逸、不合他们口味的事实，他们会下意识地排斥，本能地视而不见。他们更愿意生活在早已习惯了的幻觉中，谁利用他们的幻觉，谁就能轻而易举地成为他们的主人，谁要去打破他们的蒙昧幻觉，谁就会成为他们的众矢之的。

当下需要的明理教育与人们先前所熟悉的那些君子教育、大丈夫教育、士大夫教育、绅士教育、读书人教育和贵族精神教育是不同的。所有这些以往的教育都不需要担心对象是否有良好的意愿和求知的热忱，但是，今天这样的意愿和热忱经常是不存在的，而更常见的是盲目的敌意、犬儒主义和道德虚无主义。与以往的明理陶冶和人文教育相比，显然的不同之处在于，我们不知道这样的明理和人文教育或启蒙会产生什么后果，它带领我们进入未知的境遇，我们难以瞥见前面可能发生什么，我们只能摸索着往前走。但有一点是肯定的，那就是我们迄今为止很少注意的变化将会变得更加重要，而且也会使人文启蒙的前景变得更加不可预测。

1. 爱读书和亲近启蒙的小公众

明理教育的对象是公众，但不是所有的公众。他们只能是公众里的一部分，一个小公众。那么谁是“公众”呢？谁又是其中的那个“小公众”呢？对“公众”有不同的定义，但对于知识传播的讨论来说，我们可以借用美国公众新闻（public news）理论最早的提出者，也是其主要理论家之一詹姆斯·卡雷（James Carey）的一个定义，“公众就是一群聚合在一起讨论新闻的陌生人”。在这个定义中，最要紧的是“聚合”和“陌生人”。人们共同关心的时事把素不相识的人们聚拢成为互相可以交流，并可以取得共识的公众。在人们不能公开议论时事，难以了解时事，或者不能公开批评时事的社会里，是不会有真正的公众的。卡雷关注的是“公民新闻”，其核心概念是“公众”，由于“公众”对于公民新闻理念的重要性，公民新闻经常被称作为“公众新闻”。①

在这个社交媒体和后真相的时代，我们也许可以将卡雷的定义稍作改动，把“公众”重新定义为“以某种社群形式交换和议论公共信息的熟人或朋友”。“熟人公众”或“朋友公众”是相对于“陌生人公众”的倒退，但作为新型的“信息公众”却是对“新闻公众”的一种扩展。尽管发生了组合成员的变化，但阅读仍然是聚合公众的传媒基础，在卡雷那里主要是阅读纸媒报纸，在我们这里主要是阅读电子屏幕上的互联网或朋友圈信息。在这个意义上，“信息公众”其实就是“阅读公众”。

大众读物不仅起到传播信息的作用，还有塑造和聚合公众的作用。清末民初的阅读公众是由新型报刊塑造和聚合的，从梁启超的《事务报》《清议报》和《新民丛刊》到新文化和五四时期的《新青

① James Carey, “The Press and the Public Discourse.” *Center Magazine*, 21. March/April 1987, p. 10.

年》《每周评论》《新潮》（有人统计有 150 多种），如雨后春笋般出现了各种报纸。这个时期的启蒙不仅传播了新思想，而且还塑造和聚合了一些新型的小公众（进步青年、觉醒女性、社会开明人士、革命党等等），这样的小公众都是“新信息公众”。这是中国的第一次现代启蒙。

第二次启蒙发生在 1970 年代末至 1980 年代，这是一个在封闭已久之后，几乎是以饥不择食的饥渴，快速引进外部世界新信息的时代。不管什么内容的翻译书籍在书店都会一抢而空，并形成了各种热烈的讨论。这些读物有的在今天已经过时，但是，它们塑造和聚合了一些虽小，但相当活跃的“新阅读公众”，他们开阔了视野，锻炼了思考和判断的能力，在文化和思想领域有了新的开拓，至今仍在中国社会里发挥重要的作用。

倘若我们可以期待第三次启蒙，那么，它又是以怎样的阅读为基础的呢？它所塑造和聚合的又是怎样的小公众呢？从目前的情况来看，有的会继续第二次启蒙的阅读，但也正在出现了另一些令人担忧的阅读趋向。社交媒体和后真相信息正在形成一种肤浅、偏执和蔑视真相的阅读，而这种阅读塑造和聚合的则是许多部落化的“朋友圈公众”。

互联网时代的知识小公众

不管是哪个时期的启蒙，启蒙对象都是以年轻人为主，倘若有第三次启蒙，相信仍然如此，我们可以称他们是“青年小公众”。当然，社交媒体上还有其他的小公众。一般来说，一个人越年轻，拥有社交网络朋友数量也就越多。根据一项 2014 年在美国用户中开展的研究，脸书（Facebook）65 岁以上的用户，平均有 102 个朋友。

年龄在45～54岁的用户，朋友的平均数为220。年龄在25～35岁的用户，平均有360个朋友。年龄在18～24岁的用户，平均有649个朋友。可见年青用户更加活跃。当然，与朋友的社交深浅是不同的。根据人类大脑的平均大小，个人可以处理的社会交往或“普通朋友”在150个左右（被称为“邓巴数”）。这个数字在整个人类历史上始终如此，而且现代社交社会、大多数军事企业、大多数工业部门、大部分圣诞卡列表（在英国）和大部分婚礼派对的数量也都是这个数字。凡是超出“邓巴数”的环境，因为太复杂，所以无法以最佳状态处理好社会关系。①

2018年美国皮尤中心（Pew Research Center）对社交媒体使用者因受影响而改变意见的一项研究显示，社交媒体上不同的小公众之间还有另外一些值得我们注意的特点。② 首先，年轻一代比老一代更有可能根据他们在社交媒体上看到的东西来改变他们的观点。对于一些美国人来说，在社交媒体上看到的东西足以让他们改变对某个问题的看法。2018年，14%的美国人在过去一年中因为在社交媒体上看到的东西而改变了他们对某个政治或社会话题的看法。

第二，并不是每个人都能被轻易动摇。不同年龄、性别、党派和种族的易受影响的情况都不相同。老年人不太可能改变他们的观点，只有6%的65岁及以上的人说他们的观点因社交媒体而改变，而18至29岁的人中则有23%。30至49岁的人和50至64岁的人的可能性几乎相同，分别为14%和13%。

第三，男性比女性更有可能因为他们在社交媒体上看到的东西

---

① 玛丽·艾肯：《网络心理学》，中信出版社，2018年，第188—189页。

② 14% in US say social media led them to change their mind on an issue | Pew Research Center.

而改变他们的想法。41%的男性报告说他们的观点有所改变，而女性只有29%。这在年轻男性中最常见，18至29岁的男性中有29%改变了他们的观点，而30岁以上的男性中只有12%。

第四，年轻的女性也比年长的女性更有可能改变她们的观点，尽管差距没有那么大。18%的18至29岁的女性说她们的观点因社交媒体而改变，而30岁及以上的女性中只有11%。

第五是种族之间的差异，研究显示白人最不可能（11%）因为他们在社交媒体上看到的东西而改变他们的观点。相比之下，19%的非裔美国人和22%的西班牙语裔美国人会改变他们的看法。

第六是政党的差别。在各政党中，民主党人比共和党人更有可能因为社交媒体上的帖子而改变他们的观点（17%比9%）。而且，民主党人中存在着性别差距。调查显示，虽然共和党人男性和女性有相同的比例（9%）说他们的观点发生了变化，但民主党人男女有差别，分别是21%和14%，男的比较容易变化。

这些都是美国的情况，而且皮尤研究中心所用的只是社会人口的划分标准：年龄、性别、种族、政党。而我们更关心的是与知识传播有关的不同人群和标准（阅读）。就阅读而言，年龄的因素相当重要，但并非年轻人群体中的所有人都是经常阅读或善于阅读的。年轻人是否阅读，如何阅读，为何阅读，是与他们接触的学校教育和社会启蒙有关的。

学校教育与社会启蒙的主体是不同的，进学校学习的就是学生，然而，受启蒙影响的人们并不只是限于学校里的学生。今天，绝大多数学生进学校是为了学一门在劳动市场上“有用”的知识或技能，为的是找到一份工作，对人文教育或启蒙并没有兴趣。这是现实的状况，不是想改变就能改变的。

社会启蒙则不同。愿意接受启蒙影响，愿意接受人文教育的，往往是对启蒙或人文教育已经有所认识的人们。他们的年龄、职业都有相当大的跨度，虽然以年轻人为主，但其他年龄段的人都有。他们爱思考、有自己的问题意识、对不少事情存在着疑惑，不想浑浑噩噩地过日子，而是想成为明白人。正是有了这些要求，他们才对日常工作或职业之外的人文知识产生了兴趣。

与学校教育不同，人文教育或启蒙的对象不是所有人，更不是抽象意义上的“人民”“大众”或“群众”，而只是“一些人”。这样的一些人虽然也成为“公众”，但人数不会很多，在整体社会里，只能是少数人。这类人在必须辛苦度日、为生存日夜操劳的人群中是几乎不存在的。以现实状况来看，人文教育或启蒙都可以说是一种相当奢侈的教育。

这是一种少数人从他们自己的个人角度感觉到有需要、有必要的自我教育。它与集体主义的“国民教育”是不同的。国民教育有的不是为了培养有思考和判断能力的现代自由公民，而只是为了培养安分守己、有一技之长的良民，防止出现会威胁到现有秩序的“暴民”。同样，从 19 世纪开始，研究群众的社会学家们——勒庞、塔德（Gabriel Tarde）、弗洛伊德——关注的首先也是非良民的暴民，而不是人文启蒙所说的自由公民。

从根本上说，人文启蒙是一种离不开个人存在意识的教育，它也激发这样的存在意识，所以不太可能对朦朦胧胧、得过且过的人们产生作用。存在主义哲学家基尔凯郭尔（Kierkegaard）说，教育是一个令人烦恼且富有挑战性的个人成长过程，在这个过程中，人选择以何形象来做人，并依照这样的选择把自己造就成一个独立、自主，而不是墨守成规的个体。这就是人的主体意识或主体性。教育或启蒙的意义就在于加强这种每个人都内在具备的主体意识，为的是摆脱集体对他的钳制，让他能够承担起为自己选择，为自己做人的全部责任。从 20 世纪 60 年代起，以巴西批判教育家、哲学家保罗·弗莱雷（Paulo Freire）和美国教育家、批判教育创始人亨利·吉鲁（Henry Giroux）为代表的批判教育理论，把这种存在主义的人文教育观更强调为一种对个人有解放作用的现代人文主义启蒙教育。它的目的是使个人变得更有力量，能以批判的眼光来看待现实，找出其中影响他们生活的制度因素，察觉现实的弊端和阻碍，争取有益于个人和社群的良性改革。这样一种现代人文教育的意义在于提升人的"智慧、敏感性、道德和创造性的想象力，使人类的精神能够更开明（enlightened），也更正义"。①

现代人文主义启蒙的目的与自由教育是一致的，它坚持认为，教育将为受教育者带来人格的和其他方面的自主性（autonomous）。从历史上看，为了使自己摆脱中世纪的思想狭隘和禁锢，文艺复兴时期之后的人文主义者转向了科学理性。这种现代精神显然驱动了 18 世纪启蒙时代不断强调的思想和社会批判性，人们运用他们的理性智慧，通过传授知识来增强人的自由能力，运用他们丰富的想象力来发展对他人的敏感性，并塑造人际关系，体现尊重、诚实、公平、慷慨和交谊的行为模式和责任。

今天，与学校的人文教育相比，社会中的启蒙要更加多样化，更加广泛。启蒙虽然可以是学校教育的一部分（阅读的书籍和特定的阅读方式），但更多的是人通过在社会中的经验和体悟，接触新的

① Sarab Abu-Rabia-Queder, "Does Education Necessarily Mean Enlightenment? The Case of Higher Education among Palestinians—Bedouin Women in Israel", *Anthropology & Education Quarterly*, Vol. 39, No. 4, (Dec., 2008), p. 382.

思想或观念，有所自我反思的结果。在互联网时代，每个人接触新思想、新观念都有了更多的方式或渠道，包括阅读书籍、接触他人、参与人群圈子或社交媒体；由于宗教信仰、家庭背景、亲历或了解到的灾难经历和创伤记忆而有所醒悟；通过观察和思考腐败现象、不公不义事件而有所警觉。

有人说，启蒙的知识传播是没有用的，因为人是被痛醒的，不是被唤醒的。任何大彻大悟的人都曾经迷糊过，甚至无药可救。人是很难通过别人的说教被启蒙的；人必须经历了苦难和磨难才会痛醒。这还不是一般的痛，要痛掉你半条命，要么发生在你自己身上，要么发生在你亲人的身上，不然你不会醒。

这是对启蒙沉痛而现实的理解，但是并不充分。确实，人道灾难曾使许多人因自己或亲友的痛苦经历而大彻大悟，因此而亲近启蒙。1980 年代的启蒙书籍一出版，书店里就大排长龙。读者对新的知识如饥如渴，大多数都是“痛醒”的人，在当时全都是亲身经历过人祸之痛的。虽然痛醒能起关键作用，但痛醒并不是人醒来的唯一原因。一个人偶然读到的书籍、师友的影响、同伴之间的交流，都可能有“唤醒”的作用。没有被痛掉半条命的人照样可以启蒙。

而且，痛醒还不就等于已经启蒙，更还有痛而未醒，再痛也不醒的人。他们是对醒不醒没有感觉，没有兴趣，认为根本没有区别的犬儒主义者。即便对于痛醒者来说，痛醒经常只是知其然，而启蒙则能让他们进一步知其所以然。如果痛醒就已经等于启蒙，痛过就已经知道那是什么性质的痛，谁制造了痛，为什么会有这么多痛，我们就不会看到 1980 年代的“反思”景象了。所以，人不仅要是痛醒者，而且还要是善于思考的痛醒者，唯有如此，才能在遇到事情时，尽可能少受蛊惑、拒绝摆布、抵抗操纵，收获理性思考和冷静判断的可能性。

当下的人文教育和启蒙正在现实中遭遇重重困难，许多人对之兴趣阙如，认为是“不能当饭吃”的空谈；在学校里也得不到资源的分配和支持；更有人会因为不符合自己的利益而予以反对和阻扰。因此，大多数人因为缺乏人文教育和不善于人文阅读而不能改变其愚昧、浅薄和庸俗，至今仍然是一个难以改变的现实。

可以毫不夸张地说，接受人文教育的“学生”是一些以特殊方式阅读伟大经典的“读者”。阅读经典成为辨别他们的一个主要思想和行为特征。书籍是一种传媒，我们可以把阅读经典书籍的读者视为特定的传媒“受众”。然而，我们也可以把这些亲近人文教育和启蒙的读者们视为一个不同于一般书籍读者的特殊“公众”，一个“亲近启蒙的小公众”。

互联网上的公众和舆情

文艺复兴时期的随笔大师蒙田 1588 年首次称民众对时事的想法为“公众看法”（l’opinion publique），也就是今天人们通常所说的“舆论”（public opinion）。有人统计，蒙田在《随笔》中使用了“意见”（opinion）一词达 300 多次，通常是在传统意义上的 Doxa 或 opinio，即没有根据的想法，或基于单纯的可能性、猜想、相信的想法。他认为，与此相反的应该“不是凭意见，而是凭真理”的正确态度（*Essays*，Ⅲ. 9）。在他看来，一般人关心的是别人对一件事情的看法，而不是那件事情本身，“人们……被他们对事物的意见所折磨，而不是被事物本身所折磨”（*Essays*，I. 14）。总之，公众的看法虽然是“共同的看法”（l’opinion commune），但却是浅薄、庸俗的看法，他主张对事情有自己的认识，对所谓的“舆论”不要太当回事。

在今天的网络时代，有识之士似乎更有理由像蒙田那样鄙视所谓的 l’opinion commune，因为说实在的，凡是明眼人，没有不觉得当下舆情现状令人担忧的。人们曾经期待互联网成为一个新的公共领域，结果它更像一片既受管制又被随意糟蹋的荒凉公地。

言论的暴言化、政治的网红化、公众的部落化俨然已经成为当下网络“舆情”的特征。这样的“舆情”以“情”代“论”，取代了相对重“论”的“舆论”，成为一种夸张的情绪和情感宣泄，几乎无一例外都是因某种“媒体事件”而起，也随媒体事件消失而成为过眼云烟。然而，虽然媒体事件引发的讨论不如重大的公共问题（法治、人权、宪制、社会正义、制度公正、人的尊严）值得持久关注，但却也能不断地从不同角度触及这些问题，因此也是我们需要观察和鼓励的。

法国传媒学家戴扬和卡兹在《媒介事件》（北京广播学院出版社，1992）一书里把由媒体事件聚集起来的公众称为“即逝公众”，他们与公民社会里始终坚持关心国家大事的民主公众是不同的。“即逝公众”直接与“媒体事件”有关联。有三种主要类型的媒体事件：竞赛（从足球赛、奥运到总统竞选辩论）、“征服”（战争、入侵、航母下水、月球登陆、周年庆典等等），以及“加冕”（皇室事件、总统即位、元首去世、某代表大会胜利召开等等）。不同社会中典型的媒体事件会有自己的特点，因为媒体事件是和特定的“政治景观”联系在一起的。政治景观主要涉及“组织者”（官方权力）、“生产者”（传媒）和“观众”这三者的关系。在“非民主地区播出的事件”中，“比较典型的是，只有组织者和观众参与：生产者一般受雇于组织者”。（第 67 页）只有在民主社会中，媒体才有独立性，“西方媒介，它们有参与或不参与事件的自由，而且可以按照或不按照组织者提议的精神来播出事件。”众多的电视台不但不需要在重大事件发生时担负某中央台的转播者角色，而且“在说了真话以后还能继续存在”。当然，“如果电视台的自由少了，那它就得听从组织者的命令”。（第 68 页）

一般而言，即逝公众关心的事件毕竟与娱乐消遣不同，所以会有一定的严肃性，也具有一定的公共事务性质。可是即逝公众缺乏稳定性，在不能公开表示个人观点的环境中，更是缺乏不同观点的论证和说服。这种公众随着媒体事件的发生而形成，也随着媒体事件的消失而迅速烟消云散。有论者甚至不称其为“即逝公众”，而称之为“短暂群体”（fugitive communities）。“短暂群体”有三个特征：同时，快速和饱和。“同时”指的是，当事件发生时，成千上万的人投入关注，因此参与其间。“快速”指的是，事情的发生和消失都不可预测，来去快速无常，由此形成的公众也是一样。“饱和”指的是，事件发生时，极度占据传媒视听空间，受众极度扩大，与其说是人人关心，还不如说是没法躲避。

由于即逝公众是围绕着“媒体事件”形成的，所以，只要媒体还能有一些真实报道，媒体大众对事件的看法也还是有舆情作用的。在传媒不能反映公众关切的问题、不能引起公众兴趣、不能反映公众意愿的时候，公众舆论则从反面表现为公众冷淡主流传媒、与之保持距离、对之持怀疑和鄙视的态度。例如，在美国，反对越战或反对伊拉克战争的人们在这些问题上形成了特定的公众，这一公众的形成正是以疏远、挑战和批评主流媒体开始的。美国允许存在另类传媒，甚至连主流传媒也可以发出不同的声音。因此，反战的公众并不需要排斥传媒。相反，他们可以争取在传媒上发表自己的不同意见。反战公众与其它公众（如拥战和爱国公众）之间可以形成一种广大范围的公众内部讨论。从事反战社会运动的公众与主流传媒保持距离不是自我放逐或放弃传媒，而是一面积极争取在主流传媒中的公开言论机会，一面通过异类传媒发出不同的声音。

公民社会的公众特征是能够形成社会运动，而即逝公众则只能满足一时的“发表意见”冲动，扮演“说说而已”的“口炮”和“暴言”民众角色。相反，就像我们不久前看到的，加拿大卡车司机有抗议强制接种疫苗的运动，欧洲一些国也有类似的民众抗议（姑且不论是对是错），参与其中的便是行动的公众。永远不要指望即逝公众能起这样的作用。

在现代社会中，口耳相传，或者朋友小圈子中的交际事实上不足以形成有效社会运动需要的那种公众。现代传媒不只包括主流视听传媒，而且也包括诸如网络沙龙、网站、边缘报刊等转移灵活、较易逃避监视的传媒形式。这些传媒形式往往能迅速将某些信息和消息变为引起某一人群关注的事件，从而帮助他们形成有所行动的公众。一旦形成这样的公众，他们对事件和相关问题的意见就会成为真正具有社会意义的舆论。这同人们私底或在网络允许范围内发发牢骚的社会效果是完全不同的。

18 和 19 世纪，乃至 20 世纪的无线电广播和电视时代来临之前，公众是在沙龙、咖啡馆、小旅馆、图书馆、茶馆这样的地方阅读和议论新闻，即便是陌生人，也是面对面的交谈行为。凡是面对面的交谈都会有一些人们共同遵守的行为规则和礼仪，否则会一言不合，就难免恶语相向，大打出手。

今天，网络和社交媒体几乎成为一般人唯一获得新闻和“讨论”新闻的地方。这是一个人们不照面的地方，他们的言语行为并不遵守面对面交谈的规则，呈现无规则状态。其实，无规则也是一种“规则”。我们今天看到的那些网络暴言——暴戾、粗鲁、尖酸刻薄、人身攻击、污言秽语——构成了他们自己制定的“新规则”。这并不是孤立的网络现象，而是当下整个社会道德虚无主义的一种典型表现。

明理小公众的“德之所荡”

网络暴言是当下的一个社会性语言顽疾，在英语里有一个专门单词“Trolls”来指那些暴言病患者。这是一个网络俚语，常见于英文网络论坛或其他英文文化圈中。Trolls 原来是指斯堪的纳维亚传统故事中的一种虚构的、非常大或非常小的妖怪生物，它们具有神奇的力量，生活在山区或洞穴中。这个字现在指互联网上故意发表毒言恶语或攻击性言论的人，他们在公共论坛等讨论区用激烈的言辞刺激或挑衅他人，挑起没有意义的争论。Trolls 也延伸为几乎所有令人厌恶的举止行为。

Trolls 一词在大陆与台湾有不同的说法。在大陆常被叫做“喷子”，在台湾被称为“酸民”（尖酸刻薄地“挑衅”和“寻事”的网民），也有人将他们称为“网路白目”（指只有眼白，没有瞳孔的眼睛，翻白眼）。说起 Trolls，人们还会想到五毛和水军（为了钱而发表有利于某种利益的人），以及键盘侠（光说不练的英雄好汉）等，反正都是些在网络洞穴里作祟的东西。Trolls 是这个名称的难以界定证明他们确实是多面善变、防不胜防的“讨厌鬼”。

无论他们怎么千变万化，有一点是不变的，那就是他们奉行的道德虚无主义和犬儒主义。在他们眼里，一切道德规范都是由人制定的，不存在普遍适用的道德标准。你对他们讲公共道德，劝他们说不能骂人，告诉他们谩骂是侮辱他人人格，是不道德的。他们就会怼你："我为什么要听你的?"，甚至还会耍流氓，"我就骂了，你能拿我怎么样?!"

这种强梁、蛮横的道德虚无主义在许多公共领域里也都有所表现。在这样一种环境里，一定会出现劣币逐良币的现象，说话最大声的都是恶声恶气的，而愿意好好说话的人们，则由于害怕自讨没趣，腥膻上身，所以干脆自我噤言。

确实，在不讲道理的环境里与不讲道理的人讲道理，这本身是一件没有意义的事情，《箴言》里说，"愚昧人不喜爱明哲，只喜爱显露心意"（Proverbs 18：2）。应对"喷子"最简单办法是不要理睬他们。这可能说起来容易做起来难，因为他们的许多冷言酸语是刺激性或挑衅性的。你不去理睬他们，他们也会拿你开刀，讽刺挖苦、冷言冷语地来刺激你。他们还会做出义正词严的样子，给你扣上一顶一顶的帽子，非把你游街示众不可。你跟他们说理是完全没有用的。

如果这种事情发生在你的朋友群里，不要以为你自己有百毒不侵的忍耐功夫，最好的办法就是果断地走为上，离开那个群。如果你不这么做，总有一天你也会生气发怒、义愤填膺，因为被侵犯或攻击而"忍无可忍"，终于也像他们一样，口不择言地让自己的愤怒爆发出来。在网上咆哮只会加剧愤怒，而不是减少愤怒。

罗马哲学家塞涅卡（Seneca）在谈到如何避免因受刺激而发怒的时候劝告道，要明智地选择你的朋友，"选择那些诚实，随和，有自制力的人做你的朋友，他们会容忍你的坏脾气，但不会火上加油"。如果你知道自己很容易生气，那就应该避免与会刺激你或挑唆你发怒的人交朋友。这样的人很容易操纵你，把你玩弄于股掌之上。我们维持友谊、家庭和群体关系，是为了给生活带来更多欢乐，而不是为了给自己制造烦恼和痛苦。有的关系看上去很亲密、温馨，如同学、朋友、党派或团伙，其实却是靠非常脆弱和表面的关系维系的。在所谓的“同学”“朋友”关系里，怒气燃烧得比野火还快，这也正是勒庞在《乌合之众》里分析过的那种互相壮胆、群狼行动的氓众特征。

并不是每一个人都会听从理性劝解的，谁都没有能力去说服每一个不愿讲理的人。讲理是件好事，但未必总是会有好的结果。做好事应有做好事的对象和方式，做好事当然应该，但需要智慧的处理，不合于智慧的处理，做好事反倒招来麻烦。“德之所荡”就是这个意思：道德有它的标准，也有它的做法，你不懂用智慧，就超过了这个范国，道德的结果便可能适得其反。所以做好事要小心，不要因为做好事而给自己招惹麻烦和不快。

孔子说：“德之所荡，而知之所为出乎哉?”是在劝他的学生颜回守护自己的德性，不要在不值得的事情上白费功夫。套用孔老夫子的话就是，古时候道德修养高尚的圣人，总是先使自己日臻成熟方才去扶助他人。如今在自己的道德修养方面还没有什么建树，哪里还有什么工夫到那个鱼龙混杂的互联网世界去推行大道！如果每个人都能身体力行这个道理，在发言时秉持基本的道德价值——珍爱生命和自由、和平和非暴力、女性的安全和尊严、说真话和讲诚信——那么不管发生什么样的事件，也不管媒体有怎样的报道，我们都能有自己的独立看法，即使我们不试图去改变别人的想法，互联网和社交媒体大概也就能无为而治了。

今天的启蒙对象不是梁启超时代或 20 世纪 80 年代的“国民”，而是一个范围有限得多，对启蒙并不全然陌生的“小公众”。这是一个从想象的国民群体向比较具体的同道者群体的转变，启蒙因此也相应采取一种更为务实的原则：只在有限的，能分享共同价值观、同样讲道理的人群中传播知识。这是一个开明的“小公众”群体。这就像在经济活动中的无限服务与有限服务区别一样。无限服务的宗旨是为所有人服务，只要是顾客，全都是上帝，即使对胡搅蛮缠、蛮不讲理的顾客也要打不还手，骂不还口，低声下气替他服务。有限服务不同，如果顾客胡搅蛮缠、故意刁难，那么对不起，你可以到别处去，我宁愿少做生意，也不伺候了。一味迁就坏顾客，其实对守规矩和讲道理的好顾客是不公平的。好服务是提供给好顾客的，顾客越讲理，服务也就理应越周到。这样就形成了一个彼此信任和尊重的有限公共群体。

今天的启蒙也是一样，它只跟信任知识、有理性、讲道理的人讲道理，与胡搅蛮缠、故意刁难的杠精讲道理是白搭，也是不可能的。因此不一定非理睬他不可，得罪也就得罪了吧。有人咒骂，就让他去骂吧。互联网时代是一个人群高度分化、对抗和部落化的时代，启蒙解决不了这个问题，启蒙只能在有限的边界范围内为有需要的人们做一些点拨性质的工作。他们已经懂得一些启蒙的道理，或马上就能懂，所以只要为他们捅破一层窗户纸，提供一些概念的表达、观念的厘清和论证的理由或逻辑就可以了。

互联网时代已经更加清楚地划分出两种不同的民众，一种是亲近人文阅读和启蒙的小众，另一种是对人文知识和启蒙不关心，甚至有抵触和敌意的大众。区分他们的一个标志就是他们的不同阅读和表达。阅读和表达作为一种文化成就和技能，对人们如何看待自己和人们如何被他人看待，都起着重要作用。在现代社会里，人们表达自己的能力和对世界的理解主要是通过他们的读写来实现的——阅读什么，如何阅读，表达什么，用什么样的语言表达。随着互联网和社交媒体的发展，阅读和表达作为自我认同的一个组成部分，其重要性也在增加，因为一个人需要拥有这种技能，才能被社会接受，才会被当作有文化的人。和19世纪至20世纪上半叶的文盲民众不同，今天的网络大众是受过一定程度教育的，他们上过学，能够胜任基本的阅读，甚至有一定的表达能力，但他们的认知和判断能力还停留在“识字的文盲”的那种冲动、盲从、迷信的程度上。与他们相比，亲近人文知识和启蒙的小公众则更能表现出成熟阅读者的那种分析、思考和判断能力，以及与之伴随的理性、逻辑和自我克制。

今天，“文盲”已经不再是能否断文识字的问题，过去，识字赋予个人以社会和文化优越性的身份，今天已经不再是这样。正如英国教育家理查德·霍加特（Richard Hoggart）在1950年代就已经指出的那样，“通常的文盲已经基本消除”；但社会仍然面临着“下一个可能更困难的问题”，那就是如何看待和描述与大众文化共存的文盲的新形式。[①] 在今天这个互联网时代，这个问题变得比任何时候都更加严重和迫切。今天，由于缺乏替代的概念，我们仍然在用特定意义上的“文盲”来描述与互联网文化共存的阅读不成熟，以及与此相伴的思想幼稚、低能和愚昧无知。

英国社会学家弗兰克·富里迪（Frank Furedi）在《阅读的力量》一书里指出，今天我们使用的“文盲”概念“体现了道德判断和文化品位，而不是表示对缺乏解码能力的技术评估。就像它的反面概念——识字一样，文盲已经成为一种自由漂浮的道德属性，附着在各种人类经历上。像情感文盲、文化文盲、道德文盲和性文盲

① Richard Hoggart, *The Uses of Literacy*. London: Penguin Books, 1992, p. 341.

这样的术语都是明确的批评说法。像计算机文盲、生态文盲、金融文盲、健康文盲或媒体文盲这样的概念也是一种类似的态度，尽管是一种更加隐蔽的形式”。[①]

“文盲”成为无知和愚昧的代名词，这样对待文盲是一种对当下大众缺乏思考和判断能力的必要批评。人文知识的传播本身就是带有批判目的的，因此不可能避免有针对性的批评。这样的批评可能对被批评者实际上没有什么作用，以“德之所荡”的态度来应对，实在是不得已的事情。必须承认，这是当下启蒙的一个现实窘境。要改变大众对人文知识的不信任，可能比向他们传播这样的知识困难得多。今天的启蒙正处于前所未有的困难境地之中，其中有大众文化反智主义的原因，有知识分子从公共领域退缩的原因，也有其他的环境原因。这些都使人文知识的传播者们体会到一种非常不确定的无能为力感。

2. 后真相文化中的网络民众

这种无能为力的感觉并不必然导致人文知识传播的无所作为，我们坚持批评后真相文化中的民众认知偏执和互联网上的仇恨暴力便是一个证明，虽然效果不确定，但仍然是有意义的社会批判作为。如何去影响这样民众，改变他们那种冲动、暴力、仇恨的非理性“群众行为”也是今天启蒙的一个难题。为了解释这样的“群众行为”，有过三种不同理论。第一种是 19 世纪末至 20 世纪初的“群众

① Frank Furedi，*Power of Reading*. London：Bloomsbury，2015，p. 160.

心理”理论，如法国社会学家勒庞、塔德和弗洛伊德的“群氓”理论；第二种是20世纪40至60年代的极权主义激进群众运动理论（如阿伦特）；第三种是这之后的后极权假面社会理论（如哈维尔）。第一种理论把群众视为情绪冲动、无思考能力的乌合之众和群氓；第二种理论把群众当作只是被洗脑和被运动的原子个体；第三种理论把群众看成是因害怕或恐惧而假装服从的芸芸众生。社交媒体和后真相时代的“网络暴民”已经很难再用这三种理论去理解和解释了。不同人群之间的冲突和敌视不只是情绪失控的问题，而且更是因为，后真相时代的虚假信息本身就是一种仇恨和暴力的助燃剂，以这种信息进行交流和对话无异于徙薪曲突，抱薪救火。

网络上的暴力和仇恨

我们在互联网或社交媒体上看到的暴力其实只是表象，仇恨才是实质。与语言暴力相比，仇恨是一个更为深层的政治文化问题。国外治理网络暴力针对的首先不是暴力语言，而是网络仇恨。仇恨分裂社会，成为道德之恶，因此成为社会公敌。因此，在美国这样的国家里，在公共场合或公开使用仇恨语言的，会被学校除名，丢掉工作，或被起诉。但是，如果一个国家的社会秩序本身就是建立在某种仇恨的基础上，那么仇恨就会久而久之成为一种文化，到处是暴力，网络暴力不过是冰山一角罢了。

2021年《科学报告》（*Scientific Reports*）刊登了马泰奥·西内利（Matteo Cinelli）等几位意大利社会学家的一份研究报告《网上仇恨和错误信息的动态变化》（Dynamics of online hate and misinformation）。他们开宗明义就指出，网上辩论的特点往往是用户之间的极端两极化和激烈对峙，其原因是网上仇恨言论的存在。

由于网上仇恨正变得越来越成问题，因此有必要制定适当的反制措施。研究者通过一个机器学习模型，对 YouTube 视频上超过一百万条评论的语料库进行了仇恨言论检测。有意思的是，分析表明，没有证据表明存在“纯粹的仇恨者”，也就是只发布仇恨性评论的活跃用户。此外，与回音室假说相一致，研究者们发现，接受了扭曲信息的用户更容易对他们的对手使用不恰当的、暴力的或仇恨的语言。他们还发现，讨论的整体毒性随着讨论的长度而增加，从评论的数量和时间两方面来看，都是争论越长，语言暴力越升级。

他们的研究结果与著名的戈德温定律相一致，早在 1990 年代，美国律师和作家迈克·戈德温（Mike Godwin）就提出了一个定理，今天被称为戈德温定律：“随着网上讨论时间的延长，涉及纳粹或希特勒的比较的概率接近于 1”。也就是说，如果在线讨论（无论主题或范围如何）进行了足够长的时间，则迟早会有人将某人或某物比作阿道夫·希特勒或他的行为。在西方，希特勒是“极恶”的象征，把谁说成是像希特勒是极度的上纲上线。不同的社会和不同的时期有不同的“极恶”象征。

研究网络上的仇恨言论，当然会提出一些着眼于机构和网络平台问题的解决方案和对策。例如，为了防止和打击网上仇恨言论的传播，欧盟委员会与 Facebook、微软、Twitter、YouTube、Instagram、Snapchat、Dailymotion、Jeuxvideo. com 和 TikTok 达成了一项“打击网上非法仇恨言论的行为准则”。仇恨除了助长网上辩论的毒性，仇恨言论，还可能产生严重的线下后果，如举报和告发。一些研究人员假设，在线仇恨和离线暴力之间存在因果关系。此外，有经验证据表明，在线仇恨可能诱发对线下反响的恐惧。然而，对仇恨言论的检测和对比是复杂的。仇恨言论的定义本身仍有模糊之处，学术界向相关的利益机构提供了他们的解释，包括社交媒体公司，如 Facebook，Twitter，和 YouTube。

我们在思考仇恨文化和教育对网络暴力的影响时，应该避免绝对的外因决定论。因为除了教育和环境文化的影响，人性中本来就有仇恨、残忍、恶毒的阴暗因素。仇恨是一种令人痛快的心理亢奋，但也是一剂饮鸩止渴的毒药，真所谓“仇恨是我们喝下的毒药，希望对方死去”。

把这句话里的“仇恨”换成“怨恨”或“愤怒”也是可以的。这句话可能是受到 5 世纪佛教僧侣觉音（Buddhaghosa）的启发。在讨论愤怒时，他说：“这样做，你就像一个想打别人的人，手里握着火炭或粪便，先烧伤或发臭的是你自己。”（*Visuddhimagga*，Ⅸ，23.）自然的人性中有仇恨，对非我族类有敌意，有暴力冲动，人类生来就是这副德性。进化心理学家解释说，人类进化出负面的情绪，是因为有利于我们祖先在恶劣环境中生存，物竞天择要求杀死我们敌人，而不是爱我们的敌人。否则，我们死了，基因就无法传承下去。活下去，把基因传承下去，这也许就是仇恨最初的心理或现实收益吧。但是，我们今天生活在一个与人类狩猎-采集者祖先完全不同的世界，人性中进化而来的负面情绪造成了我们今天看到的许多社会问题。卢梭和康德都曾强调，文明和道德就是限制人的某些自然天性。所以我们今天要倡导的不是野蛮的狼文化，而是文明的人文化。

网络暴力表现为污言秽语、冷嘲热讽、尖酸刻薄，但这些都是手段而不是目的。目的是对他人造成伤害和攻击，经常仗着人多势众，形成围殴式的霸凌。暴力和霸凌并不是同义词，但我们关注的暴力首先是霸凌，因为霸凌是最典型的恶意和残酷暴力。而且，霸凌以多欺少，是一种暴众作恶。

网络霸凌可以有多种形式。它可以包括骚扰（侮辱或威胁）、散布谣言、举报、揭发和欺骗（获得一个人的信任，然后利用网络媒体传播他的秘密）、排斥（把一个人排除在活动之外）、谩骂（妖魔化，非人化，扣上各种的帽子）。这些活动可以通过电子邮件、即时通信、短信、社交或其他网站进行。

网络霸凌在几个关键方面与传统欺凌不同。最明显的是，它需要一定程度的技术专长，是会玩电脑和手机的，有的甚至是高手。网络霸凌还为欺凌者提供了传统欺凌所不具备的匿名性。正因为如此，欺凌者无法看到受害者的反应，研究表明，他们作恶更大胆，悔意更少。网络霸凌是机会主义的，因为它在没有身体互动的情况下造成伤害，几乎没有计划，被发现的机会也很小。

霸凌者经常不把自己视为加害者，而是反把自己当作“正义使者”，在受害者或批评者失声或噤声的情况下，他们的霸凌也就名正言顺地成为正义的“舆情”，难以听到别的声音。300 多年前的中国思想家黄宗羲就已经看到，“舆情”随形势而转，是一种只有参考价值，但不可全然当真的“莫测”表象。他那个时代的前明遗民反抗清政权失败之后，人心很快地便归顺新朝，所以他感叹道：“形势，昭然者也；人心，莫测者也。其昭然者不足以制，其莫测者亦从而转矣。”① 舆情跟着形势走，而不是反之，形势永远在变，任何莫测的现象都不可能永久不变，都有莫测的改变可能，舆情营造了一种可以称为“角色人群”的假象公众。

角色人群的形成是因为许多人互相模仿，都在扮演同一个角色。

①《黄梨洲文集》，北京：中华书局，1959 年，第 205 页。

德国思想家和作家埃利亚斯·卡内提（Elias Canetti）说："一个人或许可以由他常用的某些套语被人认出……但这些套语却未必是能够反映此人特征的"。网上的霸凌客就是一个套语群体，他们说来说去总是老一套恶狠狠的谩骂和挖苦。"激愤"和脏话日常化，吃菜重口味化一样，是特定环境下的一种报复性夸张特征，是在受制环境下的极少不受制领域里格外着力的爆发性表现。仇恨套语形成了激愤的面具，"面具本身越是清晰，它背后的一切就越是模糊。没有人知道面具后面会突然出现什么"。[①] 当面具突然掉下的时候，经常让所有人都大吃一惊。

这个套语群体的角色与他们的"本人"（persons）是可以区分开来的。16 世纪伟大的人文主义者蒙田在他的随笔名篇《论慎重许愿》里就这样写道："大部分角色都近于闹剧（low comedy）。……我们必须像模像样地扮演我们的角色，但那只是一个借来的。不要错将面具和扮相当成了实质，也不要将外来的当作是你自己。我们无法察辨皮肤和衬衣的区别。面部抹粉足矣，何须给内心涂脂抹粉。我见过一些人，他们不仅在形体上而且在实质上起了变化，有了新的面貌，变成了新的角色中人。他们一举一动宛如要人，深入肝肠，而且把这角色一直带进厕所。我无法教会他们，脱自己的帽子和脱角色的帽子是不同的脱法。"[②] 他们如此沉醉于自己的角色，以至忘记了他们自己是谁。他们并不是天生的傻子，只是扮演了不当的角色。但是，面具戴久了，脸会长到面具里去，衬衣太像皮肤，就会

① 埃利亚斯·卡内提:《群众与权力》，冯文光等译，中央编译出版社，2003 年，第 260、264 页。

②《蒙田随笔全集》下卷，陆秉惠、刘方译，译林出版社，1996 年，第 274 页。译文根据 Donald M. Frame 的英译本有改动。

以假乱真，最后变得真假难分，这就是角色对人的改造作用。

改变角色，这种事情不会自动发生，但也不是像黄宗羲说的那样，全然是形势使然。促进变化的一个很重要的因素就是审时度势的知识启蒙。中国现代史上的前两次启蒙都没有碰到今天“霸凌客”的难题，而正是这个难题使今天的启蒙陷入了一个左右为难的境地：一方面，因为见证霸凌客的愚昧、偏执和狂热，所以许多人期待再一次启蒙能改变这种情况；另一方面，启蒙看来无力改变他们。启蒙的困境在于，倘若不能至少改变他们中的一部分，又为什么要期待再一次启蒙？确实也有人因启蒙的这一失败而对启蒙完全失去了信心。

“霸凌客”的存在使得当下的启蒙不可能只是重复历史上有过的两次启蒙。从信息、知识和教育的获得来看，他们和上两次启蒙的受众是不同的。他们是以前没有过的互联网群众。他们的观点和言论行为与当下的互联网形势和特征是联系在一起的。只是因为信息环境太单一，他们才有机会表现得如此狂热、偏激、暴戾、自以为是。换句话说，他们是囿于信息环境的“昧”，而不全然是自身的“愚”。

后真相造就分裂和对抗

许多人认为，网络暴力的成因是人群的极端部落化和因此造成的观点极化和对立，这使得不同观点之间难以沟通，在对待分歧时以情绪宣泄取代公共讨论。从表面上看确实是这样，但“极端化”或“难以沟通”都是表象，其背后的实质是对真相价值的认知和判断。而不同的认知和价值观则又是由不同消息和信息形成的。所以虚假信息成为一个至关重要的问题，准确地说，是那种让许多人乐意接受的虚假信息，他们最容易接受的是那种“我爱听”的虚假新闻的影响。这是今天“后真相”时代的一个特征，也是理解不同群体激烈对立的一个关键。但在这里需要指出的是，不同观点小公众之间的对立并不是有些人以为的公说公有理，婆说婆有理，因为说不到一处去，所以才在网上干起架来。这样的情况当然不是没有，但更有典型意义的是虚假信息与要求真相，轻信盲从与批判性思维之间的对立和冲突。换句话说，是愚蠢与开明的对立和冲突。由于话语权的不对称——假话开绿灯，真话开红灯——“后真相”事实上成为有害的先入之见和政治意识形态，而共同的客观真理标准也就不复存在。

真相是信息的重要组成部分，对建立负责任的社会产生积极影响。但“后真相”相信的不是事实、真相和社会现实，而是泛滥的情感、错误的认知和偏执的信仰。著名英国记者安科纳（Matthew Robert Ralph d'Ancona）认为“信任的崩溃是后真相时代的社会基础”。政治学者加布里埃尔·科森蒂诺（Gabriele Cosentino）指出，后真相是一种意识形态挑战的武器，它滥用坚信社会责任的现代社会民主规范和价值观。① 这种现象在社交媒体上有令人瞠目结舌的表现，后真相操作通过提供在线谣言、网络骗局、虚假图片、煽动性言论、阴谋论猜测等等来混淆视听和掩盖真相。

在后真相时代之前，诚信曾经被认为是一个全有或全无的命题。你要么是诚实的，要么是不诚实的。在后真相时代，这个概念已经变得模糊。人们较少考虑诚实和不诚实本身，而更多地考虑所谓的

---

① Quoted in Madhusudan Neupane, “Post-Truth as Ethical Crisis with the Misuse of Social Media”. Post-Truth as Ethical Crisis with the Misuse of Social Media | Request PDF (researchgate. net).

“用意”和“程度”。道德是以滑动的尺度来判断的。有“良好”愿望的人觉得自己比别人更有理由谩骂、侮辱、人身攻击他人，在“有需要时”也更有理由掩盖或扭曲真相，甚至说谎。今天，我们的社会有越来越多的不诚实行为，这不只是与道德水平的下降有关，而且与不再看重诚实和真实的社会环境有关。

从来就不缺少不择手段的人。只要有那些认为自己可以逃脱谎言责任的人，就会有骗子。问题是：什么情况下会助长说谎话而不负责任的侥幸心理？除了那些对真相和谎言不加区分的反社会者之外，我们大多数人在某些情况下更诚实，在其他情况下则不太诚实。在后真相的环境中，纵容不诚实的环境在上升，而那些培养诚实的环境在下降。如果我们确实更多地撒谎——我们都相信我们的社会确实如此——那是因为当代生活的环境没有对不诚实进行足够的惩罚。

2016年，“后真相”被《牛津词典》选为年度词汇，这个词是一个时代的象征，而不真的是指某个历史时期。也可以说，后真相是一个无边无际的虚拟信息时代，政治权力或意识形态威胁着事实和常识，打扮成“真相”或“真理”的代言人。正如《牛津词典》所解释的，后真相是一个经常与政治相关的形容词，“它能够发挥营造客观事实和塑造公众舆论的作用，但这种作用不及诉诸个人情感和个人信仰”。因此，后真相一方面把政治变成断言，另一方面又竭力试图诱惑人们的情感和直觉，而不是凭借理性的经验证据和真实信息，例如用煽情的民族主义取代理性的公民爱国主义，正如拉尔夫·凯斯(Ralph Keyes）在《后真相时代：当代生活里的不诚实和欺骗》一书里所说，后真相时代创造了一个道德的昏暗地带，在那里，撒谎所附带的耻辱感消失了，谎言可以不受惩罚地被说出来，对一个人的声誉没有影响。这导致了谣言、假新闻和阴谋论的产生，它们可以在短时间内疯传，为虚假的现实提供动力，为宣传目的服务。①

后真相让“撒谎”成为一种能耐，一种担任某些工作的能力和训练。这些骗子们擅长于制造令人愉悦和爱听的假信息和假新闻。这样的谎言之所以能够堂而皇之地登堂入室，是因为有的人爱听。

尽管自古以来一直都有骗子，但谎言通常是在犹豫不决、多少有一丝焦虑、一点内疚、一些羞耻的情况下说出来的，说的时候会不好意思，说不出口。现在，我们有些聪明人，已经想好了篡改真相的理由，这样他们就可以毫无愧疚地进行传播。这样的人能大行其道，不是因为我们进入了卡夫卡的荒诞世界，而是因为我们已经身处于后真相时代，“后真相让我们可以在不认为自己不诚实的情况下传播谎言”。“极端化”或“无法沟通”并不是因为说话双方的遣词用字不同造成的，而是因为许多后真相的信息让有些人觉得舒服，而让另外一些人感到厌恶，要求他们通过沟通，在中间地带的某个地方握手、交谈、取得共识，事实上是没有这个可能的。

有没有可能说服拥抱后真相的人们呢？以目前的情况来看，没有这种可能。对不愿意说理的人说理有没有意义，值得不值得，这并不是今天才有的问题，古人早就对此有所思考。2000 多年前的所罗门智慧箴言里就已经谈到这个问题了，并有这样的教诲：“鞭子是为打马，辔头是为勒驴；刑杖是为打愚昧人的背。不要照愚昧人的愚妄话回答他，恐怕你与他一样。要照愚昧人的愚妄话回答他，免得他自以为有智慧”。（箴言 26：3—5）这里有两个意思。第一，对愚妄话不要与它一般见识，能躲就躲；第二，实在要回答，就不真

---

① Ralph Keyes，*The Post-Truth Era*：*Dishonesty and Deception in Contemporary Life*，St. Martin's Press，2004，p. 25.

不假地用高级黑的办法应对或敷衍一下，也许他能够意识到自己的愚蠢。箴言经常运用“反义平行”（antithetical parallelism）的表达方式，这是一个很好的例子。社交媒体上的冲突现在很普遍，但其实并不新鲜。在刚开始有网络论坛的时候，参与者之间的激烈交锋被称为“火焰战争”（flame wars）。这是一种双方各打五十板子的说法，但却是一般旁观者乐意接受的。无论哪一方是“愚妄”的，双方对骂，绝无胜者。所以，中国人的智慧是道不同不相为谋，君子爱惜羽毛，远离小人，免得腥膻上身。双方争辩，评判对错的是旁观者，但旁观者未必能“清”，所以，美国幽默大师马克·吐温据说对此有一句智慧名言：“永远不要和一个傻瓜争论，旁观者可能无法分辨。”这句话衍生出一些类似的说法，如“不要和一个傻瓜争论，否则听者会说你们是一对”，“永远不要和一个傻瓜争论。但如果你必须这样做，最安全的方法是与自己进行辩论”，“永远不要在公共场合与傻瓜争论，以免公众辨不清谁是傻瓜”。

后真相时代的“粉丝群众”

后真相的网络世界并不是一个全然不能辨识谎言，全然无视谎言的地方，但它对谎言有一个双重标准的原则：“我的谎言是可以理解的，你的谎言是可鄙的”。人们在为自己的谎言开脱的同时，又对不诚实的盛行感到震惊。不同意见或观点的双方越是觉得自己无辜，对方可鄙，就越是会互相敌视，出口成暴。

今天的公众也许并不比以前任何时候缺乏道德感，但在他们的道德感与不诚实言语之间的差距却是前所未有地拉大了，这解释了为什么人们都在为社会道德危机感到担忧，但却又不能做到诚实从我开始。不诚实行为上升的明显原因是道德的衰退。从这个角度来看，道德指南针已经崩溃。人们的是非感已经消失了，良心被认为是陈腐的陋见，道德更新的信心已经被愤世嫉俗所取代。在世界的其他任何地方，从来没有一片道德的净土，只有一个更不容易说谎话的地方。在那里如果说谎被抓到，后果会更严重。还是在不久远的过去，谎言通常被认为是真相的对立面，总的来说最好不要说谎。

说谎也许是人的一种“天性”，但是自从人类进入文明社会之后，稳定的人类群体不再可能欢迎那些经常蒙骗对方的人，就像有了法庭，就不再可能容忍伪证一样。欺骗的能力使早期智人在部落外具有优势，但也侵蚀了他们在部落内的联系。这种认识也许是我们遥远的祖先最早的道德冲动之一。今天，人类几乎普遍强调了诚实。在一开始，要求真相和诚实并不单单是要求排除虚假信息，而是相信，生活在一起的人之间需要信任，而在那些互相说谎的人之间，信任是很难维持的。这就是为什么诚实的压力一直来自社会的需要，而不只是个人的良心。

我们都知道，如果不诚实成为常态，社会就会崩溃。大多数人都能感觉到这一点。但是，谎言大量增加，而社会却并未崩溃，人们见怪不怪，习以为常，因此，他们对谎言的敏感度就下降了，对谎言的关注也就不再与它的普遍性一起上升了。今天的我们可能并不比我们的祖先更善于编造谎言，但我们更有能力逃脱因欺骗他人而受责罚，即使被揭穿，也很少有人会在意，因此就会被轻松放过。网络上的“刁盘”和“洗地”大V们正是看准了这一点，所以才会肆无忌惮地大胆说谎。这样的谎言之所以能够堂而皇之地登堂入室，是因为粉丝们爱听。

这样的粉丝们构成了网络上“激愤族”的基本人群，我们可以把他们称为“粉丝群众”，他们被谎言吸引，并不是因为头脑简单到全然无法分辨真相的程度，而是因为迷上了他们喜爱的后真相，对他们来说，后真相的谎言已经变得像挠痒痒一样普遍。他们不仅消费，而且还积极传播后真相的谎言。虽然他们只是社会人群中的一小部分，但因为发声是在同一个调门上，而且音量特高，所以显得声势浩大，俨然像是一个规模宏大的公众。这样的粉丝群众在心理上依赖后真相，把后真相当作他们的精神食粮。

粉丝虽然是个人，但心理定位永远是属群的，体育、娱乐、政治、流行文化、科幻小说，各有各的粉丝。不同的粉丝有一个共同的心理特征：崇拜，而崇拜的结果就是冲动、盲信和容易上当受骗。粉丝历来都有，但后真相时代的“粉丝”之当粉丝而觉得骄傲，并以此自我称谓，这是以前没有的。

粉丝（fans）被认为是一个来自 fanatic（“狂热者”）的简称，可以理解为“热衷于某事或某人的人”。研究社会包容和排斥的埃里克·韦塞尔曼（Eric Wesselmann）教授指出，“被称为粉丝的想法本身曾经更接近于一种侮辱。你必须记住，粉丝是狂热分子的衍生物，所以很多早期的粉丝研究是在与那些可以被认为是狂热分子或极端粉丝的人交流中完成的。……在过去 15 年左右的时间里，与粉丝相关的负面含义已经减少了。今天，人们更能接受被称为‘粉丝’，并以充当粉丝为荣”。粉丝的本质是盲信和迷信，“社会对一种迷信的接受程度高于另一种迷信，这是一种讽刺”。①

粉丝的正常化正在成为后真相时代到来的一个标志，也是现代公民社会危机的表现。体育明星或演艺明星有众多粉丝，这也许不

① Fans of fandom：Psychology faculty break down the passion and persecution of fans-News-Illinois State.

过反映了时尚的影响，但在互联网和社交媒体上带风向的“意见大V”就不同了，他们的粉丝们最终面对的是思想。一个意见大V只是凭借文字和传播文字的能力，就可以创造出与乔丹和公牛篮球队同样庞大的粉丝群体，甚至更大。由于粉丝们消费的都是后真相，他们形成了一个共同的群体，以千百倍的强度放大后真相的声音。他们并不是真的相信后真相的每一句话，而后真相里也不是每一句话都是假话。维特根斯坦（Ludwig Wittgenstein）曾经观察到，人们经常在说真话的时候撒谎，而真话也能起到同样的欺骗作用。而在后真相话语里，真相和谎言之间的差距已经缩小到了难以察觉的程度。选择说哪一句真话或假话都在很大程度上是一个方便的问题。

后真相是因为所有常见的理由而撒谎，或者根本没有明显的理由就撒谎。粉丝们根本没有办法凭借他们自己的智力在这样的话语迷宫中找到一条避免上当受骗的路径，他们是最需要启蒙的人，但是，他们又是最可能拒绝启蒙的人，因为他们不再认为讲真话是一种有价值的默认设置。当后真相的谎言被暴露时，粉丝们很少有人对此表示生气，甚至觉得连关注都是多余的。他们对撒谎的态度已经变得如此宽容，以至于就像英国心理学家菲利普·霍德森（Philip Hodson）所说，现在撒谎就像开车时超速一样可以接受，没有人对它大惊小怪。粉丝的一个明显特征就是特别能理解和容忍他们崇拜对象的“失言”或“失误”，将之视为一种必要的策略，一个不小心的意外，而不是精致谎言的失算。

粉丝文化是大众投入和参与的产品。越多的人转向电影、电视和互联网寻求娱乐，越多的粉丝社区就会涌现出来，这使人们能够以前所未有的方式乐在其中。作为粉丝，参与者不仅仅是对一些令人愉快的事物表示赞赏，而是已经将此提升为一种彼此分享情绪、意见和生活体验的方式。虽然有成千上万个不同的粉丝俱乐部，但它们都是靠个人参与来分享他们对崇拜对象的爱和赞同。无论是对一个人、一个乐队或运动队、一个电视节目、一本书、一部电影，还是一种立场或观点，粉丝们都离不开他们的属群。

今天，让粉丝文化更加蓬勃发展的是互联网和社交媒体。大多数的粉丝行为都发生在网上，数以百万计的粉丝利用他们在社交媒体的不同社区成员资格来表达自己的身份。根据社会认同（social identity）理论，人们所属的不同群体可以成为骄傲和自尊的来源，也可以刺激暴力冲突，这一点在体育迷中可以发挥到极致，公然的足球流氓行为就是一个例子。社会认同在民族主义和爱国主义上也可以发挥到极致，它在很大程度上集中在种族、民族或政治忠诚的差异上：不是我的朋友就是我的敌人，爱我意味着同意我的观点，真相意味着接受我的事实，这样的社会必然是一个情感取代了真相，敌意代替了分歧的社会，不幸的是，无论是在网上还是线下，这正是我们现在看到的社会现状。

3. 假面社会里的“大众人”

用理性抵御蛊惑

虽然人文启蒙不准备放弃任何一个它可能影响的对象，但它并不盲目乐观地以为，它就真的有影响每一个人的现实可能。这是因为启蒙知识的传播不得不面临现实存在的限制，它必须在具体的社会环境中相机行事，必须承认有的事是它无法独自完成的，有的人确实是无法启蒙的。

现代社会里的大众人并不生活在文化真空之中，等待启蒙去影响他们。与启蒙争夺社会影响的有各种不同的看法、意见、宣传、洗脑、诱惑、煽动。权力操纵和民意蛊惑尤其使得启蒙独力难支。制度性的蛊惑和操纵可以造成了两种显著的效果：第一，它的宣传和洗脑确实能够在相当程度上左右许多大众人的观点和思维方式，使得启蒙更加困难，甚至不再可能。第二，它营造了一种看似普遍一致的“正确行为”虚假景象。因此，就算有的人并没有被洗脑，但在公共生活中也不得不随大流，有样学样，作出正确行为的样子。久而久之，这种行为就会反过来引发与之一致的正确情绪、情感和认知。这种调适是在下意识里不知不觉地完成的。一旦固化，也就察觉不出是洗脑或趋众影响的结果，反而像是自由选择的结果。这就是假面社会里的久假不归现象。

“自由选择”是一种很容易制造的假象，精神病医院的医生有一个检测精神病人的简易方法：让被检测者坐在一个放了水的浴缸前面，然后给他一个盆子和一把勺子，让他“自由”选择如何把浴缸里的水舀干。神经病和正常人的区别在于，神经病会在盆子和勺子之间做选择，但正常人会直接把浴缸底部的塞子拔掉。

人文启蒙要让人们知道，可以用看似自由的选择来限制或误导人的自由选择，蛊惑和操纵经常就起到这样的作用。蛊惑是一种与理性开导不同的“说服”机制，蛊惑利用迷惑、诱惑、欺骗、崇拜、讨好、迎合等手段，看似诉诸人们的自由意志，其实是通过操控他们的愉快感觉来引导他们的思维，使之心意迷乱、利令智昏、理性迷失、情绪冲动，因而对蛊惑者言听计从，盲目追随。这实质上是一种利用人的非理性本能的影响方式。

与蛊惑和操纵不同，启蒙是一种理性开导。启蒙诉诸人的理性和逻辑思考，它不诉诸人的一时冲动或激情，而是要求冷静思考、瞻前顾后、仔细周全。这是一种批判性的而不是盲目冲动的思维方式。蛊惑是在让人在不明白事理的状态下有服从行为，而理性开导则是要让人在明白事理的前提下有目的地自主行动。

对蛊惑者一直存在着一种错误的看法，以为蛊惑者是从群众中涌现的“群众领袖”。柏拉图不把蛊惑者当作来自群众的人物。他不担心从普通人中冒出来的领袖，却担心来自上层阶级的人士，其中就有“堕落的哲学家”。哲学家堕落的例子是《理想国》第一卷里的特拉西马库斯（Thrasymachus）。他是一个强权主义者，认为正义满足的就是最强者的利益，正义即强权。后世的蛊惑家们许多都有特拉西马库斯身上的一些特点：性格强势、能言善辩、武断坚决、能随时把握听众心理、善于劝说。蛊惑家的虚荣心多于雄心，喜欢他人的尊重也喜欢他人的服从，喜欢权力的外在形式也喜欢权力本身。

蛊惑家善于表演强悍，他的强悍能让听众产生一种幻觉，以为只要跟随这样的领袖，自己就能成为强大群体的一员，也变得强大起来。大众人容易受到这样的蛊惑和煽动，是因为他们很渺小，一下子能在心理上强大起来，是个巨大的诱惑。这样的大众人是非常容易被利用和操纵的。

古代的蛊惑者是一些个性独特、富有魅力、能力超群的个人，而现代的蛊惑者则是组织严密、职能专一、资源雄厚的政党和国家机构。古代的蛊惑者，就像我们在莎士比亚《裘力斯·凯撒》一剧里安东尼对罗马民众的演说里看到的那样，诉诸于民众的自私、贪心和复仇心；但现代的蛊惑则不仅诉诸民众的私心、私利、害怕、仇恨，而且还诉诸他们的爱国心、主义信仰和领袖崇拜。

古代的民众并非总是暴民，只是在被蛊惑或鼓动的时候，才显露出暴力倾向。但是，现代的大众人中的一部分——义和团式的人——即使在没有动员或鼓动的时候，也有强烈的暴力倾向。

互联网时代的暴力主要是语言暴力。由无数网民组成并随时准备出击的暴力军团："每错必究，谁错抽谁，虽远必诛"。暴力的语言给人一种力量的快感和幻觉，这种快感和幻觉很对他们的口味，与是否真有"敌情"或"犯规者"无关。

勒庞在描绘 19 世纪暴民群众特征时说："群众从来就没有渴望过真理，面对那些不合口味的证据，他们会拂袖而去。假如谬论对他们有诱惑力，他们更愿意崇拜谬论。凡是能向他们供应幻觉的，也可以很容易地成为他们的主人。凡是让他们幻灭的，都会成为他们的牺牲品。"① 在今天这个互联网和社交媒体时代——它也被称为"后真相"时代，这种情况变得更加严重。电子社交技术导致人们只与"志同道合"的人聚在一起，结成不同的数字部落。他们在意的是部落里共同的情感需要，可以完全不在意何为真相。不同部落之间的联系方式是对抗、敌意和仇恨，而不是理性的了解、理解和辩论，网络暴众其实就是这样的部落成员。

与 19 世纪的随机性群众暴力不同，今天的网络暴众语言行为是有导向的，网上的语言暴力不是想骂谁就骂谁的，而是只骂主导者允许骂的，鼓励去骂的对象，因此是一种诡异的"真的假骂"：货真价实的假货。这是现代假面社会里特有的新型群众行为。在有些国家，一些网络大 V 或名人，一面在国内靠"爱国"挣流量，一面把家人送到他们咒骂的外国去，还堂而皇之地以各种理由来自我辩护。

---

① 古斯塔夫·勒庞：《乌合之众：大众心理学研究》，冯克利译，中央编译出版社，2005 年，第 89—90 页。

他们的“爱国”成为一种没有实质意义的假面语言行为。

俄裔美国社会学家，著名苏联研究专家费兹派屈克（Sheila Fitzpatrick）在《撕掉面具！20 世纪俄国的身份与面具》（*Tear off the Masks! Identity and Imposture in Twentieth-Century Russia*）一书里分析前苏联社会中的假面语言行为，她举了一个生动的“学说苏维埃语”的例子。1920—1930 年代，在苏联社会里，谁要显得政治进步，显得有觉悟，谁就得娴熟运用“苏维埃语”。“苏维埃语”是一种用意识形态教义支撑起来的名词、概念、术语、革命形象、英雄象征等等混合体。开始的时候，一般人只是为了政治表现，模仿这种语言，“苏维埃语”只是一个政治扮相的道具，一个公开场合的面具。但是，久而久之，这就成了人们用以看待和思考问题的语言，思想观念也在不知不觉中真的转变过来。

后来，所有的苏联人说的已经都是“苏维埃语”了，苏维埃语就是他们所知道的俄语，而在这之前的俄语在他们耳朵里则一听就是陌生的了。他们听到那些早年侨居海外的俄国人说话，一下子就能听出“不是自己人”。1960 年代的苏联社会，用费兹派屈克的话来说，“已经不再是由正在学说‘布尔什维克语’的个人所构成的了……老一代人已经学会了这套语言，而对年轻人——也就是社会中大多数的人——来说，这就是他们的母语”。对在“新社会”里出生和长大的苏联人来说，除了“布尔什维克语”（“苏维埃语”）之外，他们不会说任何其他语言，就算他们会说英语、法语、西班牙语，而不只是俄语，在他们的头脑里，也都会自动翻译成“苏维埃语”。① 1991

---

① Sheila Fitzpatrick, *Tear off the Masks! Identity and Imposture in Twentieth-Century Russia*. Princeton University Press, 2005, p. 25.

年苏联制度崩溃，人们首先察觉到的并不是政府机构的变化或者政治路线的改变，而是“苏维埃语”不再被使用了，当人们不再需要说“苏维埃语”，也确实不再说“苏维埃语”的时候，他们才朝健康的方向真正发生了变化。

启蒙的一个难题就是如何从改善公共语言去改变在今天社会中常见的偏执、暴戾、非理性语言及语言行为。智力退化、道德无是非、行为乖张而非理性，都是从语言开始的。霍尔姆斯（Oliver Wendell Holmes，Sr.）说：“语言是灵魂的血液，思想在其中流动和生长。”语言得了败血症，思想和行为离腐坏和死亡也就不远了。而如果能救治好语言的败血症，则还有希望恢复健康。这个问题现在已经受到了相当的重视，许多语文教育工作者正在为此做出辛劳的付出，这是非常难能可贵的。但是，问题并不只是发生在语文课堂里，而是关系到更大的政治和社会环境，费兹派屈克的社会学研究就是一种针对个人语言行为与大环境关系的人文启蒙。

久假不归与弄假成真

费兹派屈克论述的“苏维埃语”在今天网络上有了新的变化形式，表现为人们已经司空见惯的那种充满仇恨、暴戾、极端冲动的爱国主义语言。“义和团”不需要互相认识，就能靠这种语言来相互辨识、结党成群、集体行动。对许多并不真是“义和团”的人们，这种苏维埃语也是一种能保证他们安全的政治扮相面具和道具。

然而，正是因为他们有这样的语言行为，他们的情感和思维方式也会悄悄发生改变，变得与行为表现一致起来。老式的群众理论几乎从来没有触及到这样的群众行为特征，因为它所关注的群众还不是假面和犬儒社会里的大众人。老式理论关注的是暴民和群氓——真诚的暴民和不装假的群氓。用老式的群众理论来理解假面社会里的大众人（如互联网时代的愤青和暴民）现象时，会错误地设想一种群众性的自然“情绪-行为”关系，那就是，他们的暴力言语行为起源于他们的非理性情绪（愤怒、仇恨）——先有情绪，后有行为，情绪是行为的动因。

这样一种情绪-行为关系认知在一个假面和犬儒的社会里已经变得完全过时了。装傻和犬儒不是因为不明白，而是明知故犯，甚至可以是当明白人的至高境界。当然，这种明白人的装假并非今天特有的现象。2500多年前，孔子就说过：“宁武子，邦有道，则知；邦无道，则愚。其知可及也，其愚不可及也。”（《论语·公冶长》）也就是说，宁武子这个人，在国家政治清明时就聪明，当国家政治黑暗时就装糊涂。孔老夫子认为，宁武子的聪明是别人可以做得到的，但宁武子装糊涂，这个本事是别人赶不上的。别人赶不上宁武子，是因为他大智若愚，有一种潜藏不露的大智慧。

可以想象，在孔子的时代，像宁武子这样善于装傻的人是极少的，所以善于装傻才成为大智慧。然而，在我们今天的犬儒和假面社会里，像宁武子那样善于装傻的人遍地都是，所以大智慧也就成了小聪明。大智慧表现的是内在的涵养，看似木讷，实则胸藏锦绣，今天人们装傻恰恰相反，他们不过是在强制行为的环境中玩见风使舵、趁风扬帆的小把戏。不让人看清自己的真面目，那才是最安全的生存之道，久而久之，他们自己都不知道自己到底是谁了。

这叫“久假不归”。美国著名的哲学家和心理学家威廉·詹姆斯（William James）对此有独到的见解。在威廉·詹姆斯之前，心理学家们相信，人总是先有情绪或感情，然后才有行为。譬如，一个人总是先害怕，然而才逃跑，先愤怒，然后动手打人；先热爱领袖，然后高唱赞歌，等等。威廉·詹姆斯说，你们都错了，人其实可以先有行为，然而才有与行为一致的情绪或情感，在社会情感和公开行为之间尤其是这样。由于情感和行为反应之间的时间差非常微小，经常似乎同时发生，所以人们把行为-情绪的先后误以为是情绪-行为的先后。开始的时候许多心理学家都不相信威廉·詹姆斯，认为他是在那里瞎说。但是，在他提出了这个看法之后，人们从经验和心理学实验中逐渐发现，还真是这么回事。

这样一来，许多以前难以或不能解释的现象都能解释了。有心理医疗师做了一个实验，让患有严重忧郁症的病人露出笑脸，这当然是不容易的。心理医疗师说，不要紧，不管你心里是怎么感受的，你只要在脸上做出是在“笑”的样子就可以了。忧郁症患者于是就拼命地挤动自己脸上的肌肉，心理医疗师说，“很好，请继续”。一次又一次，熟能生巧，忧郁症患者不仅能挤动脸上的肌肉、还会裂开嘴巴，露出牙齿，甚至还会发出“嘿、嘿”的声音；渐渐地越来越熟练，装笑的时候也就越来越像是真的在笑了。①

更神奇的是，心理医疗师还发现，由于熟练地掌握了“笑”的动作，忧郁症的病人的心情好起来了，越来越不忧郁了。很明显，他的情绪已经由于他的行为改变——从以前的愁眉苦脸到后来的“笑”——而自动作出了调整，从以前的郁郁寡欢变得轻松快乐起来。

忧郁症病人开始的笑是假装的，只有表相而无实质。他脸上在装笑，但心里并不真的快乐。然而，他装着装着，心情和情绪调整

① 美国运动机能学和心理学家西恩·贝洛克（Sian Beilock）在他的《具身认知：身体如何影响思维和行为》（李盼译，机械工业出版社，2016 年）一书里对这种行为机制有详细讨论。

过来了，也就与“因乐而笑”一致起来，开始假装的笑也就成了真笑。他脸上在笑，心里也乐，心里乐了，也就笑得更欢了。威廉·詹姆斯的久假成真假设得到了戏剧性的证实。心情低落、沮丧的人到歌房去唱卡拉 Ok 调适心情，唱着唱着心情就好了起来。因为孤独、挫折、诸事不顺，到网上去叫喊、咒骂、呼号，夸张地显示热情，喊着喊着，也就真的嗨了起来。

这样的事情在我们的日常生活中也是常见的，只是人们不知道怎么去解释罢了，所以经常是解释错了的。例如，民间出丧有雇“哭丧女”（又称哭孝女、哭丧妇）的。家里有人逝世后，亲朋好友前往吊丧，死者的家属除了点头致意，大部分会因为失去亲人的悲痛而哭泣，甚至号啕大哭。由于“哭”在一些文化的葬礼上不单是情感的体现，还是重要的礼仪，有的死者家属因哀恸欲绝或其他原因而哭不出来，亲朋好友左邻右舍会认为往生者的家属不够孝顺，因此往生者的家属会请哭丧女来代哭，并营造葬礼的哀伤气氛，带动家属以哭泣宣泄悲痛情感。

“哭”是在包括丧礼在内的“凶礼”时的“正确行为”，不只是情感的表达，而且是合适的礼仪。这就像有的国家里人们见到“首长”就起立鼓掌一样，是正确行为，不代表有真情实感。由于哭丧女本身与丧家并不认识，她们也不是真的为死者逝世而痛哭。尽管如此，哭丧女往往哭得比死者的家人还要厉害，还要真切，眼泪鼻涕，号啕大哭。人们一般认为这是因为哭丧女收了人家的钱，因为尽忠职守，所以卖力表演，但哭丧女的哭其实是假的。

其实不然。哭丧女开始也许是假装在哭，但一旦进入角色，情绪有所变化，悲情调动上来，那她的哭可就由假变真了。由于她哭的行为比死者家人投入，她的悲情也就比死者家人更强烈。所以，哭着哭着，反而让旁观者觉得，哭丧女如此悲伤，死掉的像是哭丧女自己的家人，而死者的家人反而像是在陪衬着悲伤了。

其实，类似于“哭丧女”的行为-情感调节还发生在许多其他人身上，连高级知识分子也不能幸免。有的学者、教授虽然贵为“思想家”和“理论家”，其实在行为-情感的调节机制上也与普通人没有什么两样。开始的时候，他们讨好权力、热情颂圣、为坏事叼盘或洗地，是出于不得已，因为不熟练还会露出假装的马脚。但是，久而久之，熟能生巧，他们也就显得像是因为思想正确、情感纯真，所以才有了正确的政治表现，不仅旁人以为那是真的，连他们自己也以为是真的了。这就已经进入久假不归的境界了。

威廉·詹姆斯行为-情绪心理观对于我们理解现代人的行为特征具有特别的意义，也让我们看到古人对思想控制的认识局限。例如，韩非不仅主张人们守法，而且主张要限制人们的思考，所以明确规定了思想罪。人们不只在行动上要守法，在思想上也必须是法的婢奴。所谓“禁奸之法，太上禁其心，其次禁其言，其次禁其事”（《韩非子·说疑》）。用法禁心禁言，便从根本上扼杀了人们的精神活动。人类不同于动物的重要标志之一，就是人有能动的意识活动，有丰富的精神生活。利用行政强权，把人们的精神生活限制在法令之内，不准有与法令相违背的精神生活和超出法令规定的思想，这才能成就最有效的统治。但是，威廉·詹姆斯让我们看到，现代极权统治正好倒过来，它全面控制的次序是事、言、心，而不必是心、言、事。先控制人的公开行为，及至言论，坚持不断，假以时日，就可能最后控制人们心里的感受和思想。在这个过程中，社会必然会处于一种“假面”的状态，但这可能只是暂时的过渡，当所有人都久假不归之后，假面也就失去了意义，真假的区别也就不存在了。

其实，在“久假不归”这个现象里，“久假”和“不归”都不是问题，问题是做出什么样子来，最后的结果是什么。儒家经典里说，五霸假仁义而行之，久假不归，安知其非有也。（“尧舜，性之也；汤武，身之也；五霸，假之也。久假而不归，恶知其非有也。”《孟子·尽心上》）春秋五霸，假借仁义的旗号来行事，久而久之，自己也真的有仁义了。莱辛在《智者纳坦》一剧里也表现了一个同样的主题：不管是真是假，一个人只有做好人，“就像那是真的”，总能这么做，他也就可以说真的是一个好人了。

“久假不归”之所以是丑恶的现象，是因为做的是坏事、恶事，结果丧失了人格。做坏事和恶事开始往往是被逼无奈，是假装的（伪恶），但做着做着就变成了自愿的行为（真恶），坏的制度所起的就是这种逼人为恶的作用。古人正是因为这个才谴责那种崇拜权力、巴结皇帝，终于久假不归的现象。罗马历史学家塔西佗在他的《编年史》里详细记录了罗马元老院里的元老们在罗马帝国第二位皇帝提比略面前奴颜婢膝、百般奉承的丑态。罗马帝国实际上的第一位皇帝奥古斯都已经把元老院变成了他的橡皮图章。开始的时候，从共和时代过来的元老们还不习惯在说一不二的皇帝的手下扮演俯首帖耳的奴才角色，他们的扮相很拙劣，但是，到了提比略的时代，元老们已经完全进入了角色，他们不仅对皇帝唯命是从，而且真的从心底里爱戴皇帝。塔西佗对此写道，提比略的统治“是如此污浊的一个时代，当时的谄媚奉承又是如此地卑鄙可耻，以致不仅是国内那些不得不以奴性来掩饰自己的显赫声名的首要人物，就是所有那些曾经担任过执政官的元老，大部分担任过行政长官的元老以及许多普通元老，都争先恐后地提出过分谄媚的、令人作呕的建议”。

（《编年史》3：65）问题是，那些元老们觉得自己行为是真诚的，一点也不为自己的行为感到羞耻。

可惜塔西佗那个时代，还没有威廉·詹姆斯的行为-情感理论可以解释这种假戏真做、久假不归、弄假成真的现象。今天，在假面社会的大众人身上，假戏真做、久假不归的心理效应是如此强大，如此无处不在，竟然成为一种时代风气，要改变这样的风气，就更需要能对症下药的人文启蒙了。

4　互联网时代的“大众人”

愚昧无知的大多数

苏格拉底可以说是一位人生意义的启蒙先驱，他说，不经审视的人生是不值得过的；人贵在知道自己的无知；宁做痛苦的人，不做快乐的猪。那么，苏格拉底是在对谁进行人生意义的启蒙呢？是对所有人吗？他真的以为雅典的芸芸众生都会接受这样的人生哲学吗？如果他真的这么以为，那他定然就是一个傻瓜，而不是被后人尊为“智者”的哲学家了。启蒙者和民众的关系从来就是一个悖论：既想要影响民众，又会觉得愚昧无知的大多数实在是朽木不可雕也。就连对启蒙抱拳拳之心的康德也说过，“人性这根曲木，绝然造不出任何笔直的东西”。

苏格拉底对雅典的无知民众和他们的民主没有好感，并不是一个秘密。他毫不掩饰自己对民众的蔑视，他说：“每当许多人或聚集到一起开会，或出席法庭听取审判，或到剧场看戏，或到兵营过军事生活，或参加其他任何公共活动，他们就利用这些场合大呼小叫，或指责或赞许一些正在做的事或正在说的话，无论他们的指责还是赞许，无不言过其实；他们鼓掌哄闹，引起岩壁和会场的回声，闹声回响，互助声势，加倍响亮。在这种场合你想一个年轻听众的心……会怎么活动呢？有什么私人给他的教导能站得住，不被众人的指责或赞许的洪流所卷走呢？他能不因此跟着大家说话，大家说好他也说好，大家说坏他也说坏，甚至跟大家一样地行事，并进而成为他们那样的人吗?”在这种群情亢奋的状态下，必然会发生的事情就是“用剥夺公民权、罚款和死刑来惩治不服的人”。（*Republic*，492c－d）这简直就是一幅多数人暴政的景象。

苏格拉底在跟阿德曼图斯（Adeimantus）的对话中用驾驶航船为比喻来说明雅典民主的缺陷。他问道，如果你要在海上航行，你是随便找一个人来驾驶你的船呢，还是找一个受过航海教育，有航海知识的行家呢？阿德曼图斯说，当然是找行家啦！苏格拉底接着说，既然如此，那么怎么可以随便找个人就能决定由谁来治理城邦呢？民主制度中的公民投票或表决也是一样，公民表决是一项需要学习的技能。有两种民主，一种是有“智慧公民”的民主，这样的公民受过好的政治教育，知道为什么，该怎样挑选领导者。另一种是公民“生来就会”的民主，凭那种父母带来的公民身份，以为只要出生是一个公民，就有投票或表决的权利。其实，让没有受过良好公民教育的人参与民主是不负责任的，也是危险的。苏格拉底并不主张让少数贵族精英来统治，但他反对不管张三李四，阿猫阿狗都“生来就会”，可以随便加入的那种民主。因为这样的民众没有公民智慧，极易被蛊惑操纵，参政不会有好的结果。

柏拉图和他的老师一样认为，雅典就是一个由阿猫阿狗主导的“生来就会”的民主和无知业余政府。他对这样的民主不以为然。在他看来，在这样的政府之下，公民素质和能力优劣不分，脆弱的公民大会被各种华丽言辞和演讲所动摇。既然大多数人并不擅长于思索或分析，那又为何应该由“大多数人”，即多数派来做出对城邦生死攸关的重大决策呢？从“阿猫阿狗”成长为“智慧公民”，这只能是启蒙和教育的结果，但是，谁又来担任这样的启蒙和教育责任呢？柏拉图设想，这样的责任只能由“哲人王”来担任。

18 世纪启蒙哲人显然已经超越了这种观念，他们的实际影响范围已经扩展到了日益壮大的中产阶级，但他们仍然无法把绝大多数下层民众，也就是他们眼里的“愚众”包纳在他们设想的启蒙对象范围内。19 世纪研究群众的社会学家们（如勒邦）似乎非常有力地提供了群众只可鼓动、不可启蒙的“科学依据”。20 世纪初的群众运动进入了一个历史新世纪，西班牙思想家奥特加·加塞特（José Ortega y Gasset）提出了影响深远的“大众人”学说。

加塞特所观察到的大众人与他那个时代的布尔什维克主义和法西斯主义有共生的关系，大众人受到“新政治冒险”精神的鼓舞，感觉到自己正在登上历史的舞台。他们“已经决定登上社会生活的前台……享受迄今为止只是为少数人所保留的乐趣”。而且，“大众，不断聚集的大众，正在日益取代少数精英”，而这“全然意味着大众对政治生活的支配”。[①] 对这种志满意得的大众人来说，启蒙已经显得多余，“（启蒙的）意义不就在于提升人类的灵魂使之摆脱内心的奴役状态，并给它们注入一种明确的自主和自意识吗？既然如此，让普通人也能感到自己就是自己及其生活的主宰和支配者，不正是

① 奥特加·加塞特:《大众的反叛》，刘训练，佟德志译，吉林人民出版社，2011 年，第 87，9 页。

他们所向往的吗？好了，现在这一切都已经如愿以偿了”。[1]

今天，我们看到的已经不是这样的大众人了。今天的大众人（民众）不再像加塞特所描绘的那样坚定地守护着伪信仰，心甘情愿地为之吃苦付出、流血牺牲。今天的大众人已经什么信仰都没有，却能装得比谁都更有信仰。他们生活在诡谲莫测的政治环境中，随时改换合适的面具，让人看不清在面具下面到底有一张怎样的面孔。

他们经受了政治冒险和欺骗的幻灭、完全失去了对政治生活的支配，虽然看似得到了一些物质的好处和享受，但无法伸张自己的自由意志；虽然能照顾自己的吃喝和闲暇，却无时不感觉到自己不过是“蚁民”“草民”和“韭菜”。即便他们当中一些人有时看上去慷慨激昂，时不时宣泄一下“政治热情”，但与将近一个世纪前加塞特所说的大众人相比，他们是彷徨、迷茫、委顿的一代。他们渴望理解和安慰，而不是激励和改变。他们对幼稚和浅薄没有感觉，对这样的指责也漠然处之。他们是长不大，也不愿长大的一代，奶嘴文化比启蒙文化更适合他们的需要。是否该去唤醒他们，有没有可能唤醒，都是给启蒙出的难题。

18 世纪启蒙哲人虽然对人类表现出一种普世的好感，甚至是爱，但对是否有可能解除人类的不幸与苦难却抱着怀疑而悲观的态度。这是一种基于那个时代现实状况的悲观。这样一种现实主义的怀疑和悲观一直延续至今：如果不幸和受苦的普通大众自己还没有准备好自由，自己还没有敢于摆脱愚昧和无知，变得成熟起来，那么启蒙者对他们就只好爱莫能助了。

启蒙者并没有解放所有人的济世良策和伟大理论，他们不相信

---

① 奥特加·加塞特：《大众的反叛》，第 17 页。

能有这等好事。他们希望普通大众也能明白这个道理，不要指望别人能给他们带来解放。启蒙也不是一桩醒世救民的事业，启蒙最多不过是帮助一个一个想活得更明白一点的个人。至于其他人，如果他们需要的话，多少也可以从启蒙者那里获得一些知识的协助，启蒙所能做的也就是这么多了。

网络时代的大众人生活在一个充满悖论的境遇之中：他们确信自己拥有巨大无比的创造力，却又不知道应该创造些什么；他们以为可以主宰一切事物，却又掌握不了自己的命运；他们在自己的充盈富足中茫然不知所措。同过去相比，他们掌握了更多的知识和技术，但结果却是重蹈以往最不幸时代之覆辙；他们谙熟各种主义和原则，但却依然缺乏根基，漂泊不定。如果他们想要弄明白自己为什么会陷入这样一种境地，如何才能从中自拔，人文启蒙就可以帮到他们。

有的人认为，民众能自我启蒙，用不着知识分子越俎代庖。有的甚至宣称："我虽然是个读书人，但我不愿做一个启蒙民众的知识分子。因为我认为知识分子的使命不是启蒙大众，而是顺从大众、引导大众，是为大众服务的。"① 这是一种媚俗的说法，与媚权一样，本质都是不顾事实的讨好和迎合。民众能够自我启蒙只是一个假设，不是一个检验并证明了的事实。鲁迅写《阿 Q 正传》，阿 Q 能自我启蒙吗？阿 Q 的悲剧正在于他不能。如果阿 Q 不能，我们又有什么理由就相信网络大众人就一定能呢？

网络时代的大众人有没有自我启蒙的可能呢？当然有。说到底，

---

① 冯克利：《我们学习西方的时机非常不幸》，https：//mp. weixin. qq. com/s/X8FGS15 _ 4LZKK08l7QFWOw。

启蒙都是自我启蒙，自我解放，如果一个人拒绝启蒙，别人拿他是没有办法的。但说到启蒙，每个人的情况都是不同的，能自我启蒙的原因和条件也各不相同：自己的经历和领悟、家庭的背景或遭遇、老师或朋友的影响、受到的教育、阅读的书籍或接触的信息。但是不管是什么原因或条件，都一定会包括接触到并接受新思想、新观念。知识分子启蒙传播的是新思想、新观念，对任何一个想要自我启蒙的人都是有益无害的（是否接受是另一回事）。启蒙是人们自我解放所需要的新思想、新观念的一个重要来源，这是启蒙的主要作用和意义所在。

有教无类的启蒙

人的潜能与自我解放和自我实现之间存在着严重脱节，其中有知识的原因，也有制度的原因，但更重要的是个人自己的素质原因。我们不妨把大众人视为一些有着不同知识短板的人群，而大众启蒙无非就是为了给有不同知识需要的人们提供一些不同的知识帮助，就像是普通的职业训练、培训、进修一样。对他们来说，这样的培训或进修是必须的，而不是额外的负担，当然，也要他们自己觉得有这个需要才行。

启蒙者就像是一些老师，不管学生成才不成才，老师的工作都是有意义的。正如奥地利教育家和管理学大师彼得·德鲁克（Peter Drucker）在《旁观者》一书里所说，老师没有一定的类型，也没有完全正确的教学法。[①] 有的老师比较会教高深的课程，有的老师则较适合教初学者。现代舞大师玛莎·格雷厄姆（Martha Graham）是

① 彼得·德鲁克：《旁观者》，廖月娟译，机械工业出版社，2005 年。

一位很厉害的老师，不管是初学者或是卓然有成的舞者，她都教得很好，而且用的是同一套教学法。有些老师比较会上大班课，在众多学生的面前讲课，富勒（Buckminster Fuller）的课堂上足足有2000个学生，大家可以连续7个小时目瞪口呆地听他讲课。有的老师在小组教学方面出类拔萃，但个别教学却相当马虎，若在大讲堂上课，效果就更差。有的老师就像是节目主持人，他们需要观众。还有的老师是用书写的方式教学，而不是用口语。有的老师强调原则，有的老师注重细节。不管是什么样的老师，一个真正的老师是知识和人生的引导，会激发学生学习。他们之所以能做到这一点，并非因为他们有特殊的天赋，而是凭借着一种“因人施教”的方法，有针对性地引导学生，激发学生学习。

德鲁克以教现代舞的玛莎·希尔（Martha Hill）为例，说明因人施教的重要。和玛莎·格雷厄姆不同的是，希尔本人并非伟大的舞蹈家，没有特别吸引人的特质，也不像玛莎·格雷厄姆上起课来，全班学生为之震慑。“她是那么不起眼，站在人群中，没有人能认出她，然而她的学生从她身上可以学到的，不会少于从玛莎·格雷厄姆那儿学来的，或许还更多呢。而且学生一致认为她作为老师的能力，比起“大师”玛莎·格雷厄姆毫不逊色。玛莎·希尔所运用的，就是一种教学法……她花几天或几星期去观察学生的表现，思考每个学生的能力，他们该怎么做。她为每一个学生设计出一套课程，然后让学生各自发展，自己只在一旁观看”。玛莎·希尔是一个能发现每个学生“知识短板”，并为之设计出一套课程的老师，知识短板补上之后，这个学生的整体能力也就自然得到了提升。

启蒙大众人的老师就应该像是这位玛莎·希尔老师一样，启蒙者自己未必是了不起的学者和专家，但他们能发现不同类型的大众人的“知识短板”，并为之提供修补短板的方法。不过，不管玛莎·希尔或玛莎·格雷厄姆是多优秀的老师，她们都无法把不想学习舞蹈的人们教育成能舞者，这就像阳光可以让树上的果子变得又熟又甜，但不能把树叶变成果子。启蒙也是一样，启蒙能让爱动脑子的人会动脑子，变得成熟起来，但却没有办法把没脑子的人变得有脑子。用柏拉图的话来说就是，“你不能把视力放进瞎子的眼睛”。（*Republic*，518 c）

自古以来，教育面临的一个问题就是，虽然有教无类是一个原则，但有的人就是不可教育的，因此，有教无类的可能性事实上是受到限制的。孔子是一位伟大的教育家，他主张有教无类，应该有两个意义。第一，他将西周王官学传统的这种贵族教育的内容，拿来交给许多依照他们的出身身份来说，不见得有资格受这种教育的弟子。第二，他根据学生各自的天赋、秉性、性格、背景，有针对性地进行个别教育。

但是，孔子并不认为人人都是可教育的。不可教育的人大致有这样三种。第一种情况是，自甘“下愚”（“唯上知与下愚不移。”《论语·阳货》）。在知和愚之间总是会有差别，这是不变的。只要是愚，便只能在下，这也是不变的。但一个人在上知与下愚关系中的位置是可以改变的。使得“下愚”者沦入“不易”状态的，不是他的身份，而是他的自暴自弃，也就是康德所说的“自己加于自己的愚昧”。

第二种情况是，讳疾忌医，不向人请教（“不曰‘如之何如之何’者，吾末如之何也已矣。”《论语·卫灵公》）。如果不以“如之何”向人请教，那么虽圣人亦无法助之，无法使之进益。董仲舒《春秋繁露·执贽》发挥其理云：“匿病者不得良医，羞问者圣人去之……玉至清而不蔽其恶，内有瑕秽，必见之于外。故君子不隐其短，不知则问，不能则学，取之玉也。”孔子最头疼的不是“愚”，而是又愚又诈（“古之愚也直，今之愚也诈而已矣。”《论语·阳货》）。今天，最难启蒙的也正是那些“愚也诈”的，这些人其实不算傻，但由于他们戴着面具不肯摘下，装睡不醒，又怎么能唤醒他们呢？

第三种情况是，耍弄小聪明的人（“群居终日，言不及义，好行小慧，难矣哉！”《论语·卫灵公》）。这样的人在人群中起坏的影响，以忽悠他人为能事。他们所言必多非义之论，嚣张不可一世。人群附和他们，为他们喝彩，推波助澜，互相激励，就更嚣张。不义之人言行乖张，大放厥词，凭一点小聪明娱人耳目，耸人听闻。在歧途上越走越远，是唤不回来的，不如不要去管他们。

这三种不可教育的人在各种阶层、职业、出身、学历或社会等级里都有，所以与社会学意义上的整体群体并没有必然联系。孔子教的学生各式各样，身份、品行、天资、禀赋各异，但都是因为自己好学，所以成为孔子的学生。孔子不会满大街拉人当学生，这就像医生要等病人自己前来求医，不会强拉人来治病。在自以为是的人准备好学习之前，教是没有用的。乡愿就是那种不肯向孔子求教的人，因为他们认为自己早就认清了是非善恶的标准，并且在行为上得到一乡人的称赞。乡愿不认为孔子有什么可以教他们的，孔子丝毫不会觉得遗憾，他知道谁不必教也不能教，这体现了他作为教育家的智慧。孔子的教育先讲究“知人”，也就是谁是他的教育对象。他说，“可与言而不与言，失人；不可与言而与之言，失言。”（《论语·卫灵公》）他教那些可教的，一个也不拉下，但不勉强去教那些不可教的，免得空废唇舌。这应该说是很务实的原则，值得今天的启蒙者来借鉴。

教的方法和学的方法

在孔子那里，有教无类指的是不计较社会地位，对资质、天赋、性格也没有任何限制，凡是有心向善、有心向学的人，孔子都能接纳。在他看来，资质、天赋、性格的差异是必然的，短处也可以是长处。他说，狂态毕露的人，一般来说比较直率，头脑简单的人比较讲信用，没什么知识的人比较谨厚。因此，尽管他们有严重的不足，但还是有可取之处的。（“狂而不直，侗而不愿，悾悾而不信，吾不知之矣。”《论语·泰伯》）。孔子的教育不搞平均主义，程度高的不教太低的，程度低的不教太高的。（“中人以上，可以语上也；中人以下，不可以语上也。”《论语·雍也》）这些也都值得今天的启蒙借鉴。

今天的启蒙毕竟已经与孔子时代的教育不能同日而语，但学习意向是启蒙的前提条件，这一点是没有改变的。在这个前提下，可以针对不同类型的大众人有所侧重地传播启蒙的知识。对网络上的“暴民”“哄客”“看客”可以提供关于公共说理和情绪自控的知识；对怀疑主义者和犬儒主义者可以提供理性追问、合理怀疑和积极思维的知识；对真正糊涂而不是装傻的大众人可以提供真相事实、价值观念、批判性思维的知识；对成长中的青年学生可以提供读写方法和阅读经典的知识；对轻信和盲从的大众人可以提供事实和历史真相，以及人为什么上当受骗的知识。对那些今朝有酒今朝醉、揣着明白装糊涂的大众人，则需要为他们提供如何认清犬儒主义危害的教育；对那些因绝望而彻底放弃，准备“躺平”的大众人，则需要给他们一些鼓励，让他们在绝境中守护像神话中西西弗斯那样的决绝勇气。

今天的大众人也许比以往更具多样性，社会和个人的心理因素也更复杂。他们对知识的需要和态度也是不同的。处于最底层的大众包括离乡背井的民工、快递员、的哥和城市的其他“低端人员”；相对不那么底层的大众包括完成了学业但前途渺茫的知识青年；为生活操劳，做着买房、买车梦的普通工薪阶层；颓唐绝望但还有生存资源的佛系青年和躺平族。对这些大众人来说，怎么当一个有自我意识有做人理想的人、什么样的人生是值得去过的人生，思考这类问题经常就是无谓的空想和不值得指望的奢侈。我们可以把这些人称为“被社会压垮的无知者”。启蒙必须承认对他们的影响是极为有限的。

大众人当中还有一些启蒙也许可以提供帮助的特殊无知者，他们人数众多，各行各业都有。他们特别需要的是关于什么是“知识”和“重要知识”区别的知识。由于教育的普及，知识和无知的差别变得越来越模糊不清，没法把大多数大众人归入有知识或无知识的类别。完全无知的人已经越来越少，但真正有知识的人却并未因此增多。大多数人之所以成为大众人是因为他们平庸、肤浅、缺乏独自思考的能力。一方面，他们不属于有知识的人，因为除了自己的专业知识之外，他们知之甚少；另一方面，他们也不属于无知的人，因为他们是科技人员、白领、工程师、管理人员、医生、教师或专家。他们“通晓”自己方寸天地中的一切。对于这种人，我们可以称之为“有知识的无知者”。

他们的“无知”在于，除了自己的专业，他们对政治、艺术、社会习俗以及其他一切科学所持的看法，无一不是局限的、未经验证的。正因为如此，他们认为任何其他知识分子都必然和他们一样，不可能在跨专业问题上会有综合和批判能力。他们的不幸在于，文明使他们变成了专门人才，结果把他们禁锢在自己的局限性之中，并且以此为满足。专门人才体现了一种极致的矛盾——在知识品质上他们本应该完全区别于大众；但结果却是，几乎在生活的其他一切领域里，他们的僵化思想和从众行为与大众人毫无二致。启蒙要发现他们的知识短板和有效劝导方式都变得格外困难。

18 世纪启蒙要扫除的是宗教束缚、传统陋习、无知愚昧造成的那种思想障碍，那时候，开明和愚昧、文明和落后的区别几乎是显而易见的。今天，启蒙所要清除的障碍已经发生了根本的变化，它是大众人衰退的心灵、萎靡的精神和凋敝的人格。这样的大众人有一种深思熟虑的糊涂、心知肚明的愚昧、信息庞杂的无知、目标不明的迷信。

许多大众人丧失“勇于求知”的激情和勇气，浑噩麻木地活在世上，他们只相信近在咫尺的眼前利益，藐视一切崇高的理想，嘲笑一切被他们视为“不切实际”的想象，放弃了任何热烈和真诚的情感追求。对这样的大众人，启蒙是无能为力的。不能要求启蒙为这样的失败负责，毕竟，启蒙只能启发那些愿意被启蒙的人。

说到底，启蒙与其说是一种“教的方式”，还不如说是一种“学的方式”。苏格拉底批评诡辩学派，就是因为他们太强调教的一方，以为老师教的就是“科目”知识。苏格拉底则觉得这种看法没有意义。他认为：老师教的不是“科目”，而是“学习方法”，其目的是授人以渔，而不是授人以鱼。他不愿意以老师自居，却自称为“牛蝇”，只想唤醒沉睡中的良驹。他对学生以“接生婆”自喻，助人破除伪知，克服无知。学习必先自助，而后才能人助，除非自己觉悟，否则只能学一点记诵之知。

孔子也是一样，他自己就是困而后学，有了学习的需要和动力，才学而有成的。（“我非生而知之者，好古，敏以求之者也。”《论语·述而》）。学习贵在自己多反复体会，举一反三，能够联想身边的事情（“能近取譬”《论语·雍也》）。他嘉许子贡“闻一以知二”，以及子贡说颜回的“闻一以知十”（《论语·公冶长》）学生若不先去思考，若无自己的问题，孔子极少主动启发。他说话精简，回答学生像扣钟一样，不扣不鸣。而且，光听老师说是不够的，要自己“温故而知新”（《论语·为政》），自己学会如何不断去明白新的道理。

启蒙的目的也是一样。无论是公共说理、批判性思维，还是古代文化或当代的人文经典阅读、抑或政治哲学、历史和文学，启蒙都不把它们当作专门的“学科知识”，只能当作一种学习方法的示范。人并不是天生就知道和善于运用学习方法的，就像儿童学习读写一样，学习方法是随着年龄的增长渐渐学习和体会得来的，启蒙可以帮助人逐渐完成这样的过程，在这个意义可以说，启蒙是每个现代人的成人礼。

第六章

社交媒体时代的互联网与启蒙

在不同的国家里，社交媒体的作用或意义并不完全相同。人们评价社交媒体作用得失的出发点和标准也是不同的。中国的社会媒体批评往往把注意力放在使用者的便捷、实用需要和心理健康（主要是年轻人）上（如方便交友、事业、关爱、支持等等），或者放在浪费时间、侵犯隐私、抑郁症和孤独感风险这类有害的结果上。虽然这样的社交媒体批评在美国也很常见，但严肃的批评者会更多关注它对民主传统的冲击以及对当下民主状况的影响，而得出的结论经常是令人沮丧的。他们最重要的理由是，社交媒体加剧了社会的部落分化和对立。我们在讨论后真相对网络民众的分裂和对立影响时已经谈到了理性公民退化为情绪性部落暴民的问题，社交媒体的消极面从另一个角度再次把我们带回到这个问题。对于我们期待的第三次启蒙来说，这显然是一个与快捷问候、方便交友、人情温暖不同的社会-政治问题。

1. 社交媒体的是与非

“社交网络的黑暗心理”

美国法学家和费城国家宪法中心的总裁兼首席执行官杰弗里·罗森（Jeffrey Rosen）在《美国正生活在詹姆斯-麦迪逊的恶梦中》（America Is Living James Madison’s Nightmare）一文中尖锐地批评道，美国的建国者们设计了一个能够抵制暴民统治的政府。他们没有预料到暴民会变得像今天这么强大，而对这种恶性变化推波助澜的正是互联网的社交媒体。他写道："推特（Twitter）、脸书（Facebook）和其他平台将公共话语的速度加快，创造了虚拟版本的暴民。基于激情的煽动性帖子比基于理性的争论传播得更远更快。大众媒体非但没有鼓励（民主）审议，反而通过创造泡沫和回音室来破坏审议，在这些地方，公民只看到他们已经接受的观点，而无视与他们不同的观点。"

互联网的社交媒体是一个和麦迪逊时代报纸完全不同的媒体，"在美国建国时，新的媒体技术，包括麦迪逊所说的'报纸在整个人民中的流通'，已经在缩小美国分散的公民之间的交流差距"。虽然18世纪和19世纪初的大众媒体是高度党派化的，但是，"当时的报纸也是精英们长篇大论的平台，麦迪逊相信，被他称为'文人'的开明记者最终会促进'思想的交流'。他相信公民会花时间阅读复杂的论点（包括后来结集为《联邦党人文集》的文章），让冷静的理性在新的共和国中慢慢传播"。这样的争论对激烈的意见冲突有冷却和减缓急躁的作用，虽然那个时代存在杰克逊式的民粹主义，但"相比之下显得很克制"。但在社交媒体时代，这个"冷却机制已经崩溃"。[①]这样的报纸和社交媒体对比并不能完全令人信服，因为我们知道，在整个20世纪，批评家们指出，报纸能够对不加批判的、被动的、容易被操纵的广大读者施加强大的影响，而小报的消费者一直扮演着道德低下和文化落后的垃圾文化消费者角色。

美国社会心理学家乔纳森·海特（Jonathan Haidt）和托比亚斯·罗斯-斯托克韦尔（Tobias Rose-Stockwell）在《社交网络的黑

① America Is Living James Madison's Nightmare | by The Atlantic | The Atlantic | Medium.

暗心理》（The Dark Psychology of Social Networks）一文中表达了与罗森相似的观点，但对报纸的民众分化作用有更周全的认识。媒体分裂民众并非新现象，但在今天这种分裂更加严重了。

他们指出，美国的宪政法治从一开始就对“派别”政治的危害有所警觉。在第10篇《联邦党人文集》中，麦迪逊对“派别”的力量表现出高度警惕，他认为，强烈的党派主义或团体利益必然会“使［人们］互相敌视”，使他们忘记共同利益。他还认为，美国的广袤可能会提供一些保护，使其免受派系主义的蹂躏，因为任何人都很难在这么大的范围内传播愤怒。麦迪逊推测，派别或分裂的领导人“可能会在他们特定的州内点燃火焰，但无法在其他州内散播普遍的战火”。宪法设计中已经包括了减缓事态发展的机制，让激情冷却，并鼓励反思和审议。

但是，社交媒体一下子打破了这种机制，就像地球的重力一下子增加到两倍，万物被更强大的力量拉向地面；许多建筑物会倒塌；鸟儿会从天上掉下来；地球会向太阳靠近，气温高得令人难以忍受。就像重力加速度一样，社交媒体是一个改变了美国社会和政治生活的基本参数，“这项技术大大增加了‘相互敌意’的数量和愤怒蔓延的速度”。

社交媒体还使得“发怒”有了极大的表演价值，发怒不再是个人真实感情的发泄，而且更成为一种“人来疯”的当众表演，这是一种戴着假面的，不惜一切代价也要吸引观众的表演。当两个人吵架的时候，要是没有观众，很快就会觉得无趣，不再继续下去，但是，“当街道两边的看台被搭建起来，然后坐满了朋友、熟人、对手和陌生人，他们都在评头论足，提供评论”，那就会是完全不同的景象。大庭广众之下，吵架的人就算闹个天翻地覆，也不会罢休，绝无和解的可能。[①]

社会心理学家马克·利里（Mark Leary）提出了一个“社会监测器理论”（sociometer theory），那就是，人的自尊心理系统是作为社会接受的监测器而进化出来的，所谓的“自尊”（self-esteem），其动机功能不在于维持自尊本身，而在于避免在社会里被他人贬低和拒绝。[②] 我们每个人在内心都有一个心理感应器，每时每刻都在告诉他在别人眼里的表现如何。利里认为，自尊其实并不是人的一种自然需要，相反，人类进化出来自尊的需要，是让别人把我们看作是各种关系中的理想伙伴。社交媒体以它的转发、点赞、关注等功能，让使用者感觉到他是否被别人喜欢或当作朋友，是否有追随者和粉丝。社交媒体使用者会把自己的“社会监测器”暴露在所有人面前，不再有隐私可言。谁也改变不了这种局面。你或许也可以永远“潜水”，但这样一来，谁又会真的拿你当“朋友”呢？

对于社交媒体使用者来说，就算你本意并非如此，当众发怒（或者公然表现任何其他激情）也是有表演性的，因此会有“回报”。如果你在私人谈话中不断表达愤怒，你的朋友很可能会觉得你令人厌烦（私人之间的不断牢骚会让你很快成为祥林嫂，不信你可以试试）。然而，但当有观众时，回报就不同了——愤怒可以使你在情绪观众同伴面前“露脸”，甚至会提高你的地位，让你受到关注。皮尤研究中心 2017 年的一项研究表明，表现出“愤慨的分歧”的帖子所获得的参与度——包括喜欢和分享——几乎是 Facebook 上其他类型

① Social Media Is Warping Democracy — The Atlantic.

② M. R. Leary, “Sociometer theory”. In P. A. M. Van Lange, A. W. Kruglanski, & E. T. Higgins (Eds.), *Handbook of theories of social psychology* (pp. 151 - 159). Sage Publications, 2012.

内容的两倍。纽约大学社会心理学家威廉·布拉迪（William J. Brady）和其他研究人员在2017年的一项研究中测量了50万条推文的影响范围。他们发现，推文中每使用一个道德或情感词汇，其传播率就平均增加20%。“即使在调整了明显的道德词汇和明显的情感词汇的影响后，具有最大数量的道德-情感语言的信息在样本中仍然具有最高的预期转发率。这些结果表明，情感是通过社交网络传播道德内容的一个关键组成部分”。①

美国哲学家贾斯廷·托西（Justin Tosi）和布兰登·沃姆克（Brandon Warmke）提出了一个有用的短语——“道德高调”（moral grandstanding），用来解释为什么当下的公共道德话语给人的感觉是如此对立、两极化和暴力。他们从哲学、心理学和政治学中汲取了大量证据，认为这种令人担忧的状态部分源于为了渴望他人注视、知名度或社会影响，而滥用道德言论，是一种道德炫耀和哗众取宠。在同声相求者中间，这种道德豪言有一种调门越来越高的提升作用。

人们早就注意到，如果有好几个发言人都对同一个听众群发言，那么每个后发言的人都会努力超越之前的那一个，由于没有多少新的内容，那就只能在激情修辞上层层加码，结果可能会夸张到离谱的程度。阿谀奉承和拍马屁也是这样，所不同的是，道德高调者往往运用“谴责”的手法，他们会“捏造道德指控、强化公众羞辱、谴责所有不同的意见、夸大自己的正义情感”。在这种“高调”竞赛中，模糊性和真实性必然成为牺牲品。激情表演成了它自己的目的，

① William J. Brady, et al., “Emotion shapes the diffusion of moralized content in social networks.” Emotion shapes the diffusion of moralized content in social networks | PNAS.

语境崩溃了，究竟要说什么也已经完全不重要了。①

对于任何寻求共识的公共讨论来说，这无疑是一场噩梦。对社交媒体来说，也是开始没有预料到的恶性蜕变。海特和罗斯-斯托克韦尔认为，在成立之初，社交媒体的感觉与今天非常不同。Friendster、Myspace 和 Facebook 都是在 2002 年至 2004 年间出现的，是帮助用户与朋友联系的工具。这些网站鼓励人们发布他们生活中精选分享的真实信息、图片、视频等等，并没有提供会引发传染性愤怒和假新闻（后真相信息）的方法。但是，随之推出一系列旨在改善用户体验的小步骤，情况发生了变化，正是这些小步骤改变了后真相和愤怒在美国社会中的传播方式。为解决社交媒体的负面问题，并减少其对民主的危害，回顾和了解这一变化就变得特别重要。

2006 年到来时，“时间线”（timeline）成为 Twitter 的主要创新：用户可以在手机上查看 140 个字符的持续更新。时间线是一种新的信息消费方式：一种无休止的内容流。对许多人来说，“感觉就像从消防水龙头上喝水”。同年晚些时候，Facebook 推出了自己的版本，称为“新闻源”（News Feed）。2009 年，脸书增加了“喜欢”按钮，首次创造了一个衡量内容受欢迎程度的公共标准。然后，它又增加了另一项变革性的创新：根据用户以前喜欢内容的“参与度”（engagement，即“喜欢”）来推测一个人与某一特定帖子互动的可能性，这种算法决定了用户会看到哪些他更可能有兴趣的帖子。这一创新驯服了消防水龙头，将其变成了一条精心策划的饮水器。但

① Justin Tosi and Brandon Warmke，*Grandstanding*：*The Use and Abuse of Moral Talk*，Oxford University Press，2020.

是，从此以后，用户的信息变单一了，接受的是他喜欢的事先已经被委托挑选过了的信息。

“新闻源”对内容的算法排序挤压和牺牲了可信度，而是将“新闻”按“喜欢”（参与感）来排序，这样的投其所好使得任何制作者（哪怕是没有信誉的骗子）的任何帖子，只要能让用户喜欢，就会被提升到新闻提要的顶部。这就给后真相“假新闻”打开了绿灯，让虚假信息有机会在这种环境中乘虚而入，大行其道。个人博客文章与有信誉的报刊（如《纽约时报》）的报道有了相同的外观和感觉。这种“自动”信息排序就是许多用户今天在“百度搜索”上获得信息的方式，2016 年因魏则西之死、百度广告竞价和莆田系引争议后，许多人开始对信息源的先后排序和真实可靠性有了警觉，但大多数人仍然对此不明就里。今天，学校批判性思维教学的一项重要内容就是向学生解释识别真假新闻的方法。

推特在 2009 年还有另一个关键的改变，那就是增加了“转发”（Retweet）按钮。在此之前，用户必须把别人的推文复制并粘贴为另一个推文，这是一个小小的不便，却是一个重要的“三思而行”的机会。它需要几秒钟的思考和关注，在一定程度上可以帮助避免“一时高兴”的情绪冲动，对不思考的转发是一个有益的阻碍。但“转发”按钮本质上实现了对任何内容的“无阻碍”传播。一次点击就可以把别人的推文传给你所有的朋友和粉丝——让你分享一种瞬间的“成就感”，虽然微不足道，但却很少有人能够抵御它的诱惑。2012 年，脸书向其增长最快的受众（智能手机用户）提供了自己的转发版本——“分享”按钮。

克里斯·维瑟尔（Chris Wetherell）是为推特创建转发按钮的工程师之一。2019 年他向美国的网络新闻媒体公司 BuzzFeed 承认，他很后悔作出了这项发明。当维瑟尔看到推特暴民使用他的新工具时，他承认："我们可能刚刚给一个4岁的孩子递上了一把上了膛的武器。"这就像AK－47自动步枪的发明者米哈伊尔·卡拉什尼科夫（Mikhail T. Kalashnikov）后悔自己发明了这种高效的杀人武器。

2012年和2013年，Upworthy和其他社交网站开始利用这个新功能，并开创了提供头条新闻和资讯类文章的技术，成功地确保了炫目标题和惊人之语主题句的测试，在接下来的几年里，道德高调和耸人听闻的标题大量涌现。美国作家和记者卢克·奥尼尔（Luke O'Neil）在《时尚先生》（Esquire）杂志上直言2013年是"我们破坏了互联网的一年"。他承认："在我今年写的所有东西中，那些花最少时间和精力的东西通常流量最大。那些更深入、更有报道价值的文章在与那些注定要走红的事物的对比中毫无胜算。这就是Upworthy、BuzzFeed、MailOnline、Viral Nova以及它们的几十个山寨版已经发现的秘密。你不需要再写了，只要写一个好的标题和观点。如果那其实只是一坨热气腾腾的大便，那么，就用蒸汽把它重新包装一下，再卖给我们。"① 海特和罗斯-斯托克韦尔对2013年之后社交媒体的评论则没有那么尖酸刻薄，他们公允地写道："当然，互联网对今天的政治愤怒情绪并不负全部责任。自麦迪逊时代起，媒体就一直在煽动分裂，政治学家将今天的愤怒文化的一部分追溯到20世纪80年代和90年代的有线电视和谈话广播的兴起。多种力量正在推动美国走向更大的两极分化。但在2013年以来的几年里，社交媒体已经成为任何想放火的人的强大助燃剂。"他们担心的

① Luke O'Neil, "The Year We Broke the Internet." The Year We Broke the Internet (esquire. com).

是这样的社交媒体给民主的稳定带来了难以预测的政治危险。

微信朋友圈

从2012年开始，中国互联网用户有了微信朋友圈。单从知识传播来看，现实环境中的微信朋友圈尽管是部落化信息的来源，但对于善于思考和鉴别的人们来说，仍然可以当作一条有用的信息渠道。尽管存在许多限制，尽管非常零碎，甚至要碰运气，但人们毕竟还能够从这个信息渠道获得一些他们难以从其他媒体途径获得的消息。这就要求我们从自己的务实视角来评估微信社交媒体对知识传播的功能价值，我把这种功能称为“思想礼物”的传递。

法国人类学家克洛德·莱维-斯特劳斯（Claude Lévi-Strauss）描述他在法国南部小饭馆里常常可以见到的景象。来那里吃饭的客人都一起坐在一张长长的桌子四周，每人的盘子前都摆着一瓶便宜的葡萄酒。吃饭之前先喝酒。但是，吃饭的人并不先给自己倒酒，而是给邻座的酒杯里先满上一杯。那旁边的食客于是回礼，用自己的酒先给对方的杯子倒满。饭间，各人喝到的酒还是自己原先的一瓶那么多，但却在原先的陌生人之间建立了社会性的联络。

法国人一般不爱搭理陌生人，但在这种小饭店里，陌生人却因相互敬酒而可以彼此交谈。斯特劳斯写道：“人与人之间往往不融洽，尽管不严重，但却很真实，足以在隐私和群体之间造成隔阂。……相互敬酒消除了这种窘况。友好的表示消除了彼此关系中的不确定因素。”礼物交换使得人与人间的近距离相处转变为一种社会性生活。不仅如此，相互敬酒还使另一种交换变得自然而合理，那就是“交谈”。而社会的种种联系则都是从交谈开始的。

思想的礼物是一种赐予者“给出了，但仍然拥有”的礼物。例如，无数的人得益于牛顿定律，却并不会减少它的价值。但是，如果谁凭借手中的权力，强行规定地球引力为“禁忌话题”，禁止人们了解这一定律，不准人们再提牛顿的名字，那么思想礼物就可能丢失，礼物赠与者也会被遗忘。礼物的流通起到的是形成和维持特定性质群体的作用。如果在一个群体中，思想产品不能当作礼物自由流动，那么这个群体自然也就没有资格自称是一个由理性思想来形成和维持的群体。只有当我们在微信朋友圈里传递思想信息的时候，推特的“转发”和脸书的“分享”才会有我们所期待的那种与严肃思考有关的特殊意义。

当然，微信朋友圈的信息传递并非一定是以礼物传递的观念被创造出来的，那是用户自己的一种有意识的运用方式。无论是作为个人之间的“即时信息”（instant messaging）——问候、寒暄、聊天——的方便工具，还是作为“严肃信息”（serious messaging）——时务评论、学术消息、论文分享——的传递渠道，微信都已经是许多人不可缺少的社交平台。微信上有各种各样的“朋友圈”，对不同的朋友圈，微信的“信”有不同的含义和作用。我在这里只能谈一下我所关注和熟悉的那种“信”，以及它在思考型朋友圈里可能起到的社群构建作用。社群是我们感觉了解和被了解的地方，在比较了解的相互关系中，人们才能比较容易看清彼此的真实兴趣所在。

从历史上看，社群构建是“信”所能起到的最重要的社会功能之一，只是在关键的历史时刻和文化变革下才特别显现出来。拜科技革命所赐，我们有幸正在见证这样一个历史时刻和文化变革。社交媒体是否将会帮助构建某种新型的人类社群，现在还不完全清楚，有好的迹象，也有不好的迹象。如何帮助社群构建朝好的方向发展，应该成为我们今天反思社交媒体（包括微信）的一个部分。

要知道微信是怎样的“信”，就需要先回答一个问题：“信”又是什么呢？按照英语《牛津词典》、法语《拉鲁斯词典》和德语《杜登辞典》对“信”的定义，微信都不能算是信，至少不是我们从历史知识里知道的那种“信”。英语的定义是，“给个人、组织或其他机构的书面通信，特别是通过邮政或信使发送的书函”。法语的定义是，“写在一张纸上，亲自写给某人，并打算放在信封中以邮寄方式发送”。德语的定义是，“在信封中传递的书面信息”。

这些都是着重那种有封套的“信函”——中国人称为书、尺牍、函、简（柬）、札、翰等。但是，从信函的社会功能来看，它是一种用来传递信息和指示的书写产品，也是人们在相隔而无法交谈的情况下，彼此之间培养友谊关系的手段。从这一点来看，电子信件，包括大多数“微信”，说是“信”亦不为过。我在这里把微信上传播的东西，不管它微不微，是图是文，都称为广义的信。

重要的是，微信的“信”传递的远远不只是朋友、家人、熟人之间的问候或讯息（私人通信），它还具有一种人群组合的功能，形成一个又一个无形的“社群”或“社团”。虽然在古希腊、早期罗马时期就已有了私人通信，但发挥社群建构作用的通信却要到罗马帝国，尤其是公元 1 世纪的基督教运动时代才会出现，那个时代因此也被称为“书信的黄金时代”。下一个这样的重要时代在 18 世纪启蒙运动又出现过一次。今天，电子社交媒体促成了人类历史上第三个这样的重要时代。

这三次通信时代构建的社群性质都不相同，第一次构建的是一个宗教信仰社团（基督教会），第二次构建的是一个精英哲人的理性学术社团（文人共和国），到目前为止，第三次构建的是大众时代各种各样的部落社团，微信的朋友圈不过是其中的一种。从智识和道德水准来看，微信朋友圈的许多部落都是开放社会的退化形式，但是，这并不是微信朋友圈的全部，有的朋友圈“思考部落”蕴藏着构建新型社团的可能，能不能实现，得看微信使用者一起在那里做些什么。

我们可以回顾一下古代的“信”和信仰社群的关系。罗马帝国时期是希腊人和罗马人的信件——文学和非文学——的黄金时代，早期基督教也参与其中。早期基督教运动本身实际上是通过写信人发展起来的。[①] 基督教运动中信件的功能包括宗教和道德指导、神学宣传、牧民关怀和咨询，以及在教会领导层中行使权力。基督教信件的历史始于公元 50 年左右，最有代表性的也许是犹太基督教传教士扫罗/保罗的书信，《新约》中以他的名字保存了 13 封书信。

早在保罗活动的罗马帝国时期之前，古希腊就已经有了关于书信的纪录。希腊人书信的最早证据可以在荷马的《伊利亚特》（公元前 8 世纪下半叶）中找到。当英俊的英雄贝勒罗丰（Bellerophon）拒绝了热恋中的安特亚女王（Queen Anteia）时，她向丈夫普罗伊特斯（Proetus）国王指控贝勒罗丰通奸未遂，并要求将他处死。国王不想亲自杀了他，所以交给他一个送信的任务。《伊利亚特》没有告诉我们这封信的确切内容，但它的目的是要贝勒罗丰自己去送死。（Il. 6. 166 - 193）

公元前五世纪，希腊悲剧诗人欧里庇得斯用“信”设计了他三部悲剧的情节。在《奥里斯的伊菲吉妮亚》（*Iphigenia in Aulis*）中，阿伽门农用一封信把女儿引到奥里斯（Aulis）的希腊人营地，

---

① S. K. Stowers, *Letter Writing in Greco-Roman Antiquity*. Philadelphia: Fortress, 1986, p. 15.

为的是牺牲她来换取舰队的顺利出发，但他随后又似乎改变心意，试图用第二封信来阻止女儿成行。在《金牛座中的伊菲吉妮亚》（*Iphigenia among the Taurians* ，ll. 770ff）中，一封信使伊菲吉妮亚和俄瑞斯忒斯这对兄妹认识了对方。在《希波吕托斯》（*Hippolytus*，ll. 856ff）中，菲德拉自杀并留下了一封遗书，她在遗书中指控继子希波吕托斯要强奸她，为的是报复希波吕托斯拒绝了她的求爱。

古希腊思想家希罗多德（公元前 484—前 429 年）在他的《历史》中提到和引用一些信件，基本上都是波斯帝国的（秘密）外交、军事事务和行政管理信函（Hdt. 1. 123 - 125，3. 128，5. 14）。有证据表明，希腊人也是这么做的（Hdt. 8. 128）。修昔底德（约公元前 455—前 400 年）在他的《伯罗奔尼撒战争》中也提到了好几封信，一般是外交或官方信件。其中，他引用了斯巴达人指挥官保萨尼亚斯（Pausanias，前 479—前 468 年）与波斯国王之间的通信（Thuc. 1. 128f），流亡的雅典将军特米斯托克勒斯（Themistocles，约前 524—前 459 年）写给波斯国王阿塔克赛斯（Artaxerxes，前 465—前 424 年在位）的信（Thuc. 1. 137），以及雅典将军尼西阿斯（Nicias）的长信，他在这封信中向雅典人通报了西西里远征的进展情况。（Thuc. 7. 11 - 15）

在一部西塞罗通信集里收录了大约 860 封罗马共和时期的信件，有 90 封是由同时代的重要人物如凯撒（C. Julius Caesar）、布鲁图（M. Junius Brutus）和庞培（Cn. Pompey Magnus）写给西塞罗的。西塞罗的私人信件记录了共和国后期罗马精英成员之间活跃的信件交流，还让我们看到信件的典型主题和用途：推荐朋友和熟人、死亡后的安慰、哀叹自己的痛苦、政治事件的信息和私人事务。但也有关于日常生活中或多或少是丑闻事件的传闻趣谈。[①] 这样的内容和我们今天常在微信上看到的差不多。

与希腊、罗马时代的通信不同，公元 1 世纪的基督教通信不只是写信人和收信人之间互通信息，而且是信众的共同读物，因此帮助构建了早期的基督教社群。正是在这个意义上，它才成为人类通信史上的一个里程碑。基督教历史学家斯坦利·斯托尔斯（Stanley K. Stowers）指出："早期基督教的一些性质使其成为一个写信的运动。我们拥有古代基督徒写的九千多封信。"九千多封信（其中许多是世俗的）存留到今天，但更多的信随着时间的流逝而丢失了。[②] 今天基督徒们最熟悉的现存信件是那些被整理并列入《新约》中的信件。《新约》中约有一半是写给教会和个人的信件。

公元 1 世纪，写信是一个昂贵而耗时的过程。当一个人写信时，他或她经常使用一个专业的助手（秘书），因为写信是一种涉及标准化修辞技巧的专门技能。在一封精心制作的信件定稿之前，往往要经过几稿。新约中提到了一些助手，例如特提乌斯（罗马书 16：22）和西拉（彼得前书 5：12）。保罗在问候中提到的一些人也可能帮助保罗写作和制作他的信件，例如，索斯提尼（林前 1：1），也许还有提摩太（腓 1：1）。

保罗和其他写信的人都希望他们的信件能在教会会议上被大声朗读。许多学者认为，新约中给以弗所的信是写给小亚细亚的其他教会的，而不仅仅是给以弗所的。保罗在坐牢时写给教友们的一封信里特别关照："你们念了这书信，便交给老底嘉的教会，叫他们也

① Hans-Josef Klauck, *Ancient Letters and the New Testament*. Baylor University Press, 2006, pp. 156 - 65;

② S. K. Stowers, *Letter Writing in Greco-Roman Antiquity*, p. 15.

念；你们也要念从老底嘉来的书信”。（歌罗西书 4：16）

公元 3 世纪历史学家尤西比乌斯（Eusebius Caesariensis）在他的《教会史》（*Historia Ecclesiastica*）里记叙了在教会会议上大声读信的习俗，他引用了狄奥尼修斯（Dionysius，172 年左右任科林斯主教）写给索特（Soterius，167—174 年任罗马主教）的信，其中写道：“今天是主日，我们读了你的信，并将继续经常读它来告诫我们，就像我们对克莱门特为你［即罗马教会］写的早期信件一样”。（4．23．11）正是因为这样的“信”是公共读物，它才得以发挥构建一个信仰社团的作用。在教会的前两个世纪，大多数会众都在家里聚会。一些会众领袖几乎没有接受过基督教教义方面的培训，因此使徒和主教的信件副本在会众的崇拜和教育中发挥了重要作用。信件被大声朗读，以提供灵感、鼓励、教导和纠正。今天，微信上那些被广为转发的“信”更像是基督教运动中而不是希腊、罗马时期的信。微信上传播的一些时务评论、问题分析、学术论文、文化解析等等也都是给众人阅读的公共读物。

启蒙时代的“信”和知识社群

18 世纪迎来了通信构建新型社群的第二个活跃时期，这次构建的不再是一个宗教信仰群体，而是一个以知识、理性和人道价值为基础的学者社群：“文人共和国”。彼得·盖伊在《启蒙时代》里写道：“大体而言，文人共和国是一个松散的联合体，靠朋友聚餐、酒馆和咖啡馆里的非正式聚会和广泛的通信来维系彼此的关系。”（下册，第 74—75 页）启蒙时代的知识变革带动了知识群体的变革，新知识通过以“信”的形式传递的文字，无国界限制地在知识者之间传递，“信”再一次在历史上发挥了构建新型社群的作用。

启蒙运动时期，从一开始，书面信函就是首选的交流媒介，而且在很大程度上是在欧洲范围内形成学者社群的前提条件。在那个还没有学报和期刊的时代，信件是与整个学界接触的唯一途径，可以了解最新的发现，获得书评（甚至是在国外出版的书籍本身），寻求赞助，传播自己的理论观点，并获得影响力。一言以蔽之，写信是推动一个人作为学者的职业生涯的根本。学者们围绕文化机构（如博物馆、图书馆、学院）和研究项目组织起来，收集、整理和传播知识。这是一个前学科时代的社区，大多数现代学科都是在这里发展起来的。它是今天各种知识学科联盟的祖先，从 17 世纪的沙龙和 18 世纪的咖啡馆到科学院和现代研究型大学，一步步发展起来。书信往来曾是早期现代欧洲博学世界的支柱，一个支撑学术理念和成果的社会支架。

这个知识群体的统一并不意味着众口一词，它的一个标志乃是成员们在哲学和政治信念上各持己见，正如盖伊所说，“如果说启蒙哲人是一个家族的话，那么这是一个喧闹的家族。他们是战友，而且常常有深厚的私人友谊，但是，除了以推动共同的事业为最大乐事外，其次就是以批判战友为乐事了。他们彼此展开无休止的论战，有些交往完全是唇枪舌剑，毫不客气。后人对启蒙运动的许多指责……（和）误解也是出自启蒙哲人”。他们自称是一个“小团体”(petite troupe)，有共同效忠的事业和共同的世界观，“这种意识超越了他们彼此之间的激烈争吵：启蒙哲人没有一个政党纲领，但他们确实结成一党。……外界的骚扰或对骚扰的担心也驱使启蒙哲人们想到他们的共同之处，忘掉他们之间的分歧”。（上册，第 2—3 页）

把启蒙人士联系成“文人共和国”的，不是今天大学里那种躲避政治和社会问题的学院专业主义，他们通过各种可行的途径贴近现实。他们的知识兴趣与启蒙的意愿一脉相连，合二为一，既开拓了新知识的领域，也形成了新的读者群体。他们和读者形成了英国学者塞缪尔·约翰逊（Samuel Johnson）所说的“心灵共同体”，他们的通俗化很少流于庸俗。这也是今天我们在微信上能够看到的那种可以视为“信”的，上传和转发的知识和思想读物。

18 世纪启蒙时期的“文人”社团在世界范围里形成了新的思想和价值观纽带，用伏尔泰的话来说，“尽管有战争，尽管有不同的宗教。所有的科学，所有的艺术，都以这种方式得到了共同的帮助：学院形成了这个共和国。……每个领域的真正学者拉近了这个伟大的思想社会的纽带，遍布各地，处处独立。这种通信仍然存在；野心和政治在地球上蔓延，幸亏有这种通信来应对这样的罪恶”。①

当然，文人共和国只是一个想象中的社区（一个学者的乌托邦，在那里，差异在理论上并不重要），但它也是一个信息网络和一个动态平台。在这个平台上，各种各样的知识项目——其中许多对社会、政治和宗教有着重要影响——被提出、辩论、验证和实践。它是在前人开拓的条件基础上发展而成的，在 16 和 17 世纪，商人和传教士帮助建立了全球信息网络和殖民前哨，改变了文人共和国的地理环境。到了 18 世纪，形成一个跨大西洋的通信网络便是水到渠成。虽然隔着大西洋，但一些美国建国之父们也与欧洲思想家们有频繁的通信往来。

18 世纪的通信是一件非常不容易的事情，价格昂贵，不是一般人能负担得起的。信件常常直接交给船主和船长。美国法律要求船

---

① Cited in Dena Goodman, *The Republic of Letters: a Cultural History of the French Enlightenment*. Cornell University Press, 1996, p. 20.

长将所有邮件送到第一个入境港口的邮局，但有时也会被带到收件人的当地邮局来投递。18 世纪的陆路邮件也走得非常慢，从巴思（Bath）到伦敦 115 英里，今天汽车行程 2 小时 14 分钟，那时需要两天时间（48 小时），即每小时 4—5 英里，快一点的驿马车也需要 17 个小时。直到 1775 年 7 月 26 日，美国邮政系统由第二届大陆会议建立，本杰明·富兰克林担任第一任邮政局长。但是，邮局员工并不总是能迅速地将信件送到离开美国前往外国目的地的下一艘船。直到 19 世纪中叶，美国城市之间的信件往往是在邮件之外私下进行的。在许多情况下，其目的是避免美国邮政局（USPOD）收取的高额费用。例如，从 1799 年到 1814 年，寄送一封单价信件 40 至 90 英里需要 10 美分，90 至 150 英里需要 12 美分。在这 15 年期间，美国一些地区的家庭每周仅靠 1 美元生活。直到 1851 年 7 月 1 日，邮寄 3000 英里的预付费信件的费用才降至更实惠的 3 美分。

如果说 18 世纪是一个文人通信热的时代，那么当下就是一个大众微信的狂欢时刻。“信”变得如此便捷而且免费，不管是谁，只要愿意，爱发什么“信”就可以发什么。倘若不会写，那也不要紧，只要动动手指，转发个什么，不也同样是一封信吗？人们互相问候，经常不着一字，转发个什么，热络或友谊的意思就已经传到。微信极大地满足了人们的这种“互致问候”的心理需要。加上写字懒人爱用的形意符号（emoji），讲究格式、称谓、祝词等等的传统“书信”已经几乎完全被没有文化要求的“大众通信”所取代。

更关键的变化是，以前是要有严肃的事情，重要的发现、非交流不可得的思想成果等等，才提笔写信。今天，任何一个“大众发信人”都可以因为一点点鸡毛蒜皮的事情，或者根本是没话找话说，就上网联络，更不要说是因为无聊和孤独而找人聊天了。古代通信那种严肃交流的意义和价值也就大大降低了，甚至几近为零。人们会通过社交媒体形成大大小小的熟人朋友群，这样的群体并不是建立在什么理念或价值基础上的。这样的“微信人”充其量不过联络为一个个同病相怜、互相安慰、分担抱怨、抱团取暖的小部落，不可能指望他们能互相结成更大的群体。

社会学家们和媒体研究者关注一种更深层的信息部落，他们被困在“信息茧”里，没有意愿也无力突围而出。这样的信息部落不只是情感上的，而且更是认知上的，是一些信息单一、思想封闭、自以为是的“部落”，这样的部落与开放社会是格格不入的。哲学家卡尔·波普曾对现代社会正在变得越来越“抽象”和“去个人化”表示担忧。对于社会中人们之间日益加剧的隔离和碎片化，波普写道：“我们可以设想这样一个社会，人与人之间实际上从不照面，办事的方式是孤独而隔离的个人用文字信件或电报互相联系……这样的虚构社会可以称为完全抽象或去个人化的社会”。[①] 波普的这段话是他在论述民主、法西斯主义和知识的时候说的，他一生捍卫“开放社会”的理念，而且警告，开放社会始终存在着一个危险，那就是社会的抽象化和去个人化。今天，大众社会的社交媒体问题正在证明波普的预言是多么正确。

思考部落的礼物精神

开放社会，按照波普的说法，是一个以自由为基本价值的社会，

---

① Karl Popper, *The Open Society and Its Enemies*, *Vol*. 1, *The Spell of Plato*. Routledge and Kegan Paul, 1995, p. 187.

人们坚持言论和思想的自由，互相理性地平等对待，可以在说理中互相批评，推动社会进步。开放社会保护交往和信息的自由，媒体多元化，政府权力极少对之加以干涉或限制。而社交媒体上的大多数部落都是相互隔绝的，许多人只是通过部落式的“朋友圈”才寻求到某种归属感和安全感。在这种部落环境中接触到的信息会对他们接受信息知识的方式产生明显的负面影响，使他们变成懒惰、被动的同一信息接收者。[①] 信息来源的单一化造成了部落民众观点的“极化”，他们变得越来越偏激和固执，“不断受到极端立场的影响，并觉得许多人都持有这样的立场。可以预见，这一定会使那些受影响并带上偏见的人们更加坚信自己的想法”。[②]

这种对社交媒体非常负面的看法，虽然对绝大多数这样的部落来说是准确的，但却容易忽略社交媒体上另外一些有着积极和建设性意义的部落活动，其中最重要的就是在这些部落中起到积极凝聚作用的思考礼物关系。

大致而言，人们在社交网络上做三件事：消费内容，分享内容，馈赠内容。绝大多数人都是不加分辨地浏览阅读，有的人经过阅读甄别和选择后，把自己认为值得分享的内容转发出去，少数人有自己的想法，写下来上传到朋友圈或网上。几乎所有的社交媒体将“分享”打造成一个主体概念和行为，使分享成为社交网络的思维和架构的核心，无意中给许多人造成了一个错误的印象：即分享是社交网络的全部用途。然而，这样的“分享”概念不能告诉我们，什么是在线社区的道德意图和心理回报，应该如何看待在线活动对人

---

① Michael P. Lynch, *The Internet of Us*. Norton, 2017, p. 43.

② Cass *R*. Sunstein, *Republic. com 2. 0*. Princeton University Pres, 2007, pp. 69 - 83.

们产生吸引力——仅仅是抱团取暖，还是贡献独立的批判性思考成果（正确与否另当别论）。因此，这样的“分享”会使人们忽略了社交网络的社会责任和道德潜力，其中最重要的就是向社群送出自己的馈赠。

“信”的馈赠和回报构成了信的“礼物”特征。古人就已经觉察到了“信”与“礼物”以及“友谊”之间的内在联系。公元3世纪罗马著名的基督教教师阿尔特蒙（Artemon）认为，信件是“致力于写作，在某种程度上作为礼物发送”。“信是一个神秘的统一体，信是另一个自我，可以帮助克服或至少应对分离，但也会引起人们对这种分离的关注，从而有可能强化孤独感。作为一种服务于社会和实用需求的对等交流媒介，信件交流与礼物赠送密切相关。信件本身被认为是一种礼物，并且经常伴随着礼物，如食品、纺织品、书籍或宗教物品。尽管信是一种主要被理解为文字的物质物品，但它也有一个口头/听觉层面。通常情况下，持信人的口头信息是对书面文字的补充。更重要的是，书信还具有内在的口头性。由于信件通常被认为是作者的真实写照，书面文字在送达时被朗诵，而不是由收信人默读。①

在一些微信朋友圈里我们可以发现这样的礼物和礼物馈赠，这是微信朋友圈最积极、最有智识和道德吸引力的部分。这里需要对两种不同的微信朋友圈加以区分，第一种是“人为的”（artificial circles），如同学、同事、业务联系人员等等。另一种是“自然的”，包括自愿组合和与微信联系人组成的群。人为群里经常会出现剧烈

① Cited in Wolfram Brandes，ed.，*A Companion to Byzantine Epistolography*. Brill，2020，pp. 43-44.

的立场和意见冲突，迫使不愿陷入其中的人选择退群。自然群体以志同道合为基础，较少发生这种情形。思考部落的社区基本上属于后一种自然朋友群，但并不是所有的自然朋友群都是思考部落。

思考部落是以部落里传递的特色“礼物”，也就是思考，为特征的。1914 年至 1918 年期间，波兰人类学家布罗尼斯瓦夫・马林诺夫斯基（Bronislaw Malinowski）在特罗布里安群岛（Trobriand islands）进行实地考察，该群岛由所罗门海（Solomon Sea）的珊瑚环礁组成，呈螺旋状。马林诺夫斯基放弃了岛上的殖民地定居点，“回到本土”，与岛民生活在一起，观察他们的习俗。马林诺夫斯基的研究结果发表在《西太平洋的阿根廷人》（1922 年）中，改变了西方研究人员对本土文化的思考方式，并催生了现代人类学的学科。

马林诺夫斯基很好奇，为什么部落首领会在群岛上旅行，互相交换礼物。群岛中的一些岛屿被数百公里长的不可预测的水域隔开。酋长们会冒着生命危险从一个岛划到另一个岛，交换明显不值钱的饰品——贝壳项链和臂章——他们把这些饰品当作珍贵的物品。随着时间的推移，马林诺夫斯基从他的主人那里了解到一个令人惊讶的事实。整个特罗布里安群岛在一种仪式性的礼物交换中联系在一起，岛民们称之为库拉环（Kula）。库拉环是本地文化的核心和灵魂。

参加库拉环是一种特权，也是政治权力的标志。地位高的参与者往往会有几十个伙伴，他们通常会与之交换礼物。协议是向北方的岛屿交换红色贝壳盘项链，向南方的岛屿交换白色贝壳臂章。如果你收到这些礼物，你有义务把它们转交给邻近岛屿的酋长或知名人士。尽管这些物品本身很微不足道，但礼物的传递却非常隆重和有仪式感。这个过程一直持续到项链和臂章在群岛上转了一圈，项链按顺时针方向循环，臂章则按相反方向循环。

马林诺夫斯基感到困惑的是，为什么在库拉环中交换的饰品会被岛民们如此敬重地对待。如果部落首领想给对方留下深刻印象，他们为什么不建造更多精致的礼物，或赠送更多此类物品？在北美的“夸富宴”（Potlatch，又称散财宴）中，礼物的数量很重要。数量是权力、财富和慷慨的标志，所有这些都反映在赠送者为其礼物赢得的声望上。然而，在库拉圈中，礼物的数量并不重要。给予才是最重要的事情。显然，马林诺夫斯基认为，库拉圈有一种象征性的东西在把这个过程联系在一起。那么它是什么呢？

答案是在他与法国人类学家马塞尔·莫斯（Marcel Mauss）的辩论过程中出现的，莫斯在 1925 年的《论礼物》中对马林诺夫斯基的工作做出了回应。莫斯认为，每件库拉礼物都是特罗布里安群岛文化的“全面预演”。每件物品都有其复杂的历史，从一个接受者到另一个接受者的旅程和通道，经次传递这些物品就是确认这段历史，并由此再生传统的礼物交换文化。莫斯借鉴了毛利语的“豪”（hau），意思是“礼物的精神”，来解释库拉礼物所受到的尊敬。礼物不仅仅是一个礼物：它是交换文化的精神象征。继续交换是一种精神行为，肯定了文化的统一性。

在微信的思考部落里，思考是部落的精神，包含着思考的“信”是在部落里不断传递的礼物，它从不在某一个人手上停下来，成为他的财产或资产。一旦礼物的传递停止了，它也就死了，不再有价值。与马林诺夫斯基和莫斯观察的土著部落不同，微信上的思考部落成员可能同时属于不止一个部落，他们恰恰是思考部落里最有价值的成员，因为他们会把一个部落里传递的礼物向其他思考部落传递，思想礼物的库拉圈便随之扩大。

我不知道微信使用者们中是否有可用以“散财宴”为隐喻的部落。我想，如果有的话，那一定是以某种绝对权威为中心的部落。这个权威向群内成员发放礼物，礼物是他的权威、资源和慷慨的象征，上世纪末本世纪初的“后学”和“国学”圈子就形成过这样的“散财宴”部落（虽然不是在社交媒体上）。大家围着当时的几位“学界大佬”转，想从他们那里多得些礼物（在刊物上发表文章，参加学术会议的机会，推荐信等等）。不过那是微信朋友圈之前的事情，我不清楚今天微信朋友圈里是否还有这些大佬的踪影。不过，我所知道的思考型微信群都是以“库拉礼物”而非“夸富礼物”为其部落精神，我认为这是一个至今还没有受到应有重视的进步。

社交媒体上人群的部落化已成常态，预计会继续这样存在下去。部落化本身并不是问题，问题是部落中传递的是怎样的认知和价值礼物，这样的礼物会成为有标志性的部落精神。在一个多元文化共存的社会里，不应该强求同一或统一的礼物精神。以任何名义作出这样的强求都有可能沦变为全面管控和压制自由的借口。单单在微信这一个社交平台上，我们就已经可以看到许许多多不同的部落，只要它们不互相仇视，即使认知和价值观有分歧和冲突，也能和平共存，相安无事。

不同的社交媒体网站——如中文的微信、微博、抖音、知乎、豆瓣等——形成的不同“部落网”要比微信部落的范围更大，这样的部落也可以用人类学研究的部落为隐喻。美国社交媒体评论人蒂莫西·雷纳（Timothy Rayner）指出，人类学家在世界各地的本土文化中发现了许多不同的礼物经济体系，形成了它们的文化特征。我们不妨跟着他想象一下：在殖民前的太平洋某处，有一系列群岛，每个岛屿都有一个不同的部落居住。这些部落拥有相似的礼物文化，但看重的礼物却相当不同。北方的岛民很凶猛，好战。他们只希望得到武器和战利品礼物，其他的都不在乎。南方的岛民爱好和平的，善于思考，他们希望得到的礼物是诗歌和笼子里的鸟儿，他们将鸟儿放飞到空中。东边的岛民活泼快乐，他们期待的礼物是食物、美味佳肴和米酒，越多越好。西边的岛民是辛劳、勤奋的农人和渔夫，他们希望得到有助于他们日常工作的实用礼物，如斧头、锄头、锤子和渔网。

雷纳用这个为隐喻，通过切身的体会指出，每个社交媒体网站就像太平洋里某些群岛中的一个岛屿，“它是一种礼品文化，这意味着它吸引了一定的人群。每个人群都有他们自己的一套兴趣和期望。这些差异是微妙的，但却是决定性的。我们必须尊重它们，否则就要承担不良后果。你不能在 LinkedIn 上发布和 Facebook 上一样的内容。你可以尝试，但要冒着损害你的职业声誉的风险。你不能像在 Twitter 上那样，在 Facebook 上分享新闻。相信我，我已经试过了。Facebook、LinkedIn、Twitter、谷歌（Gmail、G+）、Pinterest、Tumblr 等组成了一系列具有不同兴趣和期望的部落群岛”。①

今天大多数微信用户是没有离开过自己“朋友圈”岛屿的部落中人，他们不了解其他部落中的人们，对外界怀有偏见、害怕，甚至仇恨。如果我们有可能不做这样的“岛人”，那么，也许可以选择成为漫游群岛的旅行者。需要的时候，我们可以同时参与到多个网站和社区中，就像旅行者参与多种不同的礼物关系。但是最后我们还是得找到自己的部落，当我们以自己的部落为中心进行分享时，

---

① Timothy Rayner，“Social Media as Gift Culture：the Prismatic Self”. Social media as gift culture：the prismatic self-Philosophy for change（wordpress. com）.

在多个渠道上的分享会更容易。对我本人来说，一个以自由和独立思考为库拉礼物的思想部落所给予我的回报比我能对它的贡献要多，我认同这样的部落。但这并不意味着有一个先于参与者存在的部落，当我们与选定的他人分享和传递礼物时，部落就会出现。分享圈通常基于共同的认知和价值观，思想部落尤其如此。在“礼物精神”的熏陶下，思想的礼物成为对分享圈和它所维持的部落的感激之情的象征。我们在网上交流中越是培养这种精神，它也会越强大，越充实。

2. 启蒙和大众媒介

从电视到互联网

要评估启蒙可能的社会影响，尤其是对大众人的影响，就必须考虑到启蒙的大众媒介手段，在今天的互联网时代尤其如此。现在有一种流行的看法——更确切地说，是先入之见，那就是，人们发明互联网，本意是希望大家多多交流，让思想越来越活络开放，然而却只是让傻子们找到了彼此，成了更顽固的傻子。作为一个传播知识的媒介，互联网不但没能开启人们的思想，反而是封闭了人们的思想，因此互联网的实际作用与启蒙的目的适得其反。

要对这样的看法做出评说，要了解互联网这个公共媒介与启蒙知识传播的关系，首先需要认识互联网媒介的特点。从媒介变化的历史来看，互联网是后起于电视的一种新型媒介，而且，互联网与电视在处理和传播信息的方式上不仅有许多相似之处，而且还互相影响，形成一种共生的关系。因此，我们不妨就从现有的对电视媒介的认识来开始讨论这个问题。

波兹曼在《娱乐至死》一书里用传媒理论阐述文字相对于口语在思维逻辑和分析上的优越性。这个观点最全面的阐述者是沃尔特·翁，他在《口语文化与书面文化》一书里说，“文字把语词诉诸可见表达以后，语言的表达力倍增，潜力难以限量，文字重构思维”，严肃思考的本质是“研究”，“一切思维，包括原生口语文化中的思想，都或多或少是可以分析的：思维把它的素材分割成各种要素。尽管如此，如果没有书写和阅读，对现象进行抽象、排序、分类和解释的考察是不可能的，对书面表述的真理进行这样的考察也是不可能的。原生口语文化里的人虽然没有接触过任何文字，但他们学到很多东西，具有了不起的智慧，并且能够运用自己的智慧.然而他们并不从事任何‘研究’（study）”。在文学中，性格深厚、丰满的人物也是因为用文字创作才成为可能的，这与口头文学中“扁平”人物是不同的。书写和阅读“使人从事费力、内化和个体的思想活动，这是口语文化里的人不可能从事的活动。在书写和阅读产生的个人世界里，诞生了‘丰满’的人物的感觉”。严肃思考是一种深度思考和不断的“新感悟”，“在人生世界和人本身的新感悟背后，一种主要的推动力是文字和印刷术造成的”。①

正是从文字与严肃思考的关系出发，波兹曼严厉批判电视文化，强调的是电视图像思维与文字思维的逆向比较。电视依赖于图像，不仅使它传递的知识信息十分肤浅、零散，而且还改变了人们对什么是“真实知识”的观念，后面这种危害甚至超过了知识信息本身

---

① 沃尔特·翁：《口语文化与书面文化》，何道宽译，北京大学出版社，2008 年，第 4、117、119 页。

的肤浅和零散。

媒介不只是一种传递真实信息的手段，而且参与了对何为“真实”的定义。新闻的真实就是一个例子，“电视已经获得了定义新闻存在形式的力量，而且它还决定了我们如何对新闻做出反应。在把新闻包装成杂耍的同时，电视也引诱其他媒介这样做，于是整个信息环境都变成了电视的一面镜子”。电视传达信息和呈现真实的方式潜在影响了以前只是运用文字的媒体，“例如，美国非常成功的全国性报纸《今日美国》，就是完全按照电视的模式定型的。它在大街上被摆在类似电视机的东西上出售，它刊登的故事出奇地短，它的版面设计大量使用照片、图表和其他图像，有的还是彩色的”。[①]

波兹曼认为，图像有娱乐性，甚至本身就是一种娱乐，它诉诸人的“情绪”而不是“理解”。他说：“电视通过创造出一种可以被称为‘假信息’的种类，改变了“得到消息”的含义。……假信息并不意味着错误的信息，而是意味着使人产生误解的信息——没有依据、毫无关联、支离破碎或流于表面的信息。这些信息让人产生错觉，以为自己知道了很多事实，其实却离事实的真相越来越远。”他补充道：“我并不是说电视新闻在故意蒙蔽美国人，我想说的是，当新闻被包装成一种娱乐形式时，它就不可避免地起到了蒙蔽作用。……电视新闻节目提供给观众的是娱乐而不是信息，这种情况的严重性不仅仅在于我们被剥夺了真实的信息，而且在于我们正在逐渐失去判断什么是信息的能力。无知是可以补救的，但如果我们把无知当成是知识，我们又怎么办呢?”[②]

---

① 波兹曼:《娱乐至死》，第 144 页。

② 波兹曼:《娱乐至死》，第 139—140 页。

用娱乐包装有用的信息是否一定会像波兹曼所说的那样，“不可避免地起到蒙蔽作用”。这是一个值得思考和讨论的议题，因为在互联网时代，一些有启蒙意识的工作者——如“十三邀”和“奇葩说”——恰恰在有意识地尝试一种“去蒙蔽”的路径。

波兹曼显然认为，严肃的话题需要用严肃的方式来处理，媒介给人的娱乐越多，严肃的信息就越少。娱乐需要一种简短的，快速变化的感观刺激，这与严肃思考需要持久的关注力是背道而驰的。波兹曼说：“新闻节目是一种为了娱乐观众而上演的表演，例如每条新闻占用的时间平均为 45 秒。虽然简短并不总是意味着缺乏重要性，对于新闻来说却就是这么回事，因为要在不到 1 分钟的时间里报道一个具有相当严肃性的事件几乎是不可能的。事实上，电视新闻并不想提醒观众某条新闻有严肃的内容，否则观众在新闻播完后还必定要继续思考，这样就会妨碍他们观看下条新闻。其实，观众并没有什么机会分出几秒钟进行一些思考，因为电视屏幕上的图像会源源不断地出现。图像的力量足以压倒文字，并使人的思考短路。”①

互联网的图像与电视屏幕上的图像并不完全相同，有的是不受观众控制的“源源不断出现”，有的并不是如此。而且，图像的力量是否一定会导致“人的思考短路”，或者有了图像，文字是否便不能发挥正常的思考作用，这些都是有争议的问题，并在对互联网认知缺陷的讨论中以新的问题形式重新出现。

2008 年《大西洋月刊》发表的尼古拉斯·卡尔（Nicholas Carr）的《谷歌让我们变得愚蠢吗?》（Is Google Making Us Stupid）

---

① 波兹曼：《娱乐至死》，第 134 页。

一文，一下子把一个与“电视让我们娱乐至死吗”相似的问题摆到了公众面前，在美国引起了广泛的争论，至今余波荡漾。卡尔在文章里强调，互联网所带来的便利和乐趣都是有代价的，也就是麦克卢汉所说的，媒体可不仅仅是被动的信息渠道。媒体提供思考的原料，但同时也在塑造思考的过程！卡尔感觉到，“网络似乎正在一点点地腐蚀我专注与沉思的能力。现如今，我的脑袋就盼着按照网络提供信息的方式来获取信息，即以飞速运动的粒子流的方式。过去我是个语言海洋中的深潜者，现在我好像踩着喷气滑水板，在海面上急速掠过”。从“深潜”到“浮掠”，概括了互联网对阅读者头脑的弱智性影响。

互联网文化的两个悖逆推断

今天，如果我们把波兹曼对电视媒介的负作用批判运用于互联网媒介及其大众文化样式，就可能出现两种几乎是完全相反的推断，这两种推断都会直接影响我们对互联网的大众人启蒙效应的两种评估，它们也是互相悖逆的。

第一种从波兹曼电视文化批判做出的推断是，既然电视是一种让人“娱乐至死”的传媒，那么，想利用这个传媒传播对大众人的启蒙知识便是缘木求鱼。启蒙要求的是自由思想，独立判断，即勇于思考。这样的思考，如批判性思维，需要有理性智识的努力，时间较长，相当累人，经常是一件苦差事，需要有自讨苦吃的意愿和精神。而且，它还需要自我反思，其结果经常会对自己不利，在情绪上令人不爽。一句话，启蒙要求的是一种有不便或不爽代价的思考。

按照波兹曼的分析，电视传媒至少在三个方面不利于这样的启蒙思考，而每一个方面在互联网传媒那里都有更令人担忧的表现。第一，它迎合观众缺乏“关注力”（attention span）的特征，要求他们的只是一种浅尝辄止的短暂思考，“为了便于让观众可以随时开始或结束观看，电视上的节目几乎每 8 分钟就可以成为一个独立完整的单元。看电视的时候，观众很少需要把上一时段的思想或情绪带到下一个时间段”。[1] 同样，互联网使用者的“关注力”很短，而且还在越来越快地变得更短。根据 SimilarWeb 的调查发现，2017 年和 2019 年之间，网站平均停留时间减少了大约 11 秒。如果考虑到移动浏览变得越来越流行，那么关注力缩短的现象就更严重。Microsoft Corp 的一项研究显示，2000 年的时候，一般人的专注时间是 19 秒，而 2020 年已经降低到 8 秒，而普通金鱼的专注力时间则为 9 秒。这些数字当然只能供参考，但有一点是肯定的，那就是缺乏专注力肯定不利于深入思考。

第二，人看电视时的思考内容肤浅而凌乱，经常是因娱乐而牺牲深度，因表相而牺牲实质。电视的文字解说会配有音乐。为什么要这么处理呢？波兹曼答道，“我想，这可能是和在戏剧和电影中使用音乐的道理是一样的——制造一种情绪，为娱乐提供一个主题。”其结果就是以情绪代替思考，诉诸情绪而非理性的分析和判断。电视节目选择演播人员，“每人都必须有一张‘可爱’‘可靠’的脸”。[2] 传送信息者的相貌要比信息的实质内容更要紧，这种情况在互联网上也是比比皆是，不只是个人的脸蛋和形象，而且还有网站页面的美化和装饰。“形象”和“外观”比任何时候都重要，而且往往是一

① 波兹曼：《娱乐至死》，第 130 页。
② 波兹曼：《娱乐至死》，第 133—134，131 页。

种故意设计的欺骗操作，许多伪劣产品的“名人形象代理”就是电视和网络上同时存在的现象。

第三，电子媒体瓦解严肃讨论话语与琐碎“闲聊”或“漫谈”的区别，瞬间消解严肃话语的重要性。电视上的法律或政治哲学普及依赖“名人”“名嘴”效应，把名人变成艺人，以此把电视秀转换成“严肃”的文化内容，这就使得电视的娱乐性更完整了，形式和内容都成了娱乐。它造成的假象和误导是，所有的话语形式都能从一种媒介转换成另一种媒介。文字的历史可以转变成电视或互联网上的“戏说”或“快意”，正如标题《“奇葩说”上的“高冷”哲学家》所暗示的，哲学的文字阐述可以转换成“综艺节目”。波兹曼对美国电视上的宗教节目持严厉的批评态度，他指出：“不是一切都是可以用电视表达的，或者更准确地说，电视把某种事物转换成了另一种东西，原来的本质可能丢失，也可能被保留下来。大多数电视传教士没有严肃地思考过这个问题，他们以为，原本在教堂或帐篷里面对面的传教也可以在电视上进行，而且既不会丢失原意，也不会改变宗教经验的性质。他们没能认识到复制过程中存在的问题，这也许是因为电视为他们提供了大量的观众，让他们心生傲慢而无暇顾及其他了。”[①] 同样，在电视或互联网上的“综艺节目”里讲霍布斯或洛克，讲康德或黑格尔，会不会丢失哲学的原来本质，使哲学变成了另外一种性质的话语呢？

第二种从波兹曼电视文化批判做出的推断是，他的这一批判本身是不周全的，他的一些重要结论都是在1980年代做出的，30多年以来的实际经验显示，情况没有波兹曼设想得那么悲观。那些结论

① 波兹曼：《娱乐至死》，第153页。

既然不完全符合电视传媒在这30年间的表现，自然也就无法拿来运用在与电视传媒不同的互联网传媒上了。我们也可以从三个方面来说明，电视或互联网传媒并不是一定会削弱或颠覆启蒙对大众人的影响。

首先，30多年来的电视传媒显示，电视传媒并没有削弱文字传媒的影响，电视传媒的发展也不需要以牺牲文字传媒为代价。许多看电视的人本来就是不阅读或很少阅读的，有电视机的家庭没有藏书，并不是什么稀奇的事情。对经常阅读的人们来说，电视和阅读也可以形成互补关系，如网课和电视教育。波兹曼预言“电视无法表现政治哲学，电视的形式注定它同政治哲学是水火不容的”。[①] 但事实证明，政治哲学却可以利用电子媒体，以视频或音频教程的形式在互联网或电视上传播其知识。广受欢迎的耶鲁政治哲学课程就是一个例子。这样的课程已经相当常见的了。

第二，电视可以提供具有实质性内容的节目，效果非常显著。2012年英国的BBC编制并播放了劳伦斯·里斯（Laurence Rees）的《希特勒的黑暗魅力》（*The Dark Charisma of Adolf Hitler*）电视纪录片就是一个例子，虽然里斯自己为这部电视纪录片写了一本同名的书，但纪录片播放的效果比阅读更好。纪录片里有珍贵的历史图片和镜头，历史事件的场景和地方风貌，配上了音乐，结合了情感和认知的力量。

德国政治活动家弗里德林·冯·施堡恩（Fridolin von Spaun，1901—2004）1923年第一次在一次集会上见过希特勒，当时没有什么印象，但是10年后的1933年，他又一次见到了希特勒，这一次

① 波兹曼：《娱乐至死》，第9页。

他的印象完全不同了。在一次由众多纳粹同情者参加的宴会上，斯堡恩发现希特勒正望着他，顿时感觉到希特勒的目光像电流一样传到他身上，他现身说法地回忆道，“一下子感觉到了希特勒的真诚”，“希特勒立起身来跟一个人说话，手正好按在斯堡恩的椅背上，斯堡恩清楚地记得自己当时的感觉：我觉得他的手指有一股穿透我的，令我震颤的力量，那不是一种神经质的震颤，而是感觉到，这个人，这个人的身体，是在这个世界上要实现一个巨大的，全能的意志的工具。我觉得那是一个奇迹”。电视纪录片让观众从真实的影视形象看到希特勒是怎样一位典型的，无与伦比的魅力型领袖，他的崛起和后来巨大的政治影响力都一直在依靠他对普通德国人的一种特殊“说服力量”，如果没有电视展现希特勒个人的现场情绪、身体语言和人格魅力，很难想象他这个人如何能在群众身上产生一种近于神奇的“着迷”和“催眠”心理作用。这样的感觉效果是不可能通过单纯的文字来传达的。

每一种新传媒方式出现的时候，都会引发已经习惯旧传媒方式者的批评和攻击，但是，随着新传媒方式的发展和完善，也随着人们对它认识的加深，这种批评和攻击就会减弱，失去其特别重要的意义，变成一种只是从不同角度出发的另类思考。新传媒方式并不是取代旧传媒方式，而是丰富了原来已经单一化的传媒方式，而新、旧传媒方式各有各的用途，可以并存不悖。从口语到书面文字是这样，从书面文字到电视，再从电视到互联网都是这样。当下对互联网传媒的许多激烈批评和攻击都是新传媒转化初期的现象，经常表现得非常激烈，以偏概全、相当情绪化。随着互联网的发展和人们认识的加深，这样的批评虽然还会继续下去，但一定会渐渐地变得更平和、理性和周全。

知识的图化和简略问题

在波兹曼的时代，对电视的批评主要集中在图像阻碍深度思想这个问题上，今天人们对图像及其公共话语作用已经有了更多的认识，并且能予以重视和肯定。这种认识也适用于网络传媒和多媒体的知识传播。互联网上的知识传播——包括人文启蒙知识传播——结合图像和文字已经成为一种基本手段，图像的运用有的能起到很好的说明或知识补充作用，有的不过是花哨的点缀，但这并不影响图像本身可以起到的公共话语作用。

尽管如此，图像毕竟不能代替文字，因为图像至多不过是对复杂问题和概念思考的一种“简约”或“象征”处理，它对公共的或人文的问题，起到的是“提示”而非“讨论”的作用。即使像“漫画”这样有明确意涵的图像，也不可能成为一种具有分析和阐述价值的公共话语。在多媒体时代的今天，图像不只是在电视中展现，而且还在网络和其它空间中展现和传递。在网络传媒的各种信息中，图片和小视频的点击率往往是最高的。“抖音”成为一种最受欢迎的媒体传播形式不是偶然的。当然，网络上大量的图像仅仅是消遣性的，并没有公共信息的价值。然而，也正因为如此，那些严肃公共信息图像，才有了藏身之地。

图像对公共问题的提示可以成为文字公共话语的一种“转化”，而不单纯是一种“退化”。基于这样的转化，图像的“约简”也可以成为电子传媒时代形成的一种新形式公共话语。不仅是图像，电子传媒上的文字也会出现这样的“简约”转化，对于人文启蒙的知识传播来说，这是一个非常值得注意的特征。

无论是文字还是图像，在大众媒介中都会比许多知识分子所希望的要简单。但这并不妨碍人们从这样的信息渠道（国内的和国际的）去获得他们需要的信息。音像兼备的电视信息要求简洁明了，事件叙述尽量简约，不能涉及太多的人物和复杂的人际关系，也不能包含那些普通观众需要费时间去想的问题。这是由于电视观众众多，文化思考程度参差不齐，所以不可能太深入涉及的缘故。不能单单凭此贬低电子媒介的人文启蒙和公共话语工具作用，因为知识是以不同方式进入不同人的生活的。

人文启蒙是在不同的层次上以多种不同的形式起作用的。与文字的人文启蒙相比，电子传媒的人文启蒙会因为观众知识程度参差不齐受到限制，因而接近于普通的知识普及和通俗化。例如，在介绍政治哲学知识时，集中于主要或关键概念的介绍和解释，或将繁复论证归结成几个简单的条例、添加一些有趣的生活经验、轶事、故事（文学的或电影、电视的）。

这只是一种非常基本的知识传播，如果只是满足于此，便可能成为一种知识退化，而非策略性的简约转化。知识简化的主要作用是让观众从“完全不知”到“稍有所知”，因而产生想要知道更多知识的好奇和欲望，而不是满足于只是皮毛的稍有所知，或者有了一些炫耀的本钱。简约的人文启蒙知识传播包含着一个悖论：如果一位经典作家的理论可以被简约解说者用寥寥数语就解释清楚，那么，这个理论从一开始就是一个失败的表述尝试。有的人甚至会错误地以为，经典作家本人的复杂论述本来就是一种不必要的繁复和啰嗦，所以，经典的简约者其实比经典高明，应该学习的不是经典，而是经典简约。

其实，简约者本人并没有这个意思，但他运用的媒体手段却造成了这样的知识定义与标准：只有普通人能懂的知识才是真正的知识，否则就是“伪知识”或无用的“精英知识”。这就是电子传媒对普通人知识观念的影响。它是通过这样一个过程来实现的：电子媒介的一般知识方式（浅尝辄止）和特殊知识形式（简约）被普通民众所接受，媒介的知识逻辑便同时也组织和界定了“什么是知识”和“知识应该如何”；一旦人们将电子媒介的知识逻辑内化和自然化为一种“常识”，媒介和观众就会用同一逻辑去理解社会现象。这种理解是肤浅、表象的，满足于此，便难以再深化或扩展。

这是一种危险的知识变化，非常讽刺的是，它产生于一个本来是为了传播知识的过程，结果却导致了满足于一知半解的肤浅状态，不仅就此止步不前，而且对更深层和更广泛知识满怀抵触和敌意。今天，反智主义非常盛行，最反智的并不是完全无知或愚昧的人群，而正是一知半解，但却自以为已经知识丰富的人群。

启蒙无用论的挑战

当下的“启蒙无用论”是一种反智主义的表现，也正是在知识浅尝辄止、一知半解的人群中特别流行。有一篇文章提出：“社会的进步，靠的是大众的觉醒，而不是知识阶层的启蒙。”① 这样的提法听起来有道理，其实经不起推敲。大众的觉醒是社会进步的条件，那么，如果知识阶层的启蒙能帮助和促进大众的觉醒，那不是更好吗？为什么要把这二者对立起来呢？

启蒙是信念的发生或转变。一个人的信念不是由别人的理论或哲学来的，也不会只是发生于别人的“开导”——劝说、启发、影

① https：//mp. weixin. qq. com/s/EDnGsr2FddUmCTKcX6Kg2w.

响。就像你不会只是因为别人的开导而爱上一位女子或信奉一种宗教，你也不会只是因为阅读了伏尔泰、卢梭、密尔、罗素、哈耶克而被启蒙。你有了启蒙的条件，一定是因为已经在现实生活里碰到了什么让你觉得“痛”的事情，开始有了自觉的醒悟。所以有人说，人是痛醒的，不是唤醒的。启蒙的信念不是别的，而是一些与价值有关的信念：人是自由而有尊严的存在、人应该用理性而不是拳头解决问题、不伤害别人的信仰、人应该互相有同情心和恻隐之心、对别人残忍或残酷打击是不对的。你怎么会有这样的想法呢？十有八九是因为你的经验中有与这些价值相反的事情发生在你的周围，而你又不是一个麻木不仁、没有想法的人。这样的经验发生在你自己身上，或者发生在你的家人、朋友、听说过的人的身上，成为最初的启蒙触动。一旦有所触动，就已经开始了你的经验启蒙。这个时候，你在观念上开始接受信念启蒙的“开导”，时机方才变得成熟。

经验启蒙虽然重要，但一般只能使人知其然，而不能知其所以然。而“所以然”才是构成观念和信念启蒙的基本知识内容。普通人一次又一次被新闻媒体欺骗，知道不能信任新闻媒体，因此抱有怀疑、戒备和蔑视。他们也许会不看报纸。但这只是一种消极的自我保护方式，这是知其然。但是，他们未必知道新闻媒体的欺骗和谎言运用的是哪些手段，要达到什么目的，是在什么样的制度和政治生态中起作用的。他们也未必知道为什么还是有人明明心里疑惑，但仍然还会去看这样的新闻（戈培尔因此坚持，就算只是出一页，也必须每天出版报纸）。他们更未必知道人为什么会上当受骗，是什么样的心理机制或思维习惯在受骗者那里起作用，为什么有的人明明心里明白，不相信谎言，还要装出相信的样子。

这些“为什么”就是“所以然”。很多人不知道“知其然”后面还有种种“知其所以然”，一旦知道了，如果想对所以然的问题有所回答，弄清其中的道理，那就需要专门的知识了。为此，他们就可能找一些有关文章或书籍来阅读，这时候，知识分子的启蒙作用也就会显现出来。

启蒙不是在人们还没有感觉到启蒙知识需要的时候对他们强行灌输，而是在他们有了这种需要时提供有用的可靠知识。启蒙是思想的摆渡，想要过河的人踏上摆渡船，摆渡人便载他过河。摆渡人不会上岸去强拉不想过河的人过河。摆渡人必须有可以载人过河的船只和划船技艺，那就是他的知识和见解。

启蒙者所表达的不过是他们自己的看法和观点，他们不是思想辅导员，不是精神导师，也不是灵魂工程师。启蒙者与他人在认知上是平等的，是同样自由的。任何人都有权自行决定如何对待启蒙的知识，决定接受或拒绝，那是他自己的事情。这样的决定未必都是正确的，他们必须为自己的决定负责。启蒙无需为不成功的启蒙结果负责。

启蒙的知识传播还有一个更加根本的任务，那就是让人们（包括启蒙者自己）知道什么是可靠的知识，如何选择对自己有用的可靠知识。林奇在《失控的真相，为什么你知道得很多，智慧却很少》一书里称之为知识的“认识论”，并提出三个要点。①

首先，知识不只是所谓的“看法”或“意见”，“任何庸人都可以发表意见，但知之甚少”。看法有对有错，大多数看法不过是未经

① 迈克尔·帕特里克·林奇：《失控的真相》，赵亚男译，中信出版社，2017 年，第 15—16 页。

检验的信息，“我们在获取知识时想要的是真实、正确的信息”。第二，信息必须经过验证（你自己的或他人的验证）、有可靠的来源（它可以为知识的可靠性提供某种担保）、证明值得信任，这才可称为“知识”。第三，知识是为某种特定的目的服务的，书本里或互联网上有那么多知识，你不可能一一去验证，也没有这个必要。你所需要的是对你有所助益的，也就是对你有用的知识。对具体的个人来说，有用的知识比其他知识更优先，人的生命和精力是有限的，要解答的问题是具体的，接触的知识面也是有限的。这也是为什么在追求知识的时候，最重要的是你自己的问题意识，它规定了对你来说“有用知识”的大致范围和运用目的。

今天，启蒙知识的三个主要部分——真相、认知、观念——中，直接与传媒真实有关的就是真相。这三个部分的知识对人都有明智的效应。第一，真相的明智效应是“了解”和“知晓”。第二，认知的明智效应是“理解”和“认识”。这是一个比了解事实真相要高的层次，它不仅要了解事情的真相，而且还要知道那是什么性质的真相，因此对它的本质和发生原因有所理解和认知。第三，观念的明智效应是“判断”，是识别善恶、正邪、是非、对错。判断所涉及的观念主要是具有普遍性的道德观念。

今天，绝大多数人都是从互联网的来源获得他们的信息，他们把这样的信息直接当作了“知识”。他们既没有验证的意识或意图，也没有验证的能力，因为他们根本就不知道什么是验证网络信息的基本方法。而且，网络信息的误导、欺骗手段不断翻新，经常令一些专门研究的人士都觉得眼花缭乱。但这并不是互联网本身的错，互联网不过是一个工具，是工具就可以拿来做好事，也可以拿来做坏事。

1247年，宋代的宋慈已经62岁，他以毕生从事的刑狱验尸经验，并综合当时的尸伤检验诸书，完成了《洗冤集录》。但因其方法和理论过于详细，他顾虑重重，害怕刊书广为人知后，会不会被犯罪分子所利用。法医对抗罪犯，真的一定会魔高一尺，道高一丈吗？所以，他好几次想亲手毁掉这本书，但最终还是把这本书送到皇帝的案头。皇帝读了以后，也有和宋慈一样的担心，但最后决定少量刊行，供专业人士参考。如果当时就毁掉这本书，那世上就会少了一部最早的完整法医学专著。

今天，当然不会有人愚蠢到要完全毁掉互联网的程度，但是，对互联网滥用和善用的魔道之争却一直在进行。互联网上的信息误导或知识启蒙都是人为的操作，操作者有个人和集体，有企业或其他利益集团、有政治或别的组织，有政党或其他团体，甚至还有国家。区别对互联网的不同用途也成为人文启蒙思考和判断的重要部分。

公共媒体，包括互联网的不实信息并不是一个新问题。如何对不实、虚假和欺骗的信息测谎，一直是民主国家里公民教育和普适教育的重要部分，虽然不能保证能测出所有的谎言，但只要有这个测谎的意识，就能对所有的公共信息保持应有的警惕。与测谎技能的知识相比，测谎的意愿是首要的。如果谁根本不想测谎，或对测谎根本没有兴趣，就算有测谎的技能可以学习，他也懒得去学。电子传播因为便利，会导致人们在对公共信息测谎时的懒惰，因为观众关心的是获得，而不是真实。

沃尔特·李普曼在1920年说过："无法察觉谎言的社会是没有自由的。"尽管他对恢复18和19世纪的那种公众话语持悲观态度，但他和在他之前的托马斯·杰弗逊一样认为，"如果报界训练有素并可以充当测谎仪，那么公众对于总统的误述一定会表现出极大的兴趣”。李普曼相信，“如果有了测谎的方法，公众就不可能对谎言的结果无动于衷”。[1] 这个想法类似于苏格拉底，苏格拉底认为，人只要知道什么是错的，就不会故意去做错事。

李普曼或苏格拉底显然低估了人可能愚蠢到什么程度：有的人就算知道什么是错的，也照样会去做错事；就算有了测谎的方法，就算测了谎，并知道是谎言，但也照样还是无动于衷，根本不在乎那是谎言。他们并不喜爱所有的真相，他们对谎言并没有李普曼预期的那种义愤。他们因为不喜欢某些真相，甚至会选择掩盖这些真相的谎言。在电视时代，他们只是乐于接受令他们快乐的谎言，在互联网时代，他们不但乐于接受，而且只要动动指头，还能轻松自在地积极参与传播自己喜欢的谎言。

如果说普通人在电视上发表意见是一件难上加难的事情，那么，在互联网上这么做就连举手之劳都谈不上了。在手机上动动手指，屏上轻轻一划，就能轻而易举地把一条消息在朋友圈里扩散出去，虽然没有写一个字，但也已经发表了意见。发表意见越是轻而易举，这么做的冲动也就越是强烈，难以自我控制。在互联网时代的公共空间发表意见，知识门槛不是太低，而是根本就不存在。人们在互联网上享受着同声相应、同气相求、聚众呼啸、抱团取暖的快乐，信息的测谎对他们是根本不重要的，即便对信息测谎的知识方便可得，他们也完全没有兴趣。用康德的话来说，这就是一种人加于自己的不成熟，是一种启蒙之前的愚昧。

---

① 转引自波兹曼：《娱乐至死》，第 140—141 页。

3. 互联网不是启蒙的敌人

谁来担任公共信息的测谎仪

李普曼这样的公众人物对新闻行业的工作者们抱有一种令我们今天感觉到陌生的信任。经过了美国2020年大选，这样的信任更是显得不可思议的天真。当然，我们今天的感觉是由于变化了的现实所造成的。

美国总统特朗普四年任期即将结束、行政班子交接摆上美国政治最大议程之时，美国最高权力机构——国会2021年1月6日被特朗普总统的支持者围攻后，社交媒体巨头公司推特Twitter宣布，“永久封禁”特朗普。至此，在四年内发出36000多个推特信息，有8800万粉丝的特朗普，在他最喜欢的社交平台上，被关上了麦克风。

推特公司解释说，永久封禁特朗普的原因是他“有进一步煽动暴力的危险”，违反了推特平台禁止美化暴力的规定。紧接推特之后，脸书（Facebook）和YouTube也采取了措施，禁止特朗普在它们的社交平台上发言；巨头科技公司谷歌（Google）、苹果（Apple）和亚马逊（Amazon）则下架了特朗普支持者广泛使用的应用程序Parler，停止为Parler提供相关网络服务，在美国国内和国际上都引起了极大的争议。

这些大科技公司在除了他们自己，没有其他人授权的情况下，宣布自己就是网络公共信息的测谎人。他们的这个权力是从哪里来的？依据是什么？许多美国人今天不信任科技大公司，就像他们不信任主流媒体一样，与李普曼时代已经发生了天壤之别的变化。

李普曼显然认为，公众可以信任报界人士，因为他们训练有素，有能力充当公共信息的测谎仪。这有助于提高公众对真实信息的兴趣，并帮助他们获得真实的信息。这样的想法虽然体现了李普曼作为一个公共知识人的启蒙意愿，但却并不符合康德所界定的那种启蒙。

康德的启蒙观要求民众自己成熟起来，自己成为公共信息的测谎仪，而不只是指望有恪尽职守的新闻从业知识分子来担任这样的工作。康德说，启蒙就是要让人脱离“自己所加之于自己的不成熟状态。不成熟状态就是不经别人的引导，就对运用自己的理智无能为力。当其原因不在于缺乏理智，而在于不经别人的引导就缺乏勇气与决心去加以运用时，那么这种不成熟状态就是自己所加之于自己的了”。启蒙的个人障碍是懒惰和怯懦，但还是有许多人愿意处于别人的保护之下，“当大自然早已把他们从外界的引导之下释放出来以后，却仍然愿意终身处于不成熟状态之中……处于不成熟状态是那么安逸。如果我有一部书能替我有理解，有一位牧师能替我有良心，有一位医生能替我规定食谱，等等；那么我自己就用不着操心了。只要能对我合算，我就无需去思想：自有别人会替我去做这类伤脑筋的事”。

为自己担任公共信息的测谎仪，是一件劳心劳力伤脑筋的事情。因此，许多人宁愿相信他们心目中的信息权威：主流媒体人员、政府发言人、专家和学者，而忘记了一个基本的现实，那就是，这些权威人士并不一定或一直是值得信任的。他们撒谎，他们有私利之心，他们心口不一，他们滥用逻辑甚至常识，普通人必须对此有所怀疑和防备，用知识武装好自己。这并不容易，因为怀疑者不得不独自面对这样的权威，他的看法是孤独的，很难有自信坚持自己的想法。

而且，最大的公共谎言恰恰是这些人制造的。普通人经常说谎，小谎很容易揭穿，而谎言越大，就越不可能揭穿，例如，纳粹说犹太人有统治世界的阴谋，又有谁能够证明犹太人没有这样的阴谋？希特勒认为，比起小谎来，“大谎”更易被人相信，不过他的“大谎”观念经常被误解了。他的观点是小谎（比如，“市长是一个有罪的盗用公款犯”）不如大谎有说服力（比如，“犹太人卷入了世界范围内的同谋计划”）。小谎即刻就能被驳斥，而大谎则很少如此。矛盾的是，谎言越大，越难被驳倒。①

希特勒的谎言支撑的是纳粹的极权暴政，如殷海光所说，“极权暴政之可恶，倒不一定在其幽禁杀戮。专制政体之下也常有这类现象。极权暴政最可恶之处，在从根本上剥夺大家明辨是非真假之自由。而明辨是非真假的基本方法，端在求证。但是，极权统治者根本不许你求证。求证之事，须由他代办。总而言之，说也由他，证明也由他。你只有听的分。他们借着罩下铁幕，只让你知道他们认为他们在政治方面有利的那些事物。他们因政治需要来替大家重新安排一个知识世界。你终生受知识的禁锢。”②

在今天的互联网上不仅有各种假消息的谎言，而且仍然还有不少类似当年希特勒为之得意忘形的弥天大谎，还有许多垃圾言论，有的是学者和专家制造的。

有人认为，互联网上谎言充斥，垃圾成堆、荒谬言论扩散，罪魁祸首是信息太多，泛滥成灾。这是不对的。谎言是人因为各种各样的原因制造的，也是人因为各种各样的原因相信了，并传播的。

---

① 兰德尔·彼特沃克：《弯曲的脊梁》，张洪译，上海三联书店，2012 年，第 51 页。
② https：//chinadigitaltimes. net/space.

互联网媒体上为什么有这么多谎言和垃圾言论？为什么有这么多人对这样的谎言深信不疑、趋之若鹜、争相附和，甚至到处扩散？因为许多人已经司空见惯，习以为常，不再追究这样的问题，也不再感到愤怒。就连不相信的人对之也见怪不怪、置若罔闻。这不禁令人疑惑，经过了 18 世纪以来 300 年的文明启蒙，我们今天真的生活在一个启蒙的时代吗？启蒙是不是真的如一些悲观主义者所宣称的，已经完全失败了呢？要是康德活在今天，他会怎么想呢？又会怎么说呢？

康德所说的启蒙是人使自己变得成熟起来，唯一的方法就是运用人的理性，每碰到事情都用自己的头脑好好思考。就接受知识信息而言，那就是不要把来自互联网的信息都当成可靠的知识。只有经过自己或他人验证的信息，才是可靠的知识。这看起来只是知识信息接受者个人的事情，其实不然。在康德那里，启蒙是一种具有公共意义的活动，启蒙的受益者不只是个人，而且是整个社会，因为一个人怎么想，相信什么，不相信什么，都是可能影响到他人的。启蒙需要适当的社会环境，在一个愚昧者众多，偏见和狂热盛行的社会里，个人保持理性思考要比在一个普遍理性的社会里困难得多，而且，传播真实的知识信息也会使人遭遇危险。

在康德那里，启蒙是一种实践理性，他在《纯粹理性批判》中强调，理性“不具有命令人们如何行事的权威，它的裁决经常只是公民们达成一致的意见”。对启蒙来说，人的难题不在于你想成为什么样的人，而在于你有没有行动，并有怎样的行动。这些是实践理性的问题。在一个不能说真话的社会里，启蒙难以公开形成这样的公民意见。

实践理性是在特定的公民社会（或称市民社会）里形成，并被共同接受的。在特定时刻的特定环境里，启蒙本身就是这样一种有待形成的共识。如果有许多人认为社会有危机，需要改革，那么他们就会倡导启蒙，并有所行动。相反，他们如果觉得自己生活在一个好得不能再好的盛世社会，也就不会选择启蒙和行动。

信息越多，越需要验证

启蒙是一种公开的社会行动，不能只是藏在一个人心里。启蒙必须是一种公开的公共理性行动。康德在《什么是启蒙》中说："必须永远有公开运用自己理性的自由，并且唯有它才能带来人类的启蒙。私下运用自己的理性往往会被限制得很狭隘，虽则不致因此而特别妨碍启蒙运动的进步。而我所理解的对自己理性的公开运用，则是指任何人作为学者在全部听众面前所能做的那种运用。一个人在其所受任的一定公职岗位或者职务上所能运用的自己的理性，我就称之为私下的运用。"

互联网时代，公共信息来源和私下信息来源的界限变得模糊不清。许多网络传媒形式——如社交网站、朋友圈、私人博客、同人网站——的信息来源性质不易判断，这给确定此间的公共信息是否需要检验、如何检验带来困难。今天，许多人都是从社交网站和朋友圈，而不是从传统的媒介获得新闻消息。据路透社研究所的一份报告，在 2018 年至 2020 年期间，高达 40% 的澳大利亚人使用脸书（Facebook）获取新闻，并使其成为该国最受欢迎的新闻社交媒体和消息平台。脸书在短短几年间成为许多用户获取新闻的平台。它对一些新闻编辑室的编辑和招聘决定发挥着巨大影响，使其被描述为"不在场的编辑"，也使脸书成为全球一大新闻源。2021 年 2 月 18 日，数百万澳大利亚人一觉醒来，发现一个截然不同的脸书：没有任何新闻的版本，让这些已经习惯于用脸书读新闻的人们措手不及，困惑不已。这是澳大利亚政府出于经济利益，对新闻业进行干预的结果。姑且不论其中的细节，有一点是肯定的，那就是，社交媒体成为许多人新闻的主要来源，并不是澳大利亚特有的现象。

有的人认为，互联网上的“私下信息源”是虚假信息泛滥的一个主要原因，因为传统的“公共信息源”——报纸、政府部门、国家拥有或管控的电台或电视台、出版的刊物或书籍——都能对虚假信息进行过滤，也都能起到“测谎仪”作用，因此，互联网的信息泛滥是网络上充斥谎言的罪魁祸首，今天的“知识危机”都是互联网造成的。

这种看法与康德所说的启蒙是背道而驰的。如果康德活在我们这个互联网时代，很难想象他会把“信息太多”看成是一个问题，更不要说是造成危机的罪魁祸首了。康德从来就认为，就算是错误的知识也有它的作用，错误知识的危害不在于它本身，而在于人太懒惰，太懦怯，不能辨别那是错误的知识。因此，需要的不是禁止或消灭这世界上所有的错误知识——这是做不到的——而是让人们变得勤快、勇敢和聪明起来，学会如何辨别错误的知识，不要让错误的知识危害自己，或者危害他人或社会。这才是康德所说的启蒙的要义。

今天，识别错误知识，验证知识的可靠性，变得比以前任何时候都更紧迫。这不只是因为知识信息的量大，而且也因为出现了许多产生新型知识的新方式，对这些新型知识的验证，人们还没有积累起足够的验证经验。对传统的新闻、学术、论述等知识形式，现在已经形成了制度性的，可操作的知识规范，积累起相当有用的验证经验。例如，新闻验证需要核对事实、报道需要客观中立客观、有明确的职业伦理规范；学术验证有同行评定，匿名评审；论述验证有对说理和论证过程的要求。相比之下，对互联网时代出现的一些新型知识产品尚缺乏有针对性的验证规范。

网络知识不是书籍知识的数码化。网络时代出现了一些以前从来不曾有过的知识生成机制，并以此形成了新型的知识，如共写（维基）、私人博客、微博、社交圈、朋友圈等。对这些新型知识，一一进行传统的编辑审核、同行评议、学术鉴定，显然是不可能的。

然而，人们在网上搜寻，接触到的首先便是这些新型知识。网上百科全书便是一个例子。虽然《大英百科》已经上网，但网上百科的典型代表是维基百科而不是《大英百科》。大英百科至今已经有两个半世纪的历史，最近一版的贡献者多达 4400 多人，都是学界的精英和权威。这些专家、学者的学识和专业训练使他们能够发挥过滤虚假知识信息的作用，对于知识谎言，他们是值得信任的测谎仪。相比之下，维基百科的年龄不过四分之一个世纪，启用的是普通人自下而上的共写模式，虽然在过去的十多年里有了明显的进步，但它所提供的知识错误仍然不在少数。尽管如此，大多数人使用百科全书，首选便是维基百科（或其他网上百科），因为它实在是太方便了，且完全免费。这样的网上知识来源对于得不到图书馆服务的普通人来说，简直就是知识的福音。

像《维基百科》这样新型知识扩大了知识平等，象征着一种新的知识政治，代表着一种可贵的新知识观念，正如维基百科的创始人拉里·桑格在《谁规定我们知道什么：论新知识政治》一文中指出，“知识政治在历史过程中发生剧烈的变化，在中世纪，是教会告诉我们该知道什么；印刷机和宗教改革后，是国家审查员和给出版商颁发出版证的那些人；19、20 世纪自由主义兴起后，是出版商自己；后来则是广播媒体——不管怎么说，都是由一小群精英专业人士。”互联网带来的革命性变化是知识的非精英化，以前完全与知识权力无缘的人群一下子拥有了某种知识权力。①

这也就是互联网时代的“新知识政治”，它意味着知识的权利正在变得更自由，更民主（其后果是好是坏是另外一个问题）。随着互联网的兴起，特别是协作网络、社交媒体或其他聚合形式，更多的人参与到人类的知识活动中来。每一个网站和聚合形式都在邀请来访者贡献他的知识和意见，评价其内容，产品、地点和人员。尤其是公共意见的聚合在不同国家里形成了新知识政治良莠不齐的规范或特征方式，因此，网上义和团暴民并不是互联网的必然新政治形式。20 世纪 90 年代，许许多多人在个人的网页上发表文章，建立粉丝网站，或用其他方式“宣传自己”。二十多年前那些看上去只是出于虚荣或犯傻才做的事情，由于各种各样的网上聚合，今天已经成为对网上大众运动的贡献。来自每个个人努力的集体内容和评价使互联网获得了某种几乎是独一无二的集体权威。

这是一个具有新的文化时代特征的了不起的转变，它的意义还没有被传统的文化权威承认。但是，事实已经摆在那里，今天，如果你想要知道人们心里在想什么，喜欢什么讨厌什么，想知道什么，你不必以为答案只是在新闻联播或者报纸社论里面。你可以上网，找那些反映面宽广得多的网源；不再只是在一小群精英专业人士那里，而是在普通人的朋友圈里热传的小图画或小文章里。人们对传统权威和专业人士有了更多的怀疑，甚至是鄙夷和不屑。他们以前

---

① Larry Sanger，“Who Says We Know：On the New Politics of Knowledge”，*The Third Culture*，https：//www. edge. org/3rd _ culture/sanger07/sanger07 _ index. html.

那种决定人们基本知识的霸权正在消失——这个非常深刻的真相还没有被每个人好好消化和吸收。

这是一种与康德时代完全不同的新知识生成机制，康德对启蒙的定义——勇于求知，摆脱人加于自己的不成熟——因此也就有了新的意义。倘若他活在我们这个互联网的时代，他也许会把认识新知识生成和表现机制本身当作一项重要的，也是基本的“勇于认知”内容。相比起对已有知识的追求来，这个“勇于认知”包含了更多的对“善于认知”的要求。许多人对互联网百般苛责，并不是因为对互联网有什么深入的了解，或对其未来的发展已经洞若观火，而是因为缺乏独立思考，只得依靠人云亦云的粗浅印象。更糟糕的是，他们因为习惯了已有的，熟悉的知识权威和认知陈规，对仍然陌生的互联网知识怀有非理性的害怕和恐惧；他们中有的人因为对互联网该如何建立起新的规范感到束手无策，所以索性不分青红皂白地全盘否定。知识启蒙要求的就是不断开拓新的知识领域，而互联网知识正是这样一个有待开拓的领域。

4. 从文字到互联网的知识传播

政治哲学教授登上《奇葩说》导师席，曾抨击娱乐文化“廉价肤浅”的文化名人走上《吐槽大会》舞台，教授和专家在 B 站或喜马拉雅上开课讲历史、地理、语文和文学，越来越多的专业知识分子以启蒙的姿态加入大众媒介，久经寒冬的启蒙真的在回春吗？知识普及就是启蒙吗？当下的互联网大众传媒为知识普及和启蒙提供了怎样的机遇？我们需要如何思考互联网时代的知识传播和启蒙问题呢？

媒介的两种“技术”

互联网为大众传媒带来了一场真正意义上的“媒介技术”革命。我们可以在两个层次上认识那些可以被称为媒介技术革命（或称“工具革命”）的巨大变化。一个是声音、文字、图像、数码这样的技术，可称之为“物理技术”，这是第一性的技术（primary technology）。另一个是“话语技术”（discursive technology），是第二性的技术。

有了第一性的技术变化，才有第二性技术变化的可能。口语时代有诗歌、故事、箴言；进入书写文字时代后，有诗歌、对话、戏剧、哲学或神学论著，后来又有了随笔、小说、论著（treatise）、报刊文章等等。进入电视时代，便出现了许多单纯书写文字不可能有的话语表现样式：新闻联播、访谈、论坛和讨论、电视剧、体育或文艺表演、风俗人情或古代历史的纪录片等等。网络时代则又有了网上百科全书、专门的学术网站、书籍浏览和下载、综艺节目、网课和音频、社交群体交流等等。

不同时代的启蒙不一定有第一性的“物理技术”变革，但一定会有“话语技术”改变。电视时代和互联网时代都以“物理技术”的重大变革为标志，也都给启蒙带来新的问题和机遇。社交媒体可以说是把互联网时代推进到一个新的阶段，启蒙知识传播因此也面临特别复杂的局面，因为它必须同时面对物理技术和话语技术的改变。

从物理技术来看，18 世纪启蒙是一个文字传媒时代，这并不是它的创造性所在；但是，从话语技术来看，那就不同了，18 世纪启蒙的创造性一下子就显现了出来。启蒙者寻找最佳的话语形式，他们需要那些最适合于传播启蒙知识的话语形式。他们有强烈的工具意识，知道为了传播特定的知识，需要利用最适合的话语形式，如果没有现成的话语形式可以借用，那就利用已有的话语资源来进行创新或改造。孟德斯鸠的“书信体寓言”（《波斯人信札》）、伏尔泰的“哲学辞典”和“哲理故事”（《查第格》《老实人》）、狄德罗的“破碎小说”（Roman éclaté）（《拉摩的侄儿》《宿命论者雅克和他的主人》）、旅行文学（《〈布干维尔游记〉补遗》，*Supplément au voyage de Bougainville*）都是这样的创新。

这里所说的文字话语形式新创（包括改造）当然是相对而言的，就文艺复兴之后的文字话语而言，新创总是既有创制又有淘汰，不仅创造出以前没有的，或与以前不同的新东西，而且也排除以前有过的旧东西。文艺复兴时期常见的“鉴书”就是被启蒙运动排除了的。原因很简单，“鉴书”是开启君主的话语样式。写作者必须恭敬有加、委婉小心，绝对不能冒犯君主大人。启蒙的话语是对公众开放的，虽然只是一个范围有限的公众，但那是一个平等的话语空间。没有了身份忌讳，于是有辛辣、幽默、轻松和灵活的写作风格，焕然一新。

文艺复兴时期特有的那种“鉴书”或“君主建言”包括伊拉斯谟的《一个基督教王子的教育》、托马斯·摩尔的《乌托邦》、帕特里西（Francesco Patrizi，1529—1597）的《国王和国王教育》（*De Rege Et Regis Institutione*，*1598*），尤其是马基雅维利的《君主论》。到18世纪启蒙运动的时候，已经没有这样的著作了，也就是说鉴书这种话语技术已经因为过时而被淘汰了。

在鉴书中，马基雅维利的《君主论》是一个另类，因为它完全不同于同时代的其他鉴书。其他的鉴书提出的都是古典的和基督教的劝告，要求君主德才兼备，成为优秀的领导人。为此，君主需要遵守传统德性的道德标准，因为最理性的行为总是最道德的。而

《君主论》的观点与此格格不入，马基雅维利认为，没有哪个成功的君主能够依靠那些德性维持他的成功，某些事情看来好像是好事，可是如果君主照着办就会自取灭亡，而另一些事情看来是恶行，可是如果照办了却会给他带来安全与福祉。而且，事实上，上帝非但没有在来生实施惩罚，反是赞扬那些通过违背传统德性而建立起持久政权的领导人。

马基雅维利提出的是现实主义而非道德主义的政治观，他开启了现代政治的理念，似乎没有什么比这个对后世更启蒙的了。但 18 世纪启蒙哲人并没有以他为楷模，而是对他讲故事的方式颇有兴趣。

马基雅维利用讲故事而不是箴言来启发他的君主读者。菲利普·博比特在《朝服：马基雅维利与他所创造的世界》一书里说，马基雅维利“对历史事例的运用……并不仅仅是一种对历史事件的叙述和研究，而是对典型的、创造神话的人物……的创造”。这些人物更多的是具有戏剧性的范例，而不是任何公民或领导人的实际行为，因为他们所例示的是人性的最好部分，或者最坏部分。这种戏剧性描绘的激发效果——其实就是启蒙效果——比道德论述中的哲学箴言更好，如果说希腊人是以道德箴言胜出的话，罗马人则能够造就更加引人注目的道德成就实例，这是更为伟大的事情。[①]

18 世纪启蒙虽然排除了鉴书，但却非常倚重“讲故事”，在它的三种主要话语形式里（讲历史、说故事和论事理）有两种都是讲故事的。这三种话语形式都充分显示了文字媒体的优势。

文字媒体的优势主要体现为严肃阅读的优势，用波兹曼在《娱

---

① 菲利普·博比特：《朝服：马基雅维利与他所创造的世界》，杨立峰译，商务印书馆，2017 年，第 106—107 页。

乐至死》里的话来说，就是能用它来进行严肃的理性思维，文字有一种“有序排列的、具有逻辑命题的特点，能够培养……对于知识的分析管理能力。阅读文字意味着要跟随一条思路，这需要读者具有相当强的分类、推理和判断能力。读者要能够发现发现谎言，明察作者笔头流露的迷惑，分清过于笼统的概括，找出滥用逻辑和常识的地方。同时，读者还要具有评判能力，要对不同的观点进行对比，并且能够举一反三。为了做到这些，读者必须和文字保持一定距离，这是由文本自身不受情感影响的特征所决定的。这就是为什么一个好的读者不会因为发现了什么警句妙语而欣喜若狂或情不自禁地鼓掌——一个忙于分析的读者恐怕无暇顾及这些”。①

电子传媒的“次生口语”文化

今天互联网媒体的严肃理性思考功能是不能与18世纪的文字媒体相比的。互联网上固然有历史、有故事，甚至也能讨论事理，但由于电子媒体传播的知识大多是用嘴来说，用耳朵来听的，所以是一种“次生口语”的表述。鉴于次生口语的知识传播手段，严肃的理性思考受到了限制。这不应该简单地视为一个“缺点”，而应该视为一个“特点”。

美国著名的文化史大家沃尔特·翁（Walter J. Ong）在他的名著《口语文化和书面文化》（有中译本）里提出了“次生口语”的概念，这是相对于“原生口语”而言的。原生口语是在文字媒体成为主要交流手段之前的自然口语，无文字或不识字人群中用口耳相传的办法互相沟通和交际，形成原生口语文化。次生口语是非自然的

① 波兹曼：《娱乐至死》，第67页。

文字化的口语，次生口语受文字影响，但又有别于文字媒体，电视文化是它的典型样式，“这种新的口语文化和古老的口语文化有惊人的相似之处：参与的神秘性、社群感的养成、专注于当下的一刻，甚至套话的使用，都是如此”。[①]

电视的语言是通过口头表述的，但却是文字化的，形成了一种典型的次生口语文化。互联网与电视的不同在于，它是一种次生口语和文字的混合媒体。相比起文字媒体来，无论是电视文化还是互联网文化，次生口语的分析、推理和判断功能都受到限制，无法与文字媒体的深入和周全程度上相比。当然，电子媒体也发展出一些补偿性的手段，进而形成了一些它们自己的优势，但那些主要是娱乐、图示或知识普及，而不是严肃阅读和思考的优势。

就知识普及而言，互联网-社交媒体为知识走出校园，讲课走出课堂提供了很大的便利，虽然讲课的内容未必有启蒙的价值，但知识受众的范围大大扩展了。网上知识的生产方式也有参与者众的优势，允许多人撰写、分享、评价、讨论、相互沟通，形成分享意见、经验和观点的工具和平台。这可以变被动获取信息为主动传播，减少传播成本，提高了传播效率。社交媒体集合多种传播形态，将人际传播、群体传播、组织传播、大众传播等各种传播形态集于一身，并将口耳相传、报刊、广播电视、网络等多种传播方式进行整合，开创了崭新的传播形态。同时，社交媒体能够将文字、图片、声音、影像和图表等整合在一起，形成多媒体信息，使人文知识传播更加直观和形象，丰富了传播内容。利用社交媒体，可以对内容进行讨论、辨析，方便地组织各种线上线下活动。

---

① 沃尔特·翁：《口语文化与书面文化》，第 103 页。

互联网-社交媒体已经发展出一些有用的知识普及和传播方式，其中特别值得我们关注的是或收费或不收费的音频知识平台，如得到、知乎、豆瓣、亚马逊、看理想等等。有人认为这样的知识传播以它的系统性对抗网络碎片化学习，是一种代替阅读的方式。但是，由于这类节目很多都属于次生口语文化，所以听后很容易忘记，难以成为持久的知识。由于网络阅读或听课缺乏耐心，许多读者偏好“短课”（30—50讲），不少人文类的短课相当受欢迎。

有论者对网络听课提出三点警惕性的提醒。第一，警惕听得很爽，“口才好的专栏其实很多，听得很嗨，听完就听完了，没有留下什么”。第二，警惕学习谈资，“有些专栏擅长讲讲故事和猎奇知识，容易让人学来当谈资”。第三，警惕时效性强的内容，“如果不是出于工作需要，尽量少听时效性强的内容，比如新闻、财经及社会热点，都很容易过时变得没有意义”。在警惕之外还有一个建议，“遇到好的音频，最好是隔一小段时间再听一遍，加深记忆”。

这些提醒和建议都很中肯，也都与网络授课的次生口语特征有关。音频讲课不是文字表述的朗读版，就像网络知识不是文字知识的电子版一样。今天启蒙话语通过电子媒体运作的次生口语知识（音频就是其中之一）与文字书籍传播的知识是有区别的。在人文思想或学术的文字表述里，出版的文字被赋予的权威性和真实性远远超过口头语言，因为人们说的话比他们写下来的话要随意。书面文字是作者深思熟虑、反复修改的结果，甚至还经过了专家和编辑的检查。这样的文字更加便于核对或辩驳，并且具有客观的特征。

许多人听网课，看“综艺”节目，是因为自己阅读太辛苦，不如听别人说那么既轻松又有趣，这是一种懒惰的心理在作祟。以为这样的“听课”可以代替阅读，那是错误的。

无论多好的课，听课都不能代替读书。虽如此，听课也有听课的用处，它可以当作一种阅读原著，尤其是经典著作的准备，或者当作一种文化补课。现今学校里严重缺乏经典阅读的课程，即使有一些，也是零零碎碎，不成体系，造成了人文知识的营养不良。这就需要特殊的知识调理。

综合性的医院里会有一个负责住院病人不同膳食的部门，经常称为营养科。这个部门的营养师会根据每个病人的病情安排膳食，有的少盐、有的少油、有的流质、有的半流质、有的就是正常人的膳食。其实，人文启蒙也是一种文化营养缺失症的调理，总的目的是让不健康的恢复健康，让健康的保持健康，并且能更强健。由于情况不同，对不同的人有不同的调理方式。有系统的网课可以给几乎完全缺乏人文知识的听众先补补课，让他们能够从完全不知道变得知道一点。但是，这不过是粗浅的知道，思考能力上的要求相当有限。它并不能代替从阅读原著文字得到的那种思考和判断力的锻炼和提高。文字不是言语的附庸，文字把言语从口耳相传的世界推进到一个崭新的感知和思想世界，使言语和思维也为之一变。既然人类的文化已经进入到这样的更高境界，我们还有什么理由不克服自己的懒惰，不好好阅读，防止自己智识能力的退化呢?

第七章

启蒙的公共话语和写作

迄今为止，对启蒙知识的传播来说，文字仍然是主要的传播形式，阅读仍然是培养和增强思考和判断能力的最重要的方式和途径。在人文思想或学术的文字表述里，出版的文字具有的权威性和真实性远远超过口头语言，因为人们说的话比他们写下来的话要随意。书面文字是作者深思熟虑、反复修改的结果，甚至还经过了专家和编辑的检查。这样的文字更加便于核对或辩驳，并且具有客观和逻辑特征。

在 18 世纪的启蒙文字作品中，我们可以清楚地看到，启蒙哲人很强的文字能力与他们有深度的思想之间存在着一种自然的关联。文字不仅是思想的表达，而且形成了可表达的思想，而思想的清晰和绵密则形成了有个性风格的独特文字。阅读这样的文字对读者是一种清楚分析、周全思维和准确表达的训练。正如我们在 18 世纪启蒙哲人的“哲理历史”“哲理小说”“哲理政治论述”中看到的那样，这样的启蒙文字趋向于并擅长“哲理”思维，富有哲理的思想启发和知识营养。哲理的启蒙是观念的启蒙，哲理的思想性知识不同于一般的知识，也不同于一般知识的普及。哲理的启蒙有一些特别能体现人文关怀的主题：生死、幸福、命运、正义、公正、友谊、家庭、邪恶与善良、真实与谎言、人与社会、理性和激情、权力的欲望和危险、灾祸和苦难的意义和价值等等。不管什么时代，不管在什么样的社会里，一个人只要是向往有意义有目标的人生，就不可能不思考这样的人文主题，因此也就一定会有人文启蒙的需要。

1. 知识普及不能代替人文阅读

人文启蒙的主要途径是严肃阅读，可以把这种严肃阅读称为人文阅读，以便与另外两种阅读做一个区分，一种是兴趣阅读，另一种是名著阅读。一般人的兴趣阅读是为了消遣、娱乐或满足普通的知识好奇，零零碎碎，遇到什么就阅读什么，挑选的时候根据自己喜欢不喜欢；阅读时浮光掠影，走马看花，有什么想法也不过是一时的印象而已。

受过较好教育的读者会对名著更有兴趣，名著是严肃的作品，但阅读严肃作品还不等于严肃阅读。严肃阅读是有目的有方法的阅读，经典阅读并不需要这个。著名的诗歌、戏剧、小说、历史是名著阅读的主要读物。18 世纪启蒙时代的民众阅读呈现的就是这样的特征。当时最受读者喜爱、读者面最广的是小说和历史，如笛福、理查森和菲尔丁的小说、伏尔泰和爱德华·吉本的历史。对我们今天的人文阅读来说，最重要最有代表性的却是其他一些重要论著，如孟德斯鸠的《论法的精神》、卢梭的《论社会不平等的起源》、斯密的《道德情操论》、休谟的《人性论》。

名著阅读只能算是半个严肃的阅读，它会选择“名著”来阅读，也会对名著的评论或讨论感兴趣，但经常是慕名而来，并不清楚名著对自己真的有什么用处。名著阅读中会有一定的思考，但未必有读者自己的问题意识，所以还谈不上是有思想深度的严肃阅读。由于缺乏适当的指导，名著阅读仍然是零碎分散的，不能形成多文本之间的相互联系，也没有清晰的历史和文化背景知识。

人文阅读是比名著阅读更进一步的严肃阅读，会挑选更多思想、观念类作品，也就是论著。而且，人文阅读对作品的观念、价值观、世界观兴趣明显超过作品中的故事、人物、情调、风格和一般人生体验。

人文阅读的主要特征是带着自己问题去阅读，阅读是为了更透彻、周全地思考问题，阅读就是思考问题的一种方法。因此，人文阅读并不只是以“名著”为选择标准，而是以更开放的心态和更开阔的眼界，寻找和发掘对自己特别“重要”的著作。

重要的著作可以是名著，也可以是名著之外的著作。由于是带着自己的问题去阅读，在阅读故事类或有故事的作品（小说、戏剧、历史）时，经常会觉得观念不够浓缩，思想不够明确，表述不够透彻，花很多时间阅读，却未必有多少深度思考的营养。莎士比亚的剧本是名著，但许多未必有多少思想营养。相反，挪威社会学和政治学家乔恩·埃尔斯特（Jon Elster）《酸葡萄》（*Sour Grapes: Studies in the Subversion of Rationality*）未必是名著，但对关心人为什么会认知失调、自我欺骗和情感如何左右理性等问题的读者，却是营养含量丰富的读物，而对没有这样问题意识的读者，则无甚可观。你的问题意识决定了什么是对你重要的著作。

在思想禁锢、信息闭塞的年代，一书难求，任何一种阅读都是宝贵的。今天不同了，各种图书琳琅满目，网上的各种读物更是令人目不暇接。人们几乎随时随地都在阅读，无论是一段文字、一篇文章还是一本书。有的人仅仅只是在浏览文字，看完即过；有的人能够形成一些知识记忆点，在社交场合以充谈资，但也就仅此而已。自从出现了“网课”，原来是“阅读”的书籍变成了“讲”和“听”的材料。但网课并不能代替阅读，更不能代替严肃的人文阅读。

大众文化对严肃知识的极度简化

从根本上说，网络时代的阅读所涉及的不仅是“听讲”和“阅读”的关系，而且更是“口语”与“文字”的关系。口语与文字的关系重新受到重视，是因为人们试图从口语文化来认识互联网与纸媒和印刷文化的不同。在论及这个问题的著作中，由多位互联网专家合著的《［网络］俱乐部宣言》（*The Cluetrain Manifesto*：*The End of Business as Usual*）很有代表性。它认为，互联网代表一个重新发现人的真实声音的历史机遇，它提出一个供人们思考的问题：“倘若互联网的真正吸引力不在于它的高科技……而在于隔代相传地回到了史前人类对讲故事着迷的时代，那会是一种怎样的景象？”

互联网正在把人类带进一个新的时代吗？有人想象，如同古希腊市场（bazaar）上那样人流熙攘、众声喧哗，互联网是一个人们自由聚散、交往对话、交谈交流的集市。“市场”于是成为互联网的一个隐喻。今天的网络知识正是作为一种商品（尽管有的是免费的）在这个集市上流通的。当然，书籍也是一样。时常有人说，电子工具（手机、电脑、平板电脑）正在淘汰印刷书籍，但实际情况是，电子工具正在生产越来越多的书籍。电子设备录制的访谈、讲稿和授课正在生产越来越多的文章和书籍，在录音技术问世之前，这样的口语作品是根本不可能变成印刷品的。

互联网被想象为一个可以替代一切旧媒体的新媒体。互联网光复了隔代相传的口语文化，永远追求“人的声音”，“网络就是在解放人隔代相传的欲望，一种对交谈联系的渴望”。这是一个连绵不断的人性传统，“从洞穴到泥屋，再到露天市集的不断演化”。

这似乎是一个非常新奇、大胆并具有颠覆性的观点，但却是太理想化了。因为一直到今天，我们仍然看不出新出现的次生口语有可能替代书面文字。

口语文化和书写文化的差别对于我们认识次生口语的知识传播方式非常重要，对我们今天理解互联网信息传播也非常重要。我们可以把出版的文字当作“经典”来阅读，可是，我们没有办法把只有声音记录的讲话或演说当作经典来“倾听”。口头的文字作品必须形成书面文字，才有可能被当作经得起思想检查的作品。今天，我们可以用次生口语来传达对18世纪经典著作的理解，但是，如果18世纪的哲人一开始就用次生口语来表达他们的思想，那我们今天也就会少了许多可供深入阅读的启蒙经典。

一个不可忽视的事实是，文字仍然是比口语更符合现代人思考特征的媒介。文字写作使人发展出线性思考和推理的方式，有助于形成抽象概念和分析判断，这是任何现代国家中更为复杂的社会和政治组织形态所必不可少的。文字使得政府能够将它的权威扩展到遥远的地方，以非个人的方式实行治理，并系统保存以往政策和决议的记录，形成政治运作的制度性文化。文字便利了征税、商业往来和司法程序。文字不仅加强了国家权力，而且改变了人的思考方式。人类因为文字而对过去有了更多、更详细的了解和知识，对传统有了更好的批判思考能力。文字也帮助科学排除神话和迷信，用理性重新审视习俗和惯例。文字是现代性和现代价值的有机部分。

书面文字的地位会因为互联网的到来而受到了动摇吗？如果说互联网对这些确实有所冲击，那么冲击的程度又是如何呢？

书面文化的到来曾经使古人的思维方式发生重大的变革，今天，电子时代和数码时代的来临似乎使口语文化以新的形态——次生口语文化——得到复活。但是，原生口语文化是没有受到印刷文字浸染的文化，而次生口语文化则已经受到这种浸染。而且，互联网时代的次生口语文化兼具口头文化和文字文化的特征，但又只是不充分和不足够的兼有。它既比不上文字文化的那种深入思考，又比不上口语文化的那种实在的集体感和统一感，它的集体感和统一感是虚拟的。

文字阅读是一种孤独的个体行为，只要有一本书，没有旁人就能完成，要深入思考，最好是没有旁人。口语传播不同，它经常是一群人一起听，就像看现场球赛或音乐会一样，它需要有伙伴听众才有气氛，所以，“听”能产生一种“读”所没有的群体同伴感觉。

在次生口语文化里，即使你在家里一个人听音频节目，也会因为存在同一时刻的其他听众而有群体在场的感觉。网上网下的“现场提问”或“弹幕”技术更是在刻意营造这样的感觉效果。沃尔特·翁说：“次生口语文化也产生强烈的群体感，因为听人说话的过程是聆听者形成群体的过程……但次生口语文化产生的群体比原生口语文化产生的群体大得多，甚至于难以估量。”[①] 互联网让“聆听者”的群体几乎可以无限扩大，所以我们看到，书籍阅读只能形成一个范围有限的读者小公众，而互联网音频却能形成一个范围难以估计的“粉丝”群体。

互联网时代的一些传媒新话语形式改变了以往的知识观念和知识性质，娱乐性的《奇葩说》或《吐槽大会》就是其中之一。有人认为，同一个思想可以通过不同的媒体得到相同的表达，表达思想的方式与思想的真实性无关。这是错误的。

传播学家麦克卢汉（Herbert M. McLuhan）早就在《理解媒

① 沃尔特·翁：《口语文化与书面文化》，第104页。

介：论人的延伸》（1964 年）一书中提出一种影响广泛的媒介观：媒介即讯息，也就是说，人类只有在拥有了某种媒介之后才有可能从事与之相适应的传播和其他方面的社会活动。媒介最重要的作用就是影响了我们理解和思考的习惯，因此，媒介本身也就成了真正有意义的讯息。今天，由于人类拥有了互联网这个媒介，才有了能与之相应的知识传播活动，这就好比先得有硬件的改进，才能实现应用软件的变化发展。互联网话语形式对知识观念和知识性质的制约性影响也许比麦克卢汉在电视时代看到的还要深刻。

譬如，根本不可能在《奇葩说》或《吐槽大会》这样的电视-网络节目中直接分节连续播放卢梭的《社会契约论》，更不要说是像斯密《国富论》这样的著作了。即使在音频节目中尝试这么做，效果也一定不会好。那么怎么办呢？唯一的办法就是简化再简化的“讲解”，这就创造出了一种与互联网媒介一致的“新哲学思考”。正如我们在许多知识性音频那里所看到的，“新哲学思考”的知识是经过极度简化的，因为必须简化和口语表述，所以经常会有断章取义、寻章摘句、语录式处理、警句妙语代替论述等等明显的问题。

这样的媒体话语形式实际上已经改变了关于经典著作的知识观念，让人误以为，知识应该总是充分精炼化的，是可以简单概述的东西。经典著作太啰嗦，是一种理应被淘汰的知识形式，就像 18 世纪启蒙淘汰“鉴书”一样。而且，《奇葩说》或《吐槽大会》这样的传媒话语形式形成了一种实质粗浅但却显得高深的知识，也就是“貌似深奥的普及性知识”。就像流行歌手成为大众传媒时代的“音乐家”一样，普及知识成为大众传媒时代的“哲学思考”。这与其说是音乐或哲学的失败，还不如说是大众传媒的胜利。

极度简化的知识是“知识付费”时代的产物，有的音频平台大幅拉低知识门槛，扩大受众，增加收入。有论者这样评说，“让你好像得到了知识一样，反正你学没有学到，他不关心，钱赚到就对了”。还有这样的评论，“音频本来信息密度就低，又要控制大概15—20分钟时长，出来的内容就只能点到为止，把这样的内容还原回去做书，即使大量增补，对于喜欢看书的人来说肯定是不过瘾”。这是有知识要求的听众的反馈，他们觉得“太常识化，太浅”。但大部分听众也许并不觉得如此，因为音频本来就是按他们的初级需要设计和操作的。

对于大多数音频听众来说，知识的极度简化会造成一种“奥卡姆剃刀原理”的假象。奥卡姆剃刀指的是“如无必要，勿增实体”（entia non sunt multiplicanda praeter necessitatem），即简单有效原理，如果不是必需的，就不要去增加东西。同一个问题，如果能用简单的方法说明，就不要用复杂的方法。奥卡姆剃刀的“剃刀”指的是切除不必要的假设、解释或阐述。对于文本简化来说，这会成为一个误导：如果一部经典著作真的可以简化到寥寥数语便能解释清楚，那么，这部经典原著就是一个失败或多余，根本不值得为它付出阅读的时间和辛苦。

现在有人提倡“悦读”，希望通过极度的简化，先混个脸熟，抛砖引玉，激发读者的兴趣，引导他们去阅读原著。但平心而论，又有多少读者真的会这样呢？严肃知识进入大众传媒的“综艺”话语，就不能不适应它的“献艺”要求，不得不为此将知识削足适履地作“愉悦”处理，不得不满足和适应观众的炫耀和谈资需要。

其实，启蒙的经典著作是用“理性散文”（reasonable prose）写成的，并不是“悦读”的材料。富兰克林在他的自传里说，人们说爱理性，只不过是嘴上说说而已，并不见得真的愿意在“理性散文”

上耗费精神和心力。

当然，作为初级的知识普及，献艺或悦读不是没有作用的，但是，显而易见，这样的知识普及并不就是人文启蒙，更不能代替人文启蒙。

人文启蒙是一项通过观念更新和刻苦的思想训练，让人成熟起来的知识传播工作。并非所有的知识更新、爆炸时代都是启蒙时代。文艺复兴时期和17世纪新科学理性时代都是知识更新和爆炸的时代，但为什么偏偏把18世纪称为启蒙时代呢？这是因为18世纪启蒙传播的是包含成熟思想观念的、有政治和社会改革意向的知识。启蒙偏好的是一种能改变人思考方式的哲思，它同时也是服务于价值观的知识，其绝对的原则是自由、宽容、理性和人道。启蒙的知识本身是一种价值，因为无知永远是一种不幸。

知识虽然拥有价值，却不见得永远运用得当，运用不当的知识会造成很大的危害。因此，启蒙注重的是那种如果运用得当，会有纠正时弊价值的知识，因为有太多的不义需要纠正，太多的迷信有待戳破，太多的不善有待改进，所以启蒙哲人不肯放弃充当现代苏格拉底和现代加图的姿态。中国清末至20世纪初新文化运动，还有1980年代，在这两个启蒙时期里，启蒙传播的也都是能提高人的思考能力，并有政治和社会改革意向的知识。

知识普及与人文启蒙

普通知识的普及是不能代替人文启蒙的。首先，普通知识的普及囿于学科体制的精细专业划分，是一种安置于一个个专业格子里的“小格子”知识。许多网上授课虽然走出了课堂，走出了校园，但并没有走出专业的小格子。而启蒙则不同，启蒙是一种不受小格子限制的人文教育和公民教育。普及有其自身的价值，但不能替代启蒙，这就像普适教育有它的重要性，但不能替代人文教育和公民教育。普及打破学校的围墙，启蒙打破学科的围墙。启蒙因此成为人文和公民的教育。

其次，不同专业的小格子知识普及与启蒙那种有明确人文价值取向的知识是有距离的，当然距离有远有近。有的学科（如政治哲学和法学）离这些价值很近，是因为它们本身受到过 18 世纪启蒙的洗礼，并传承了启蒙运动的基本观念和人文价值，因此事实上不可能是宣扬专制独裁的政治哲学或法学。这是学科内容使然，不一定是知识传播者所选择的明确目的。启蒙的人文教育不同，它与自由、理性、宽容、人道价值相一致的这种知识传播目的，永远是明确的。

再者，知识普及与启蒙的区别相当于知识与智慧的不同。一个人的普通知识再丰富，再全面，也未必有智慧，未必懂得什么是人生的价值、人为什么活着、如何辨别是非和善恶、如何在逆境中拒绝随波逐流，从而堂堂正正地做人。

在互联网技术让知识变得十分便利，甚至唾手可得的今天，人们越来越有知识，但却不见得越来越智慧。在只是满足于“面包和马戏”的非智慧状态里，滋生出一大批新型的愚众，到处可以看到上过学的无知、念过书的愚蠢、无激情的狂热、无信仰的迷信。对 18 世纪启蒙者，至少是对法国启蒙者来说，天主教会是制造大众愚昧、迷信和狂热的罪魁祸首，伏尔泰因此发出了“消灭败类”（écrasez l’infame!）的呼喊。这个“败类”就是罗马天主教会和它腐败的教士阶层。伏尔泰说：“第一个无赖碰上第一个傻瓜，便成就了第一个神学家。”康德说，启蒙就是“勇于求知”。然而，伏尔泰

和康德对启蒙的认知在今天都已经不适用了

今天，让人陷入愚蠢和迷信的已经不是教会和教士，今天阻碍“勇于求知”的已经不只是康德所说的“懦怯”和“懒惰”，而是不知道如何辨别真假，不知道如何才能不上当受骗。互联网时代的启蒙前景变得更为广阔而不是狭窄，启蒙也面临更加复杂和迫切的任务。媒体工具的变化并未改变启蒙的基本价值和目标，那就是人把自己当作工具的主人，而不是奴婢。

传统的愚昧在今天已经发生了根本的变化，古代和传统的致愚有三术：第一是置民众于无知识、无文化的境地。“民可使由之，不可使知之”，只让民知道做什么，而不可让其知晓道理。第二是“弱其志”，就是要使民丧失独立意志。为达到这一目的，一方面靠教化，通过教化使民万事顺从；另一方面靠威慑，有敢“为奇者吾得执而杀之”。（《道德经》第 74 章）第三是独尊一说。从汉武帝后，一直独尊儒术。从表面看，倡导儒术，鼓励人们读儒书并不像是愚民，但究其实质是高级的愚民方式，因为独尊一说会造成社会普遍的思想僵化。而人的智识的成长是在多元文化中，通过不断的思考、比较和选择实现的，否则，就会变成有知识的蠢人。而今第一术已经不重要了。

因此，启蒙关心的主要是人的立志所必不可少的心灵解放和自主意识觉醒，信息媒体再发达也不能代替启蒙的这一作用。工具永远不能代替人，人有自主的审美、信仰、是非价值判断和思考的能力，而工具则没有。当然，媒体工具的变化会带来知识形式的变化，给启蒙带来新的问题和任务。无论是在 18 世纪启蒙的文字时代，还是在今天启蒙的文字和电子混合媒体时代，启蒙知识传播方式的创新或改造都是必需的。我们已经讨论了，互联网和社交媒体时代启蒙知识传播应该根据读者或受众的实际情况有所自我调适。人文启蒙需要有意识地打破人文学术与大众文化的隔阂、学院知识与社会的脱节、学术话语与大众的割裂，理解和照顾到网络新生代的知识需要、接受习惯、阅读方式，并在这个基础上，用相应的方式来传播启蒙知识。

但是，理解大众媒体和照顾大众需要不等于迁就和迎合。大众媒体的语言经常虚饰夸张、耸人听闻、大话炎炎，媒体公众对这样的语言习以为常，对此喜闻乐见，而这正是启蒙需要改变而不是迁就的。布封论文体、狄德罗论戏剧、莱辛论美，都是为了引导当时人的文化习惯和审美品位。如果启蒙者只是理解和迁就民众，与他们保持在同一个水准上，那还要启蒙干什么？

文字和电子混合媒体时代的启蒙知识传播需要更多地考虑到新型受众的接受特点，知识传播的基本话语形式也会随之有所调整和变化，不过至今尚未出现与 18 世纪启蒙时代特别不同且可以媲美的新话语形式，启蒙时代已有的话语创新在今天仍然发挥着重要的影响。18 世纪的启蒙话语与文艺复兴时期有明显的不同，发展出了具有时代特征的新话语技术，可以归结为历史、小说和论著这三个主要方面。历史写作形成了客观叙述和现实批评意识的结合；小说形成了哲理与人道情怀的结合。论著作品——孟德斯鸠的《论法的精神》、伏尔泰的《哲学辞典》、斯密的《道德情操论》、卢梭的《社会契约论》——虽然说是传承了文艺复兴时期已经有了的自由随笔（essay）风格，但已将蒙田的私人随笔彻底改变为公共随笔。下面就来分别讨论 18 世纪启蒙话语在历史、小说、论著这三方面的特点及其对我们今天启蒙知识写作的一些启示。

2. 启蒙的历史与专业的历史

加拿大历史学家，英国牛津大学教授玛格丽特·麦克米伦（Margaret Macmillan）在《危险的游戏：历史的用途和误用》（*Dangerous Games：Uses and Abuses of History*）一书里提出，历史很重要，尤其是在我们的公共讨论中变得越来越重要；但不幸的是，在很大程度上，专业的历史学家们已经把这个领域拱手让给了业余爱好者。麦克米伦认为，这是一个严重的错误。她警告说，历史可能被误用，并导致误解：历史可能被用来证明宗教运动和政治运动是正当的；独裁者可能会压制历史，因为历史会破坏他们的思想、议程或绝对权威的要求；民族主义者可能会讲述关于过去的虚假、片面或误导性的故事；政治领导人可能通过说谎来动员人民。例如，阿道夫·希特勒就把德国在凡尔赛的耻辱和第一次世界大战的失败归于犹太人。为了避免这样的错误，历史学家应该认真和负责任地对待历史。麦克米伦认为，专业化的历史研究可以避免这样的错误。

历史的误用并非只是“非专业”的恶果

然而，从历史的经验来看，我们有理由怀疑麦克米伦的“专业历史”说，因为误用和编造历史恰恰经常是专业人士以专业历史研究的名义做出来的事情。专业历史的对立面不是非专业（或业余）历史，而是违背事实真相的谎言历史。

谎言历史有两种，第一种是无需专业知识的胡编乱造，把有的说成没得，没的说成有的，“文革”中虚构的井冈山毛林会师就是这样。第二种是专业人士的“摘樱桃”（cherry piking）历史，挑选一些并非伪造的历史事实证得所需的历史。这在历史写作中是常见的（只是程度不同），不能凭此称其为“虚无主义”。专业历史顶多担负谎言历史的一半责任。它之所以成为虚无主义是因为它经常是“一言堂”的产物，以部分真相掩盖“不方便的真相”（inconvenient truth）。

历史是否“专业”不能决定历史的用途（目的），专业的历史可以用来证明希特勒政权的“存在即合理”，也可以用来揭露其假象，进而质疑纳粹政权的合理性和合法性。第一种的目的是“确认权力”，第二种的目的是“反思质疑”。这两种历史一定会发生关于历史写作目的的争论：历史是为政权提供合法性呢？还是有其他的独立目的？而这最后一定归结到对历史对象的道义判断。

不愿意依附于政治权力的历史学家会提出三种主要的独立历史目的。第一，了解真实的过去。人类是智慧动物，总想知道自己的过去是什么样的，不管有用没用（知识好奇）。第二，实现文化的传承和积累，沿着前人的成就继续发展（经验积累）。第三，提供历史的借鉴，避免走前人走过的弯路（吸取教训）。可以为这些目的坚持历史的专业性，因为专业的历史尊重事实真相，能提供可以尽量验证的因此是更为可靠的历史知识。

启蒙的历史与这三种历史目的并不矛盾，但它还有自己专门的目的。它在方法上看上去与确认权力的历史有些相似，都不是纯粹客观事实的历史。启蒙的历史与确认权力的历史有时候看上去没有什么不同，伏尔泰的《路易十四时代》就是确认权力的历史。

启蒙的历史选择自己要呈现的历史真相，但也承认在它的真相之外还有其他真相。这是它与确认权力的一言堂历史的根本区别。历史学家有确认权力的自由，但要看在其他历史也能存在的情况下，他能否说服多数人与他一起确认。美国历史学家威尔·杜兰特

（Will Durant）说，“历史是个邪恶的老师，只会对自由人诉说真相”。历史不仅关乎真相，还关乎绝大多数人在自由状态下对真相作出的道德、是非和善恶判断。

对历史来说，专业或事实都不是关键，目的才是关键，这个目的就叫“史学观”。就连独立的历史也不能没有目的，没有史学观——意识或不意识到的——就写不出历史，也不会有对史学的甄别、运用和讨论。“纯粹”史学的独立目的同样也是目的，独立史学自诩的任何历史特殊用途其实也都是它的目的。

寻求事实真相——也就是“求真务实”所运用的常识判断、基本逻辑推理，再加上对人性的理解——只是落实史学观的一个途径和方法，“事实真相”只是一个整体的原则，不是对每个事实细节的具体要求。历史研究中许多关于“事实”的陈述和判断都不能不是多元的，因为真相究竟为何在很大程度上是未知的。真相不能确定，不等于“非真相”的谎言不能确定。比如说，今天对老舍是怎么死的，谁第一个发现的，至少有三种不同的说法，其中只能有一种可能是真相，也可能三种都不是真相。真相不能确定，但说老舍没死，那肯定不是真相。

史学观主导与政治和道德有关的是否和善恶判断，这意味着，对历史来说，即使在事实和真相不能确定的时候，价值判断也不应该缺位。最典型如人为制造的巨大灾难，太多的细节还没有弄清楚，但是价值判断的是非善恶判断却仍然应该是清楚的，否则就成了颠倒黑白的历史。从价值判断来看，不存在与历史目的没有关系的“事实真相”。而且，事实真相有什么意义，经常是在特定的政治环境中被确定的，权力总是在扮演一种重要角色，这是许多历史学家羞于承认的。

例如，在波兰有关于纳粹占领时期，波兰（人）是施害者还是受害者的历史争论，体现了两种史学观的对立，形成了两种不同的历史，它们都是大屠杀研究的一部分，也都能够找到支持的历史事实证据。它们的不同历史目的是显而易见的。一种是民族良心反思，它揭露波兰民族在迫害、灭绝和掠夺波兰犹太人上扮演的不光彩角色，在民族主义者看来是政治不正确的。另一种则是表扬波兰的光荣反抗，它强调波兰犹太人和非犹太波兰人同样是纳粹罪行的受害者，波兰人以自己的方式在抵抗纳粹。按理来说，这两种历史应该有平等的互相论争，然而，事实并非如此。

近年来，波兰政府关闭了不少专门纪念犹太人受害者的“纳粹与苏联暴行”纪念馆和博物馆，并给帮助过犹太人的波兰人举办表彰仪式、分发奖章、竖立纪念碑。几年前，政府在马尔克瓦（Markowa，波兰东南部的一个村镇）设立了乌尔玛家族纪念碑（Grave monument of Ulma family），纪念“所有冒生命危险帮助其犹太人公民同胞面对大屠杀的波兰人”。政府还计划在 2023 年开设一个“华沙隔都博物馆”，用波兰文化部长彼得·葛林斯基（Piotr Gliński）的话来说，这个博物馆将歌颂“在波兰土地上……共处八百年的两个民族［犹太人和波兰人］之间的互爱。也将歌颂各方面的团结、友爱和历史真相”。除这些新的博物馆和纪念馆外，政府还新设了一个官方节假日——纪念在二战期间救过犹太人的波兰人的民族纪念日——就是纳粹军队杀害在马尔克瓦帮助犹太人藏身，并被告发的乌尔玛一家的那一天。[①] 政府偏向波兰民族光荣的历史，而

① 米哈尔·德克尔：《正在改写的反犹史：在纳粹占领时期，波兰是施害者还是受害者?》，《燕京书评》，https：//mp. weixin. qq. com/s/Sd1nKINJpFiqqT9fTsy91g。

不是民族良心反思的历史，扶植哪一方是很清楚的。好在无论是忏悔史还是光荣史，在波兰都不是为纳粹罪行开脱的翻案史。

启蒙的历史不是专业历史

看到了历史与政治的关系，也就不难理解，为什么与其坚持历史的专业性或唯一正确的史学观，不如鼓励历史写作的多样性，更宽容地对待不同的历史叙述。惟有如此，才能充分体现历史书写的多元性和丰富性，让不同的历史叙述之间形成对话和相互对照、补充，甚至相互制约的关系。这更有利于历史书写和阅读避免陷入偏执、盲信和迷狂。人文启蒙认为，历史写作的价值正在于显示历史和历史观的丰富和复杂，因而成为对读者理解和判断力的训练和考验，这才是人文教育最有价值的思想收获。

18 世纪的启蒙哲人对历史有着强烈的兴趣，他们的历史是有目的的，那就是要破除宗教或传统制造的不实神话和伪历史，消除以谎言维持的民众迷信和愚昧。这是启蒙历史的写作目的，它寻求并宣告事实真相——那些与他们历史目的相一致的事实真相！启蒙的目的中包含着基本的判断：什么该维护，什么不该维护，用什么来改变不该维护的，如何改变，等等。

启蒙在每个历史环境中的特定目的使得它叙述的历史变得不可重复，历史叙述本身也就是对过去的反复探求。每个时代都有重述历史的可能性和必要性。过去与当下的内在联通，历史叙述者和读者之间的现代共鸣，是重述历史的重要方面。18 世纪启蒙史学主张求真，并不等于只有一种真相的表述，因为任何以真实为目标的历史叙述都是一种独特的建构，也就是人们常说的“一切历史都是当代史”。一时代有一时代之学术，每一代人的历史学家都应该站在当下的各自立场，寻找和确定关于过去真相的不同阐释和当下意义。历史学者应该为公众的知识普及和历史认识起到应有的启蒙作用。

在今天一些专业主义的历史学家看来，这种启蒙历史的目的及其事实真相是不符合专业历史的“纯学术”标准的。从 18 世纪开始，这就已经成为启蒙历史和专业历史的一个重要分别，至今没有改变。启蒙历史的主要任务是揭露和破除伪历史和假历史，专业历史学家则探究和证实历史的真相。其实，这两种历史的努力不是矛盾的，而是相辅相成的。专业历史学家寻找到的有意义的历史真相本身就有启蒙作用，因为它能破除编造的伪历史，尤其是非善目的的伪历史。如果不是为了对抗非善的伪历史，寻找所谓“历史真相”很可能成为维护罪恶政权的手段，为纳粹政权提供合法性的专业历史就是这样。

专业史学的那种目的不明的客观公正并不是 18 世纪启蒙哲人追求的目标，而只有那种能起到破除迷信和愚昧作用的才是他们主张的哲理历史。例如，在伏尔泰看来，历史学是反对无知迷信、推进启蒙的武器。他在 1738 年 10 月 31 日致朋友尼古拉斯·蒂里奥的一封信中，说了一句著名的话：“人们必须像哲学家一样来写作历史”。[1] 这意味着要以明确的历史观来写作历史。伏尔泰非常关注历史，而且花了大量时间从事历史著述。《百科全书》邀请他撰写历史词条，这也是承认他作为一位史学家的重要性和影响，所以他的看法应该是有代表性的。

对 18 世纪的许多史学家来说，“学术性本身并不是问题的关键。一些启蒙哲人被‘纯’学术所激怒，没有耐心去做他们乐于称之为

---

① Voltaire，*Lettres philosophiques*. Ed. G. Lanson. Paris，1909，p. 431.

鸡毛蒜皮、细枝末节的事情。他们采取了一种‘新史学’的高端路线，宣称不会费心去‘小心翼翼地考察’‘六个世纪之前的某个无稽之谈’究竟是发生在‘某月的25日还是26日’”。[①] 卢梭在《论人类不平等的起源和基础》的开篇处就说，历史学家“首先要把一切事实撇开，因为这些事实是与我所研究的问题毫不相干的。不应当把我们在这个主题上所能着手进行的一些研究认为是历史真相（truth），而只应认为是一些假定的和有条件的推理。这些推理与其说是适于说明事物的真实来源，不如说是适于阐明事物的性质，正好像我们的物理学家，每天对宇宙形成所作的那些推理一样”。卢梭的这番话集中地体现了18世纪启蒙历史的两个特点，第一，历史不是一些琐碎历史细节的拼凑，而是对历史真相的探索；第二，以此为目标的历史写作受到哲学的制约，包括史学观和方法论。

美国历史学家巴巴拉·塔奇曼（Barbara Wertheim Tuchman）说过：“如果真的有‘纯粹客观’的历史学家存在，那他的作品一定像锯末一样让人不忍卒读。”启蒙时期的历史写作者们都同意历史的目的不是记录“纯粹客观”历史的事实细节或提供编年记录，而是追寻历史的“真相”（史学观），但是，他们在什么是历史真相这一点上却是意见不同。这在很大程度上取决于他们所确定的历史方法论指导。不同的“方法”也体现了他们对“真相”的不同理解和认识。

启蒙时期的历史写作体现了那个时代的“理性”和“科学”观念，他们认为，历史写作必须有“方法”的指导，代表理性和科学

① Voltaire，*Essai sur les mœurs et l'esprit des nations*. Ed.，R. Pomeau，2 vols. Paris ［1756］ 1963，p. 540.

的“方法”比“想象”“经验”“激情”或“信仰”重要，只有用方法指导的历史才是有根有据的“推理的历史”（reasoned history）。卢梭用物理学的模式，认为他在《论人类不平等的起源和基础》中推导的人类历史（从人类原初的幸福向文明腐败的转化）就像物理学推导宇宙的形成一样。孟德斯鸠在《论法律》里用科学比较的方法，推导不同的制度是由不同地理、气候等自然条件所决定和形成的。伏尔泰在《风俗论》（*Essai sur les mœurs et l'esprit des nations*）里用研究人的生物性与文化性的方法推导出人类的“普遍精神”（universal spirit），这种精神体现于人类的艺术、思想、科学、社会生活，而不是一次又一次的战争或者残酷无情的权力争斗历史。吉本的《罗马帝国衰亡史》则是用收集原始资料并对之归纳分析的方法，推导出历史中“发生了什么”背后的“为什么”，历史的价值不在于发现“发生什么”，而在于解释“为什么发生”，因为只有为什么发生才能提供有价值的历史意义。

历史的哲理、真相和目的性

所有这些都包含了启蒙时期历史写作者们对历史“真相”的不同理解，但有一点是共同的，那就是，在历史表象下有一个深层的“意义”：人类因何而腐败、制度因何种决定因素而形成、人类有怎样的普遍精神、历史留下怎样的规律教训，等等。关注表象下的真相“意义”——“真相”并不等于“事实”，真相是一种特定的“意义，这使得启蒙时代的历史写作成为一种哲理历史。和伏尔泰的哲理小说一样，哲理历史诉诸读者的理性思考，而不只是他们的好奇心或阅读的乐趣，是一种严肃的人文阅读，而不是兴趣阅读。当然，哲理小说或哲理历史也都可以成为兴趣阅读的读物，但那只是表层的阅读，就像买椟还珠是缺乏见识，取舍不当一样，作品最精华的部分会因为表层阅读而被白白无视和糟蹋掉了。

18 世纪启蒙哲人自己非常重视历史与哲学思考的关系。法国启蒙时期的艺术评论家和《百科全书》撰稿人梅勒西奥·格里姆（Friedrich Melchior，baron von Grimm）宣称："无论学究们说什么，历史都必须由哲学家来书写。"历史要避免学究式的卖弄学问，启蒙哲人所撰写的重要史著都是杰出的文学作品，而文学的风格就是思想的风格。吉本说："如果说哲学家不一定是历史学家，我们至少可以期望历史学家都是哲学家。"吉本为大卫·休谟这位最有力的反基督教历史学家加上了一个堂皇的头衔——"我们的哲理性历史学家"。伏尔泰也持相同的立场。在好几处著名的段落里，他都要求用哲人的方式（en philosophe）撰写历史，他本人就是以哲人的方式来写史，又认为基督徒缺乏这种基本能力，因而不可能写出好的历史。①

历史或小说中的哲理是一种思考性的探索，而不是系统哲学的阐述。哲理历史探索的是人类精神、宗教影响、文明模式，以及文化与进步、文化与政治、制度与习俗、政治腐败与文化衰败等等的关系；而哲理小说探讨的则是人生的目的、价值、意义、形态、生活态度等长久的人文问题。18 世纪的哲理思考与古代有明显的不同。哲思在古代的表现形式通常是代表智慧的箴言、格言、成语。18 世纪的历史和文学作品已经不采用这些形式，而是通过暗示，让读者在作品与自己现实之间建立一种理性认知的联想联系。当然，不同的读者会有不同的联想，所以作品的"哲理"并不是确定不变的。

---

①《启蒙时代》，下卷，第 348—349 页。

尽管各有各的联想，但哲理联想都与代表古代智慧的箴言和格言有所不同，它思考的是人生和人的条件（human conditions）的可能，而不是对人们生活的直接指导。

关注深层意义（真相）而非琐碎的历史表象，这是启蒙时代历史写作的共同特征。这也在不同程度上成为我们当下具有启蒙意义的历史著作的标志性特征。历史能帮助我们扩大视野，视野一开阔，我们就能看到在日常生活中看不到的意义（真相）。例如，历史学家从纳粹或前苏联历史中发掘的深层意义是制度化的暴力和仇恨如何作恶，如何把好人变成魔鬼。他们在犹太大屠杀和古拉格群岛以及类似的人道灾难历史中发掘的深层意义是：为什么会发生这样的惨剧，为什么绝大多数人在灾难发生的时候会袖手旁观和落井下石。他们在幸存者见证叙述或口述史里发掘的深层意义是一系列沉重的问题：如何在极端的逆境下抵抗极权之恶？幸存下来的活人该做些什么，该如何记忆，如何反省？怎么才能背负着“幸存者的罪孽”（survivor’s guilt）有意义地活下去？

当代的历史哲理大多与人的苦难和受苦有关，极权统治下的受害者历史有特别重要的哲理历史价值，这样的历史很多是个人受难受苦的故事。大屠杀幸存者埃利·威塞尔（Elie Wiesel）的《夜》就是这样的作品，他说，“我不想让我的过去成为任何人的未来”，历史的记录是未来人类的财富。他还说，“任何时候，如何地方，只要还有人在受难，我发誓，绝不沉默”。维克多·弗兰克尔（Viktor Frankl）是一位犹太心理学家和哲学家，曾先后被关押在三个不同的纳粹集中营里。他一生的工作都被毁了。他失去了妻子、父母以及多年的生活。他作品的一个重要主题就是痛苦的必然性。他说，每个人都要受苦，没有办法可以避免。但是，他同时也相信大家有能力在痛苦中找到意义。他在《活出生命的意义》（*Man's Search for Meaning*）一书中写道，他在死亡集中营期间，“但困扰我的疑惑却是：‘所有生命中的痛苦，我们四周的死亡，有意义吗?’如果没有，那么人的生命终究毫无意义。如果生命的意义只依赖一些偶发事件——可以脱逃或不能脱逃的偶发事件——那么人生终究不值得一活”。

这样的哲理经常是痛苦的，充满挑战性的，在受难者生命最艰难的时刻，哲思带来深深的慰藉，是力量的源泉。罗马哲学家皇帝奥勒留在《沉思录》中写道，哲学类似于眼炎的古老疗法。哲学是一种镇痛软膏，一种减轻痛苦的药膏，一种温暖的洗液。

当然，还有一种不属于苦难哲理的历史对当下读者也有启蒙意义，同样是在历史表象下发掘更深的意义。例如，历史学家从民国知识分子的历史中发掘的深层意义是学术发展和人才辈出离不开思想宽松、政治宽容和尊重知识分子，离不开知识分子的自由、尊严和道德人格。晚清的历史中发掘的深层意义是制度性的自私、虚伪、腐败、滥权，以及专制制度改革或不改革都是死路一条。雷颐的《帝国的覆没》抓住晚清政局的三大困局：传统“天下观”vs 现代国家观、技术进步 vs 制度落后、改良 vs 革命。这三对矛盾的长期撕扯与断裂，是近代政治转型屡屡陷入困局的关键所在，正是他要挖掘的深层意义。启蒙知识传播的一个重要手段就是触发联想，联想是通过深层意义的类似性而产生作用的。

启蒙的历史必然是以与启蒙价值观（自由、理性、宽容、公正、人道）有关的思想为其深层意义的。这样的历史与国家主义的，英雄领袖胜者为王、败则为寇的历史必然是不同的。这也使得 18 世纪启蒙时期的历史写作有别于古代的或文艺复兴时期的历史写作。

古代的历史是英雄和战争的历史，文艺复兴时期第一次有了人文主义的历史，但那是与启蒙时代不同的人文主义。里奥纳多·布伦尼（Leonardo Bruni，1370—1400）的《佛罗伦萨人史》（*History of the Florentine People*）是文艺复兴人文主义历史的奠基之作。文艺复兴时期最重要的文化转变就是历史意识与古希腊、罗马有了更深的接触，历史学家们对古典的兴趣与他们需要应对当时的政治变化直接有关，这也改变了历史在人文教育中的地位。15 世纪以前，历史虽然是人文教育的科目之一，但在整个中世纪一直处于边缘的地位。从文艺复兴开始，历史逐渐成为一门显学，人文主义的历史终于占据了人文教育的中心位置。

人文主义历史的演化

文艺复兴时期的历史摆脱了中世纪历史那种附属于基督教神学的性质，在方法和风格上学习希腊和罗马的政治和军事历史，首先是罗马历史学家李维、萨鲁斯特（Sallust）、凯撒，希腊历史学家修昔底德、波利比乌斯（Polybius）、色诺芬紧随其后。文艺复兴的史学不只是有重要的方法和风格改变，而且有了它独特的政治历史目的。这是由于当时的现实政治需要造成的。

15 世纪的意大利尤其强烈地感受到了欧洲那种因社会和政治结构性变化而产生的危机感。1378—1417 年的天主教会大分裂（Western Schism）削弱了教皇的特权，打击了教会的世俗和精神权威，因此出现了权力真空，让米兰、佛罗伦萨、威尼斯这样的城邦有了崛起和扩展的机会。这些城邦里的历史学家们不能再满足于过去的城邦编年史写法，他们需要一种能用联系当下的方法来理解和解释过去的新历史方法。这种新历史方法开始时是与旧方法同时存在的，并不是以代替旧方法为己任的，这也反映了文艺复兴时期世俗与宗教共处的特点。

旧方法是用神的意志、目的和安排来解释历史的事件，而新方法则试图用精心安排的叙述来解释当下的政治形态是如何在一个很长的时间内，由于人的行为，而非神的旨意，逐渐演化而成。布伦尼的《佛罗伦萨人史》就是这样一部作品，它描述的是，佛罗伦萨起始于罗马帝国的一个不起眼的前哨基地，逐渐发展成为一个疆域国家繁荣兴盛的行政都城。在这个形成和发展的过程中起主要推动力作用的是各种人的因素：野心、谋略、争斗、合作以及背后的诸多不同动机。

布伦尼留下了重要历史遗产，他显示了把历史与国家政治结合到一起的可能和方法，他写作的是一种为权力政治服务的历史——很恰当地被称为“政治史”。这是一种确认权力，论证权力合法性（合理的即合法的）的历史，是我们今天再熟悉不过的。这对文艺复兴其他历史学家产生了明显的影响，包括安德烈埃·比格利亚（Andrea Biglia，1395—1435），弗拉维奥·比翁多（Flavio Biondo，1392—1463），波焦·布拉乔利尼（Poggio Bracciolini，1380—1459），彼得罗·德桑布里奥（Pietro Candido Decembrio，1399—1477）、马基雅维利、弗朗切斯科·圭恰迪尼（Francesco Guicciardini，1483—1540）等。

布伦尼的影响甚至一直维持到启蒙运动时期，爱德华·吉本就是一个例子。伏尔泰也写过类似的历史著作，不过他是个计谋老到、心思周密的作家，有他自己的盘算，未必真的信奉什么国家历史。他说过，“历史是我们玩在死人身上的一套把戏”，也许他在历史著作里——《查理十二史》（1731）和《路易十四时代》（1751）——

玩的就是这样的把戏。

启蒙运动时期和文艺复兴时期的历史虽然同称人文主义的历史，但已经有明显的不同。首先，启蒙时期的历史要用世俗历史彻底代替神意历史，而不是与它共存。其次，它写的是“人类史”而非“城邦史”，就算是写查理二世、路易十四，或者罗马的历史，也都是放在“人类”和“进步”这样的启蒙主题框架里来叙述的。

伏尔泰写的是与人类有关的“普遍精神”历史，他和其他法国启蒙哲人一样相信，中世纪是一个迷信和野蛮的时代，即使是辉煌一时的路易十四时代，也是在展现“人类愚蠢的历史”，因为愚蠢是普遍精神的反面。他说，《路易十四时代》写的是一个时代（17 世纪）而不只是国王本人。这部以国王命名的历史写的是西方文明的成长，是第一部以“文明”为主角的历史。在这样的历史里，政治制度、社会抱负、艺术成就、外交策略要比战争细节、宫廷阴谋、英雄领袖更加重要，历史的变化也完全是用世俗的关系来分析和解释的。

伏尔泰在“序”里一开始就这样写道，“我们要写的不仅仅是路易十四的一生，我们有一个更大的目标。我们要向后代展现的不仅一个人的行为，而且更是一个最开明时代的人类普遍精神”。人类的这种普遍精神不在于英雄、政客、革命，而在于“有思想的人，更罕见的是有品位的人”，他们把人的心灵传递给子孙后代。人类历史上只有四个这样的时代：公元前五世纪的希腊、凯撒和奥古斯都时代的罗马、文艺复兴时代的意大利，还有一个就是路易十四的法国，也就是现代欧洲的开始。

伏尔泰写道：“九百年来，法国的精神在分裂与内战的时期，几乎一直受到一个野蛮政府的钳制，既无法律可言，也无固定的风俗可说。它的贵族缺乏教养，除了打仗与懒散之外，一无所知，它的教士活在混乱无知的状态之中，而它的人民则不能安居乐业，只是终日沉沦于悲惨的境遇里面。”如果这些弊病得以避免，如果这个国家得以强大，如果艺术与科学得以兴盛的话——这是伏尔秦认为特别有价值的事情——“不但人民可以享受有法律保障的自由，国家的主权也可得到没有争论的肯定”。而正是由于有了路易十四这位目光远大、能力卓越的国王，法国的文明——社会面貌、礼数、军事组织以及各种艺术，特别是文艺——成为整个欧洲仿效的楷模。在政治方面，伏尔泰一向偏爱英国的政体而不喜欢法国的绝对君主专制。但是，作为一个历史学家，任何一个国家的任何进步都是令他高兴的事情。

以今天的眼光来看，这是一部古怪的著作。伏尔泰总是在质疑爱国主义，但在这里他却似乎在显示他的爱国主义。这是一部既确认权力又反思权力的历史著作。伏尔泰确认路易十四时代的权力，自己又对之有所反思，而且也不反对别人反思质疑。这使得他有别于我们所熟悉的那种自己专门确认权力，而且不准别人反思质疑的一言堂历史学家。我们不会同意伏尔泰在书里表达的一些观点，例如路易十四是历史上四个辉煌时期中最辉煌的。我们也会觉得他对路易十四的称赞与他在序中所说的历史观初衷不符，而且是言过其实的。但这些都不能抵消这部著作的启蒙意义，那就是，他要用文明史来代替帝王和革命史，他坚信文明是人的创造，文明的进步有赖于理性。

今天许多人对文明史似乎并没有特殊的感觉，但那是历史学的一个了不起的转变和发展。梁启超在《中国史界革命案》一文中就曾经说：“二十四史非史也，二十四姓之家谱而已。”中国古代的历史，在旧史家笔下，是一部部帝王史和专制政治史。中国古时的史书不过是记述政变与战争的“相斫书”，绝对不可能产生伏尔泰那样的文明史观，所以也就难以看到，一个国家的武力再强大，国王再雄才大略（如秦始皇），如果没有道德正义和政治文明，那就必然会文化凋零、万马齐喑、奴性十足、精神萎靡。这样的国家不管看上去多么强大，也仍然代表一个衰败的时代。早在古罗马时代，西塞罗就明确提出，不正义的统治者不是真正的也不是正当的统治者；他们是暴君。他指出，国家和政府是有区别的，国家是所有人民的共同事务，至于“政府”，西塞罗提出，政府是由一部分人通过某种利益欲念联结成的。大多数国家政府就像“强盗的统治”或者“一群小偷”。

伏尔泰为时代的兴衰确立了新的标准，而那就是启蒙时代的标准。以路易十四命名那个时代绝不意味着伏尔泰全盘肯定这个时代和这位君主的一切。伏尔泰在 1731 年 8 月 24 日给友人的信中明确说过：“路易十四时代在战争和政治方面，丝毫不优于其他时代，除掉艺术和人类精神的成果，就找不出足以引起后人关注的杰出东西来。”在另一处，他又说，书中的重点是“值得一切时代注意，能描绘人类的才智和风俗，足以起教导作用，引人热爱道德、学术和祖国的事情”。所以，着重描绘那个时代人们的精神面貌和文化技艺的日臻完美，是本书的宗旨和写作的动机。①

和马基雅维利一样，伏尔泰认为人类应该向历史学习，但所能学到最多的是不要去做什么——历史给人类留下的极少有能从中获益的成功经验，而多的是让人吃尽苦头的失败教训。这也与只是确

① 王晓东（编译）：《路易十四时代》，北京出版社，2007 年，第 7 页。

认权力的光荣和伟大有所不同。他希望君主读者们从他的《查理十二史》一书里学到一些“战争愚蠢疾病的治疗”。路易十四也同样做过许多错事，给他带来了坏名声。在对待冉森派教徒的问题上，他的态度使人根本不敢相信这就是那个彬彬有礼、举止优雅的法国国王，他的狭隘和残酷已经达到疯狂的地步；他总是为一件无足轻重的小事而对外挑起战争，并且得胜后对他的敌人和手下败将居高临下地蔑视，这让无论战胜方还是战败方都很不舒服。这位国王在自己的私事处理上过于严厉，使他丧失许多人情味。他对新教徒的迫害使法国流失了大量人口，并使自己的臣民站到了其对立面。伏尔泰是从启蒙时代的观念看到这些历史教训的。

尽管伏尔泰对其他文化（包括中国文化）感兴趣，但他认为理性的进步知识只是在他那个时代的欧洲才有所发展。要到下一代的启蒙思想家——如 1750 年提出人类社会进步完整概念的杜尔哥（Anne Robert Jacques，1727—1781 年）和积极鼓吹人类进步的孔多塞（Nicolas de Caritat，marquis de Condorcet，1743—1794 年）——历史才逐渐被视为一种与整个人类有关的进步历程。在新的进步观念里，历史不可避免会朝着消除偏执、克服迷信、战胜愚蠢、改变无知的方向发展，虽然道路曲折，充满了陷阱和波折，但已经再不可能全然回到黑暗时期的过去。孔多塞热情洋溢地宣称：“哲学家们是多么欢迎这样一份人类的前景图画，人类将摆脱了一切锁链的束缚，脱离偶然机会的支配，排除进步敌人的障碍，在通往真相、美德和幸福的道路上坚定而稳步地前进。”[1] 在这样的历史乐

---

① M. de Condorcet，*Outlines of An Historical View of the Progress of the Human Mind*. https：//oll. libertyfund. org/title/condorcet-outlines-of-an-historical-view-of-the-progress-of-the-human-mind.

观主义表述中，历史学与哲学的界限是模糊的，哲学思考历史的问题，历史则用哲学思考来叙述和解释历史。

当然，这样的进步乐观主义在今天看来显得太主观了，不切实际，脱离现实。然而，这也许正是18世纪启蒙所特有的进取和乐观精神，不是任何一个平庸的时代所能理解和欣赏的。启蒙时代的历史也许不是我们今天历史专家们眼里的“真相历史”，或者“优秀历史”，但它却取得了一项了不起的成就，那就是使得历史从此成为最受欢迎的一种民众读物。

作为大众读物的历史

今天，对于人文启蒙的知识传播来说，历史写作的首要任务仍然是孔多塞说的，帮助人们“在通往真相、美德和幸福的道路上坚定而稳步地前进”，其关键在于揭示历史隐而不见的意义，而这个意义一旦被揭示，就会产生启蒙的作用。这样的历史不是党派手里的宣传工具，而更是对人性的见微知著，因此有着深刻的道德和人性批判意涵。伏尔泰在评论休谟的《英国史》时说，这“或许是用任何一种语言写得最好的一部”。它的最大优点在于持论公允：“在他的《英国史》里，休谟先生既非国会派，也不是保王党，既非国教徒亦非长老会派，他完全是公正的。”伏尔泰指出，党派激情长期以来让英国出不了优秀的历史学家，但《英国史》里却看不到这种激情：在这位“崭新的历史学家身上，我们看到一个能够驾驭其材料的心灵。他谈论人类的软弱、错误和残忍，就像医生讨论疫病”。①

---

① Ernest C. Mossner, *The Life of David Hume*. University of Texas Press, Austin, TX 1954, p. 318.

这样的历史不是我们今天所熟悉的那种确认权力的伟业史，再荣耀的伟业史也并不总是能为我们提供对制度和人的善恶的清晰洞察，而唯有能提供这种清晰洞察和判断的历史才是我们今天最需要的。

历史是一种知识途径，哲学和论述也是。历史的好处在于其有趣、新鲜和故事化的知识，它可以关注很多具体的个案（历史人物或事件），连带缘于实事的论述。历史容易引发读者兴趣，规避掉那种哲学或论著中的理论性知识负担，所以比较符合一般公众阅读的趣味。历史也是最容易影响一般人的一种启蒙写作方式，18 世纪启蒙时代是如此，今天还是如此。18 世纪第一流的历史学家基本上都是第一流的启蒙哲人。当时对历史的热情极为普遍。① 休谟于 1770 年满怀自信地称他的时代是一个"史学时代"。作者和读者对历史有着强烈兴趣。历史既是一种写作形式，也是一门学科和一种娱乐。艾迪生高度赞扬历史学家"最得心应手的才华"，他们讲述丰富多彩的故事，给读者带来"令人愉悦的悬念"。半个世纪后，吉本指出："历史是最受欢迎的写作类型，因为它适应从最高到最低的才能。"吉本自己的历史著作显然就适合绝大多数读者，拥有不同层次的读者，刚刚面世便赢得了众多的仰慕者。吉本在回忆其著作第一卷出版盛况时写道，"我的书摆上了每一张书桌，而且摆上了几乎每一张梳妆台。时代的趣味或风尚给了历史学家以奖赏：外行评论家的狺狺之声不能掩盖普遍的赞誉之声。"

休谟说，历史"适合每一种才能"。也就是说，并非专业的历史学家才有资格从事历史写作。一个法学家或者政治哲学研究者要对自己研究的对象有深入的了解，第一件需要做的事情就是弄清楚有

---

① 18 世纪启蒙哲人的历史热情，以下文献来自《启蒙时代》，下卷，第 341—342 页。

关的历史。所以对一流的启蒙哲人来说，对历史有兴趣是自然而然的事情。今天也仍然是如此。

启蒙时代杰出的哲学家和诗人都从事历史写作，他们深知，历史学家的身份并不会与他们的志业相冲突，也不会有损他们的尊严。孟德斯鸠入选法兰西学院后，依然延续他的历史研究。在他看来，能够与修昔底德和塔西佗为伍，乃是很风光的事情，这也是启蒙时代的普遍看法。1759 至 1777 年间，苏格兰历史学家威廉·罗伯逊（William Robertson）先后出版了苏格兰史、查理五世史和美洲史，这些功底深厚的史书赢得了广泛的读者，从英国名演员大卫·加里克（David Garrick）到俄国叶卡捷琳娜女皇都是他热心的读者。罗伯逊毕生专攻政治史，著作等身，既没有危及他在苏格兰长老会的显赫地位，也没有妨碍他当上爱丁堡大学校长。罗伯逊的好友大卫·休漠的事业以哲学家始、以哲学家终，中间却转向了历史。早在 1747 年，休谟在从事哲学和神学研究时，就表达过对“历史项目”的强烈兴趣，坦诚自己有一个由来已久的想法，“在我的盛年写一些历史”。他的多卷本《英国史》（*The History of England*）于 1754 年至 1761 年出版，是一部关于英格兰历史的历史著作，内容也涉及威尔士、苏格兰和爱尔兰。该书出版后遭到各种政治势力的强烈攻击，但却成了销量火爆的畅销书，使休谟因此获得了梦寐以求的经济独立。

还有一部值得一提的特殊历史著作，是一位非专业历史作者的杰作，那就是詹姆斯·鲍斯威尔（James Boswell）的杰作《约翰逊博士传》（*The Life of Samuel Johnson, LL. D.*）。这是一部雅俗共赏的历史读物，不只是因为写得有趣，而且因为约翰逊博士是个典型但又奇特的 18 世纪人物。鲍斯威尔是约翰逊博士（Samuel

Johnson）的朋友，只能算是一位业余历史学家，但他孜孜不倦地记录约翰逊的日常言行，以求写出丰富翔实的传记。这部著作至今仍然是传记文学的经典。

约翰逊博士是英国18世纪的怪杰，他外貌和习惯古怪，行事荒唐又有偏见，但正因为特立独行，被公认为当时知识圈的大师。他明显的偏激意见通常表达得非常有力，说理慑人，机智十足。朋友们即使不赞成他的意见，也欣赏他威力十足的奇才表现。他能胜过其他有学问的人，因为他擅长于即刻发挥，能对任何题目表达自己的意见，遣词清晰，表达巧妙。他不仅能言善道，而且单枪匹马编著了第一部像样的英语字典。他的许多见解都表达出了他那个时代的启蒙观点。他讨厌那些牺牲个体同胞以追求国家繁荣的政治，他的名言是“爱国主义是恶棍最后的避难所”。他总是具备健全的常识，真诚坦率，最痛恨的就是伪善。他的许多言谈初看起来，似乎都是老生常谈，但细细体会却都话里有话，因此有的已经成为英语里的“格言”。

鲍斯韦尔的传记成为一种特殊的几乎不可复制的“历史书”，不仅是“记事”的书，也是“记言”的书。英国19世纪历史学家和政治家托马斯·麦考利（Thomas B. Macaulay）这样称赞这部传记：“《约翰逊传》确实是一部伟大（非常伟大）的作品。说荷马是英雄诗家第一人，莎士比亚是戏剧作家第一人，狄摩西尼是演说家第一人，未必比鲍斯韦尔是传记作家第一人来得贴切。他后无追兵，已远远把对手们抛到后头，他们已不值一提了。第二名光彩尽失，其他的更不值一提。”①

① 约翰·坎尼:《最有价值的阅读》，肖占鹏译，天津教育出版社，2006年，第138页。

今天，历史仍然是受欢迎的大众读物和启蒙知识的重要部分，包括政治史、思想史、观念史，也包括传记、口述史、见证史、日记等等。历史里有故事，有人物，读起来有趣。对善于思考历史的读者，可以当作镜鉴，一般读者也可以当作历史知识，甚至消遣性的读物。今天的历史都是历史专业或与之有关的专家写的，他们对当下社会的问题意识有强有弱，问题意识越强的，针对性也就越强。今天，最有影响的历史写作经常有着启蒙文人的风格特征，是一种为公众而非专家的写作。这样的历史写作生动活泼、绝无冷场。而且内容非常丰富，且由于插入许多历史珍闻、往事记录而显得趣味盎然。而更重要的是，它具有叙述历史本身之外的启蒙目的，这个是由它在过去事件或人物的“意义”发掘中显示出来的。

18 世纪的启蒙历史写作者念念不忘承担为启蒙运动摇旗呐喊的责任，今天具有启蒙意识的历史学家也都是这样。历史作品与其他的优秀作品一样，因为具有时代特征而能经受住时间的考验，远非变幻莫测的史观更替或转瞬即逝的读者趣味风尚所能衡量。一个时代的启蒙历史著作有一个时代的特色，就像任何其他作品一样，必然与历史的需要联系在一起，不论有什么样的缺点，都应该受到实事求是的评价。

3. 具有启蒙意义的小说故事

18 世纪中期至晚期，法国和英国都出现了对小说叙事的社会功能及其真实价值的重新评估，这种评估有着启蒙知识的取向和选择特征。小说叙事被视为一种用文学来表达和生产的知识，与历史的事实陈述有着异中有同，同中有异的关系：历史向读者展现过去的事实（facts），小说为他们表现当下的事实（真实）。这样看待历史和文学，以及它们之间的联系，表现出启蒙运动时期人们对历史和文学共同的，具有启蒙特色的知识选择：一、强调知识的当下教育作用；二、知识服务于价值观和社会改革；三、注重事件之间的事理和因果理解，包括环境和心理-行为的解释。这三个都是启蒙的知识取向，从 18 世纪以来，虽然其内涵发生过许多变化，但原理一直是如此，形成了一种“说有意义故事”的启蒙传统。

小说的吸引力何在

文艺复兴时期，小说或故事叙述已经显现出对读者的巨大吸引力，从薄伽丘的《十日谈》、拉伯雷的《巨人传》到塞万提斯的《唐·吉诃德》、摩尔的《乌托邦》，小说开始成为一种重要的文学形式。在文学和历史之间也形成了一种普遍的看法，即如法国耶稣会士兼作家，修辞学家勒内·拉潘（René Rapin）于 1677 年在《小说导论》（*Instructions pour histoire*）中所说，“小说为了娱乐，历史为了教诲”。[①]在小说的娱乐和历史的真实之间已然形成了不同知识话语的区别。

然而，在 18 世纪启蒙时期，批评家们认为小说是表现并塑造当代社会的重要知识工具，不管是赞赏还是批评小说社会功能的人们，一下子都把目光集中在小说对读者的道德影响上。这种道德影响也就是文学的教育功能。

法国批评家阿芒-皮埃尔·雅宽（Armand-Pierre Jacquin，

① Rene Rapin, *Instructions pour Histoire*. 2nd edn. Paris: Claude Cellier, 1690, p. 30.

1721—1789）承认小说影响了他那个时代的人们，尤其是年轻人的社会风气，“青年人从哪里学习风气呢？不就是从好的小说吗？”小说能造成好的影响，也能造成有害的影响。他说：“人们是由他们阅读的书籍和交往的伙伴所塑造的。……书籍总会在我们的头脑和心灵中播撒种子：是与非，善与恶。哪怕我们在阅读时只是稍稍受到感动，也会不由自主地受其影响。”①

苏格兰法官、哲学家、作家、农业改良者，苏格兰启蒙运动主要人物之一的凯姆斯勋爵（Lord Kames）认为，文学有再现现实的力量，文学的再现对读者有强大的影响力。文学叙述有唤醒心灵的作用，抵得上人们亲身的所见所闻，“生动而准确的描绘……在我头脑里引发的想法，与我作为亲眼目击者的历历在目是同样清晰的”。②

凯姆斯勋爵所说的“历历在目”是一种“犹如在眼前”的叙述效果，也是一种“与我有关”的当下感。人们阅读文学，受其影响，和阅读历史并受其影响一样，都必须要有这样的“犹如在眼前”。他写道，“真正的历史必须有当下感才能唤起我们的激情”。无论是虚构的文学，还是历史的叙事，“通过生动、准确的描述和呈现事情发生的环境，激荡我们的情感，而且还塑造我们的信念，让我们对事实的真实性确信不疑”。③

我们今天习惯于将小说的虚构与历史的真实分割开来。但是，在 18 世纪启蒙时代的批评家看来，就其社会影响和教育功能而言，

---

① Armand-pierre Jacquin，*Entretiens sur les romans*：*Outrage moral et critique*. Paris：Duchesne，1755，pp. 354，104 - 105.

② Henry Home，Lord Kames，*Elements of Criticism*. 11th edn. London：B. Blake，[1761] 1839，p. 35.

③ Ibid. p 39.

小说的真实所起的作用并不亚于历史里的事实。对英国文化和思想界颇有影响力的约翰逊博士就认为，小说的长处在于它能表现当代社会的现实，“当代人特别钟爱的虚构作品表现了真实状态下的生活，因为这世上日常生活出人意外而变化多端，其激情和品质影响也都是源自人类的现实”。①

小说反映的是人们真实的社会交往，是当下的，不同于历史的真实性。为了获得真实性，约翰逊博士说，“当今作家的任务是，除了从书本获得知识，还要获取孤独学问不能给你的（社会）经验：来自活生生世界的普遍交往和准确观察”。这和我们今天所说的作家要贴近生活，深入了解生活是一样的意思。约翰逊博士还说，“这些小说比真实生活有优点，因为作家虽不能编造，但享有选择材料的自由，从众多的人类中选择那些特别值得注意的人物”。② 用我们今天的话来说，就是选择有典型意义的人物。这看起来只是文学作家的特权，但历史学家似乎更早已经这么做了。罗马时代的历史学家普鲁塔克就是一位先行者。

小说中的“人”

文学或历史描述典型人物可以有不同的目的，古罗马的历史或文艺复兴时期对历史人物的关注（像在马基雅维利的《李维论》里那样），都是为了激发读者的想象力，让他们在激动人心的人物和事迹描述中，产生效法古人、激励德行的感悟。相比之下，18 世纪启蒙的目的已经不再是效法古人或激励德行，而是激发人的理性解释和

---

① *Rambler*, no. 4 (March 31, 1750) 4 vols. London: W. Suttaby, 1809, Vol. 1, p. 18.
② Ibid., pp. 18 – 19, 21.

理解能力，并以此对看似简单的现象做整体意义的把握。这种理解具有明显的18世纪经验主义哲学特征，在英国小说中尤其明显。

英国出现了一种以某个主角人物的经历为主线的长篇小说，故事发生在读者熟悉的现实社会背景中。小说主角的人生故事使得叙述的情节能够连贯、统一，而且还塑造了普通读者能感兴趣，甚至认同的平常人物。早期的小说，如笛福的《鲁滨逊漂流记》《摩尔·弗兰德斯》就已经是这样了。小说结合了社会现实主义和心理现实主义，用美国文学批评家伊恩·瓦特（Ian Watt）的话来说，小说所宣示的那种个人经验的私人特性，其挑战性绝不亚于笛卡尔在哲学中所宣称的“我思故我在”。①

18世纪是“书信体”小说流行的时代，一些重要的书信体小说——孟德斯鸠的《波斯人信札》、阿尔根斯侯爵（Jean-Baptiste de Boyer，Marquis d'Argens）的《犹太人通讯》（*Jewish Letters*）、约翰逊博士的《拉塞拉斯》（*The History of Rasselas，Prince of Abissinia*）——之所以有启蒙的价值，是因为它们通过一个“开眼界”的域外人物来观察和解释另一种“文化”。这种暗含的文化对比能引导读者对整体意义有所思考，这样的思考往往会包含社会和政治性质的评价和批判。伏尔泰的《英国书简》和他的《老实人》虽不是书信体小说，但也都可以视为在“异文化”国家或地区“开眼界”的故事，起到的也是类似的哲理效果。

具有启蒙意义的故事，无论是历史的还是文学的，它的真实并不是一眼可见的，而是需要读者思考故事的复杂动机和环境因素，用理性的分析去把握。勒内·拉潘是最早提出这一看法的批评家之

① Ian Watt，*The Rise of the Novel*. London，Pimlico，2000，p. 15.

一。他于 1677 年就提出，写历史，不能只是叙述人们的行为，而不讨论其动机，否则便是在模仿新闻报道。作品要保持读者的兴趣，让他们从叙述的事件得到道德的教益，就必须对事件的来龙去脉做出解释。这样的观点在 18 世纪启蒙时代变得相当流行。法国学者和历史学家尼古拉斯·杜弗雷斯诺（Nicolas Du Fresnoy）和拉潘一样认为，“历史要对人有所指导，就不能只是准确地描述发生过的事情，历史还需要揭示重大事件的原因和隐秘动机，那些使事件得以成功发生的机制和阴谋”。英国安妮女王时代著名政治家布林布鲁克子爵（Henry St. John，Lord Bolingbroke）强调，历史叙述中“如果没有发生的原因和环境状况，光秃秃的事实是说不清楚的，也毫无助益”。卢梭说得更明确，“人们所说的‘事实’到底是指什么呢？真的有人以为，关于事件的真实知识是可以与事件的原因和后果分离开来的吗？事件的历史与道德可以分开，只知其一不知其二吗？如果你只是表面地看待人的行为，只看到身体的一举一动，那你又能从历史学到什么呢？完全一无所知啊”。①

18 世纪启蒙对文学故事和历史的思考把重点放在一个时代的思想和观念意义上，那些有影响的 18 世纪小说作品都有与那个时代的自由和理性精神相关的人文观念，笛福的《鲁滨逊漂流记》描绘了一个人为的世界秩序，《瘟疫年纪事》展现了灾难降临时人的非理性和理性；理查逊的书信体小说《帕米拉》和《克拉丽莎》刻画人物心理活动和行为动机，描述社会环境，突出了社会与个人，习俗与自我的矛盾。法国启蒙运动思想家狄德罗在他的《理查逊赞》（Eloge de Richardson，1762）里把理查逊与摩西、荷马和索福克勒

① Jean-Jacques Rousseau，*Emile*. Paris：Garnier，1961，p. 106.

斯并列，称赞他深刻洞察人的心灵活动。理查逊也影响了英国和德国的“自我觉醒”文学创作。卢梭的书信体小说《朱丽，又名新爱洛绮丝》（1761）就是严格模仿理查逊的小说《克拉丽莎》而写成。歌德的早期书信体小说《少年维特之烦恼》（1774）也是间接模仿理查逊的小说写成。这样的感伤作品将文学角色展示为精致、道德和丰富情感的典范。

今天的读者会觉得《帕米拉》和《克拉丽莎》这样的作品感伤、滥情，甚至认为，和笑中有泪的喜剧、家庭牧歌、风俗画一样，感伤小说不过是迎合新兴大众的拙劣品味。他们还会以为，中产阶级所受教育有限，追求廉价的情感满足和低级趣味的情色刺激，自然会喜欢那种今天看来是琼瑶式的眼泪文学，这样的感性泛滥使文学降格，让逃避现实人生的男女人物把廉价的眼泪当作自欺欺人的便利手段。

这是因为不能认识到 18 世纪“感伤”（sentimentalism）的哲学和社会意义，只是将之简单地等同为“多愁善感”。其实，感伤强调的是，人有一种不能全然用理性解释的道德直觉。生活中发生的事情，文学和戏剧故事能在一瞬间内把我们感动得流下眼泪，完全排除理性的干扰，那是因为人有道德本能。18 世纪中期，就像我们在卢梭的作品里看到的那样，人性感伤的“感动”与宫廷文明的“不为所动”（untouched）是对立的，政治人物的冷酷无情与普通人的恻隐之心是冲突的。因此，感伤不是弱点，而是在表明一个人的道德感和真诚。感伤对社会不是一种无谓的激情（Vanitas），而是人性化制度必不可少的基础。

今天，互联网上确实有许多滥情和矫情的东西，将有价值的情感消耗在无价值的对象或事物上，淹没了思想和观念，十分庸俗和无聊。但我们不能用这样的东西去理解 18 世纪启蒙运动时期的感伤文学。因为那时候的作者和读者对感伤有着与我们今天不同的理解。在他们对社会弱势群体的关注中，感伤的对象和事物不是无价值的，感伤是推动人道精神普及的因素，能唤起人们对有价值事物的关注。眼泪中有人性之善的流露，预示着一种理性的、人道社会的改变。

文学与人道和真实

18 世纪小说的启蒙意义在于其人道精神，及其对仁爱和同情的肯定。这和那个时代斯密和休谟道德哲学所倡导的价值是一致的。它正在成为一种新的社会风气——对城市穷人的怜悯、仁慈地对待贫苦农民、兴办慈善学校、为穷孩子编写课本、撰写小册子推动普及教育。社会各阶层都受益于人道精神，扶危济困被普遍视为优于漠视不幸，制造苦难。

人道主义者把知识视为人道精神的温床。在他们看来，人们的麻木不仁不是因为人性天生残忍，而是残存的无知使然。18 世纪英国伟大的小说家菲尔丁写的虽不是感伤小说，但他的作品同样有那个时代的人道精神。他并不同情体格健壮的乞丐，认为他们应该学会自食其力。但是，他还是认为，英国人忽视了那些应该得到照顾的穷人，而这种忽视是因为对穷人的无知和无视造成的。

菲尔丁劝告国会议员和其他社会要人应当多到贫民窟走走，他写道："只要到这座城市的郊区走一趟，看看穷人居住的地方，映入眼帘的人类苦难景象足以打动每一个还算是人的人，让人顿生怜悯之心。看到一家人没有任何生活必需品，饥寒交迫、衣不蔽体、污秽肮脏，在肯定会接踵而至的疾病中煎熬，究竟什么样的人还会无动于衷。啊！究竟什么样的人在看到这样的场景时会麻木不仁?”他接着明确指出，“这样的惨绝人寰”鲜为人知，“几乎无人为之心伤”。[1] 菲尔丁发出这样的呼声，并非因为他是一位不谙世故之人，他是一位经验丰富的法官，也是一位敏锐的社会观察者。恻隐之心人皆有之，这是人道主义的核心情感。今天，许多人难以理解这种人道精神的真诚性，是因为他们已经习惯了生活在一个善良情感枯竭、对他人苦难无动于衷的社会里了。

18 世纪的小说传播的是人的个体和自我意识的观念，以及人内心那种无论怎么赞美都不过分的丰富情感。这形成了小说的时代特色。然而，这并不是小说所能传播的唯一观念性启蒙知识。在不同的时代和不同的环境下，启蒙着重传播的可以是另外一些不同种类的观念内容。20 世纪初，梁启超出于启蒙的目的发起“小说界革命”，他具有前瞻性的眼光，敏锐地看到，可以利用小说的娱乐消遣性来扩大读者群，增加政治启蒙（他称之为“新民教育）的成功机会。他在《新小说》创刊号上发表的《论小说与群治之关系》，提出“故今日欲改良群治，必自小说界革命始；欲新民，必自新小说始”。出于这样的启蒙目的，他选择刊载的是政治小说，他亲自翻译了日本柴东海之的政治小说《佳人奇遇》，自己也创作了《新中国未来记》等政治小说。

今天，梁启超当年的文学启蒙宗旨和意义犹在，但具体内容和目的都已经发生了重大变化。具有启蒙意义的小说仍然以正义的政治伦理和人道关怀的思想观念为其特点，但大多是与反思 20 世纪人

---

① George Sherburn, “Fielding’s Social Outlook”, in James L. Clifford, ed., *Eighteenth Century English Literature*. Oxford University Press, 1959, p. 271.

道灾难相关。这样的文学是当下最具历史意义的，也是世界性的人类 20 世纪受难文学的一部分。不少已经在中国翻译介绍，如犹太作家维塞尔（Elie Wiesel）和其他纳粹大屠杀幸存者的见证文学作品、索尔仁尼琴的《古拉格群岛》、奥威尔的《1984》、赫胥黎的《美丽新世界》。当然也包括中国作家自己的作品，如《夹边沟纪事》《活着》《蓝风筝》《绿化树》《芙蓉镇》等等。

还有一种历史与文学混合的“纪实文学”。这样的文学比许多“现实主义”的小说更有吸引力，其中的真实信息和史实分析和解释也更有启蒙价值。这是一种“真相”的启蒙，倘若没有真相，那些冒充为“现实”的文学作品不会有任何启蒙价值。这类作品经常是作者对亲身经历的叙述，如高尔泰的《寻找家园》、韦君宜的《思痛录》。

非虚构作品（包括纪实文学）也是当下能发挥启蒙作用的文学形式，它有故事，有往事故人，自然而然就是大众读品。非虚构作品介于历史或新闻纪实和文学创作之间，所以其客观性和可靠性经常是有争议的，例如 2015 年诺贝尔文学奖获得者、白俄罗斯女作家斯维特拉娜·阿列克谢耶维奇的一些作品就是这样。作家冯骥才致力于非虚构文学已经多年，他认为文学领域内出现了“非虚构热”，是因为非虚构意味着重现被故意掩盖的真实和真相。在文学写作里，非虚构与虚构的不同在于，它受制于生活的事实，它不能天马行空般地自由想象，不能改变与随意添加，必须遵守“诚实写作”的原则。这是它的特殊价值所在。不仅因为它来自真实的生活，是原原本本生活的事实，而且因为它包含的经常是一种不方便道出的，令某些人难堪的，因此遭到压制的真实。这使它成为生活、历史和命运的可贵见证。写作者愈恪守它的真实，它就愈有说服力。这是虚构文学无法达到的。[①]

非虚构作品包括报告文学、纪实文学、散文、传记和自传、口述史、新闻写作、人类学访谈等等，其中口述史的影响尤其明显。口述史也是历史，历史价值超过文学价值。抗战老兵口述史是近年的热点，一个原因是它揭示了许多被迫尘封的历史事实，如浙江省黄埔军校同学会主编的《浙江黄埔老兵的人生纪实》。《西双版纳辖区内健在抗战老兵口述资料》则通过对西双版纳辖区内 10 位健在抗战老兵的访谈，真实记录了他们亲历的抗战中的战争及生活状况。张连红主编的《南京保卫战老兵口述史》则通过 25 名抗战老兵的口述资料，真实还原了 1937 年南京保卫战的方方面面。人们对口述史有兴趣，首先是在口述史里可以找到“正史”里没有的真实东西，真实是历史知识最核心的价值，也是启蒙传播历史知识的最根本的理由。

启蒙不能指望衰败的文学

18 世纪启蒙的三种主要写作话语形式——历史、小说和论著——仍然是今天启蒙话语的主要形式。但小说和其他类型的文学的重要性显然已经落后于历史和论著。这是为什么呢?

我们不是没有具有启蒙意义的文学（广义的文学包括电影、纪录片、电视连续剧等），这样的文学很多都与人道灾难历史有关，不只是还原真实的历史，而且探索历史事件或现象背后的原因和意义。但是，这样的作品毕竟少之又少。大多数的文学作品都因为平庸、浅薄、乏味而成为文字垃圾。有一篇《论“扁平时代”文学精神的

① https：//mp. weixin. qq. com/s/2LyhwZ8CTe-tgqavICw7BQ.

“矮化”现象》的文章引用当代作家韩少功的话说，在今天这个“扁平”的世界里，“由编辑、审查、批准一类关卡所组成的文化权力体系几近瓦解，每一个 IP 地址自由发声，都可能成为强大的文化媒体。……（结果是）胡说比深思容易，粗品比精品多产”。

一篇《当代文学为什么遭到精英群体的遗弃?》的文章谈到当代文学的“思想贫血”问题，而思想贫血的作品是不可能有启蒙作用的，文章写道，“创作者往往以为文学只需表达一种情绪或是讲好一个故事。更有甚者，强调作家为保持‘灵气’、应当放弃读书。读者亦然，为轻浮的情绪感染，深陷修辞的迷恋”。当代文学的思想贫血和衰落背后有众所周知的原因，文学的衰落是从不说真话开始的。不说真话但又装作是在用文学表现某种智识或智慧，转而把创作热情投向情趣、修辞、技巧、故事，而不是思想或见识。文学的衰落并不全是作家的责任，文学作品思想营养贫乏、缺乏人文关怀、肤浅应景、政治正确、玩弄技巧、抖小聪明，这或许是因为受困于种种禁忌，有许多不得已说不出的苦衷。不能指望这样的文学有启蒙的意义。

文学曾经是新文化时期中国启蒙的主要推动力量，今天，人们仍然在阅读那个时期的鲁迅、茅盾、巴金、老舍、曹禺，并以他们作为对今天文学的期待标准，但也经常忘记，这些作家是特定时代的产物。就算这样的大师，一旦适合他们创作的时代过去了，时移境迁，也照样不再有傲人的文学成就。他们之所以能成为文学大家，在很大程度上是因为有幸赶上了中国新文化运动的时代，这是一个以自由精神为召唤的启蒙时代。这个意义上的启蒙时代并不以历史或思想史家一般划定的 1919 年或 1923 年为界，而应该以自由精神仍然主导作家的实际创作来界定。

就新文化运动的启蒙意义而言，文学与社会之间的相互影响和建构作用尤其值得我们重视。这与 18 世纪法国社会与文学的关系相当类似。人的自由意识觉醒和人道主义观念的传播是文化启蒙的两个基本要素，在法国和中国是一样的。1800 年，被誉为法国浪漫主义“产婆”的斯塔尔夫人（Germaine de Staël）把“自由”当作 18 世纪启蒙和文学留给后世的主要思想遗产，文学的发展——也就是思维和表达艺术的完善——对确立和维护自由都是必需的。斯塔尔夫人推崇的是“哲理文学”，她在《论文学》（*De la littérature*，1800）中认为，哲理文学同雄辩和说理一样，是自由的真正保障。

斯塔尔夫人特别提到，专制权力最喜欢的就是“一心只关心物理定律（physical law），但对谁在利用物理定律漠不关心的人”。她写道，“随着人类（科学）力量的增强，就更需要有防止其滥用的限制。科学发展也增加了对政治进步的需要。我们需要更能尊重民意，更开明的政府”。暴君保护科学，但害怕思想家和哲学家。[①] 科学不足以产生自由，也维护不了自由。因此，文学维护自由的作用才更重要，只有文学才能与人的世界和自然世界都保持联系。启蒙的一个重要作用正在于探求如何在这两个世界之间建立对人有意义的联系。

中国新文化启蒙文学于 1920 年代至 1940 年代产生过许多有影响的作品，至今令许多作家羡慕不已。人文关怀和伦理思考构成了这些作品的哲理因素：个性解放、自由平等、人格独立、爱情自由等等。这些作品基本上都是现实主义的。喜欢这些作品的读者也同

① Lynn McDonald，*The Women Founders of the Social Sciences*. Carleton University Press，1993，pp. 39 - 40.

样崇尚自由的价值。作者和读者一起形成了一个志同道合，有共同审美趣味和道德诉求的人群。在他们中间，审美因为哲理的探究，观念由于审美的表达，而呈现出蓬勃的思想活力。这就是文学之智，因此才会有普遍的爱智，而不是反智。

这是文字在普通读者们之间传播和流传的智识和智慧力量，也是文学的积极社会作用。在这种力量和作用的积累过程中，文字的内涵变得越加细致而丰富。自由和人道关怀深厚的文学有着科学不能代替的功能，在今天科技快速发展的时代尤其如此。正如斯塔尔夫人所指出的，单靠科学不足以维护自由，因为科学很少像文学那样需要深入认识人的激情和道德。如果只是满足于科学的理性分析，那么人就会在智识和政治上受到极大限制，也会疏离和漠视日常生活中的事件和人文问题。

自由和启蒙的文学是一种社会中人们建立共同关系的观念和价值机制，读者们通过文学，和作者一起使许多复杂而只是模糊相连的观念和思想变得清晰起来。文学不仅可以成为一种人们共同拥有的知识，而且也是他们用以建立共同理性和情感的纽带，正如我们在 18 世纪感伤文学中看到的那样，情感的作用比理性更为明显。启蒙时代给我们留下的遗产不仅有法国启蒙哲人们所强调的"理性"，更有英国启蒙学者们倡导的"同情"（"怜悯"）。文学是最能把这二者糅合到一起的，这种糅合孕育的是一种人道主义的社会改革要求。

中国新文化启蒙所产生的文学作品，许多都是以强烈的现实批判精神、倡导个性自由、谴责贫富不均、反抗社会不公、同情穷苦人群、打破制度桎梏等等为其人道主义的诉求。这种人道主义在极左时代被当作与"阶级性"相对抗的"人性论"来批判，遭到了毁灭性的打击，人道主义成了文学最大的禁忌。为了发展文学，我们曾经检讨过这种阶级斗争禁忌的危害。今天，又有新的禁忌在阻碍文学发挥它应有的启蒙作用。但是，归根结底，还是作家们自己放弃了文学的启蒙使命。正如丁帆在《新世纪文学中价值立场的退却与乱象的形成》一文中指出的那样，“作家自觉从知识分子写作变成职业化的写手。……其实作家们从 90 年代开始就已经精神‘侏儒化’了，拒绝做社会良知的代言人，大量出现的是那种嬉皮士的现象”。作家们放弃了重大题材（这当然是有原因的），过分地注重“一地鸡毛”式的、琐碎的日常生活题材的写作。中国作家的哲思能力本来就不强，缺乏对人性、对人道主义的追求（这也是有原因的）。今天，在网络文学快餐有名有利的诱惑下，作家放弃原来已经薄弱的人文启蒙意识，如果不能认清并改变这个危机的趋势，文学的边缘化必定成为一个不可逆转的趋向。

4. 启蒙的公共随笔论著

一直到今天，18 世纪启蒙运动的重要“论著”——斯密的《道德情操论》和《国富论》、休谟的《人性论》、孟德斯鸠的《论法的精神》、卢梭的《论人类社会不平等的起源》和《社会契约论》、伏尔泰的《哲学辞典》——仍然难以做“学科”归类，它们的写作方法更是与我们今天熟悉的专业“论文”完全不同的写作品种。这类写作一般归入两个类别：随笔（essay）和论著（treatise）。

论著有时候也被称为“长篇的随笔”（extended essay），论著是一种比随笔更正规更系统的论述（discourse），一般是关于某个特定的论题，篇幅较长，因此也比较深入，对一个问题追根究底、周全论述，既论述原理，也有结论。今天我们称之为的“专著”（monograph）的，就是一种关于某个专门问题的论著。18 世纪启蒙写作中没有我们今天所熟悉的“教科书”这样的写作形式，而是偏爱随笔式的写作，这是怎么一回事呢？

随笔式写作不仅仅是一种写作样式或风格，而且还体现了启蒙知识的特征。一直到今天，启蒙的知识传播仍然在沿用变化了的随笔式写作，而不是借助教科书的写作方式。这恐怕是因为，自从有了教科书，知识也就有了标准答案。而启蒙的目的恰恰不是追求标准答案，而是怀疑那些自以为是标准答案的知识。

随笔与论著

“论著”（Treatise）这个说法最早出现于 14 世纪英语（tretis），是从中世纪拉丁语的 tractatus（辞源是古拉丁语的 tractare）来的，原来是“处理”和“对待”的意思。当然，在有这个词之前就已经有论著了。公元前 3 世纪的《欧几里德几何原理》就是论著。自文艺复兴时期始，论著多样化了，伊拉斯谟的《基督教王子的教育》、马基雅维利的《君主论》、17 世纪笛卡尔的《论方法》、洛克的《政府论》、牛顿的《自然哲学的数学原理》（*Philosophiæ Naturalis Principia Mathematica*）也都是论著。

18 世纪的人文知识开始确定学科领域、打造学科方法，并且开始了专业化的进程。但是，直到启蒙运动尾声，知识分子的分工仍然没有多大进展。对启蒙哲人最准确的定位莫过于这样一个事实：他们不是专家，而是有着古典学养和思辨能力的文人。他们的作品涉广泛，体现了他们的通才抱负。孟德斯鸠不仅是一位社会学家，还是历史学家、政治科学家、社会批评家和政治理论家，亚当·斯密不仅是经济学家，还是修辞学家和道德哲学家；伏尔泰是剧作家、科学普及者、宗教和政论作家，同时还是一位历史学家。启蒙哲人的多重身份影响了他们撰述社会学、经济学和历史的方式，他们最地道的专业作品无不文采斐然。

18 世纪启蒙哲人的论著——从数百到数千字的单篇（伏尔泰《哲学辞典》中的词条），或者《百科全书》的文章，到整部的论著（孟德斯鸠、休谟、斯密、卢梭的著作）——被当作"随笔写作"，恐怕有两个原因。第一是写作结构比较随意；第二是语言和表述风格高度个性化和文学化。这两个特点在 16 世纪随笔大家蒙田那里就有了充分的显现，所不同的是，蒙田写的是私人随笔，而 17、18 世纪的随笔论著则是公共随笔。

16 世纪出现的随笔和 18 世纪出现的小说一样，在古代经典中并没有真正的先例。文艺复兴时期刚出现随笔，并不是一种基于"复兴"古典作品样式的写作。它的最初意图是以不按照任何写作样式为原则来写作，这就像 18 世纪的小说开始时是要不按照任何前人说故事的方式来说故事。这样的产品才叫"新鲜"，"小说"（novel）原来的意思就是"新鲜"。所以，俄国文学理论家巴赫汀（Mikhail Bakhtin）对"小说"（新鲜）的定义是，"在现有文学体系中任何一种不合适的、强扭的、任意的形式"，都是新鲜的样式。[①] 随笔开始就是这样一种桀骜不驯的写作样式。

随笔从一开始就不只是一种写作样式，而且更是一种知识形式。蒙田的怀疑主义和批判意识使得他的随笔写作与经验科学和

① Michael Holquist and Katerina Clark, *Mikhail Bakhtin*. Cambridge, MA: Harvard University Press, 1984, p. 276.

实际观察有内在的一致性。但是，这还不足以形成一种新的学问方式。随笔的知识实际处于一旧一新的两种学问方式之间，一种是文艺复兴时期常见的那种非批判性积累和评述，以伊拉斯谟最具代表性；另一种是新科学那种野心勃勃的体系构建。经验性的实证科学以一种批判性的选择方式来积累知识，通过观察和法则，越来越发展并形成体系。随笔的知识要有限得多，并没有形成体系的意图。

由于随笔写作不是虚构性的，在这个意义上它可以说是一种知识，但这种知识并不是一个组织化体系的一部分，这种非体系化的知识具有 16 世纪晚期和 17 世纪的知识特征，但并没有成为 17 世纪“新哲学”的一部分。17 世纪的“新哲学”也就是我们今天所说的“科学”。随笔的知识不属于这样的科学，也不具有这样的“科学性质”。那么，随笔代表的究竟是怎样一种知识呢？与 18 世纪启蒙又有怎样的关系呢？

第一，随笔的知识需要三个条件。第一，独立的观察者；第二，特定的观察对象；第三，亲近随笔知识的读者。观察的对象不仅是事物、事件、现象，而且还包括在人头脑和心灵中发生的事情。第三个读者的条件非常重要，因为读者需要先有兴趣和好奇心，乐意分享这样的观察结果。如果某读者以为，随笔不过是“随便一说”，或者甚至是“瞎说”，不值得拿它当一回事，那么随笔对他也就不成为有价值的知识了。

第二，随笔的知识需要一种能够传递这种独立观察结果的语言，随笔的独立观察者看起来像笛卡尔所说的独立自我，其实这二者有根本的区别。笛卡尔的独立自我（我思故我在）是为了找到确定无疑、不再存疑的知识。而随笔却不先设这种去疑的可能，它以怀疑的精神对待知识，是自发的、非系统性的。科学的知识构成了“学科”，而随笔的知识是“非学科”的，更确切地说，是跨学科的。启蒙所传播的是一种不同于“学科”体系知识的知识。

第三，随笔的知识存在于任何学科化了的知识体系之外。无论是中世纪的那种知识体系还是现代科学的那种知识体系，都不能拿来限制随笔式的启蒙知识。启蒙的知识是用开放的头脑面对开放的现实。知识者知觉到一个不确定的，没有体系化的世界，他尽量排除自己偏见或先入之见，把这个知觉记录下来。他的知识只是暂时的，而非一劳永逸的。所以，这样的知识与学院里的“专科”知识是不同的，专业学科划出一个小小的知识领域，说那就是这个专科的知识，它的呈现方式是“教科书”。但随笔式的启蒙知识不是这样，它的知识不是没有边界，但不能用现有学术体制化的专科知识来划定。它“试着”去了解知识的对象，这个“试着”就是“随笔”（名词 essai，动词 essayer）的原意。它的词根是拉丁语的 *exagium*（掂量），后来又有了“测试”黄金成色的意思（trial）和一般性的“尝试”（attempt）的意思。所有这些意思都与不确定有关。

随笔的这种“尝试”性知识传统可以追溯到 16 世纪的蒙田。在蒙田之前，典型的文艺复兴写作样式是伊拉斯谟的《箴言录》（*Adagia*），也就是收集古人的智慧言论。但是，蒙田不是这样，他大量引用古人的话语，但把这些引语放在他自己独创的上下文语境中，并由此创造出了自己的写作形式。

他的写作仍然能为今天的知识活动提供有用的经验。不同的人会对这种经验有不同的理解，就我本人而言，我的知识写作受到的启发包括以下这些。第一，我经常引述古人说过的话，不过，我把这些引述放在一个我自己建构的框架（context）之中，完全是用他们来说我自己要说的话。第二，我还会更进一步，不止是利用对古人的引述，而且还利用已有的写作形式，尤其是“书评”。我把这种司空见惯的写作放到一个我自己创造的新语境里，让它们变成一种我需要的专题论述方式，我把不同的书评放在一起，把它们作为书里的各章，用来表述一个统一的思想观念。如《经典之外的阅读》的恶与抗恶、《暴政史》的暴政统治原理、《统治与教育》的政体营造以及与之一致的教育体制。在这些著作里，我的目的不是建立一个知识体系（也经常被称为“一家之言”“学问体系”），而纯粹就是为了讨论一些学科边界不明，但又特别重要的问题。当然，我需要的是对这些问题已经有相当兴趣的，并喜欢和亲近随笔式写作的读者。对于习惯了阅读教科书的读者，我确实是爱莫能助的。

“哲思”写作的随笔论著

随笔的根在法国（蒙田），但成长却是在英国，英国文化的经验主义和个人主义，及其代表的中产阶级价值观成为随笔式写作所需要的文化土壤。英国随笔在历史的每个文化阶段都能推陈出新，出现有特色的代表性作家：文艺复兴时期的培根、18 世纪的艾迪生和约翰逊博士、浪漫主义时期的威廉·赫兹利特（William Hazlitt），维多利亚女王时期的亨利·詹姆士（Henry James）、现代的弗吉尼亚·伍尔夫（Virginia Woolf），艾略特（T. S. Eliot），乔治·奥威尔。

作为一种文体类别的随笔虽然重要，但却不像诗歌、小说、戏剧那样已经成为深入研究的对象，也许是因为随处可见，无处不在，反倒成为一种“隐形文体”。一般最能直观的就是它的“长度”。短的可以是一句话或寥寥数语，经常是汇总成集子出版，如帕斯卡的《思想录》，乔治·吉辛（George Gissing）的《亨利·里克罗夫特的〈私人论文集〉》（*The Private Papers of Henry Ryecroft*）、尼采的多种作品、阿多诺的《极简莫里亚》（*Minima Moralia*）、瓦尔特·本雅明（Walter Benjamin）的《单向街》（*Einbahnstrasse*）。

随笔短长不一，大多数都在一页至百来页之间。加长版的就成了“书”，从不太长的“专论”（monograph，不同于现在人们所说的“专著”），到更长一些的“论著”（treatise），再到多卷的著作，如“文集”（anthology）、“百科全书”（encyclopedia）。到了“书”的长度，仍然是随笔的底子。洛克的《人类理解论》（*Essay concerning Human Understanding*）就是一个例子。美国比较文学和文艺复兴文学学者罗莎莉·科利（Rosalie Colie）称这部著作是蒙田和培根随笔的“极度扩展”（radical expansion）。这部著作的前面部分是系统论述，但后面部分就更像是随笔集子了。科利写道，“从每一章的标题就可以看出整部著作是什么样的作品了”，她认为，洛克的经验主义与这种写作方法有内在的关系。① 当然，既然是作为一部著作，有了一个整体的框架，也就不能像随笔那么自由、随意了。阅读这样的著作，对读者来说，也不能像“漫议”和“自由谈”那样轻松自在了。我们在阅读启蒙运动时期的论著时，也有同样的感觉，虽然有随笔的味道，但毕竟是论著，所以有需要阅读哲学论著时的那种紧张和专注。这便是前面已经提过的人文启蒙的“严肃阅读”。

---

① Rosalie Colie, *The Resources of Kind*: *Genre-theory in the Renaissance*. Berkeley: University of California Press, 1973, p. 89.

一说到“哲学”，许多人头脑里首先蹦出来的也许是一种高深莫测、晦涩难懂，显得特别高明的学问。18 世纪的哲学写作传播的不是这种哲学知识，而是一种与理性思考有关的操作系统：如何处理经验知识、如何排除先验理性、如何用“方法”来发现和管理知识、如何用清楚的概念和逻辑的论证向普通人呈现这样的知识，从而受到人们的尊敬。

哲学写作是一种社会写作，一种公共写作，不是今天学院里的那种格式化、程式化、形式化的“专业”或“学术”写作。今天的学术论文和论著都有严格的结构和格式要求，是一种学院里的学术八股文，包括开题、分章分节、注释引文、研究方法和范围说明、与前人研究的关系，要求论点一贯和统一，不要在论题之外横生枝节，各部分的分量均匀，有最后的清楚结论，等等。至于结构形式——题目、署名、目录、摘要、问题提出、研究方法、研究内容、研究结果、结论与讨论、参考文献、附录、致谢——更是千人一面，面目可憎。可以想象，越是循规蹈矩的学生，越不可能成为真正的学者。对他们来说，规范比创造重要，外部形式比实质内容重要，18 世纪启蒙作家不是这样的学术庸人。

按照这种“科班”要求的论文和论著的标准来衡量，我们今天所阅读的 17、18 的随笔论著都是不及格的作品。孟德斯鸠的《论法的精神》就是这样的一个例子。它被称为 18 世纪“最蓬松散乱的一部杰作”：章节长短不一，有些只有短短一句话，有些则是长篇大论，尤其是最后几章，一些主题反复出现，先后顺序让人摸不着头脑。作者热衷于从一盘散沙般的特定事实中找到明显的变化法则和普遍主题，进而找到这些法则和主题背后的规律。这虽然让全书具有一定的连贯性；但不时离题万里，突兀地切换主题，或是骤然之间出现的雄辩滔滔，又淹没了这种秩序。大致说来，《论法的精神》前三分之一无疑是最重要的，讨论了政府的形式、性质以及臣民的权利，接下来分析环境对政治的影响，最后的部分则是一个大杂烩，涉及五花八门的问题，其中包括政治经济学、法国政治以及法律理论。难怪伏尔泰曾说此书“毫无章法可言，犹如毫无线索的迷宫”。伏尔泰认为它的长处在于特定的观念，在于它的“真实、大胆和有力的东西”。不过，他也不无道理地抱怨说，这部著作不加批判地接受传说和旅行报告中记载的事实，而且常常引用得不准确：“（作者）几乎总是错把自己的想象当成了记忆”。[①] 但是，在 18 世纪启蒙中发挥重大影响的正是像《论法的精神》这样的作品，而这主要归功于他的新思想、新观念。

如果我们把 18 世纪随笔论著看成是一种“文体”，那么它并不是今天八股学术论述的前身，而是公共型知识分子写作样式的前身：公共随笔、时论、思想评论、读书心得和书评、历史随笔、政治或社会专论等等。这些才是今天受欢迎的启蒙写作，它们的知识传播实用性和有效性是学院八股根本无法相比的。

对启蒙知识传播有实效的文体都不是现成的，也不是在学校里按部就班地规定和要求出来的。谙熟“科班学术”写作的门道，未必就能掌握启蒙需要的公共写作技巧，这种技巧需要有意识的学习和自我训练，方能运用自如。当年，梁启超出于启蒙的需要，于 1899 年 12 月首次明确地提出了写作文体创新（他称之为“文界革命”）的想法，这一想法来自他阅读日本著名政治家、报人、历史学家德富苏峰著述的启悟。他说：“余既戒为诗，乃日以读书消遣，

---

①《启蒙时代》，下卷，第 301—302 页。

读德富苏峰所著《将来之日本》及国民丛书数种。德富氏为日本三大新闻主笔之一，其文雄放隽快，善以欧西文思入日本文，实为文界别开一生面者。余甚爱之。中国若有文界革命，当亦不可不起点于是也。”令梁启超兴奋不已的“欧西文思”包括两个方面，一是丰富的政治、社会、文化思想新议题，二是言说这些新议题所必不可少的写作形式，也就是随笔性质的杂文、评述、议论。

梁启超创造了一种可用于时事和政治评论的“报章体”，“报章体”是一个尚未得名的“新文体”。梁启超自述道：“启超夙不喜桐城派古文，幼年为文，学晚汉魏晋，颇尚矜炼。至是自解放，务为平易畅达，时杂以俚语、韵语及外国语法，纵笔所至不检束。学者竞效之，号新文体，老辈则痛恨，诋为野狐。然其条理明晰，笔锋常带感情，对于读者，别有一种魔力焉。”丁晓原在《媒体生态与现代散文》一书里指出，“梁启超这里并没有指出‘新文体’的具体命名者，他揭示新文体之‘新’关键所在。新文体，是对旧文体，对桐城派古文束缚的‘解放’，是一种没有规矩的（‘纵笔所至不检束’）的自由的文体。思想上解放，精神上自由，可以视为新文体区别于传统古文的最主要的特质”。新文体又因为它关注公共时务议论而被称为“时务体”。这种“报章体”或者“时务体”经过演化和改变，也就是我们今天在公共媒体上所熟悉的各种评论。

随笔的“漫议”和“自由谈”

文字写作的话语形式会暗含特定的价值，尤其是当这是一种独特的新形式的时候。16 世纪文艺复兴时期，法国作家蒙田创立了“随笔”（essay），这是一种个性化的写作样式，蕴含着人的主体自由和独立判断的价值。18 世纪欧洲启蒙时期的随笔式论著更加重视写作的公共目的和实效，这种公共写作是与新型公众，尤其是新型读者的出现联系在一起的。16 世纪的人文主义者大多用拉丁文为有学识的读者写作，17 世纪，霍布斯和笛卡尔用本国通俗语言写作他们的重要著作（随笔论著），18 世纪启蒙哲人则将此推进到一个前所未有的高度。

18 世纪阅读公众规模扩大，读者的社会结构发生改变，这为启蒙知识传播开辟了新的天地。连日内瓦的工匠在午饭时也专心致志地阅读伏尔泰的著作。许多启蒙哲人都像伏尔泰一样，运用一种读者喜闻乐见的现代语言。他们笔下的现代语言充满活力，文风典雅。他们用全无学究气的“漫谈”“泛论”和“自由谈”的写作形式为自己找到了新型读者，也培养了读者的品位。

当时的新型读者来自有教养的社会中等阶层，他们读的不是学究气的拉丁文，而是优雅的法文或英文。他们虽然没有人文学者那么博学多识，但远比通俗作品的读者更有鉴力。重要的是，由于这个严肃读者群体规模不大，启蒙哲人的思想表述不必过于简化和直白。他们可以假定有一个塞缪尔·约翰逊所说的“心灵共同体”，这和我们今天亲近启蒙的小公众相似。这个小公众不同于“大众人”中的大多数网课受众，他们往往会觉得《奇葩说》、《吐槽大会》这种大众人平台上传播的知识“太浅”“不过瘾”“缺乏思想深度”。

大众阅读的趣味从来是不高的，这样的趣味会成为启蒙的障碍，甚至成为启蒙的敌人。有人问，鲁迅是权力的敌人还是庸众的敌人？鲁迅显然既不喜欢权力，也不喜欢庸众。其实，庸众不过是大众的别称。同样，启蒙夹在权力和大众中间，不会因为不喜欢权力就消除或否认自己与大众的距离。现在有人说，大众不需要启蒙，他们自己会自动觉醒，这不过是政治正确的恭维话，与现实不符，至少在大众阅读趣味上并非如此。在大众娱乐媒体上谈学术知识，代价经常是因通俗而流于浅薄。

正如美国历史学家罗伯特·达恩顿（Robert Darnton）在《启蒙运动的生意》一书对18世纪文化生态的研究所揭示的那样，启蒙哲人的著作并不是普通大众的最爱。大多数人喜欢的是拙劣的小说、异想天开的游历故事以及中伤他人的流言蜚语，这些读物成为读者大众的主要精神食粮。大众人也没有表现出接受高雅精神食粮的意愿，这就意味着有成千上万的读者不会去读启蒙哲人的著作。因此，启蒙哲人像古往今来一切有教养的人那样哀叹大众鉴赏力低下。伏尔泰对法国报刊撰稿人嗤之以鼻，称之为文学界的“贱民”（canaille），狄德罗在《百科全书》中斥责大多数杂志是“混沌无知者的饲料，胸无点墨却信口开河者的谈资”。狄德罗对这些杂志的读者充满蔑视，是因为他们对启蒙哲人的大作完全没有兴趣。[①] 今天，绝大多数读者最对胃口的只不过是浏览互联网时碰到的“阅读饲料”，连普通刊物都没有兴趣，更不要说严肃的经典读物了。幻想和臆测这样的读者一定会自动启蒙，完全是一厢情愿，比痴人说梦好不到哪里。

18世纪的启蒙写作方式是以当时倡导文明交谈的文化环境为条件的，随笔论著的“漫议”和“自由谈”是交谈式论述，不是“训导”也不是“指示”，虽然对一般读者有教导的意思，但并不强迫接受。启蒙知识的传播依靠的而是理性说服。既然是理性说服，就得有理有据，摆事实讲道理，以理服人，因此也就自然而然发挥了一种文明说理的启蒙示范作用。

---

① Denis Diderot，*Oeuvres complètes*，XV，p. 77.

这样的启蒙写作是以普通公众为对象的写作，它的传播媒介主要是报纸和大众期刊。18 世纪初，期刊（称为“新闻纸”）首先出现在英国，随后传播到欧洲大陆。[①] 当时，欧洲各地的每周或每日出版的期刊通常刊载一些肤浅的世俗道德说教，它们拥有成千上万的购买者，销量与坊间流行的布道文不相上下。“新闻纸”（newspaper）是一种新的媒体形式。最早出现的大概是笛福于 1704 年创办的《评论》（*Review*），不过，真正引领潮流的是艾迪生和斯蒂尔（Richard Steele）创办的《闲谈者》（*Tatler*）和《旁观者》（*Spectator*）。这两份刊物从 1709 年起断断续续出刊到 1714 年，仅仅维持了 5 年。所刊文章文笔细腻、内容丰富，成为同时代期刊竞相仿效的对象。有几十家刊物模仿它们的风格，就连艾迪生和斯蒂尔本人日后创办其他刊物时也沿袭了这两份刊物的风格，直到 18 世纪 50 年代，塞缪尔・约翰逊为《漫步者》（*Rambler*）和《闲散者》（*Idler*）撰稿时依然以《旁观者》为模本。

《旁观者》的发行量有数千份，每一份拥有不少咖啡馆里的读者，还包括女性读者。直到 19 世纪，还有人购买、展示甚至阅读《旁观者》的合订本。《旁观者》可以说是启蒙写作“漫谈”和“自由谈”的典范，选择的是具有公共意义的严肃话题：商贸、经济、理财、消费、文化趣味、文艺品味、修养、礼仪、衣着和举止、交谈规范、幽默和机智、礼貌和文明等等，深得中产阶级读者的喜爱。对欧洲其他国家也都有影响。

在欧洲大陆，几十种道德说教周刊纷纷借鉴《旁观者》的风格和特色。瑞典的第一份道德说教周刊创刊于 1732 年。1760 年，意大

---

① 《旁观者》对欧洲期刊的影响。以下文献来自《启蒙时代》，下卷 49—52 页。

利诗人和作家卡斯帕·戈齐伯爵（Count Gasparo Gozzi）创办《威尼托观察》（*L'osservatore veneto*），意大利人得以致力于道德进步。在法国，报人和小说家皮埃尔·德马里沃（Pieere de Marivaux）发行了《法国观察家》（*Le Spectateur Français*），普雷沃神父（Abbé Prévost）仿照《旁观者》创办了《争鸣》（*Le Pour et le Contre*）。这些志向远大的期刊全都没能维持多久，然而，它们在短暂的时间里反映并且在一定程度上满足了对于世俗教育读物的广泛需求。《旁观者》及其追随者试图印证苏格拉底的格言——美德是可以教化的，哪怕它们教导的美德没有苏格拉底谆谆教诲的美德那么崇高。

这些杂志能成为教化推动者的原因在于持论公允，把常识与深入的哲学探讨有机地融为一体，专注于移风易俗、提升品位，同时避免表现出政治敌意。在公共话语中，以理性的讨论代替情绪性的争吵，今天仍然是人文启蒙的一项重要工作。这不仅仅是一种说话方式的改变，而且更是从愚昧向有知识的转变，正如美国著名记者和作家韦尔尼·罗伯特·奎林（Robert Quillen）所说，“讨论是交换知识，争吵是交换愚昧”。我们今天经常可以看到一种冒充知识的愚昧：自我吹嘘、故作高深、无病呻吟、装腔作势。互联网上则是另外一种暴民愚众的景象：庸俗、尖刻、暴戾、油滑、非理性。文风的败坏是社会道德败坏的冰山一角，人文启蒙倡导一种通情达理、文明典雅的说话和写作方式，这种风格本身就意味着拒斥粗俗、摒弃党同伐异、拒绝暴力和仇恨。

我们今天通过公共说理来推动理性、文明的公共话语，可以借鉴 18 世纪的品位教化的经验，但毕竟又有所不同。我们更加强调的是这种理性话语与民主对话的关系，其本质是受规则支配的，是要解决问题的。18 世纪的绅士交谈有智识上的境界和美感，但与民主无关。今天，绅士交谈的重要性已经被公民交谈代替，君子的交往也已变化为公民交往。今天的理性公共交谈首先要求有一个自由、理性、宽容、平等的公共交谈环境，先得让人说话，然后才有可能坦然、无惧、互相信任地说真话。文明交谈的意义不只在于提升个人谈吐的优雅、品位和格调，而且更在于能帮助创造一个更诚实、更公正、更有信任感的政治文化和社会秩序。

学术话语的随笔

启蒙需要寓教于乐，也需要寓乐于教。艾迪生在著名的《旁观者》第10期宣布："我将尽力用诙谐激活道德，用道德节制诙谐。"他甚至不失时机地求助于最早的道德家苏格拉底，借重古典先贤的声望给自己的现代事业正名。他写道："有人说，苏格拉底把哲学从天上带到人间。我不自量力，愿意让人说是我把哲学从私室、书库、课堂和学府带进了俱乐部、会议厅、茶馆、咖啡馆。"他的随笔对英国阅读公众的趣味的影响有多大，从哲学家休谟对艾迪生的称赞和休谟自己的成功之道就能端详一二。休谟说："当洛克完全被人遗忘时，人们也许会很高兴地阅读艾迪生。"休谟的第一部重要著作《人性论》出版后，完全被读者冷落，他非常沮丧，痛定思痛，他悟出了一个道理——《人性论》的失败完全肇因于其文风和形式，英国读者压根就不喜欢那种正儿八经的哲学论文。自从艾迪生的作品走红之后，随笔已经成为在英国最受欢迎的文学样式，所以学院式学术论文的写作形式也就更不受读者们待见。

休谟这么想不是没有道理的，早在1725年，英国作家艾萨克·瓦特博士（Dr. Isaac Watts）就悲叹道："现在我们更多地关注随笔，并极不合理地藐视系统性的知识，但我们的父辈们却能赏识规范和体系的写作。正如现在流行八开本一样，那时候流行的是对开本和四开本。”休谟于是用随笔的形式写了他的《道德和政治随笔》，当作一种文学实验，旨在重铸时运不济的《人性论》的哲学。这种更为通俗的文体形式果然让休谟收到了更好的效果。随笔写作的试验成功了，而由于公众的认可和称许，休谟恢复了自信，确信自己是一位真正的文章高手。他在《我的自传》中得意洋洋地写道："1742 年，我在爱丁堡印行了我的《随笔》的第一部分。这部著作颇受人欢迎，所以不久我就将此前的挫折完全抛之脑后。"[①]

1742 年 1 月，休谟《道德和政治随笔》第二卷在爱丁堡面世，反响很好。他满心欢喜，在 6 月 13 日给亨利·霍姆的信中写道："我所认识的两位英格兰绅士来信告诉我，我的《随笔》在伦敦已销售一空，但仍有人求购。其中的一位绅士告诉我，圣保罗大教堂庭院的一位大书商担心它再不出新版了，因为那样的话，他就无法向求购的顾客交代。有人还告诉我：巴特勒博士逢人便推荐这本《随笔》。所以我希望它们都能获得一定的成功。时间可以证明：它们就像是糖衣炮弹（Dung with Marle），可以使我余下的哲学走得更远，我余下的哲学显然更能经受时间的考验而垂之久远，尽管就其本性而言，它更粗粝、更棘手（a harder and stubborn nature）。"[②]

休谟的哲学观点在当时被怀疑为无神论的异端学说，但是，由于他巧妙地用随笔这种讨人喜欢的写作形式来加以包装，裹上了温文尔雅的"糖衣"，就连那些不赞同他观点的英国读者们也都能欢欢喜喜地接受。而对这些英国读者进行过文学趣味和文化素质调教的

---

① 欧内斯特·莫斯纳：《大卫·休谟传》，周保巍译，浙江大学出版社，2017 年，第 155 页。

② 欧内斯特·莫斯纳：《大卫·休谟传》，第 154，155 页。

正是那位了不起的随笔高手艾迪生。

17 世纪末以后，随笔写作逐渐朝专门领域的个性化（不是个人化）写作方向发展。有的作家把它变化成一种以诙谐幽默著称的小品（如 Charles Lamb），有的用随笔来谈论社会道德（如 Samuel Johnson），有的用它来讨论艺术、文化旅游和人生（如 Henry James），有的用它来谈论阅读和回忆（Virginia Woolf），有的用它来谈论文学理论（T. S. Eliot），有的用它来谈论工人生活和左派政治（George Orwell）。1688 年，英国哲学家洛克发表了《论人类的理解力》（*An Essay Concerning Human Understanding*），其“论”字用的就是“essay”这个词。伏尔泰的《论风俗》（*Essai sur les mœurs et l'esprit des nations*），卢梭的《语言的起源》（*Essai sur l'origine des langues*）柏格森的《论意识的直接材料》（*Essai sur les données immédiates de la conscience*），其中的“论”字用的都是“essai”。随笔成为一种无所不谈的写作方式。

随笔把思想的才能与写作的技能相结合，运用于人文议题，而非特殊知识专业的呈现。这种写作不属于任何专门的艺术、科学或职业，而是普通作者和读者都不觉陌生，都能够亲近和分享的。正是由于这样，随笔成为一种人文的写作，一种非专业的独立于科学、哲学、或宗教的写作，在道德与方法上正如实验之于自然哲学，与教条的方法正好相反。比起专业写作来，它可以称为“业余”的写作，它强调的是写作者个人的看法和认知，个人的独立观点。它拒绝接受任何宗教或政治教义的束缚，它让写作者自己的声音成为说理的声音，这种业余而独立的精神正是今天学校启蒙的读写教育在学生说理作文中要鼓励的。

随笔式哲学写作

在法国启蒙哲人那里，随笔被当作“哲学写作”的基本样式，也成为一种多有变化的“文体”。有的称为“书简”，如伏尔泰的《英国书简》。有的称为“论”（discourse）如，卢梭的《论人类不平等的起源与基础》（*Discours sur l'origine et les fondements de l'inégalité parmi les hommes*）、《政治经济学论》（*Discours sur l'économie politique*）。还有的称为“反思”（Considerations）如孟德斯鸠的《罗马盛衰原因论》（*Considerations on the Causes of the Greatness of the Romans and their Decline*），开始的时候只准备写几页，但写着写着就长了，堪称“加长的随笔”（extended essay）。卢梭自己说，他的《论人类不平等的起源与基础》（1755）也是他早先为参加第戎科学院竞赛而发表的《人类不平等的起源》（1753）的加长版。这些都成为我们今天经典阅读里的“哲学论述”。斯密和休谟所说的“道德哲学”涵盖心理学、社会学、政治经济学、现代教育学，“哲学写作”泛指这些领域里的论著写作。

伏尔泰也是在这个意义上将他多种议题的“长短论”称为“哲学写作”的。他的《英国书简》在法国以《哲学书简》的题目出版，以书信形式撰写而成，每一封信谈论英国社会或文化的一个方面，共 25 封信，每一封信都是一个随笔。在这些篇章里，他论点大胆，又充分体现了保持平衡的主导思想，恰当地辨别了各个方面的“优缺点”，如牛顿伟大但又迷信、英国悲剧无趣味但却刺激了法国戏剧发展、公谊会信徒德性理智但行为却滑稽可笑，等等。

伏尔泰的《哲学辞典》也是一些长短不一的思想随笔，并不真的是一部“词典”。他在最初的《袖珍哲学辞典》的基础上，陆续编入他为《百科全书》《法兰西学院辞典》等著作撰写的条目，以及其它若干文章，汇编而成。全书涉及的问题很广泛。在这些“哲学随笔”中，伏尔泰以其睿智的、深刻的哲学视觉，文采横溢的笔触，对哲学、宗教、自然科学、文学、历史等进行了非常个性化的犀利评述，与普通“哲学辞典”不偏不倚的客观叙述完全不同，是一些相当个性化的公共随笔。

在《哲学辞典》里，伏尔泰贯彻自己的启蒙主题，突出地反对基督教，特别是天主教，反对宗教狂热带来的迷信与迫害。“宗教狂热”（Fanatisme）是全书里的一个长词条，他在此痛快淋漓地写道：“罗马教廷的那些狂热信徒罗织了多少欺骗、诽谤、偷偷摸摸的罪名来攻击加尔文派的狂热信徒啊！耶稣会的人攻击冉森派的人，反之，后者也照样攻击前者！如若上溯以往，便可看出一部教会史本是一所道德学校，但也是各个宗派之间相互攻讦的恶毒手段的传习所。不管是在焚烧敌方城镇，屠杀居民，施以酷刑的时候也好，或只是进行欺诈、发财致富和统治人民的时候也好，这些宗派的狂热信徒都是一叶蔽目的人。同样的宗教狂热使他们成了睁眼瞎子，自以为是。一切发宗教狂热的狂热信徒全是诚心诚意的骗子，就如同他们都是为了正确事业而杀人的善意杀人犯一样。”①

伏尔泰强调理性主义的哲学思想，认为只有一切从合理的理性出发的思想意识才能为人类治疗“理智虚弱”的顽疾。在“结论”（Conséquence）这个条目里他写道，“人所缺乏的不是逻辑而是逻辑的源泉”，那就是理性。他把缺乏理性称为“精神病”，“用什么办法才能医治这类精神病呢？就是要及早叫儿童拒绝相信一切违背理性的事，永远也不要对孩子说神说鬼，不讲那些愚蠢可笑的奇迹。一

① 伏尔泰：《哲学辞典》，第524页。

个想象力薄弱而又过敏的女孩子听人讲鬼神附身的故事，便会害精神病抽搐起来，自以为真是鬼神附身了。我就看见过一个女孩子由于这类可怕的故事在她身体内作怪、引起各部器官变化而丧了命”。[①] 这样的条目是典型的随笔，而不是词典写作的风格。

与 18 世纪相比，今天的论著已经发生了明显的变化，“随笔”已经成为遥远的记忆，沉淀到了一些写作者的潜意识里。几个世纪前的随笔写作也早已演化为一般而言的“人文写作”或“文科写作”。虽然这种写作能与今天的学院体“论文写作”相区分，但也经常会融合论文写作的一些特征，尤其是立论、论证、结论、文献的处理方式。论述的长短仍然是不同论述作品的主要区别，字数的多少和文章的长短会直接影响到作品的结构。哪怕是 1500 字与 1800 字的短论，两者由于字数的限制，论点的陈述和论证的多寡，乃至整篇论述的层次感也都可能是不同的。“短论”和 5000 字或 10000 字的“长论”的区别就更明显了。在互联网时代，短论已经成为论述的主要形式。

今天学校的普适教育会把写作——普通的文科而不是专门学科的写作——当作一种基本的文字技能，也当作一种人文思考方式的训练。写作和人文阅读一样，是一种基本的读写技能，更是一种基本的人文教育。学习人文学科写作有助于借助其结构和思考逻辑，完善心智、探索真相、判断真假、将事实与观点区分开来。这样的头脑在写作、阅读和思考能力上都可以得以提升；也会更密切地关注世界，对良性影响持开放态度。这些求知、思考、论证和表达的特征其实是包含在“随笔”写作中的。因此，在像美国这样的国家

① 伏尔泰：《哲学辞典》，第 379—380 页。

了，大学里的普适教育写作仍以“essay writing”来称呼，并以此为基本形式。这样的写作不只是一种职业训练，而且更是一种人文教育；不只是一种技能，而且更是一种修养。

它也从另外一个侧面让我们看到，“人文学科”是一个综合的知识领域，越是把它小格子化，越是把人文学科弄成许多社会科学或其他科学的“专科”，也就越会让不同专科范围内的语言和写作学习变得四分五裂，而学生从四分五裂的语言中是根本不可能获得什么人文教育效果的。各种专科术语形成了一个个相互隔绝的语言牢笼，人文的语言是唯一能推倒这些语言牢笼墙垣的推土机。也唯有通过人文的语言，学科术语才有可能被社会中的普通人听懂。这也是人文教育和人文知识传播所使用的语言，一种在普通人那里没障碍的语言。人文教育的文字和写作训练不仅能为不同学科的人们提供可以相互沟通的语言和语感，而且还能帮助他们有效地吸收自己专业之外的他人经验和体会。这正是人与人之间“对话”的本质条件。良序社会和好生活需要这样的对话，我们走出职业牢笼、专业牢笼、意见部落牢笼、党派和意识形态牢笼，也都需要这样的对话。

第八章

启蒙的人文政治生态

人文政治生态的“生态”是一个借喻，自然界中的生态指的是生物个体与环境之间相互关联、相互制约的关系。这是一种动态的、变化的、充满偶然因素的整体关系。人文政治是区别于国家、政党、意识形态、社团、工会、群众运动等政治而言的。人文政治是一种知识分子或文人政治，它的价值、意义、观念诉求不同于其他政治的权力诉求。它的主要手段便是人文启蒙和公民教育。

对人文启蒙的知识传播来说，人们所处的政治生态是至关重要的，它包括诸多的复杂因素，但可以归结为知识者（传播者和接受者）与政治体制的关系。从表面上看，知识者直接受制于知识体制，但事实上知识体制只是政治体制的一部分。启蒙传播的是与政治和社会改革有关的观念知识，虽然可以巧妙迂回，显得温和而与政治无关，但终究不可避免地会与制度权力或权威有所矛盾，这在 18 世纪法国启蒙哲人与天主教会和波旁王朝的关系中清楚地表现出来。就算他们愿意，也未必能全然是“体制外”的知识分子。在他们身上折射出种种有关人文政治的生态问题——启蒙的批判和反抗意识、启蒙与政治现状之间的关系、制度性限制对启蒙思想和写作的影响、启蒙知识者的安身立命之道、他们在不自由状态下运用的抵抗策略和作出的妥协等等。要了解他们所传播的启蒙知识，就不能脱离启蒙知识传播的这些人文政治条件。

1. 人文启蒙的四个生态因素

我们可以将人文启蒙的政治生态区分为四个主要因素：一、历史条件下形成的问题意识和改革意向；二、作为自主个体的知识人及其自由意识；三、自主个体及其知识要求与统治权力的冲突和遭受的压制和迫害。四、知识者在特定体制中的政治和经济依附性。以下就对这四个方面做具体的讨论。

启蒙的问题意识和改革意向

历史条件下形成的问题意识和改革意向具有其独特性，不可复制也不可照搬，我在《与时俱进的启蒙》一书里中对英、法、德、美四种不同启蒙的历史条件有所论述，这里以苏格兰启蒙为例再做说明。

福柯在《什么是启蒙》一文中通过对“当下性”的重新解释，说明每一种启蒙的改革意识取决于它如何理解自己在当下要“摆脱”什么，“走出”什么，或者要从什么“解放”出来。我们今天借鉴18世纪启蒙的经验，选择可能的先例，首先要考虑的是，它与我们自己的问题意识和改革意向是否切合。近年来苏格兰启蒙在中国学界受到青睐，不妨就以此来看一下它与我们当下的关系。

我们可以从1707年苏格兰和英格兰的合并法案开始来理解苏格兰启蒙的历史背景，这个法案是苏格兰主动提出来的，以承认不列颠的政治统治权来换取苏格兰加入它的商贸帝国。根据这个法案，苏格兰在英国议会中只有少数代表，选举制度也不如英格兰民主。但苏格兰保留了它的宗教、司法和教育体制，内政事务基本自主。

苏格兰急于要改变其经济困境，面对这个首要的困境危机，苏格兰启蒙表现出经济和文化精英“联盟改良”的特征，把社会改良摆在首位，而搁置或者根本放弃政治改革问题。在公民自由度不是一个问题的苏格兰可以这样，而在没有公民自由的其他国家，就不能模仿这样的启蒙模式了，尤其是在大学不享有自由的情况下。

18 世纪以爱丁堡和格拉斯哥为首的苏格兰大学比英格兰的受控于英国国教的牛津和剑桥要开放得多，在大学里任教的头面教授是知识和思想界领袖，享有很高的社会地位和荣誉。可以说苏格兰的大学教育是欧洲的翘楚。大学前教育在苏格兰也发展得很好，1750 年，苏格兰的识字率已经高达 70%。18 世纪末，连英格兰贵族都盛行送子女到北方去“学习苏格兰知识”。由于对整个欧洲有学术吸引力，苏格兰大学扮演了苏格兰启蒙的关键角色。当时的法国启蒙是在社会中的沙龙、文人圈、咖啡馆里进行的，因为法国没有苏格兰那样的大学条件。今天羡慕并想要仿效苏格兰启蒙的人士不妨也想一想，今天他们自己的大学有没有 18 世纪苏格兰大学那种自由思想、活跃讨论的条件。

苏格兰人骄傲地宣称，在智识进步和知识创见上，全欧洲只有伦敦和巴黎可以与爱丁堡媲美。那么，苏格兰有怎样的智识进步和知识创见呢？最重要的就是苏格兰启蒙对人性和美德的重新审视。例如，苏格兰启蒙奠基人弗兰西斯·哈奇森（Francis Hutcheson，1694—1746）提出，人类从上帝那里获得一种天生的道德敏感（sensibility），人因此能辨别是非和善恶，有一种追求幸福的自然向往（幸福是善的）。洛克也曾经提出，幸福是人的一种快乐追求，但洛克强调的是个体人的幸福追求。哈奇森与洛克不同，他说的幸福是社会性的，幸福结合了利己和利他，它们互为补充，缺一不可。

不管哪个国家社会，也不管什么政治或社会制度，衡量幸福是否道德的标准只有一个，那就是看它是否能让“最大多数人得到最大的幸福”。对接受了洛克个体幸福观的人们，哈奇森的社会幸福感就是一种启蒙。对我们今天这个物欲横流、权力崇拜、自私自利的社会，哈奇森的社会幸福观也仍然是一种必要的启蒙。

休谟是哈奇森之后的又一位重要的道德启蒙哲学家。他 20 多岁时就写成了《人性论》，为 18 世纪启蒙添加了一个重要的新元素。法国启蒙哲人们特别强调理性，不仅把理性当作追求真实知识的工具，而且还把理性当作人的激情的制约，当作人的道德判断和美德的依据。休谟提出一种另类的观点，他认为“理性是，也应该只是激情的奴仆”，而且，激情——自私、野心、贪婪、爱自己、妒忌、虚荣、友谊、慷慨、公共精神——“是人类一切被观察到的行为和作为的源泉”。对我们今天的启蒙来说，人性和人心的启蒙依然应该把认识人的激情（情绪、情感、欲望、冲动、渴望、自然需要）当作一个其最核心的部分，但不能用它来代替或贬低理性启蒙。[①]

个人激情无处不在又难以控制，那么，如何才能为了维持公共秩序而约束个人激情呢？哈奇森和休谟都相信，人有“仁爱”（benevolence）的本性，人天然就有一种对他人的“同情”（sympathy），将心比心就能让人为他人设身处地地着想，这是维持公共秩序的基础。“同情”同样也是亚当·斯密《道德情操论》中的核心道德观念。但是，休谟认为，同情只是人的多种激情中的一种，人的行为的主要动因仍然是“自我利益”，亚当·斯密也持同样的观点，他的名句就是“我们每天之所以能够吃上晚饭，不是因为面包

① 参见徐贲的《听良心的鼓声能走多远》和《批判性思维的认知和价值》。

师、屠夫、酿酒商爱我们，不是因为他们的慈善，而是因为他们是自私自利的，他们要追求他们的利益”。

休谟和洛克一样相信，人是环境的产物，人的许多有害的激情可以通过教育和法律得到遏制。他还认为，大多数人的生活受制于习俗和习惯，道德本身就是在社会中约定俗成的，道德是否合理在于它是否有利于社会。不利于社会的道德可以通过改良来改变，而不是通过改天换地、大破大立的革命。在休谟看来，哲学家的任务不是为民众制造或规定一套与旧道德不同，比旧道德更好的新道德，而是研究人和社会，观察和认识人性和人的行为，把这样的知识传播给公众，好让他们用可靠的知识来组织自己，假以时日就能实现制度的改革。一切改革需以是否有实效为准，不能用抽象的理论先行规定，然后强制执行。

在今天不同的当下处境中，虽然不难体会苏格兰启蒙重视德性和人性的意义，但不应该忘记，这种关注形成于18世纪苏格兰的特定条件，不能想当然地将之当作他国启蒙的现成模板。在政治自由没有保障的环境下，只谈社会道德改良的作用非常有限。启蒙需要有不脱离现实的问题意识和改革意识，在特定的当下处境中，不能对制度性的权力腐败沉默不语，不能只是一味要求普通民众有高尚的道德：利他、同情和仁爱。普遍性的国民道德低下一定是有其他原因的。

早在100多年前，梁启超在《论私德》（1903）中就已经分析了中国人道德缺失的原因，头一条就是“专制体制之陶铸”。他引用孟德斯鸠的话，“凡专制之国，间或有贤明之主，而臣民之有德者则甚希。试征诸历史，乃君主之国，其号称大臣近臣者，大率毕庸劣卑屈嫉妒阴险之人，此古今东西之所同也。不宁惟是，苟在上者多行不义，而居下者守正不阿，贵族专尚诈虞，而平民独崇廉耻，则下民将益为官长所欺诈所鱼肉矣。故专制之国，无论上下贵贱，一皆以变诈倾巧相遇，盖有迫之使不得不然者矣。若是乎专制政体之下，固无所用其德义，昭昭明甚也。”

梁启超自己评说道：“夫物竞天择之公例，惟适者乃能生存。吾民族数千年生息于专制空气之下，苟欲进取，必以诈伪；苟欲自全，必以卑屈。其最富于此两种性质之人，即其在社会上占最优胜之位置者也；而其稍缺乏者，则以劣败而澌灭，不复能传其种于来裔者也。”社会道德一旦形成了一种优汰劣胜的机制，犹如病入膏肓，也就不能靠对人民道德说教来解救了。制度与道德形成恶性循环，“种子相熏，日盛一日，虽有豪杰，几难自拔”。更何况，“豪杰”或“有识之士”们自己也不能不被制度所污染，“局蹐于专制之下，而全躯希宠以自满足者，不必道，即有一二达识热诚之士，苟欲攘臂为生民请命，则时或不得不用诡秘之道，时或不得不为偏激之行”。所以社会道德改良难以成功，不能责怪启蒙者不努力，也不能责怪“这届人民不行”了。

积极的启蒙知识个体

人文启蒙的第二个方面是具有积极自主意识的个体，他们通常是具有强烈自由意识的知识者，是最有改革要求的那部分人。知识者的积极个人因素是人文启蒙生态最关键的构成因素。他们不仅具有智性的认知能力，而且还会有道德的激情冲动。这种冲动是很自然的，是知识主体必然会有的正义感和影响社会的意愿。这种愿望既是一种社会参与要求，也是一种知识自信。

今天，许多人把知识者的正义感和影响意愿扭曲和抹黑为知识分子的野心、傲慢、高高在上、居高临下等等。这是不对的。一个不想当将军的士兵不是好士兵，同样道理，一个不想影响他人的读书人不是好的读书人。宁鸣而死，不默而生，我们既然可以将此当作一般人都应该有的普遍人生信条，为什么就不能也用它来表述读书人的存在意识和自我价值观呢？

一个人为什么要当读书人，为什么要把读书和做人当作一种志业，当作一种“道”，即孔子所说的“朝闻道，夕死可矣”的“道”呢？是因为他们把读书和做人看得比当官、经商、追求富贵荣华更有价值，更有意义。当然，这样的读书人今天是越来越少了，有的人放弃这个理想，是非不为也，实不能也。但是，毕竟还有些读书人能为了实行其知识和道德理念，甘愿安贫守道。他们不是不知道求知和写作的艰难，出版著作千难万险，甚至还会有文祸之灾。但他们愿意承受这一切，将自己的想法和见解形诸文字，在世间传播并影响他人。世人可以用怀疑和犬儒的眼光打量他们，称他们“好名”或者“好为人师”。但是，倘若这样的人全部从一个社会中消失，这个社会能变得更好吗？

读书本来就应该是一个人自由意识觉醒的过程。自由意识自然而然就包含寻求知识、并将之与他人交流、影响他人的冲动。美国废奴运动领袖、作家弗里德里克·道格拉斯（Frederick Douglass，1818—1895）出身为奴隶，后来成为一位能影响他人的雄辩论者。他在自传中回忆道：“由于经常听到女主人朗读《圣经》……唤起我对阅读之神秘的好奇心，并唤醒我求知的欲望。”他跟着女主人学习阅读，但男主人“禁止她给我更进一步的指导……他明确表达了要让我保持无知的决定”。越是这样，道格拉斯就越是渴望学习，“更毅然想追求智慧”。这就是自由意识。

托马斯·约翰逊（Thomas Lewis Johnson，1836—1921）原本是一个奴隶，后来成为英国著名的传道士。他解释说，他是从研究一本偷来的《圣经》中的字母而学会阅读的。他的主人每天晚上都要朗读《圣经·新约》，约翰逊会请求他一再地朗读同一个章节，直到他默记住，并在印刷的书页上找到对应的文字。而且，当主人的儿子在看书的时候，约翰逊也会请求他大声地把某部分的功课朗读出来，"老天在上，把那个再念一遍吧"。男孩经常会答应他的要求。南北战争爆发时，约翰逊已学习到能够阅读报纸的程度，之后他兴办了一所学校来帮助其他人学习阅读。对一名奴隶来说，学会阅读虽不是立刻通往自由的护照，却是从不明白事理变得明白的必经之途。

把知识的光明传播给他人，没有什么比这个对读书人更重要、更有价值的了，这是一种自然和自由的知识冲动。阅读书籍或报刊是否有启蒙知识传播的作用，完全取决于这个知识活动中积极能动的个人主体。1904 年创刊的《京话日报》就聚集了一群亲近启蒙，积极能动的读者。这份报纸和读者始终保持着十分紧密的联系。它经常接到读者的来函来稿。这些来函来稿，既为报社通报了情况，也为报社提供了大量的新闻和评论类稿件，成为报纸的一个稿源。方汉奇在《新闻史的奇情壮彩》一书里写道："积极为该报供稿的，除了识文断字的职员、蒙师、书办、学生外，还有识字不多的小业主、小商贩、小店员、手工业工人、家奴、差役、士兵、家庭妇女、优伶，以及一部分堕落风尘的妓女。"①

1905 年 10 月 27 日的《京话日报》刊登了一位 15 岁读者的来

① 方汉奇：《新闻史的奇情壮彩》，华文出版社，2000 年，第 121 页。

信，信中说："中国不兴，全由民智不开，民智不开，全由民气不通"，"要大家明白维新，非开民智不可，要求民智大开，非教育普及不可"，"要知一国的人民智愚，但看他的报馆多少，报馆愈多，民意愈智，国亦愈强"。《京话日报》发行和推广工作也得到了热心读者的大力支持。报纸除了在北京外，在天津、保定、通州、锦州、开封、西安、山东、山西、南京等地，都设有代派处。每一个代派处，都有不少读者自愿义务协助推销工作。这个报纸还在北京四城设置了 20 余家阅报处和讲报处。每一处，都有不少读者自愿捐贴报纸，供众阅览，或自愿充当义务讲报人，为识字不多的读者朗读和讲解报纸。其中，仅读者刘瀛东一个人，就捐贴了 30 份报纸。一家开办说书馆的小业主，不但自愿把该馆提供给《京话日报》充当讲报处，并且还"外送茶水，不取分文"。有一个名叫郭瑞，字云五，外号醉郭的读者，就是因为长期充当该报的义务讲报人而为人知晓。1906 年 9 月 8 日《京话日报》被北京警察当局查封，报纸出版人彭翼仲后被流放新疆。1907 年 4 月 12 日，当彭翼仲被押离开北京前往新疆的时刻，"由大佛寺起程，市民去送者数千人，赠送程仪者无算"。那位外号"醉郭"的义务讲报人，自愿陪同彭翼仲一道去新疆。

历来的专制独裁者都知道，无知的民众才是最容易统治的，知识一旦传播，便无法将之消抹。如果不能消抹已有的知识，那就必须限制它的传播，甚至消灭它的传播人。因此，彭翼仲这样的启蒙传薪人就成为他们的眼中钉。绝对的权力要求一切知识都是对它有利，至少是无害的知识。它欢迎有实用价值的科技知识（know-how），但会同时警惕防范一切不安分的启蒙知识。启蒙是一种教育，是一种对权力说不的教育。今天的启蒙和 18 世纪的启蒙都是这样。伏尔泰在一本讽刺小册子《关于阅读的可怕危害》（*Concerning the Horrible Danger of Reading*）中写道，书本“祛除蒙昧，而蒙昧向来是完美控制之国家的监管与保护工具”。[①] 蒙昧本身并非一宗罪过，但蒙昧对这个世界却是危险的，因为它会让人对邪恶的统治毫无抵抗之力，甚至没有抵抗的意愿。因此，马丁·路德·金说：“在这个世界上，没有什么比真诚的愚昧和好心的愚蠢更危险的了。”

在我们今天看来，伏尔泰所说的“完美控制之国家”不只是18世纪的君主专制国家，而且可以是其他形式的现代专制和独裁国家。不同时代的“完美控制”有不同的统治标准，在这样的国家里，统治权力所把控的思想钳制和审查阻碍着启蒙知识的传播。但是，任何控制都不可能是密不透风的铜墙铁壁，都会是有空子可钻的拦网。精明的作家们不会硬生生地鸡蛋碰石头，而是会玩一场躲猫猫、捣浆糊、擦边球的游戏。他们不会因为爱惜羽毛而无所作为，也不会不顾一切地自己找死，他们会尽量把握好分寸，利用时机和运气。这样的作家，他们的主体能动性不仅表现在参与的勇气，而且也表现在善于运用必要的斗争策略。

限制思想与迫害写作

旧时代对作家的审查和控制根本没法与现代极权的严苛和效率相比。旧时代的法国，控制虽然一直存在，但时松时紧，效率不高。法国政府审查官人数不多，1741年有76人，1789年有178人，其中有不少人愚蠢而胆怯、一门心思巴结上司。当然，也有忠心耿耿

---

① Voltaire, “De l’Horrible Danger de la Lecture”, Paul Souday, *Mémoires de Voltaire*; *suivi de mélanges divers et précédés de Voltaire démiurge*. Paris, 1927.

地履行镇压职责的。审查的目的不是为了全面控制所有法国人的思想，而是为了不让国王和教会受到指责和攻击。由于这样的指责和攻击经常躲躲闪闪，所以难以决定某本书中的某个暗示是否影射了某位主教、大臣或国王的情妇。因此，审查官通常会把手稿扣留好几个月时间，出版商可以趁这个空档，花钱进行疏通和交易，做一些妥协，最终还是能达到出版的目的。

由于有空子可钻，并不是每一次处罚都得以执行；作家们只要多费点儿事就能通过审查。审查官为了争夺管辖权，互相大打出手。他们反复无常、唯利是图，多半还懒惰迟钝，很难有效施行针对渎神、异端和煽动性作品的严苛法律。此外，作家们只要认识一些神通广大的朋友，就算受到惩罚，进了巴士底大狱，日子也还过得不坏。除了犯下别的事情（例如，伏尔泰威胁一位贵族说要与他决斗，这位贵族向身为警务大臣的表兄请求保护，伏尔泰因此被投进巴斯底大牢，却几乎是被立即释放，条件是被放逐到英国）。那时，作家不必害怕因为写作必须逃离自己的国家。

这和现代极权国家对作家的迫害简直没法相比，希特勒上台之后，总计有 2500 名作家离开德国，但也有一些作家选择留了下来，是因为许多德国知识分子传统上不会介入政治，其他人则是受到纳粹的允诺的引诱，进而决定与纳粹的“革命理想”合作。此外，仍有一些人天真地相信纳粹不会攻击德国知识分子的生活，但他们错了。纳粹将思想“一体化”的政策应用在文化和艺术的各个方面。一体化，用戈培尔的话来说就是，“个人主义的时代结束了，个人将被人民共同体取代”。一体化是为了使德国人文化生活的每一个部分都与纳粹国家机器完全融合。1933 年 3 月，就在希特勒成为德国总理的两个月后，戈培尔宣布文化和政治将合而为一。这是 18 世纪君主专制从来没有做过也不可能做到的事。

纳粹还对德国文艺人士进行法国旧制度不可能有的组织化控制。希特勒在 1933 年 3 月成立“国民教育与宣传部”，部长由戈培尔担任。这个部门要履行的职责，如希特勒所说，是要集中控制文化和思想领域的所有方面：“政府将发起一场有计划有步骤的运动，以恢复国民的身心健康。整个教育系统、戏剧、电影、文学、报刊和广播，将全部作为实现这个目标的手段，它们将得到治理，用于留存永恒的价值，这些价值是我国人民天性中不可或缺的部分。”1933 年 9 月，戈培尔创立新的帝国文化议院（Reichskulturkammer），德国艺术家如果想要工作的话，就必须加入这个组织，不是雅利安人的艺术家则被禁止加入。

18 世纪的作家还能通过与出版商的合作，寻找生存的空间，但在纳粹统治下，作家是没有这种生存可能的。组织化控制不仅有暴力和强迫的一面，也有怀柔和收买的一面。纳粹设立了多种文学和艺术奖，提出了一份党所认可的“优秀文学”清单，还举办各种重要的评比和展览。作家和作品得奖都能享有很高的荣誉，因此成为许多作家追逐的目标。

纳粹对文艺的控制比法国旧时代要有效得多，兰德尔·彼特沃克（Randall L. Bytwerk）在《弯曲的脊梁》中写道，“纳粹党人发展了各种复杂的部门（比如，妇女组织、种族政策事务部与希特勒青年团）来处理文学事务，而且控制是严格的。在一些杰出的作家离开这个国家之后，留下的人或多或少都会写一些让他们避免麻烦的作品。存在大量带有强烈宣传意味的小说，设法讲述一个会受欢迎的足够好的故事。”这样的好故事配合纳粹党的宣传，例如，1934 年有一部小说《党员施米德克》（Parteigenosse Schmiedecke），讲述一名男子在 1933 年前因为纳粹党员身份，遭到迫害，丢失了工作。1933 年后，他重获工作后，又再次失去，所以信仰发生动摇，但坚定的同志帮助了他，他又重新找到了工作。① 故事的教诲是显而易见的：在困难的时候要相信纳粹党，困难是暂时的，前途是光明的。

苏联的思想控制和文艺审查比纳粹有过之而无不及，也是 18 世纪专制君王的政府所无法望其项背的。布尔什维克于 1917 年在俄罗斯掌权，他们的第一个决定就是通过严厉的审查制度，限制言论自由。1917 年 11 月上旬，《新闻发布令》禁止发表任何批评布尔什维克政权的"资产阶级"文章。随着时间的推移，政治审查制度变得越来越强大，在斯大林统治时达到了顶峰。苏联作协总书记法捷耶夫于 1956 年自杀，在遗书中，他这样描述苏联文学界的状况："优秀的文学干部在当权者罪恶的纵容下，或被从肉体上消灭，或被折磨致死，其人数之多，甚至历代沙皇暴君做梦也难以想到。"据统计，从 1934 年苏联作协成立到 1954 年作协第二次代表大会召开的二十年间，受到迫害的作家达两千人以上。剩下的是哪些人呢？肖洛霍夫在苏共二十大上有一个震动一时的讲话，他尖锐地指出，苏联作协全体成员中有一大批"死灵魂"；至于作品，除了极少数富于才智者外，都是"垃圾"。斯大林去世后，国家放宽了思想控制，但审查制度一直保持下去，直到戈尔巴乔夫在 1980 年代末宣布新政才告终。

苏联百科全书（GSE）说，苏联的审查制度"与资产阶级国家所具有的特征不同，其目的只是为了保护工人阶级的利益"。1921

---

① 兰德尔·彼特沃克：《弯曲的脊梁》，第 146—147 页。

年，苏维埃政府创建了 Glavlit（新闻界保护国家机密总局），几十年来，它一直是控制文学的主要工具。Glavlit 的审查员决定一本书是否在苏联出版，或者是否被禁止。结果，苏联公民无法阅读到许多图书，其中一些是今天人们熟悉的经典著作，包括米哈伊尔·布尔加科夫（Mikhail Bulgakov）的《大师和玛格丽特》（*Master and Margarita*）和鲍里斯·帕斯捷尔纳克的《日瓦戈医生》，更不用说索尔仁尼琴的著作了。[①]

18 世纪法国旧制度的图书管制是为了禁止批评国王和教会，而苏联的思想和文艺控制是为了"保护工人阶级的利益"。这成为一个宽泛无边、可以为任何内容罗织罪名的方便借口。和 18 世纪的旧时代相似的是，苏联的思想控制再肃杀、恐怖，也有松动的时候，但只要制度不变，以前的控制模式又会被搬用。在苏联，经过赫鲁晓夫短暂的"解冻"时期，又迎来勃烈日涅夫平庸的后斯大林时代，当局对思想和写作的控制相对而言较为松弛。但是，由于斯大林主义本质的东西仍旧在支配苏联社会，所以仍然会出现像关押布罗茨基（Joseph Brodsky）和安德烈·陀纳妥维奇·西尼亚夫斯基（他的《笑话里的笑话》有中文译本）这样的公然迫害事件。只要专制存在一天，对思想的钳制和对写作的迫害就不会停止。

体制性依附和自由要求

历史上，书籍审查形成了那些谋求出版著作的读书人对审查权力的依附，出版不再是读书人自由言论的权利，而是审查权力对作

---

① https：//www. rbth. com/arts/history/2017/06/27/soviet-censorship-how-did-the-ussr-control-the-public _ 790892.

者的一种“关照”“放行”甚至“恩惠”。枪毙一本书要比枪毙一个罪犯随意得多。枪毙一个罪犯至少还得走一下给他定罪的法律程序，发一个告示，宣判罪犯的罪行。但枪毙一部作品没有这许多麻烦，只要审查官一拍脑袋就可以决定，只要触碰到什么“敏感”人物、事件或问题，甚至只是因为不小心提到了什么“敏感词”，就成为充分的罪名，既没有公开的程序，也无需告知公众或作者到底作品中哪里有什么思想违碍。审查设定的“底线”昨天一个样、今天一个样，以后会是什么样，连审查官自己也不知道。这种任意、武断的审查原本就是要在作家们中间造成和扩散一种紧张、害怕、困惑和非理性的疑神疑鬼情绪，让他们绷紧了弦，自己去瞎猜原因。自己严格把关，自我审查，这样才能最有效地增强审查的力度。因此作者的自我审查，或出版社编辑的审查经常要比上级或主管审查官尺度更加严苛。

对 18 世纪人文启蒙的写作者来说，他们对审查权力的依附——看脸色和不得不听命行事——主要是在需要出版著作时才体现出来。但他们还有一种更加难堪的依附，那就是迫于生存需要的经济依附。就算没有审查官在政治上卡着他的脖子，写作也难以养活作家，除非是写那种可以畅销的书籍。书籍市场的铁律就是，思想启蒙的需要永远也别想与娱乐和消遣相比。如果一个作家想要认认真真地从事他的人文写作，他就一定先得想方设法另外找一个可以谋生，让自己能够活下去的方式，然后才可能有余暇来思考自己关心的问题。作家需要一个收入稳定，能维持体面身份的职业。无论是在 18 世纪还是今天，这都不是一件容易的事情。读书人的身份标签就是那个“穷”字：穷书生！18 世纪，体面的社会身份主要还是取决于财富，越有钱地位越高，但欧洲各国作家们的经济生活状况并不相同。①

在法国，伏尔泰断定，大多数作家并不富有，而贫穷“消磨意志；宫廷里的哲学家与国王的首席大臣没有什么不同，都是奴仆”。至于他本人，他坦言道：“我见过太多的作家因贫穷而遭人白眼，所以我早就决心不让自己成为他们当中的一分子。”伏尔泰和英国的塞缪尔·约翰逊一样，是 18 世纪作家经济独立和利益最热心的鼓吹者，也是凤毛麟角的成功人士。

当时英国的情况要比法国好一些，诗人亚历山大·蒲柏非常聪明地用“征订”的方式出售自己翻译的《伊利亚特》和《奥德赛》，一举赚得 9000 多英镑，这在当时是一笔巨款。塞缪尔·约翰逊像蒲柏一样务实地看待文学职业，他承认自己和任何其他人一样，从事写作的惟一动机是为了钱。约翰逊的巨著《英语词典》原计划 3 年完成，实际花了 9 年时间，稿酬却仅有区区 1675 英镑。年轻的休谟在默默无闻时出版《人性论》，仅得到 50 英镑稿费；这笔钱看起来微不足道，但因为销量惨淡，出版商还是亏了本。休谟成名之后的稿酬相当优渥：《英国史》第一卷的稿酬为 1000 英镑，之后各卷的稿酬更是节节攀升。休谟年轻之时就为自己制订了一份日后“稳妥地付诸实施”的人生计划，“厉行节俭，以弥补我财产的不足”，“确保我的独立不受损害”。

欧洲大陆的作家们争取经济独立的机会都不如他们的英国同行好，在伦巴第、托斯卡纳和整个哈布斯堡王朝的领地，文人完全仰仗贵族赞助人的扶持。德国的社会环境也不利于作者靠写作为生，在整个 18 世纪 50 年代，职业作家大多是一文不名的穷文人。歌德

① 以下文献分别见《启蒙时代》，下卷，第 59，61，62 页。

回忆说，直到18世纪后期，德国文人在社会上仍然“人微言轻”。他们既没有人保护，也毫无地位和体面可言，在世间扮演着“弄臣和食客”的可悲角色。后来文人才开始赢得些许尊严，他们的声望慢慢提升，收入随之增加。但是，由于读者规模有限。政治上的限制又严，他们在收入和影响力上无法与英国和法国作家相比肩。歌德自己也要等到老年，才享有了体面的社会地位。

18世纪作家对体制的依附主要是经济性的，而20世纪极权专制国家里作家的体制依附则完全是政治性的了，他们必须在政治上依附体制，才有可能在经济上存活下来。“协会”是纳粹德国给作家和艺术家套上的体制依附枷锁。当局要求所有文化领域从业人员必须加入协会，不为纳粹政权认可的个体将被驱逐除名。理查德·埃文斯（Richard J. Evans）在《当权的第三帝国》（*The Third Reich in Power*）一书里，以一位并不著名的作家鲁道夫·狄岑（Rudolf Ditzen）为例，阐明作家在第三帝国的创作需要做出怎样的让步。1933年11月狄岑的新小说完成，为了使小说出版，他在序言中解释道，小说所写的恐怖刑事司法系统只是旧时代的东西。狄岑的出版商罗沃尔特（Ernst Rowohlt）为了生存下去，只能将一些书改头换面、换上纳粹政权可以接受的书名，然而这些让步都没能挽救他的出版事业。1938年，罗沃尔特被帝国文学协会开除并禁止从事出版业，狄岑的日子也因整个出版行业的紧张变得愈加艰难。①

在斯大林的苏联，“作家协会”是直接管制和捆绑作家们的体制。1934年7月28日，苏联隆重召开了“作家大会”，会后日丹诺

① Richard J. Evans, *The Third Reich in Power*. New York: The Penguin Press, 2005, pp. 149–151.

夫毫不掩饰地表示对大会参加者作家们的鄙夷："他们都在争先恐后地表现思想进步，比赛谁能提出更深刻的创造性问题，发言一个比一个华而不实。"几年后，苏联作家爱丁堡还在回忆，"我记得的作家大会是一个盛大的节日"，他自己兴高采烈，"就像一个女孩第一次准备参加舞会一样"。在这个盛大的作家大会上，真正的主角是斯大林，而不是那些只是捧场、喝彩的作家们。斯大林在大会上发表了重要的讲话，明明白白地告诉他们，谁是文学和艺术的主人。斯大林提出的"社会主义现实主义"成为苏联文学的指路明灯。[①]

苏联作家依附体制，表现得越忠诚，或者对体制越有利用价值，就能得到越多的犒赏。1936 年 6 月 17 日，法国作家罗曼·罗兰访问苏联，目睹了苏联体制对作家人格的败坏作用。他多数时候住在莫斯科郊外高尔基的别墅里。别墅宽敞明亮，装饰别具一格，配有警卫、医生、护士、秘书、厨师、园艺等一干服务人员专为高尔基服务，多达四五十人。除了高尔基和家人外，常有达官显贵造访，宴会无休无止，餐桌上摆满名馔佳肴和昂贵烟酒。让罗曼·罗兰更加痛心的是，比之物质生活上的腐朽和奢靡来，苏联作家在精神生活上的溃败、朽烂，有过之而无不及。

体制依附的"斯金纳箱盒"效应

当然，不同作家与体制的关系是不同的；巴结依附的，依附的程度和方式也有所不同。乌蒙在《苏联作家的腐败源头》一文中，按苏联作家与国家体制的关系分成了五类。[②] 第一类，坚决反对十月

---

① Jeffrey Brooks，*Thank You，Comrade Stalin*！：*Soviet Public Culture from Revolution to Cold War*. Princeton University Press，2001，p. 106.

② https：//www. chinatimes. net. cn//article/47145. html.

革命，反对布尔什维克，但始终热爱俄罗斯。这些作家大多在十月革命前就成名了，十月革命后为了维护精神生活的纯粹和自由，不得不流亡海外。第二类，既不接受也不反对十月革命和布尔什维克，十月革命后大多留了下来。他们以自己的才华进行隐秘的写作，避免与现实同流合污，虽见容于当局，但饱受折辱。第三类，心里不承认苏维埃政权，但口头拥护。这类作家可发表作品，但不受政权重视。第四类，十月革命后成长起来的作家，拥护苏维埃政权，迷信斯大林，成为体制内作家。第五类，精神上彻底堕落的投机作家，采用告密、打棍子的卑鄙手段，打击他人，保护自己，连赫鲁晓夫都称他们是“自动步枪手”。

在这五类作家中，第一类作家“不食周粟”，通过自我流放的方式，在异国他乡守住了自己的精神家园。第二类和第三类作家同流但不合污，为个人的创作争得了一席喘息之地。第四、第五类作家或主动或被动，充当意识形态鹰犬，只为了跻身于权贵的盛宴，在其中分一杯羹，不以为耻，反以为荣，是御用或听差文人。

18 世纪作家虽然不能说是自由的，但他们能享受的相对创作自由在纳粹德国和斯大林苏联是不可想象，不可奢望的。这是他们能够做出启蒙贡献的重要条件，而这样的启蒙在纳粹德国或苏联也是根本不可能的。今天，经济独立和体面的社会地位对于人文启蒙的写作者们仍然是不可少的，为此，他们必须有写作之外的求生之道。穷酸文人遭人冷眼相待，就算他们能保持足够的自尊，也很难想象他们能发挥体面读书人的社会影响。他们不得不把主要的精力放在求生和应付各种关系上面，因此难以做出实实在在的知识成就。今天，绝大多数的写作者都不得不依附现有的职业体制：大学、报刊、电视台、互联网企业等等，又似乎以当教授或编辑最为体面，越体面，对体制的依附性就越明显。

这样的职业可能意味着知识者受到更多的限制。以大学教授为例，在大学里要混得体面，就得争取“基金项目”，就得完成各种工作和论文指标，而这一切都是有“政治标准”的。因此，他们应付和周旋在学校的管理体制内，独立、自由的学术成果变得越发困难。为了追求有定额的作品发表量，他们会回避敏感的政治和社会议题，避免具有实质意义的现实批判。这样的“项目教授”在屈从和依附的处境下很难写作出像样的人文启蒙作品。

要理解体制对于体制中人依附行为的训练和操控，可参看一个著名的行为心理学实验，叫“斯金纳箱盒”（Skinner Box）实验。由美国心理学家斯金纳（Burrhus F. Skinner）于 1938 年发明，后来不断改进，但基本原理不变。实验用到一种特别设计的箱盒，箱壁的一边有一个可以按压的金属板，金属板连接杠杆。盒子之外有一个盛有食物的装置。动物在箱内按一下金属板，就会导致一颗食物落入盒子内的食物盒中，动物可以取食。斯金纳挑选了 8 只饿了几天的鸽子，把它们各自关在这样一个箱盒里。他用一个时钟来定期释放料斗出料，间隔 15 秒分发一颗食物。这确保了料斗的出料与鸽子的行为无关。

通过几天相同的实验之后，75% 的鸽子出现了明显的变化。有的鸽子开始逆时针转圈，有的顺时针转圈，一般会在两次喂食之间转 2—3 圈；有的鸽子反复将头伸向箱子上方的一个角落；有的鸽子不停地将头上举；另外有的鸽子形成了钟摆似的动作。

以上这些行为，在实验前都没有在这些鸽子身上观察到，虽然这些新行为与得到食物之间没有任何联系，但是鸽子们的表现就好像这些动作会让他们得到食物一样，也就是说，这些鸽子自动发展出来了一种“迷信”。

斯金纳在这些鸽子中挑选了一种最有表演性的，它会展翅跳舞。为了观察这只鸽子的迷信行为，斯金纳将两次投食的间隔拉长到一分钟，结果显示这只鸽子的动作变得更加明显，跳个不停。如何消除这只鸽子的迷信行为呢？在停止试验箱的投食之后，实验员们观察到鸽子最后大概重复了一万多次之后，迷信行为消失。这个实验似乎证明，鸽子也会产生和人类类似的迷信行为，鸽子的行为与能否得到食物已经没有因果关系。后来有人重复这一实验，发现有的鸽子跳一万多次后仍然跳个不止，直到累死。

知识分子对体制的依附就如同鸽子对实验箱盒的依附。得到工资类似于鸽子得到食物，每个月领一次工资就像每 15 秒得到一点食物一样。开始，他会以为，工资是他教书所得，与体制无关。但由于食物是箱盒提供的，鸽子对箱盒便有了依附的关系，一旦行为模式形成，渐渐与投不投食不再有关系，而成为一种自动依附行为。在知识分子那里也很相似，但他比鸽子要聪明，最后会明白，有工资并不是因为他教书，而是因为体制还在给他发工资，于是便有了对体制的依附。后来，就算体制不再给他发工资，甚至把他送去劳改，他还是与体制的箱盒保持一种心理的依附，直到把自己累死。1956 年，赫鲁晓夫秘密报告后，忠诚的斯大林主义作家法捷耶夫开枪自杀，至死都没能逃离那个他生活于其中的斯金纳箱盒。

2. 德行和人道的政治

彼得・盖伊把 18 世纪启蒙的政治诉求称为“德行的政治”，“启蒙运动的参与者对他们所追求的政治目标十分确定。除了在一些次要问题上有分歧之外，他们几乎没有任何犹豫地为一种世俗合理、人道、和平、开放、自由的社会和政治秩序鼓与呼。他们的共识有力地证明了启蒙哲人大家庭的存在：虽然时有分歧和争执，但因相近的世界观和理想而基本上团结在一起。可是，政治手段却是另外一回事。……他们的政治诉求实现之路艰难而曲折，而且似乎时常是行不通的。政治问题十分棘手，让启蒙哲人倍感困惑。但是，不论这些问题有多少分歧和困难，启蒙哲人依然用同一种精神去推行同一个行动纲领。他们一致认为，必须赋予人道主义以组织形式和有效的力量。”① 简单地说，德行的政治在18世纪是启蒙知识分子向往的那种开明政治（enlightened politics）。

同床异梦的开明政治和开明专制

什么是德性和开明的政治呢？这是一种人道政治，首先是从它的道义原则来说的。它是一种对残忍、暴力残害、不公不义和违反人性的抗议、谴责和反抗。任何一个时代的政治反抗中都必然会以某种方式包含德性和人道的原则，这样的原则也经常被视为“天道”（替天行道）而非人道。德行的原则也就是善行的原则，有的自古有之（如反抗暴虐统治、痛恨官府对百姓的残民以逞、谴责权贵对穷人的百般盘剥和作威作福），有的则是启蒙时代的产物（反对买卖奴隶、苛刑逼供、压制自由）。

古代的政治是暴力的，官逼民反激发的政治反抗无一不带来血腥杀戮的后果。古代的陈胜吴广起义、斯巴达克斯起义，还有《水

①《启蒙时代》，下卷，第366页。

浒》里的梁山泊造反都是政治反抗的例子。但是，启蒙运动开启了一种新型的德行和人道政治，彼得·盖伊对启蒙时代的政治有精妙的定义："政治是文明较晚的发展"，是其成熟的果实。政治与用暴力对待敌人的本能是相反的，"政治需要柔韧性，妥协的能力"，"为了达成协议而磨炼原则，将迫切的道德问题转变为行政问题，将致命的敌人转变为或可亲近的反对者"。① 政治是以观念而不是刀枪为武器，以取得新的文明和进步共识为目的，而不是为了暴力的政权更迭。道德政治可以通过行政改革来实现，如禁止贩运奴隶、改良刑罚条例、宽容不同的宗教信仰和政治见解等等。

对于启蒙哲人来说，德行和开明的政治主要是信念和价值观的政治——人的尊严、法律的公正、新闻媒体的独立、宽容的必要等等。它也是一种通过信息和知识传播来进行的政治。在任何一个国家社会里，知识政治都不等于现实政治，现实改革的政治是一种受到限制的实践性行动，与理念的原则存在着差别，甚至是矛盾的。德性和开明的原则有的可以被统治权力容忍，有的则备受限制和障碍。但是，具有德性和开明政治关怀的启蒙不会因此而放弃自己的诉求，这成为人文启蒙的一个基本特色。18 世纪的启蒙专注于政治和社会思想，它对科学和艺术也关心，但显然不如对政治和社会改革的关心。今天的启蒙还是这样。

18 世纪的政治现实让启蒙运动面临一个极大的困境。启蒙人士呼吁改革，是基于他们对德性和开明政治的信念，自由是它的基础。启蒙同时倡导各种形式的自由；思想自由，言论自由，出版自由，

① Peter Gay, "Rhetoric and Politics in the French Revolution", *The American Historical Review*, Vol. 66, No. 3 (Apr., 1961), pp. 675 - 676.

参与塑造公共政策的自由，追求自身职业生涯、发择聪明才智的自由。这是一种“在世”的而非“出世”的、“局内人”而非“局外人”的自由。

对这些“在世者”和“局内人”而言，改革和自由是同一个希望的两面：自由是改革的目标，改革是实现自由的理想手段。然而，这只是一个理想，现实中存在着使这个理想难以实现的种种障碍。首先是自由（尤其是政治自由）并不符合专制权力的利益，国王把人民的自由视为对统治权力的最大威胁。其次，绝大多数民众是没有受过教育的群众，群众社会没有养成自主的习惯，无约束的自由可能引发无政府主义的可怕暴民政治。

再者，启蒙哲人虽有自由意愿，但没有能力启动改革，而最具启动能力的权力改良者（皇家改革者）则是刚愎自用的家长式统治者。启蒙哲人希望能利用权力改良者，希望用温和的方式来推进自己的开明政治理念。但权力改良者有自己的打算，他们不是傻子，他们会用自己的方式，只是为了自身的利益才推行改良。因此，启蒙哲人的政治改革要求会遭遇压制，甚至给他们带来危险。启蒙者想借助权力改良者的力量在社会中传播自己的理念，但并不诚心改革的权力改良者则无例外地会最后转而排斥和敌视启蒙。

专制权力陷入危机的时候，为了自我挽救，会尝试有限的改革。18 世纪的开明专制改革就是欧洲普遍危机的产物。它需要寻求开明人士的支持和合作，利用他们的声望和主张，争取舆论，打造新的合法性形象。但是，开明专制的目的是加强而不是改变专制，所以自由人士主张的开明政治和独裁君主的开明专制注定只能是同床异梦，而启蒙的开明人士与权力在握的开明君主也注定不可能长期合作。专制需要的是俯首帖耳、听话的开明人士，一旦不听话或不能信任，就会毫不留情地一脚踹开。这就是伏尔泰的命运。

伏尔泰曾寄启蒙的希望于普鲁士的腓特烈二世，他数次造访过普鲁士，最高峰是1750—1753年，但结果令他失望。他曾经把普鲁士称赞为“北方的雅典”。与其霸道、粗鲁、固执的军人父亲相比，腓特烈的“开明君主”形象让伏尔泰产生了一厢情愿的幻想。但是，他最后发现，“北方的雅典”原来只是一个寒冷的斯巴达。腓特烈二世看上去是一位和平的哲学家，但从来未改变穷兵黩武的国王本色。他的改革既没有全面革新法律，也没有使军队变得更人性化。他入侵西里西亚，公然对盟友背信弃义，重新实施书刊审查制度。他于1752年与伏尔泰友谊破裂后，蛮横地刁难伏尔泰。

其他启蒙哲人也渐渐丢弃了对腓特烈二世的幻想，1758年卢梭说出了启蒙哲人的心声，他表示“赞赏普鲁士国王的才智，但绝不是他的党羽”，两者之间有着意味深长的差别。卢梭说：“我不能尊敬或喜爱一个毫无原则的人，他践踏了所有的国际法，他不珍爱美德，只是把美德视为消遣傻瓜的诱饵，他在反马基雅维利的基础上建立了自己的马基雅维利主义。”[1]

对今天的人文启蒙来说，18世纪启蒙哲人的德行和人道政治意义并不在于他们不成功的政治参与（对开明君主的政策建议或与他们的交情）。直接的政治参与可以说是伏尔泰启蒙事业中最失败的部分，他和狄德罗都曾经为开明专制做出过实际的努力，取得的成效远远不如他们所期待的。以今天的角度来看，启蒙哲人具体的政治参与之所以失败，是因为他们以争取自由为核心的“开明政治”与专制君王维护权力的“开明专制”不是同一个政治目的，注定只能

---

①《启蒙时代》，下卷，第446页。

是同床异梦，而最终必然要分道扬镳。

尽管在现实条件下无法取得实质性的进展，但启蒙的德行和人道政治理念仍然是值得传承后世的普遍性诉求。18 世纪，人们对启蒙哲人的人道政治诉求有不同的反应。一种反应是把启蒙的社会和政治理念斥责为文化人不务正业、不负责任的喧嚣和捣乱。另一种反应则是将其视为启蒙哲人的标志性成果，并因此赞美他们为宽容、和平、法律改革和解放奴隶所作的宣传，赞美像伏尔泰在卡拉案件中表现出来的那种无私无畏。

今天，对 18 世纪启蒙的社会和政治成果也同样存在着两种对立的评价，一种认为这一现代性的启蒙导致了 20 世纪的极权主义灾难，另一种则认为，启蒙运动代表着人类文明的人道主义转折：公然的残忍向清醒的克己转变、暴力强制向理性说理转换、愚昧和无知的奴役向理性和自由的解放转变、迷信和盲从向“勇于求知”和让自己成熟起来转变。所有这些都是德性和人道政治的标志，即便 18 世纪启蒙不是这种政治理念的发明者，也是它当之无愧的倡导者和知识传播者。

18 世纪的社会和政治改革有太多的东西需要启蒙哲人们以人道精神去对待，重要的不是罗列他们干预过的事情，而是探寻他们这么做的理由。第一是对人类已有的和未来的进步抱有审慎乐观的态度，反对任何形式的命定论和末世论。第二是对当下的社会变化可能作出敏锐而及时的观察，保有期待，并以“局内人”的身份传播有关的知识和积极干预。孟德斯鸠列举刑事被告的种种权利，莱辛倡导对犹太人宽容，贝卡里亚建构人性化的法律体系，卢梭为儿童的权利辩护，伏尔泰为司法不公的受害者平反昭雪，康德为世界和平倡导普适价值。这些都使得 18 世纪成为一个称得上是“启蒙人道主义”的时代。

启蒙与人道主义

18世纪启蒙哲人虽然没有提出系统的政治理论，但却构建了一种统一的人类观和政治观。这是一种清晰可辨的具有启蒙特征的人与政治关系的观念，今天已经成为现代世界最重要的思想遗产，塑造了我们今天的政治伦理观。18世纪或之前的人们未尝不重视德性和人道。例如，基督教传统中就有启蒙哲人也许不愿意承认或相信的德性和人道诉求。早期基督教先是在底层民众中间流传，后来也在受过教育的人们之中传播，一个重要的原因就是它所包含的人道主义。但基督教的人道观与启蒙人道观差别是显而易见的。

贯穿于新约所有四部福音的人道观念就是爱。“神爱世人，甚至将他的独生子赐给他们，叫一切信他的不致灭亡，反得永生。”（《约翰福音》3：16）“没有爱心的，就不认识神，因为神就是爱。”（《约翰一书》4：8）“无论是死，是生，是天使，是掌权的，是有能的，是现在的事，是将来的事，是高处的，是低处的，是别的受造之物，都不能叫我们与神的爱隔绝；这爱是在我们的主基督耶稣里的。”（《罗马书》8：38—39）还说：“我若能说万人的方言，并天使的话语，却没有爱，我就成了鸣的锣、响的钹一般。我若有先知讲道之能，也明白各样的奥秘、各样的知识，而且有全备的信叫我能够移山，却没有爱，我就算不得什么。我若将所有的周济穷人，又舍己身叫人焚烧，却没有爱，仍然于我无益。爱是恒久忍耐，又有恩慈，爱是不嫉妒，爱是不自夸，不张狂。”（《哥林多前书》13：1—4）但此前古典哲学的道德是正义，而不是爱或怜悯。这样的道德会尊重你，但不会对你微笑，它会坚持自己的立场，为之辩护，并在必要时使用正义的暴力。希腊诗人赫西奥德的格言是，“邀请你的朋友来吃饭，但与你的敌人不要往来”，但耶稣说：“爱你的敌人；祝福那些诅咒你的人。”

如果说基督教的德性和人道之源是上帝的教会和耶稣的身体力行，那么，启蒙的德性和人道则是建立在不同的基础之上。斯蒂芬·平克在《人性的善良天使》一书里称之为“启蒙人道主义”（enlightenment humanism）。启蒙哲学强调人必须自主：人要对自己负责，对自己的合理利益和自我发展负责，进而不可避免地扩展为对人类同胞的福祉负责。在启蒙哲人看来，人不是罪人，至少不是天生的罪人。从源头上说，人性是善的，至少是中性的。这个观点在当时来说是覆性的，实际上是革命性的。尽管人的反社会激情有着不容小觑的力量，但每个人都期望通过自身的努力来获得改善。这些努力包括教育、参与政治和参与社会改革，但不包括祷告。

因此，在启蒙哲人看来，社会不再是上帝子女的大家庭，人类无须接受家长式的指导和肯定，无须为了迫不及待地取悦神明而始终不渝地恪守宗教习俗和教规。按照古老的、部落的观点来看，渎神者、异端、异教徒或是任何非我族类的外人，统统被看成是对社会整体的危害，他们的存在污染了社会，因此必须予以清除。但启蒙哲人认为这些犯罪者不是恶棍或敌人，而且在激进的卢梭看来，他们本身就是受害者，而且通常是社会本身的受害者。他们该受到的待遇不是诅咒，而是同情，至少是宽容。宽容是启蒙人道政治首先要积极争取和主张的东西，宽容不等于同情，即使对我们不同情，不喜欢的人，我们也能宽容，这才称得上是人性化的包容。

如果说“爱”是基督教的人道核心，那么“宽容”也就成为启蒙世俗化人道主义的核心。宽容意味着和平、反暴力和学会彼此相处。宽容不只是为了启蒙哲人自己（他们是思想不宽容的受害者），而且是为了许多别的与他们似乎无关的群体。他们主要是用一些实际的理由来呼吁宽容。“我是个怪人，你不觉得吗，亲爱的弗里茨？”德国启蒙时代诗人，莎士比亚作品的德语翻译者克里斯多夫·维兰德（Christoph Wieland）在给朋友的信中写道：“但这就是我的本相，根据我的哲学，应当让一切都顺其自然。如果我们没有学会彼此相处，我们彼此之间即便满腔热情又有何益处呢？”[①] 宽容是一种顺乎自然的人道精神，是一种对社会有用的人道价值，不是抽象的哲学发明。宽容是一种唯一理性的生活方式，也就是后来存在主义哲学主张的“你活，也让别人活”（let each other be）。

宽容要求的是人必须学会彼此相处，而唯有制度的保障，才能使宽容朝着这个人道的方向迈出步子。社会不是家庭或部落，而是一个由个人、部落、群体和阶级组成的复杂整体，他们有着不同的历史以及彼此冲突的利益，因此，意见分歧和行为差异也就在所难免，实际上是受到鼓励的。伏尔泰特别关注的是宗教宽容，因为狂热的宗教信仰曾经无数次使人类互相残杀。他在《英国书简》第六封信的结尾处热情赞扬英国人的宗教宽容，认为宗教宽容是英国人享受政治自由的一个条件。他写道：“要是英格兰只有一种宗教，怕的是可能要闹专制；要是在那里有两种宗教，它们之间可能要相互厮杀。但在那里有 30 多种宗教，而它们都能和平地、幸福地生活着。”没有宽容，就会有各种各样的迫害和残忍：宗教战争、阶级的仇恨和斗争、部落之间残杀、国家之间的战争。许多人也会因此活不下去，就算苟活，也一定不能幸福。

---

①《启蒙时代》，下卷，第 369 页。

宽容人类的多样性是有效追求知识不可或缺的前提条件——只有公开辩论，哪怕会产生错误的观念，才能使批判的心灵运作起来，让人们至少能够探讨一种可以接受的生活哲学。宽容对政治也是必不可少的，宽容可以降低和抑制因派系、党派、集团、族群等分歧造成的排斥和迫害，营造公正和讲理的政治环境。它要求公民和政府都要理性处事。在国内，它要求消弭敌意，在国与国之间的关系上，它用和平的世界共同体的理想来取代自发的相互敌视，让各国间的争斗采取观念辩论和市场竞争的方式。启蒙哲人的人类观是理性主义的，但他们的国家观却是功利主义的：统治当局和制度的正当性不是来自宗教或历史的认可，而是在于能否有效履行使大多数人痛苦最小化、快乐最大化的天职。

宽容是一种比自由更容易被专制统治者有限承认的人道价值。呼吁宽容少数派宗教、异见者、性异常者、非主流群体，是一种实用和功利性的原则。它有利于社会的稳定、政治的安定，有助于避免暴力冲突和流血杀戮，也有助于统治者建立“仁慈”和“开明”的德政形象。孟德斯鸠与狄德罗、维兰德与贝卡里亚、伏尔泰与莱辛，全都发出同一种呼吁宽容的声音。他们生活在一个君主专制的时代，与主张更危险的个人政治自由相比，倡导对君主有益少害的“宽容”，这本身就是一种政治策略。

胡适曾于1959年在台北《自由中国》杂志上，发表一篇题为“容忍与自由”的文章和一篇同题的演说词，认为“容忍是一切自由的根本”。有人认为，这两篇文字是胡适的晚年作品，应可视作他的成熟思想。但恰恰是这两篇文字，最能反映胡适思辨力的孱弱和对自由主义思想源流的生疏。但是，如果我们考虑到胡适提出这个说法的专制政治环境，也许我们就能体会到他的苦衷，他所针对的是一个他不便道明的现实，那就是有人还在仅仅因为观念不同就失去人身自由，甚至被杀。人类无望了解宇宙的终极奥秘或把握永恒的真理，但却有人还在用偏执、野蛮、荒谬的手段迫害那些与自己观点不同的人。在能改变这个之前，就算是道德哲学把自由看得比宽容重要，又有多少实际的意义呢?

对人文启蒙来说，宽容并不等于赞同或喜爱，我们可以在坚决不同意或不喜欢他人行为的同时宽容这种行为。我们彼此不同意，但继续维持友谊，因为我们并不幻想把自己的意见强加给别人。我们虽然互相意见不合，但不会对彼此撒谎，或轻易放弃自己的立场原则。我们宽容，不是因为虚荣、优柔寡断和缺乏信念，而是因为我们有足够的安全感和信心，有足够的自律，所以不会贸然去否定他人，更不会因为自己的无知和不安去非难他人。启蒙是我们能给予别人的，而自由是我们向别人索取的。相比起自由来，宽容更能体现人文启蒙的人道主义精神。

福柯在《什么是启蒙》一文中提出，应该把启蒙与人道主义分开，不要把这二者“掺合在一起”。就像我们在基督教人道主义中看到的那样，人道主义并不是启蒙独一无二的特点，但启蒙确实有它自己独特的人道主义。福柯写道：“我们始终必须牢记，启蒙是一个或一系列事件，是一系列复杂的历史过程，定位在欧洲社会发展过程某一特定的节点之上。启蒙本身包括了社会转型的要素，政治制度的类型，知识的形式，知识与实践活动理性化过程的计划，技术上的突变，而且都远不止于一两种，根本没法用一句话来概括。”

人道主义不能用来概括启蒙，人道主义只是启蒙重要价值观中的一种，因此而成为我们理解启蒙必不可少的部分。如福柯指出的那样，人道主义与启蒙是不同的概念，“人道主义是一项主题，或者，更确切地说，是一系列主题，曾经在漫长的时间跨度里，在多个场合之下，在欧洲社会里反复出现，并且总是牵系着价值判断。这些主题在它们的内涵及其所维持的价值观念上都有着颇为明显的巨大差异”。基督教人道主义有它自己的内涵，其他不同的人道主义也是一样，17 和 18 世纪的人道主义表现为对天主教会的批判或对宗教的总体批判，如福柯所说，“19 世纪则既有对科学持厌憎和批评态度的怀疑论人道主义，又有与之相反的将自己的希望寄附在同一种科学上的人道主义。马克思主义向来是一种人道主义，存在主义与人格主义亦是如此。人们还有那么一段时间曾经拥护国家社会主义所体现的人道主义价值观，那时斯大林主义者也说他们是人道主义者”。“文革”后，中国学界在重申人道主义时，戴厚英呼喊“人啊，人”。这并不是回到 18 世纪启蒙的人道主义，而是希望回归青年马克思的在《1844 年经济学哲学手稿》里所说的人道主义。这样的人道主义与 18 世纪的启蒙人道主义是不同的。因此，我们今天在倡导启蒙人道主义的时候，有必要对不同的人道主义进行甄别。

3. 政治和生意夹缝中的启蒙

权力、市场和知识传播人

18 世纪启蒙时期，法国的思想控制权力掌握在国王和天主教会手里，并通过有组织的书报出版审查制度来贯彻其意图。它对任何它认为是异端或危险的文字作品是绝对不宽容的。在这样的政治环境下，启蒙作品的出版困难重重，需要利用思想控制的间隙和漏洞，结合商业和市场的力量，巧妙地利用不同权力部门之间的不合作，抓住偶尔出现的时机或运气。不仅如此，还要作出相当大的妥协。狄德罗主编的《百科全书》就是一个典型的例子，成为那个时代的人文政治生态中的一个活体样本。

对此，丹尼尔·罗奇（Daniel Roche）在《百科全书与知识的传播》一文中写道，“与18世纪其他出版事业相比，《百科全书》通过其概念、产品和发行，更加有力地证明了两件事情：这一时期新哲学是如何得以传播的，以及启蒙时代的思想市场是如何组织起来的”。[①]“新哲学”就是启蒙传播的新知识；思想市场就是达恩顿在《启蒙运动的生意》里说的“生意”（business）。当时的法国政治生态里有一个“三国志”的关系，涉及的三方是：一、对新知识非常戒备的统治权力（国王和教会）；二、市场（出版商和书籍消费者）；三、新知识的传播者（启蒙人士作者）。这三者之间形成了不同的既需要又矛盾的关系。

统治权力对新知识抱有戒备，因为新思想有可能质疑和动摇它的合法性根基，但统治权力又需要新知识，尤其是科学、技术、经济和其他实用知识。这样的知识可以帮助提高政府和官僚制度的效率、增强国力、加强统治的效能。统治权力也需要用新思想来打造它的软实力，争取舆论的支持。但它对新思想人士却一直不放心。而知识人士对权力也有一种不信任但又摆脱不了的关系，18世纪的启蒙人士清楚地知道，他们不干涉政治，政治也不会放过他们，因此，他们最激烈的反抗是针对国王和教会权力对自由思想干涉和对自由言论的限制。

---

① 马克·戈尔迪、罗伯特·沃克勒：《剑桥十八世纪欧洲政治思想史》，刘北成等译，商务印书馆，2017年，第169页。

出版商希望与政府保持良好的关系，但是，为了出版一些政府并不喜欢的书籍（这样的书籍往往是销路最好的），又不可避免会得罪政府。所以，他们并不喜欢政府，但又必须装作喜欢政府，服从政府。政府并不信任出版商，为了防范违规书籍的出版，会对出版商严加监督，出了事就会秋后算账。出版商则会做出与政府积极配合的样子，但出于与政府不一致的利益需要，又会敷衍应付、虚与委蛇、阳奉阴违，甚至是上有政策、下有对策，我行我素。

知识人士与出版商的关系是互相需要，但又不可能有一致的利益。生意经的出版商靠书籍出版和销售牟利，利润越高越好，所以会百般盘剥作家。但是，如果有利可图，出版商又会百般讨好作者，并竭力帮助他们。由于政府对书籍的审查和对违规者的惩罚，出版商与作者的关系经常是不融洽的。为了赚钱，出版商积极参与作品出版，但又希望尽量降低政治风险，所以会对作品有他们自己的审查，这是在保护他们自己的利益。在自我审查的时候，他们有时候下手忒狠，甚至超过了官方审查。只要能将书出版，投放市场牟利，他们可以完全不顾作者要求作品完整的利益，单方独断独行。出版社这样对待作者是非常不道义的，因为市场的公正规则是担风险，享利润，而出版商擅自删改作者的作品，是想不担风险，单享利润。作者对这样的做法极为反感，但为了作品能够出版，经常不得不忍气吞声、无能为力。

这样的“三国志”戏码在法国《百科全书》出版过程中就曾上演。今天，我们把《百科全书》视为一部富有政治意义的启蒙著作，但在当时，它不过是一部“参考书”，是从其他资料中提炼出来的知识纲要，在 25000 页篇幅里总共收集了 70000 多个词条，由 17 卷文本和 11 卷插图以及 7 卷增补和图表构成。我们可以把它看成是一个非常巧妙的启蒙话语伪装，但在当时，百科全书只是一种人们通过“自学”，获得普通必要知识的常见书籍形式。它源自文艺复兴时期知识整理和系统化的传统，一点也没有什么可以引起政府或教会不安的“出格”特征。

它的主要组织者狄德罗在“企划书”中写道：“自从文学在我们时代复兴以来”，在某种程度上，“我们把遍布整个社会的普遍启蒙归功于辞典……因此，拥有这么一部作品……指导那些有勇气探索的人，启蒙那些只为自己而学习的人……这是多么重要。”[①] 狄德罗强调的是《百科全书》的知识性，而不是它要发挥的传播新思想的作用。

为此，狄德罗特别承认自己受惠于文艺复兴和人文主义时代以来的巨大知识成就。文艺复兴时期，人们编纂大量的普通辞典和科学辞典，定义词语和解释概念的意义，从而建立了一种新的启蒙教育方式。他同时说明，他和达朗贝尔将开启一个与前辈有所不同的事业，它将保留值得继承的文化遗产，包括广博的学问和奇闻逸事，但它采取的是一种新视角。它运用一种整理已知事实的新分类秩序，还吸取方言里承载的智慧。它抛弃中世纪神学家的宇宙体系和规范原则，也抛弃文艺复兴时期人文主义者所采纳的古代和现代传统的对话方式，转而向经验科学家的工作学习，通过许多人的通力合作，大胆尝试新的模式。

同样重要的是，它的阅读对象是由普通读者构成的新群体，这是前所未有的。18 世纪，由于民众读写能力的普及和提高，知识对于经济、文化和科学发展越来越重要，书籍和阅读开始变得前所未

---

① Denis Diderot，*Oeuvres complètes*. X，p. 130.

有地重要。商业社会的到来使得印刷技术能够更有效地让知识通过出版物、报纸杂志和其他渠道广泛传播。作家甚至开始能够凭借他们的著作谋生，这使得知识分子可能成为一个政治阶层，对越来越多的读者产生影响，经常就是思想、观念和价值观的影响，而不只是满足他们自己或读者对知识的好奇和需要。

《百科全书》的天时地利人和

出现这部《百科全书》首先是因为社会有对新型知识传播的需要，它形成的过程综合展现了颠覆性的思想、商业的可能性、对每一位读者的尊敬以及对科学和知识进步的信念。它有足够的广度，启蒙运动时期的真实与不真实都体现在其中。一本百科全书将从各种渠道获得的信息汇总起来，以清晰明了的方式呈现给读者。它旨在满足每位读者的阅读需要，尽管读者不会从头读到尾，但至少想要了解的内容都能从书中找到。

这部《百科全书》是作为启蒙知识传播的专门工具来设计的。这是它最新颖的特征。它是启蒙运动时期最著名的一部集体著作，把传播启蒙的思想观念当作知识传播最重要的一环，这是它与启蒙时期其他知识性百科全书不同的地方。顾名思义，百科全书是向尽可能广大的受众传播知识，为此目的，启蒙运动时期的百科全书改变了编书的方式，变得更加通俗易懂，书写语言从拉丁语变成了方言，因为愈发富有和具有社会影响力的中产阶级都使用方言。

百科全书通常根据订阅的数量分卷出版，这样出版费用便可以在可控时间内分期支付。这是一种聪明的商业营销新方式。百科全书的文章编排也体现了一个新的趋势，即将短篇文章按首字母排序，而不再使用按主题划分的长篇文章。因为后者不便查阅，搜寻单项信息如同大海捞针，读者需要耗费太多精力。

从按主题划分到按首字母排序，使得百科全书这种知识传播形式在使用上变得更方便，更灵活，更容易更新。例如，按首字母编排短文可以灵活增加或替换，事实上，后来人们在18世纪出版的百科全书基础上不断补编，甚至增加了卷数。这种做法印证了培根的观点，即科学是一种开放式的累积活动，而不只是对先前存在的“完整”知识体系的保护和梳理。

17世纪晚期和18世纪早期的辞典和百科全书都被当作参考书，因为它们能够包容古代和现代科学与知识，并且用新的习语来表述它们。而且，正如罗奇指出的那样，“就法国而言，至少有三个非同寻常的（法国）优势结合在一起，使得辞典有可能在公共领域呈现出重要的文化意义。”这可以说是《百科全书》生逢其时，同时拥有了天时、地利、人和的条件。①

天时可以说是18世纪出版事业的发展和读者对知识读物书籍的需要，再早二百年前就完全没有这个可能。18世纪，辞典和手册这类书籍形成一个前景很好的新兴市场，整个西欧和中欧的出版商都渴望从中获利，巴黎出版社拥有最丰富的手段来培育这个市场。

地利是当时法国拥有的经济和文化优势。罗奇对此写道，“首先，巴黎几家出版社雄厚的财力为它们印刷物的版式提供的力量是欧洲其他地方无法相比的。其次，法语的普世主义应用及其精确的词汇、严格的语法和丰富的词库，有助于提高政治上被描述为绝对君主制的法国政体的霸权地位。”

---

①《剑桥十八世纪欧洲政治思想史》，第172—173页。

至于人和的条件，法国的启蒙哲人在人数、知识领域多样性和社会活动热情上都超过了欧洲的其他国家，就《百科全书》的编写而言，“达朗贝尔和（尤其是）狄德罗扮演的富于生气的角色，他们的热情、能力以及所选择的合作群体，促使他们能够在适当时机编辑他们的作品，也使得他们有可能伸张作为知识分子的自由和自主。这两位主编为他们的事业征集了一个文人群体，由此对文雅和有教养的谈话做出新的界定，同时排除陈旧的术语、杜撰的新词、淫秽的语言以及下流轻浮的用语”。①

《百科全书》不仅介绍新的知识，而且用一种与启蒙目的一致的文明教养的方式和话语来介绍这些知识，这本身就是一种必要的公共话语启蒙。在英国，这样的公共话语启蒙是通过像艾迪生、约翰逊博士、休谟、吉本那样的随笔写作示范来进行的，而在法国，则是通过《百科全书》的集体写作示范来进行的。在天时地利人和的三大优势中，人和，也就是启蒙哲人们共同的积极努力，是最具 18 世纪启蒙特色的。

就 18 世纪启蒙运动而言，在政府、市场和启蒙者的“三国志”关系中，启蒙者的作用是最关键的。政府和市场的力量都比启蒙者强大，然而，启蒙者虽然比不上它们的强大，但却是最不可缺少的，没有他们，仍然会有政府和市场，但绝对不会有启蒙运动。启蒙人士不能等待政府给他们赏赐宽容，但能在社会中倡导宽容的价值，一旦形成舆论和普遍的价值观，就能倒逼政府在某些方面做出让步。而且，不管一个体制多么反对和拒绝宽容，它都不可能是铁板一块的，体制内总会有启蒙的同情者，他们并不会全心全意地压制启蒙

---

①《剑桥十八世纪欧洲政治思想史》，第 172 页。

的新思想，在危急关头，他们中间有些人甚至还会出手相助。这样的事情就发生在了《百科全书》那里。

4. 启蒙知识传播的不确定因素

在不自由的环境中，启蒙的知识传播有许多不确定的因素。启蒙的成功和失败，甚至是否可能都是无法预料的，因此便有了一种谋事在人、成事在天的意味。这种偶然和不确定性往往会让本来有心加入启蒙的人们感到心有余而力不足，因此犹豫不定，裹足不前。而那些能够坚持下来的人的努力也就更加难能可贵，他们清楚地知道，启蒙本身就是一项应对不确定性，包含不确定性的事业。法国《百科全书》产生和出版的坎坷遭遇中就有许多不确定因素，最后都被克服了，这使这部著作对后世又多了一重不屈不挠、绝地求生的启蒙的象征意义。

命运多舛和贵人相助

这部《百科全书》于 1751 年至 1772 年间在巴黎问世，一开始只是单纯想把当时已经出版的钱伯斯《百科全书》译为法语版，但由于狄德罗和达朗贝尔的策划和编辑，这本百科全书涉及的方面就更广了。狄德罗领头编辑并出版了 28 册，其中 11 册有完整图解，其他人补充编辑了 5 册内容和 2 册索引。书中共有 70000 多篇文献，许多都出自狄德罗和其他启蒙大师之手，包括伏尔泰、孟德斯鸠和卢梭，还有各个领域的专家和博学者。

从一开始，这部《百科全书》就有一个包裹在无害的“新知识”

外表下的“勇于思考”和“观念更新”意图。狄德罗在书中用一篇文章总结了这套《百科全书》的编纂工作。他说这样一个浩瀚的工程，只会在哲学时代兴起，“因为它始终需要具胆识的思想，而不是俯拾即是的平庸论调”。和当时众多的启蒙哲人们一样，狄德罗相信传播知识可以破除迷信和偏见，启蒙必须从改变思想开始，以期达到改变社会和政治的目的——为此，罗伯斯庇尔后来称《百科全书》为“变革的序篇”。《百科全书》起到的作用就是在用知识更新来掩护观念革新，用谈学问来掩护谈政治。这是一种在专制制度中的知识政治策略。

《百科全书》能够存活下来，可以说是一个侥幸的奇迹。侥幸是一种偶然，人的出生环境、长相、智商是偶然的，他能碰到的机会，贵人相助同样也是偶然的。但影响人成长或事情是否成功的因素却不都是偶然的，有的是必然的：敌意、挫折、阻扰、打击、压制、坎坷。从1751年第一卷问世到1759年的危急时刻，《百科全书》一直遭到旧正统和旧制度辩护者的公开打击，有教会的，也有政府的，这些在专制的法国都不是偶然的。1752年，它被卷入了一桩文字案件，狄德罗差一点入狱。幸亏有负责审查事务的大臣马勒泽布（Guillaume-Chrétien de Lamoignon de Malesherbes，1721—1794）的干预，这个偶然的贵人相助让他躲过了一场灾祸。

马勒泽布对狄德罗的保护让我们看到专制统治下书报审查的特征：它是一个由政府官僚运作的制度。官僚们不再是社会制度的仆人，而是其主人。是官僚制度而不是抽象的“权力”在进行思想审查，它界定该审查什么和如何审查。官僚制度是极其危险的，因为它起初的意图是加工技术信息，后来却被用来处理道德、社会和政治，甚至人们私生活的问题。它开始的任务只是提高运输、工业和商品流通的效率，提供服务和安全，但却最终拥有一种凌驾于一切社会事务的威权。这个管理制度中有时会出现一些在个别问题上的“开明人士”，但不会改变它的运作原则和逻辑，任何被“网开一面”的，都不过是侥幸。

经过了1752年的有惊无险，在随后的7年中，虽然有各种攻击流言继续播散，但还是出版了《百科全书》的第三至第七卷，由于伏尔泰和其他著名作者也加入进来，《百科全书》作者的档次更加提高了。1757到1759年，《百科全书》经历了第二个危险期，这次不是来自教会，而是来自政府当局。这是法国历史上的一个黑暗时期。它始于达米安（Robert-François Damiens）1757年1月5日企图刺杀路易十五。这个因七年战争而元气大伤的国家中充斥着关于无神论者和弑君者的谣言。国王1757年4月16日的公告引起了对阴谋的恐惧，公告称，书写或印制任何反对教会和国家的文字者，甚至打算“搅乱思想”者，都将被处死。

这时候，反百科全书者发出了最猛烈的宣传炮火，除了攻击《百科全书》第四和第七卷中的“异端邪说”之外，还拿爱尔维修（Claude Adrien Helvetius）的《论精神》（*De l'esprit*，1758年出版，书中的无神论思想和对宗教伦理的批判令教廷恐慌不已）开刀。爱尔维修这时其实并未给《百科全书》撰文，但他却成为攻击《百科全书》的切入点和借口。1759年1月，巴黎高等法院的总检察长报告说，《论精神》背后隐藏着《百科全书》，《百科全书》的背后有一个消灭宗教、侵蚀国家的阴谋。高等法院迅速禁止了《百科全书》的销售，并指定一个委员会开展调查。在这次危机的过程中，《百科全书》本可能会被警察没收，但因为身为皇家总审查官的马勒泽布已经签署了没收的命令，这些东西送到他那里存放，所以才被保存下来。[1]

马勒泽布是法国旧制度时期的政治家和大臣，后来又成为了路易十六受审时的辩护律师。当他担任助理法庭长官时，他对皇室的铺张浪费提出过严厉的批评。他是旧制度体制的思想守护者和忠诚的保王党，但他同时也深受启蒙思想的影响。他是一位植物学家，曾撰文反对法国博物学家和生物学家布封，并为瑞典植物学和动物学家卡尔·林奈（Carl von Linné，现代生物分类学之父，也被认为是现代生态学之父之一）的植物分类法辩护。从1750年开始，他就是法国科学院的一员。他熟悉孟德斯鸠和卢梭的作品，在他的职业生涯中，他曾多次批评君主制的不足，比如纳税政策的不公平和任意性以及金钱挥霍，而这些言论都被后来的革命者所引用。尽管他相信等级制度是自然且明智的，但他还是担心等级制度会对行政和司法产生扭曲的影响。事实上，他认为贵族的特权应该通过对法国的服务来获得，而不应该生来就有。马勒泽布还强调，统治者应该与民众沟通，国王应该重视公众舆论和社会不公。

马勒泽布是一个有见识的学者型官员，不是一个一心攀附权势的官僚。在任职出版业审查官期间，他展现出温和改革的倾向性。作为保皇党人，他主张管制政治和宗教言论，而不是全面的思想审查。他认为，攻击政府权威和宗教的书籍应该被封（这可以有比较明确的标准和证据），但对哲学、思想和学术作品不能采取随意查禁的方式（这只会造成捕风捉影和罗织罪名）。他认为，在进行审查时，必须经过理性的审定和判断。否则，禁书太多会扼杀图书业，

---

① 罗伯特·达恩顿：《启蒙运动的生意》，顾杭、叶桐译，生活·读书·新知三联书店，2005，第11—12页。

让文化陷入萧条。文化萧条则会使人民更加愚蠢，而愚民是很容易在危机时刻被蛊惑煽动的，暴民铤而走险，对社会是最大的危害。启蒙开启民智，让人民自己有思考能力，这有利于稳定，而不是有利于动乱。

马勒泽布从审查官一职退休后，于1788年出版的他的《新闻自由回忆录》（*Mémoires sur la Liberté de la Presse*），对当时强化的审查制度提出批评。在法国大革命的前夜，他再次为新闻自由做了辩护。他认为，应该鼓励公众参与辩论，审查太严，温和理性的声音发不出来，社会上就会传播敏感话题的小道消息和极端言论。开放温和理性的言路，让国民通过自由的讨论获得真理，这比思想审查能更有效地阻止“谬误”言论的传播。

马勒泽布是《百科全书》在遭遇困难和危险时屡屡出手相助的“贵人”。作为旧制度的审查主管，他保护《百科全书》过关，不是因为一时的仁慈或手软，而是偶然中有必然。因为他认为，对新思想的温和处理比严刑峻法的扑杀更有利于维护现状稳定和平稳变化。他对于“敏感”书籍的处理是灵活的，运用的是一种“理性审查”的办法，而不是靠非理性的一刀切。他知道，非理性的查禁只会显示政府的暴戾、愚蠢和无能，不可能让人民信服，反而招惹耻笑。这种查禁越奏效，也就越失败。任何一个低能无知的官僚都能成为非理性审查的打手和鹰犬，但只有受过良好教育，了解思想和文化重要性的官员才能胜任理性审查和引导民意的重责大任。

被误解了的“启蒙生意”

《百科全书》之所以能在政治高压下存活下来，最重要的可以说是因为禁书出版是一门好生意。达恩顿的《启蒙运动的生意》一书中详细讨论了其中的原委，可惜被有的人误解为是对启蒙运动的一种指责。一篇题为《启蒙运动为何首先是一门生意》的访谈中的“首先”似乎暗示启蒙运动不过是商业炒作，动机不纯，因此没有什么思想价值可言。这就好比说“医疗事业首先是一门生意”一样荒唐。医院固然要能盈利，但医院首先是提供医疗服务，并不首先是一门生意。启蒙运动也是一样，作家们得养活自己，但他们首先是在传播启蒙知识，而不是在做生意。

出版业从来就是一门生意，生意人无利不起早，出版商帮助文人是因为有利可图，但没有出版商，书籍出版便只能完全听命于权力，作家们的处境只会更加艰难。《百科全书》的意义不在于它曾经是一笔“生意”，而在于它是 18 世纪启蒙哲人不屈不挠、知难而进的精神象征，也成为他们知识偏好的一个标志。他们偏好的不是全无政治敏感性“纯知识”，而是有“教化”作用因此就有政治风险的启蒙知识。在专制统治下，传播这样的知识当然不能用鸡蛋碰石头的办法，而是需要很大的斗争智慧。

《百科知识》的编辑者知道，在审查者眼里，这是一部“危险”的书，所以他们一直在有意识地应对审查，采取相应的躲避措施。出版商也一直在试图从困境中找到出路。最基本的躲避措施就是把这部危险的书打扮成无害的“知识大全”。《百科全书》用一幅知识树来暗示追求知识是一种基本的人类活动，这棵树表明所有艺术和科学都来自人的精神活动。哲学是树干，神学只是占据了一个分支。狄德罗和达朗贝尔重新安排了认知的世界，也重新确定了人类的位置，并把上帝拒之门外。正如达恩顿所说，“他们知道改变对世界的看法是桩危险的事，所以他们躲在狡猾的托词、反语、对正统的虚假强调的背后。但他们并没有隐藏用以抨击旧宇宙论的认识论基础。

相反，《百科全书》的‘绪论’就像一部简明的哲学史，把这一点说得很清楚，这部哲学史建立了哲学家的知识谱系，并且一方面打倒了正统托马斯主义，另一方面打倒了笛卡儿主义的新正统，惟独留下洛克和牛顿”。

因此，《百科全书》并不只是知识的汇编，而且更是一个哲学宣言。它的编纂者们用知识汇编的形式来掩护宗教、政治和社会观念的更新。惟有以观念更新为目标的知识才是他们所说的哲学性质的“百科全书知识”（Encyclopedism）。达恩顿说：“他们把这一策略当作使启蒙运动合法化的方法，因为《百科全书》编纂者认为他们的哲学等同于知识本身——即，有根据的知识，来源于理性和大脑的其他功能，而不是教会和国家宣扬的知识。他们暗示，传统的知识除了偏见和迷信外等于零。”①

正是通过强调知识的理性和思考功能，启蒙百科知识破除了对知识和权威的既有观念，这是一种深层次的，不显山露水的“异端邪说”。同样的异端邪说遍布全书各处，寻找它们成了一种捉迷藏游戏，当然不会在明处找到它们。《百科全书》的编纂者和撰稿人必须小心翼翼地对付审查，用各种“暗藏”和“伪装”的方法说自己要说的话，例如，在“基督教”这样的条目中塞进一些不敬的言论，或者在一些冷僻、荒唐的词条里暗示宗教，包括基督教的荒诞可笑，要不然就把敏感的内容放进不起眼的小字注释里。种种隐瞒的手法无非是为了避开审查官的注视，但也形成了启蒙所鼓励的一种特定的认知方式，那就是细心地从寂静中倾听你关注的声音，在字里行间察觉你在意的文字隐义。这就是人们所说的“弦外之音”。

① 罗伯特·达恩顿：《启蒙运动的生意》，第 7 页。

听话听声，锣鼓听音，这本身就是一种对“内行”的认知要求，对纯粹是外行或者漠不关心的人们，这种认知是不会起作用的。这样的认知策略是不自由的交流环境逼出来的，并不是最普遍有效的启蒙方式，但如果能有效，却也不失为一种理性思考的认知训练。《百科全书》的读者必须学会从混杂在似乎惯常的，有时相互矛盾的条目里的文字中披沙沥金，这与阅读孟德斯鸠、伏尔泰、卢梭的论著是不一样的。《百科全书》对法国君主专制意识形态的挑战比启蒙哲人的小册子要隐蔽得多，而且相当零碎。例如，狄德罗在“政治权力”中把国王的权威降低为是由人民的允许才获得的，霍尔巴赫（Holbach）在“代表”中宣扬一种资产阶级式的君主立宪政体，卢梭在“经济学”中提出《社会契约论》的一些基本主张，若古（Jaucour）在数十个条目中宣扬自然法理论，暗中挑战波旁王朝专制主义的意识形态。这些都是“明修栈道，暗度陈仓”的手法。

在压迫性的专制统治下，《百科全书》撰稿人们即使偶尔对君主制度有所批评，也一直是温和的。他们所批评的，与其说是当时法国的宗教和政治制度，不如说是妨碍知识进步和自由交流的思想体系的一些外部标识。后世的启蒙人士也会避开制度问题，而是只谈文化、文明、传统、全球化、现代化、后现代和后殖民等等，同样是启蒙话语所采取的一些话语策略。图书出版者也乐意利用那些符合他们利益的热点话题，有效地赢得图书市场。或许，这种“双赢”成功最吊诡之处在于，为了在市场上能够取得成功，启蒙者在商人们的协助和催促下会更主动积极地配合自我审查。这有可能让他们传播的知识成为缺乏批判锋芒，政治风险接近于零，而市场利润却能最大化的安全知识。

今天，我们把 18 世纪启蒙时期的《百科全书》当作一个启蒙政治生态的标本，从中看到一些至今仍有普遍意义的特征：最重要的是启蒙者的坚定意愿和不屈不挠的努力，这种启蒙工作的价值不在于它动机的无私，或者没有经济利益的考量，而在于其知识传播的实际效果。启蒙是一项讲究实效而非沽名钓誉的工作。《百科全书》以介绍新思想、新观念为己任，传播的不是立场中立的知识。今天，人们也许普遍认为，百科全书是或者应该是立场中立的知识方式，但是，18 世纪启蒙运动中的法国《百科全书》绝对是一个例外。莱恩斯（Martyn Lyons）在《西方世界的阅读与写作史》一书中写道："达朗贝尔和狄德罗的《百科全书》是欧洲启蒙运动的重要著作。与今天众多的百科全书不同，它的目的并不是立场中立地描述当时的知识状态。它当然包括讨论当时最新科学方法的文章，但它也是在以理性改革的精神，对旧制度社会和政治体制提出批评。当时的主要知识分子们都参与了这部百科全书的工作。"① 它的成功依赖于一些偶然的条件，其中有的在现代专制国家里已经几乎是不可能再现的了。很难设想，今天还会有像当年掌管法国审查机关的马勒泽布这样的人物。马勒泽布是一位正派、有教养的政府官员，认为自己的职责是扶持人才而不是压制舆论。他大力保护作家免遭政府的骚扰，而不是使政府不受作家的抨击。他本人就是一位接受过启蒙洗礼的人物，这样的官员在历史上绝对只能是可遇不可求的。

① Martyn Lyons，*A History of Reading and Writing*. Palgrave Macmillan，2010，p. 113.

第九章

启蒙知识的认知特征

启蒙的认知目标是让人们自己学会如何扫除愚昧、克服偏见、排除迷信，因为愚昧、偏见和迷信使得人无法成熟起来，无法成长为真正的“人”。愚昧、偏见、迷信在今天与18世纪一样有害，但它们的表现形式和生成原因却已经在今天这个互联网时代发生了变化，因此，启蒙首先需要知道的是，什么是互联网时代的愚昧、偏见、迷信。

18世纪的愚蠢是因为没有受过教育，今天我们看到的是受过教育，甚至高等教育的愚蠢；18世纪的无知是因为没有机会上学，没钱读书，今天我们看到的是上过学，读过不少书的无知；18世纪的偏见是信息闭塞，缺乏知识，今天我们看到的是互联网信息充沛，却因社交媒体信息“部落化”的偏见；18世纪的迷信是因为宗教狂热、听从教士和激情失控，今天我们看到的则是根本没有宗教信仰，但被深度洗脑的迷信，它不需要激情，而只是受本能的从众心理驱使，害怕因为政治不正确而被排斥在人群之外。一句话，到处可以看到上过学的无知、念过书的愚蠢、无激情的狂热、无信仰的迷信。

尽管愚蠢、无知、偏见和迷信的形态和产生原因发生了许多变化，虽然启蒙的任务变得更加复杂，阻力更加强大，但启蒙的认知目标并没有变。在变化了的或变化中的扫除愚昧、克服偏见、排除迷信背后，有一个坚定不移的目标，那就是求真，不是遵循任何现成权威的指引，也不是依赖传统、习俗、宗教或文化的陈规，而是依靠每个人自己的理性。这是启蒙知识的根本认知特征。今天，由于在我们的社会和生活中，虚假、欺瞒、奸诈、伪善、背叛、失信、谎语随处可见，成为一种新常态，启蒙的求真便还有一种克服个人的愚蠢、偏见和迷信之外的重建良好公共生活的意义。

1. 向权力说出真相

真实是对恶行最合理的反驳

对于启蒙所传播的知识来说，"真"本身是一种终结价值，不是为其他价值服务或支持其他价值的次等价值。一个政府或政府官员做了错事，不能为了维护其"权威"或"威信"，就隐瞒真相，更不能在有吹哨人提出批评的时候，对吹哨人横加迫害，打击报复。在一个真相被刻意隐瞒和掩盖、谎言在愚弄民众、欺骗在制造迷信、宣传在散播偏见的不良环境中，任何真相都会有启蒙的价值。

1734 年，英国在纽约州殖民地的总督威廉·寇斯比爵士（Sir William Cosby）控告《纽约新闻周报》创办人约翰·曾格（John P. Zenger），指控曾格对州长行为的揭露和批评是"诽谤"权威。寇斯比爵士名声很差，民众称其为"恶棍州长"。历史记载中的这位州长是一个"作恶多端、贪婪、妒忌、易怒、迟钝、没有文化、傲慢无礼"的家伙。曾格在他参与创办的《纽约新闻周报》揭发寇斯比的恶行，包括揭露寇斯比非法干扰民主党候选人路易斯·莫里斯（Lewis Morris）竞选的违法行为。尽管寇斯比非法干扰，莫里斯仍然赢得了选举。《纽约新闻周报》又如实报道了民众庆祝莫里斯当选的活动；接着又发表社论，揭发州长寇斯比钳制出版自由的可疑行为，更向民众说明出版自由的重要："失去出版自由之后，随之而来的将是失去更多的自由，因为出版自由是自由思想的主心骨。"

寇斯比忍受了周刊几个月的攻击之后，先是强迫《纽约新闻周报》停刊，然后又以“煽动叛乱和诽谤”的罪名控告曾格。控告的理由是，无论言论人所说的内容是否属实，若言论涉及损毁当局或政府的信誉，均应治罪。在大陪审团一再拒绝起诉的情况下，寇斯比强行命令法官必须开出法院逮捕令、捉拿曾格到案。1734年11月17日，曾格被捕，拘禁于纽约旧市立监狱，监禁了八个月之久。

在审判时，检察官告诉陪审员，曾格“是一个具有煽动性、常常传播错误和诽谤讯息的出版人”，曾格“恶劣而且恶意”地散布“诽谤、丑化、中伤”州长寇斯比和其他官员的消息，犯下了“诽谤罪”。诽谤官员之所以是犯罪行为，是因为这种行为破坏社会和谐。

1735年，来自费城的律师安德鲁·汉密尔顿（Andrew Hamilton）为曾格出庭辩护，他在为曾格的辩护中提出了一个在美国还从未有过的法理立场：事实是对诽谤指控的最合理反驳。这是一个了不起的立场，它宣告，只要曾格对总督大人的批评是真实的，是有据可查的事实，而不是捏造的，那么，他便无罪。在今天看来，这似乎是一个凡是有理性的人都能接受的辩护理由。但在1730年代，这可是一个前所未有的启蒙时代的新观念！

真实是一件好事，这似乎人人皆知的，不用多说的道理。因此，即使是一个骗子，也会要求别人对他说真话。没有人会明目张胆地提倡谎言和欺骗。因此可以说真实之善是一个自明之理。然而，也正因如此，主张真实的种种说法——“实事求是”“实践是检验真理的唯一标准”“讲真话”“实话实说”“事实胜于雄辩”——很容易成为空洞的套话和陈词滥调，也经常是言不由衷的口惠和虚伪说辞，甚至本身成为一个谎言。因此也就产生了对真实的犬儒主义，认为真实不过是一个虚幻的神话，根本不值得拿它当真。

启蒙反对并要求人们克服这样的犬儒主义，它坚持真实的理由是，一、真实有客观性，不是你有你的真实，我有我的真实；二、真实是好的认知规范，真实的知识比虚假的知识更能提升人的能力和幸福；三、真实是值得追求的目标，明白真实意义的人生，即使是痛苦的，也好过自我欺骗带来的快乐，一个痛苦的苏格拉底胜过一种快乐的猪；四、真实本身值得我们爱护，真实要求为它付出代价，如果得不到爱护，真实就会死亡。由此，人有说出真相的义务和责任，不应该加入沉默的大多数。①

因此，真实不只是关乎事实的真假之辩，而且关乎道德伦理的对错（善或不善，善或恶），关乎政治价值观的好坏（好或不好、优秀或不优秀），所以也关乎整体社会的良序或失序（用于区分“好的社会”和“不好的社会”）。真实首先要拒绝的便是关于真理的神话：“只有一个真理”“绝对真理”，或者存在一个“放之四海而皆准的真理”。在一个只有一个真理的地方，那个真理一定是谎言。因此，在真实中包含着一种有益的、积极的怀疑。它不是绝对的（一种什么都不相信的犬儒怀疑主义），而是有限度的。它有一个正面的预设：某种有效的真实是存在的，但被认可的真实也许不能揭示真实的全部，也可能存在讹误。

启蒙认识论的原则就是积极而合理地怀疑，然后进行严格验证。任何知识在被接受为“真”之前都必须经过理性的验证。“真”是探究和确认知识可靠性的原则和方法，但不是知识最后确定和正确无误的担保。经过验证的知识仍然有可能会是错误的，因为并不存在

① Michael P. Lynch，*True to Life*：*Why Truth Matters*. Cambridge，MA：The MIT Press，2004.

一种超然于人的理性的客观正确方法，无论是演绎还是归纳的方法，不管多么科学，都可能产生错误的知识。所以理性必须在知识的每一个环节中发挥作用，不断地检验理性自身的可靠性和有效性。理性拒绝单一的大写真理，坚持知识对每个具体事物或具体问题判断中的真实价值。这也就是美国历史学家和公共知识人托尼·朱特（Tony Judt）在他的思想自传《思虑 20 世纪》中提出的“关注小真相”。小真相针对的是不公不义的社会现象、生活中的阴暗面、被隐藏或扭曲的真相、民众权利被侵犯的事实、公权力的失责、生存环境的破坏和危机等等。他们以知识根据和真诚之心来揭示这些真相，而不是主张或宣扬某种“更高的真理”。[①]

顽强、巧妙地说出真话

在真话不容直说的不自由状态下，对具体的事件追究真相，有所发现并说出真话，是一件困难而有危险的事情。人只有在能够安全地，不危及个人利益的情况下才会说真话（只有极少数人才会不顾一切地讲真话，但很快就会受到教训）。讲真话不一定讲得对，讲真话就是讲心里话，是“诚实”“真诚”和“言行一致”。在一个公民言论权有保障的社会中，人们可以怎么想就怎么说，当然不能伤害到别人。如果一个社会缺少这样的制度条件。言与行、文与思的距离相对来说就会更大，“见人说人话，见鬼说鬼话”、“揣着明白装糊涂”，或言不由衷，便是常有的事。

当知晓真相、拥有真相知识的人们向社会中其他人传播启蒙知识的时候，他们会触碰到专制政府和君王设下的思想禁忌，所以处

① 托尼·朱特：《思虑 20 世纪》，朱光恩译，中信出版社，2015 年，第 321—322 页。

境不安全，甚至会有人身的危险。因此，为了说出要说的话，他们发明了种种迂回婉转的方法，常用的手法除了“弦外之音”“暗渡陈仓”，还有倚重讽刺手法的“正话反说”“反话正说”，说出来的话经常与他们实际想表达的想法相反。孟德斯鸠的《波斯人信札》用“旁观者清”的手法，借一个外国暴君之口，揭露了法国的专制制度，将批评矛头直指权力无限的“太阳王”路易十四，因为无论在亚洲、非洲还是欧洲，君主专制都是一种“横暴的政治”。吉本在《罗马帝国衰亡史》中谈到宗教敏感问题，字面上都是溢美之词，但实际上明显是在批评。伏尔泰也是这方面的大师，他的“以毒攻毒”高级黑手法更是一绝。

例如，他于 1764 年发表的《哲学辞典》（Pilosophical Dictionary）就是批评方式机智有趣的读物。这本辞典的大部分内容基于宗教和哲学概念，简要论证了宽容和正义的主题。看到辞典目录时，可不能望文生义。例如，在“中国教义问答”一节中伏尔泰以对话的形式探讨了道德和宗教的关系，却一次也没有提到中国的教义问答。他认为《百科全书》体例简直就是天赐的礼物，作者可以在许多不同的条目中用匿名的方式发表不同的短文，不需要有中心思想，看上去只是知识介绍，相当安全。伏尔泰善于讽刺，例如，在《亚伯拉罕》（Abraham）一文开篇列举了好些亚洲和阿拉伯的神秘人物，其中包括亚伯拉罕本人。接着，伏尔泰假装恭敬地说，《圣经》“自然是由圣灵自己编写的”，这是多么幸运的事，我们没必要怀疑亚伯拉罕是否真实存在，毕竟妄加怀疑可是件惊世骇俗的事。伏尔泰没有明说亚伯拉罕是一个虚拟的神话人物，而是隐约暗示“如果我们遵循近代历史书中所述的分析方法，那么就很难相信《圣经》中的亚伯拉罕是真实存在的”。[①]

伏尔泰善于运用明捧暗损、借力打力的手法，用暗讽的故事攻击他最痛恨的敌人，即法国那个道貌岸然的教士阶层。盖伊的《启蒙时代》里有许多生动的例子。[②] 1750 年初，教会大会重申了他们的一贯立场：教会不属于现世，声称教会的财产属于穷人，不允许世俗之手触碰，否则的话，人们出于对教会爱戴的奉献就会变成强行纳贡。作为回应，伏尔泰写了一系列诙谐的讽刺寓言。在《克什米尔城的装饰》（*Des embellissements de la ville de Cachemire*）中，一位印度哲学家造访土耳其，在那里看到“大约 20 只漂亮的两足动物”，“两足动物”显然是指教士。哲学家问一个皇宫卫兵，土耳其究竟有多少这样“结实的大家伙”？卫兵回答说：“将近一万只不同种类的。”想必他们是很好的工人，印度人若有所思地说道：“我真想看看他们手拿铁锹、泥刀和曲尺的样子！”卫兵补充说：“他们都是大圣人，不干活。”那么，他们都做些什么呢？“他们赞美、吃喝和消化。”卫兵回答说。“对国家多么有用啊！”印度人说。

在《罗马宗教裁判所圣部反对题为关于廿一税的信的敕令摘要》（*Extrait du décret de la sacrée congrégation de l'Inquisition de Rome*）中，伏尔泰虚构了一道教皇宗教裁判所的敕令，惟妙惟肖地模仿了浮夸空洞的官腔：“反基督者已经降临。据说反基督者已经发出若干封通函给法国的主教们，竟厚颜无耻地称这些主教为法国人和国王的臣民”，还企图证明“教士是国家的一部分，而不是确认他们是国家的主人”。伏尔泰从不反对使用夸张手法，这份宗教裁判所

① 吉隆·奥哈拉：《人人应该懂的启蒙运动》，牛靖懿译，浙江人民出版社，2018 年，第 48—49 页。

② 以下文献引自《启蒙时代》，下卷，第 437，438 页。

的赦令继续说道，反基督者竟然建议“收入占全国三分之一的人应当把至少三分之一的收入贡献出来。他似乎忘了，我们的弟兄生下来就是拥有一切并且只进不出的”。

伏尔泰不仅把诙谐的小讽刺转化为严肃的政治话语，而且巧妙地用政治正确的“王权论”来掩护他对教会的攻击。这种手法简直就是我们今天所熟悉的“高级黑”。他像是完全站在国王的立场上一样，义正词严地声称，“一个国家不应有两个最高权力”。伏尔泰坚持说，这条公理是健全的政治思维所提出的，并被历史所证实的。“君主政体的欢乐年代是亨利四世晚年，以及路易十四和路易十五时代，这些国王都是自己当家做主的。”就在用国王权力打击教会的同时，他又摆出一副虔诚基督徒的姿态，他说，教士值得尊敬，但不应享有权威。不幸的是，法国教会混淆了“精神权力与世俗权力的区别”。就像其他公共机构一样，法国的教会必须要服从最高统治者：“君主是一切教会法规的绝对主人，没有任何保留条件，因为这些教会法规也是政府的一部分。正如父亲作为一家之主，有权指定老师给子女上课的时间和课程，君主也有权在哪怕最细枝末节的公共秩序问题上对全体神职人员发号施令。”在 1750 年，这就意味着教士“对国家开支的贡献应当与其收入成比例”。伏尔泰说来说去，都是在攻击教会不用纳税的特权。

为了打击教会，伏尔泰借助国王的力量，用的是一种未必真有效的“明修栈道，暗度陈仓”的手法。然而，国王并不想也不敢得罪教会，所以还是让教会享受不纳税的特权。1750 年 8 月，伏尔泰在波茨坦悲哀地写道，他努力“维护国王的权利。但国王却不在乎自己的权利是否得到维护”。国王有负众望，但国王也是法国惟一的希望。在专制制度中，无论是用借力打力来分化，还是用高级黑来批评，这样的手段并不能产生实质性的政治效果，但也并不能说是完全没有意义。教会和贵族的特权是影响法国大革命的重要因素，每一次揭露，不管用什么方式，都是在增加社会政治改革的压力。同样，今天网络上各种巧妙的讽刺、挖苦、正话反说、反话正说、高级黑也在发出不满和批评的声音，这本身就是在向权力说出真相，这样的声音能让那些因为害怕而躲藏在沉默中的个体不再感到孤单。如果他们彼此寻找到这样的真实声音，那么他们在心理情感上就能形成了一个共同的发声群体。

2. 什么是易于传播的启蒙知识

在不自由的知识和写作环境中，启蒙哲人为了表达自己的思想，不得不在写作策略上费心思，走偏锋，出奇招。首要的一个原因就是因为启蒙知识从根本上说是政治性的，而且必然会招惹专制权力的猜疑和敌意。莫尔内在《法国革命的思想起源》一书里说，“实际上，18 世纪的全部启蒙思想都与政治相关”，“启蒙哲学和政治，思辨和行动纵向互相作用的，即便有时候我们看不到它们的公开结合”。① 启蒙思想为那些关心政治、关心社会变革的人们提供了谈论政治，评论时事，表达不满和求变心情的语言和价值观。18 世纪的法国旧制度的任何一个时期，即使是在出版审查最严厉最有效的时候，各种扩散民众不满的小册子也还是在顽强地传播。一方面，不

① 达尼埃尔·莫尔内：《法国革命的思想起源》，黄艳红译，上海三联书店，2011 年，第 402、403 页。

满能产生共鸣，有吸引力，难以有效禁绝；另一方面，阴暗丑恶的公共事件不断发生，助长了民众的不满，不断引发各种议论。

启蒙的知识传播策略

早在古希腊时代，柏拉图就已经指出，哲学家在危险的处境下，会用“隐蔽的话语”来说话，只有同道中人才能领会其中的奥秘意思，对话就是这样一种便于暗藏“把戏”的话语形式。赫伊津哈说：“按照亚里士多德的说法，埃里亚的芝诺（Zeno）是第一个用问答形式写对话的人，这一形式对麦加拉学派（Megarian School）的哲学家和智者而言是很奇怪的。它必须利用一些技巧才能制住对手。”[①] 制住对手也抓住读者。启蒙哲人也善于发明论辩技巧和手段，当我们发现他们像是苏格拉底和柏拉图那样使出种种技巧和手段的时候，重要的问题不是究竟有哪些技巧和手段本身（这些并不能照搬模仿），而是为什么有必要这么做。

在不自由的写作有危险的环境中产生的作品经常会因为需要将思想深藏不露，而成为意义晦暗不明的作品。因为不能畅所欲言，作者要么是独抒心意，要么只是对少数知己倾诉，他的写作成果因此成为只有极少数读者才能窥视其隐微含义的作品。陈寅恪的诗作就是这样，余英时在《陈寅恪晚年诗文释证》增订本序中说，陈先生“一生与政治毫无牵涉，但就其为中国文化所化而言，则可以说是王国维以来一人而已。《论再生缘》中并无一语及于现实，然而弦外之音，清晰可闻：中国文化的基本价值正在迅速地随风逝去”。遗憾的是，这样的“弦外之音”也许能勾起读者的同情，但不可能产

---

① 约翰·赫伊津哈：《游戏的人》，第 167 页。

生有意义的社会和政治批判。

18世纪启蒙哲人不是这样的作家，他们需要避祸，但更需要以读者能读得明白的方式发出自己的声音，说出自己的想法。于是，我们看到了一种似乎是矛盾的写作方式：一方面，他们为了躲避或防范教会或政府的政治审查将一些真实的思想藏头露尾，乔装打扮，对一些重要的问题旁敲侧击；另一方面，在对读者表述思想的时候，他们尽量采用有趣、生动、清晰的话语方式。虽然他们的作品不能说是我们今天所熟悉的“大众写作”，但不难发现，在他们最常运用的三种启蒙话语形式——历史、文学、随笔式论述中，大众写作的手法却相当鲜明：说故事、警句和格言、形象鲜明、理论约简、巧用比喻（比拟、类比）、避虚就实、多用具体的例子、诉诸常识和直觉思维，等等，这样的写作手法有助于刺激读者的想象和联想思考，让他们在阅读中能够举一反三，自己进入启蒙需要的那种“想明白”的状况。而这正是我们今天人文阅读和人文启蒙想要取得的“开窍“效果。

这样的启蒙写作不是我们在理解“向权力说出真理”时经常理解的那种“隐秘反抗”，而是一种公开或半公开的“舆论造势”。它虽然受到限制，但并不是地下写作，它的策略是迂回而不是隐藏，是巧说而不是晦涩，这是一种实践理性的写作：机智、克制、敏锐、审时度势。这样的写作清醒但不犬儒，戏谑但不油滑；不一本正经，但也不哗众取宠。这样的文字特征使得启蒙写作有别于我们今天在网上常见的那种来自底层的隐秘反抗，那经常是一些文字的感情宣泄：愤怒、暴戾、尖酸刻薄、愤世嫉俗、污言秽语、散布谣言，看上去很痛快，很俏皮，但经常流于油滑和浅薄。

耶鲁大学政治学与人类学教授詹姆斯·斯科特在《支配与抵抗的艺术——隐藏的文本》（*Domination and the Arts of Resistance*:

Hidden Transcripts）一书将这种底层的隐秘反抗称为“难以捉摸的政治行为”，是从属群体因其苦难和被压迫而创造出来的“隐藏的文本”，表现为一种在统治者背后说出的对于权力的批评。

无论是对公共议题的论述，还是在历史或文学著作中对权力提出批评，启蒙的话语都不是在统治者“背后”发声。启蒙既然是一种公共话语，就不可能藏在暗处，而是必须在明处用作家们认为是“合适”的方式来说话，包括“说谎”。

早在1709年，沙夫茨伯里（Shaftesbury）——他所处的英国环境要比法国启蒙哲人宽松得多——就指出：“如果人们不能直言不讳地谈论某些问题，他们就会用讽刺的方式来表达。如果人们被彻底禁止谈论这些问题，或是认为谈论它们要冒极大风险，他们就会把真实想法深深隐藏起来，用故弄玄虚、难以索解的方式来表达。”[①]这当然不是启蒙哲人想要的，他们最希望得到公众的理解。他们之所以旁敲侧击，绕着弯子说话，完全是迫于当局的压力。18世纪，达朗贝尔、孔多塞、布丰和狄德罗等诚实的人都曾为出于自我保护的谎言作过辩护。伏尔泰1736年时说过一句名言：“谎言只有在作恶时才是邪恶的，为善时就是一种莫大的美德。所以，让我们的美德超过以往任何一个时候吧。要像恶棍一样说谎，面不改色、脱口而出、不以为耻、绝不松口……说谎吧，我的朋友们，说谎吧。”[②]

从伏尔泰的这番话里不难看到他对说谎对象的敌意，在一个不能自由说话，不能说真话，不能实话实说的环境里，言论限制与反抗之间的对立和敌对是不可避免的。哲学家和伦理学家西西拉·包

① Anthony A. Shaftesbury, *Characteristics of Men*, *Manners*, *Opinions*, *Times*. 1711. Vol. 1, p. 50.

② Voltaire, *Voltaire's Correspondence*, Vol. 5. pp. 286 - 287.

克（Sissela Bok）在《说谎：公共生活和私人生活中的道德选择》（*Lying*：*Moral Choice in Public and Private Life*）一书里有专门一章讨论“对敌人说谎”的问题。她指出，对敌人说谎有两个目的。第一个目的是迷惑敌人，让敌人觉得你很强大，不敢招惹你，或者觉得你没什么大害，所以放过你。1929 年 12 月 4 日，鲁迅到上海暨南大学作了一次演讲，演讲的题目是《离骚与反离骚》，他就说，“当皇帝的权力强盛时，发牢骚也须变更方式”。第二种目的就是用说谎作为计谋来打败敌人。伏尔泰说的“说谎”是一种自我保护的手段，不是显示自己的强大，而是伪装成“无害”，不可能以此来打败教会和国王，只希望能以此应对言论限制。

伏尔泰在《哲学辞典》“寓言”（Fable）条目中说，寓言这个说话的方式是“亚洲最初被征服的民族”所发明的，“自由的人们倒不一定经常需要隐匿真情实意；可是对一位暴君讲话，却只能借助比喻，即使这样转弯抹角，也还有伴君如伴虎之嫌”。① 启蒙作家在写作中“说谎”，不是说假话，而是变着法子说真话，主要是绕着弯子说话：正话反说，反话正说、半真半假、插科打诨、装糊涂、高级黑。千方百计，最终的目的还是为了对抗对真话的压制。他们认为，为了这个目的而使用“不诚实”的手段，在道德上并不违背“公平”的原则，因为这是压制在先，反抗在后，纯粹是为了自我保护。休谟在《道德原则研究》（*An Enquiry Concerning the Principles of Morals*）中说，在“对敌说谎”时，如果敌对一方被认为是“邪恶”“卑鄙”，那么说谎就会得到公众的同情，被认为是一件正当的事情。18 世纪的读者显然是同情伏尔泰主张的那种说谎的。

---

① 伏尔泰：《哲学辞典》，第 498 页。

如何争取读者的理解、同情和认可，事实上也成为对启蒙者“审慎”（prudence）能力的一个考验。

审慎的判断和知识传播

启蒙是一种必须有策略考量的知识传播，它的原则是 prudence，这是一个很难翻译成中文的古代智慧和美德概念，这里姑且翻译为“审慎”。这个词源于拉丁文的 prudentia，意为“远见，睿智”，通常与智慧、洞察力和判断力相关联。这样的审慎有别于人们常说的那种胆小、怯懦的“谨慎”。

在民主法治的国家里，政治权利是一切权利（社会、文化、性别、族裔、儿童）的“权利之母”。没有政治权利，一个公民就失去了争取其他任何权利的权利，其他的所有权利只能等待别人恩赐，不再是人们可以自己争取的权利。同样，审慎被称为“美德之母”，因为审慎是所有其他美德的成因和尺度。审慎因此被称为美德马车的“驭者”（auriga virtutum）。

在希腊人和古代基督教哲学家那里，说一个人有高尚的精神，是指他拥有自由意志和不凡智力，审慎是一种能使一个人的高尚精神和卓越才能“臻于完美”的能力。这样一种人文理想在文艺复兴的时候影响了人文学者们的“全人”观念，也影响了我们今天的人文教育理念：人不能糊里糊涂地苟活一生，而是要活出人生的意义和价值。人并不是一生下来就懂这个道理，而是必须接受能够使人“成人”的教育，这种教育便是人文启蒙，不全是来自读到的书籍，而是包括他自己的经验、学习到他人的经验、见识到的事情、社会生活中的交流和参与。

对于人文启蒙的知识来说，审慎意味着什么呢？首先，审慎是一种实践性的智慧。在亚里士多德的修辞论中，审慎既不只是一种“知识”（episteme）也不只是一种“技巧”（techne），而是一种能够兼顾偶然性、变数和不确定因素的权衡能力。西塞罗在论述审慎时，把长者的审慎与年轻人做事不顾后果的“不审慎”做了对比。审慎意味着知道什么时候说什么话，什么时候保持沉默，用什么方式说话或沉默，这样才能算是具备智慧（sapientia）。放到今天来说就是，说话要看时机和条件，人要说真话，但不是不顾一切后果地说真话，在不能说真话的时候就不要说话，不要随众说假话和谎话就好。西塞罗认为，审慎只能通过经验来获得。

作为“美德之母”，审慎的作用是防止“过度”和“偏激”，以收到美德的成效。因此，审慎对其他美德有指导的作用。没有审慎，勇敢就变成了鲁莽、怜悯变成软弱、谦虚变成伪善、信仰变成狂热、自律变成自虐。同样，没有审慎，启蒙传播的自由就会变成放纵和自以为是、怀疑变成虚无和犬儒、理性变成顽固和不通人情、宽容变成软弱和没有原则、人道变成滥情和多愁善感。

启蒙倡导的价值不只是为了让人们有某种想法或情绪，而是为了能在具体的情况下有与启蒙价值一致的行动。启蒙的基本价值是自由、理性、宽容、人道，但这些都不是抽象的教条原则，而是在具体环境下采取行动的方向。你热爱自由，就要反抗外来对自由思想的钳制；你有自由人的主体意识，就应该对事物作出自己的判断，而不是依赖任何形式的权威来给你做决定；你接受了宽容的观念，你就会要求种族和宗教的宽容，也要求政治的宽容；你对理性有了了解，你自己会运用理性思考的方式，还会理性地去理解别人不同的理性思考方式；你有被公正对待的要求，就会要求所有其他人也受到公正的对待，在不公不义的事情发生的时候，你不会袖手旁观，默不作声。正是因为启蒙传播的知识会有行为的后果，启蒙才成为一种推动社会改革的力量。

审慎的人文启蒙必须避免狭隘的教条和僵化的理论观念，惟有如此，才能成为一种开放的，有价值坚持又有行动意愿的知识传播。审慎的实践性还表现在它是一个成长的过程。文艺复兴时期意大利画家提香（Titian）有一幅题为《审慎的寓言》（*Allegory of Prudence*）的名画，他把审慎描绘成由人类历史或经验的三个阶段所组成："准备""远见""判断"。提香的画作是三张人脸连在一起的组合。右面是一张年轻的脸，朝向东方，金黄的头发，明亮而有朝气；中间是一张正面的中年人的脸，黑胡子黑头发；左边朝向西方的是一张老人的脸，在变暗的光线中白发白须。他们头顶上有一行字淡淡的题词："从过去开始，当下谨慎行事，以免破坏未来的行动。"审慎是在人类历史中积累的经验、远虑和判断能力。我们今天的启蒙也是在前人经验的基础上，为当下努力，并希望有益于后人。

启蒙需要审慎，因为启蒙需要对其知识传播的具体环境和条件有所认识，知道有什么限制，对象是谁和有什么特点、怎么说话才能让他们能听得进去，等等。启蒙只有先知道这些，才能对所需的方法和途径做出判断，有所决定。

启蒙有太多它无法控制的条件因素，不能想怎么做就怎么做。启蒙需要知道在当下如何行动，关键是要知道如何在适当的情况下以适当的办法，适量地做适当的事情。启蒙很重视对的事情，也希望能够做到最好，但它做事的方式却不是完美主义的。启蒙的现实的条件（包括它自身的知识条件）是有限的，它是有多少条件就做多少事情，虽然不能完美，但总比不做要强。而且，启蒙也知道，任何人都不可能因为启蒙而一下子变得完美。变得成熟是一个美好的愿望，但那是人一生追求的目标，不可能毕其功于一役。

启蒙的知识传播是在特定环境下，有特定变革目的的公共行为，改革的意向可能触犯权力的利益，也会引起一些民众的不安、担忧和疑虑。这些都会成为启蒙的现实阻力。启蒙因此也更需要具备实践性的智慧和判断力，这样才能思前顾后、考虑周到、审时度势、把握时机，在变化和不确定的环境中随时调整自己的策略和行为方式。

在禁忌重重，不能直言的情况下，启蒙的批评尤其需要适当节制，点到为止，言犹未尽地让读者自己去领会话中的含义。还可以用转述或引用经典的办法，让古人或他人来说你自己不便说出，或不能说出的话。对那些本来就对启蒙知识兴趣不大的读者，需要用幽默、机警的箴言或美文，或者用生动的故事来吸引他们，深入浅出地把他们带进他们不熟悉的思想和观念世界。

审慎启蒙会低调行事，避免提出激进的建议，说话有理有情，不要咄咄逼人，也不要筑起堡垒自我防御。在作出批评或建议的时候，应该诉诸事情有关各方面的自身利益，而不是站在道德高地上以正义使者的口气说话。更要紧的是，不要自说自话，无的放矢。例如，当下有人倡导柏克的“保守主义”，就欠缺启蒙所需要的那种审慎。柏克要保守的是英国式的自由，在从来没有过这种自由的地方，谁能保守自己没有的东西？空谈保守主义，只怕让会有的人有了保守你害怕和痛恨的东西的理由。又有人带纳粹极权主义到启蒙理性那里去认祖归宗，但倘若这二者之间真的有血亲的关系，我们又用什么去对抗纳粹极权？

便于概括的一般性知识

易于传播的启蒙知识是一般性质的知识，是一种能够概括的知识，但并不是一种非要用专门术语或抽象理论来概括的知识。例如，美学中有关于什么是美的概念争论，这样的争论其实无助于一般的启蒙知识传播。伏尔泰在《哲学辞典》的词条“美”（Beau）中，用浅显易懂的语言俏皮地写道：“请您问一只蛤蟆什么是美、伟大的美……？它必然会回答您说，就是它那只小脑袋上有两只凸出的大眼、扁平的大嘴巴、黄肚皮、赭脊背的牡蛤蟆。请再问一个几内亚黑人：他必然会说，在他看来，美就是油光闪闪的漆黑皮肤，一对深凹的眼睛，塌鼻梁儿。再问魔鬼，他必然会跟您说美就在一对犄角、四只爪子和一条尾巴上。您再去请教哲学家们：他们必然会用一套支离破碎的说法来答复您；其实他们不知什么是‘最美’，什么是美的本质，美的规范。”①

伏尔泰特别嘲讽地建议拿这个问题去请教哲学家，说他们会用术语来回答。这也许就是“哲学家”和“哲人”在概括方法上的不同，哲学家的理论概括必须出于严格的推理，不在乎一般读者懂还是不懂；但启蒙哲人的概括是为了让读者把握要领，而不是迷失于细节，把握了要领就能通过问题的联想，自己举一反三，对读者来说，联想而得的思考比引发联想的原创知识更为重要。

只有能满足读者具体需要的知识才是易于传播的启蒙知识。有的读者对知识本身感到兴趣，但是，启蒙传播的并不只是令人感兴趣的知识，启蒙是那种令人感兴趣并能促使人有不同行为的知识。所以，从本质上说，启蒙是一种热衷于改革，希望世界变得更好的

① 伏尔泰：《哲学辞典》，第 211 页。

知识。这样的启蒙，它所传播的知识毫不掩饰它的价值观（是否正确，是否被认可或赞同是另一回事）。这和讲究“客观”“科学”的专业或专门知识是不同的。

人文启蒙知识具有综合的特征，启蒙知识中有法学、政治学、社会学、心理学的内容，但与我们今天这些学科的内容相比，显示出一种人文思考的交融、混合和边界不明特点，用今天的话来说就是“跨学科”和综合人文思想的特点。孟德斯鸠的《论法的精神》就是一个例子，这种跨学科的人文思考使得这部著作的论证显得相当简单，不可设想今天任何一部法学著作可以用这种方式来写作。孟德斯鸠使用的都是很老的材料，其特色在于他将别人已经知道的事情加以综合的方式。也就是说，尽管材料并不新鲜，但重新组织材料的视角和方式却富有原创性。直到今天，这仍然是启蒙知识的一个重要特征：它的功能不一定在于发现前人从未发现过的原创知识，而在于从特定需要出发，重新组织有用的知识，并以一种富有启发的方式表述出来。

这样的知识是很容易被讲究“体系”的“专家”“学者”吹毛求疵的，但却是一种必要和有效的启蒙知识传播方式。《论法的精神》虽然没有明晰的体系，也未能澄清或调和学术体系所依靠的演绎和归纳逻辑，但对一般读者来说，他的论证已经足够清楚。就启蒙知识的传播而言，足够清楚就行，超过了足够就是繁琐，就会让普通读者产生理解的疲劳，反而会对他们的知识兴趣有不利的影响。对于启蒙知识传播来说，关键不在于它的政治哲学、法学、心理学、历史学具体内容——这些内容虽需要可靠，但不需要用“体系”来呈现——而在于知识的性质、目的和方法。

启蒙的知识不是干巴巴的说教，事实上，18 世纪启蒙哲人就算是在论述专门的知识——孟德斯鸠的法学、斯密的经济学、休谟的人性论、伏尔泰的历史学、莱辛的美学——也都是文采斐然。孟德斯鸠不仅是法学家和社会学家，而且还是历史学家、小说家和评论家。伏尔泰同时是历史学家、社会和宗教评论家、小说家、科学普及者。休谟和斯密也都是跨越多种人文学科的"道德哲学家"。

在启蒙哲人们那里，"文采斐然"不是去刻意打造修辞或风格，而是文、史、哲自然融为一体的，它是理性的，也是激情的，既是知识性的，也是济世诲人的。启蒙作品的知识与其说是跨学科的，还不如说是难以用学科知识来界定的。启蒙的作者更是这样，他们自视为"哲人"，也被世人如此看待，并不是因为他们每个人都是康德或黑格尔那样的哲学家，而是因为他们的思考是一种不能用学科知识或方法设界的"哲思"。

18 世纪的启蒙"哲思"对我们今天的启发是，在知识和学术活动中有两类人能够成为优秀的人。一类是能够在某个领域或专业中执著前行的人，他们心无旁骛，除了自己的专业什么都不会，也不愿分散他们的时间和精力。另一类人除了专业优秀，别的也相对优秀。更重要的是，他们除了关心自己的优秀，还关心别人和社会的优秀，他们会成为专业的批评者和社会的启蒙者。

启蒙的知识与专业的知识是不同的，启蒙的知识不是要建立体系，而只是阐述原则，他们对政府或制度的建议也是如此。斯密的《国富论》被视为现代政治经济学的奠基作品，但却并不是为了建立一套独一无二的经济学"理论"。它的论述目的是很实际的，是要让政府退出而不是介入经济，他的论战矛头主要对准他那个时代残存的重商主义管制措施，与马克思《资本论》那样的制度批判是不同的。斯密的经济自由主题还包含一些今天人们认可的基本价值观：

社会关系中的同情和人道、市场经济所代表的那种自由选择权利、人决定自身命运的自主权利，还有，哪怕是最贤明的政府也无权充当人民的监护人。

对此，他的名言是，“国王们和大臣们最粗暴最专横的行为，莫过于装作要监督私人的经济，要限制他们的支出，或是通过取缔奢侈行为的法律，或是禁止外国品的进口”。斯密许多广为人知的名言也都是这样在论述中随机产生的：“我们会经常发现，在世界上具有伟大人性但是却缺乏自我控制的人，在追求最高荣誉时，一旦碰到困难和危险，就懒惰，犹豫，容易沮丧；相反，我们也常常发现能够完善地进行自我控制的人，没有任何困难可以吓倒他们的勇气，没有任何危险能够惊骇他们，但同时，他们对有关正义或人性的全部感觉似乎无动于衷”，“我们不能因为肉贩，啤酒商或面包师的善行而获得晚餐，而是因为他们看重自身的利益”。

这样的结论之所以成为“名言”，乃是因为它们是基于显见的经验事实的概括性结论，而且是以一种显而易见的全称句式来表述的。启蒙哲人酷爱概括，概括是对零碎、主次无序的经验进行的一种整理。他们也偏好一些听起来“科学”的普遍结论。启蒙知识的传播不仅因为其世界观是世俗的，以事实为基础，而且还因为启蒙满怀信心地寻找一种“科学”的普遍性，它致力于把知识转化为有益的社会行动，相信人道与实用的知识共用是并行不悖的。这样的知识要在人的理性和德行之间建立一种特殊的关系，为了对行为有指导效能，而尽量避免抽象的理论。抽象的理论对一般人缺乏说服力，所以最好是用具体而熟悉的经验实例来说明普遍性的道理。最好的最方便的办法就是说故事，或者在论述中插入相关的往事、轶事、趣闻和解释性的类比。

18世纪的启蒙作品大都不是普通人害怕的那种沉重的学术读物。启蒙哲人虽然也有大部头的著作（如斯密和休谟的作品），但更多的是写作“小册子”，卢梭的《论人类社会不平等的起源》《社会契约论》都不过是小册子，孟德斯鸠和狄德罗也都写过许多小册子。伏尔泰的小册子更是种类繁多，包括历史、对话、信件、教理问答、斥责、讽刺、说教、诗歌、故事、寓言、评论和散文，他用几十个笔名写成这些小册子。美国历史学家和哲学家威尔·杜兰特（Will Durant）赞叹道：“哲学从来没有讲得这么清楚和生动过。伏尔泰写得太好了，人们都没有意识到他是在写哲学问题。他却非常谦虚地说：‘我很清楚地表达了自己，我就像一条小溪，非常透明，因为它本来就不深。’所以大家都读他，不久，所有人，甚至包括神职人员也都开始读他的小册子。……伏尔泰说：‘大部头的书已经不受欢迎了。’他继续日复一日地，坚持不懈地派出他的这些小兵，令世界惊叹于他的思想的丰富和七十年来积攒的伟大力量。正如爱尔维修所说，伏尔泰穿过了卢比孔河，站在了罗马前面。”① 一条小溪，非常透明，因为它本来就不深，这也可以用来作为大多数启蒙读物的一个比喻。

3. 启蒙知识与人文思考的联想

人文启蒙的阅读包括两个主要部分：理解和联想。理解是对文本的释义而言的，也就是准确把握文本本身的意义，这样的理解必

① 威尔·杜兰特：《哲学的故事》，第189页。

须考虑到启蒙作家在特定环境，尤其是不自由的环境下所进行的那种写作，它包括字面的“表层意义”和可以最后形成“观念”的“深层意义”。

在理解的过程中，应该注重对于自己有益的，有启发的部分，尤其是观念部分，不要忙着找缺点，挑毛病。你不同意的部分，可视作与你无关，不去管它就可以了，不必挑出来证明自己的高明。这样更可能做到开卷有益。《韩非子》里有一个故事：“鲁穆公问于子思曰：‘吾闻庞氏之子不孝，其行奚如?’子思对曰：‘君子尊贤以崇德，举善以观民。若夫过行，是细人之所识也，臣不知也。’子思出。子服厉伯入见，问庞氏子，子服厉伯对曰：‘其过三。’皆君之所未尝闻。自是之后，君贵子思而贱子服厉伯也。”开卷有益与子思的为人是同一个道理。

人文阅读把握表层意义可以通过仔细阅读文本，但领会深层意义必须通过阅读和思考而得到的理解。理解是一种概念化的意义把握，对某一事物有所理解，指的是对它已经有了一定程度的抽象和概括，并能用某种概念的语言来做表达或陈述。概念化理解的结果便是“观念”（idea）的产生。需要通过某种“观念”，才能在不同事物之间形成联想。为什么不同的事物会有“相似性”呢？那是因为它们在我们的理解中能引发同一个或类似的观念。

理解、联想和观念

在启蒙性质的人文阅读中，形成理解的观念是至关重要的，否则阅读只是阅读，也许可以让你胡思乱想，但并不能产生合理的人文联想。观念是一些可以互相连接而系统组合的思想要素，阅读理解的一个方法就是发现作品中的这些思想要素和它们之间的联系方式，形成对作品的整体理解。例如，在理解约翰·史坦贝克的《人鼠之间》（*Of Mice and Men*）这个中篇小说时，便可辨析“友谊”“孤独”“梦想”这些观念（就文学而言则为文学主题），并将之互相联系。这需要阅读经验，开始需要有经验者的指导，但主要靠自己不断学习和自我训练，将普通阅读提升为有效阅读。

阅读哲学、历史、政治哲学、社会学等著作时则需要辨析另一类观念：自由、责任、义务、民主、权利、实证法、社会法、自然法、公民、意识形态、公正、正义、宽容等等。不同文本中的现代观念资源有富矿和贫矿之别。开采和提炼观念之矿，最重要的是找到富矿，而不要太在乎矿出于哪个区域的人类文明。炼钢、炼铜选用外国的富矿而不用本国的贫矿，对待现代观念为什么就不可以这样呢？有的文化缺乏现代精神，而成为现代观念的贫矿文化，应该以实事求是的精神来对待这样的现实。人文启蒙特别注重希腊、罗马、文艺复兴，启蒙运动的经典，就是因为在那里可以找到丰富的与现代观念有关的思想资源。

启蒙运动时期的作品对于运用现代人文观念来思考具有特别明显的富矿意义，不是直接套用，而是通过灵活而合理的联想。伏尔泰创作的哲理小说就是这样，特别诉诸读者的理性联想。哲理小说是伏尔泰为表达启蒙主义思想而创造的一种独特的艺术形式，它们一般都是以滑稽的笔调，通过虚构的故事影射、讽刺现实，并阐明某一哲理。据法国《七星丛书》搜集，伏尔泰一生共写过二十六部哲理小说，其中大部分是中短篇，约占他全部文学著作的十分之一，其中最有代表性的是《如此世界》《查第格》《老实人》和《天真汉》。

以伏尔泰小说《查第格》（Zadig）为例，为什么称其为“哲理小说”呢？难道不正是因为小说所包含的那种可以引发读者丰富联想的观念吗？读者可以在文本表层欣赏它古代东方的神话色彩和异国情调，也可以体会主人公曲折非凡的境遇，或者从风趣的故事叙述方式得到乐趣，但这些都是表面的。这个故事到底要说什么呢？这就需要我们对这个故事有概括性的理解。

故事里的查第格是一个善良正直的人物，他清心寡欲、理性睿智、知识渊博、遇事有卓绝的判断能力。他能从沙地上留下的足迹中，鉴别出母狗和御马的大小高矮，表明他的聪明才智确实过人。相比之下，国王身边的那些内监和大司马虽然声名显赫，但却是尸位素餐的无能之辈。但是，查第格的聪明才智并没有给他带来幸福，反而招致种种意想不到的迫害。他说出了母狗和御马的形象，但因为狗和马不知去向，就怀疑他是贼，是他偷的；狗和马都找回来了，还要他交出罚金。他写了四行打油诗歌颂国王，因石碑断开，诗意被歪曲，险些遭到砍头之祸。因为王后的拖鞋与他的拖鞋颜色相同，国王怀疑他有不轨意图，就要把他绞死。他为了救一个挨打的妇女，结果被罚作奴隶出售。为了救一个投火殉夫的年轻寡妇，自己几乎被活活烧死。凡此种种，归结为一句话，就是是非颠倒，行善得祸。那么，查第格的种种不幸遭遇，仅仅是他个人的倒霉命运和不幸，还有什么深层的意义呢？

不同的读者可以有自己的不同理解。一种理解可以是，这个故事要说的是，虽然做好事没有好结果，或者不一定有好结果，但却并不是一件没有价值的事情。尽管查第格的智慧和善良没有为他带来什么好处，但这并不意味着智慧或善良本身就没有意义。不过，智慧或善良确实不是一条通往幸福之路。一个人想要在是非颠倒的世界里避祸全身，或者至少得到内心的安宁，首先需要学会的是不要伤害他人，即使好人没有好报，也可以免除一些当恶人的苦恼："恶人终究是苦恼的，他们的作用不过是磨炼世上少数正人君子。"

从这样的理解，我们可以联想到自己生活世界里的善恶失序、智愚不辨、是非颠倒，如何在这样一个世界里安身立命，甚至设想追求自己的幸福呢？为什么还要在这样的世界里坚持做一个吃亏的好人，而不是得利的坏人呢？伏尔泰对这些问题给出的答案也许不能令我们满意，但这些问题却因为一代又一代读者的联想而获得了恒久的意义。

联想是在对文本理解的基础上，在同类或有关的事物之间建立"相似"的关系。人文启蒙的阅读主要是一种以"观念"为锚的联想。也许有人会认为，观念的联想起到的不过是一种类似"概念外延"的作用。这是错误的。

我们知道，概念有"内涵"和"外延"。概念是分类；内涵是分类标准；外延是符合标准的事物。例如"宠物"是一个类别概念，分类的标准（内涵）是接受主人的豢养，外延就是猫、狗、猪、蛇、龟、鸟、豚鼠，一切在宠物店里可以买到的动物。联想要比"概念外延"复杂和丰富得多。皇帝的宠臣、宠妃、御用文人、帝师、太监、侍女都是他的宠物，这是联想的结果，也就是人们常说的"比喻"和"象征"的意思。作为一个概念，象征或比喻意义上的"宠物"已经不能用它逻辑上的分类标准来概括。

人文启蒙的联想甚至比象征意义层次上的联想更为复杂，也更为深入，因为它比"外延"或者"象征"的联想都更加个人化，更加取决于联想者的思考和想象能力。人文启蒙的联想对人文阅读特别重要，也许可以说，没有这样的联想，也就没有真正的人文阅读。

这样的联想自古有之，我们阅读古希腊的悲剧或历史，要建立或依靠的就是这种观念的联想。这种联想有多重要，具有怎样的意义，取决于阅读者自己的问题意识和思考。例如，荷马史诗《奥德赛》里有一个塞壬（Sirens）的故事，塞壬是几个美丽的女海妖，她们居住在西西里岛附近海域的一座遍地是白骨的岛屿上，她们用自己天籁般的歌喉使得过往的水手倾听失神，于是航船触礁沉没。奥德修斯从女神克尔柯（Circe）那里得知塞壬的危险，他非常想听听她们的歌声有多么美妙，但他又不愿意让他的水手和船只遭受危险。所以他用白蜡封住了水手们的耳朵，让他们把他捆绑在大船的桅杆上。船经过塞壬的海湾时，奥德修斯果然为歌声疯狂，他大喊大叫，要水手们为他松绑，命令他们把船驶向岸边。水手们既听不到塞壬的歌声，也听不见奥德修斯的命令，驾驶着船安然度过了危险。

读了这个故事，你有怎样的联想呢？如果没有与你自己的问题意识有关的联想，那只是一个与你无关的有趣故事。这样的阅读不能称为人文阅读。休谟在《人性论》里讨论了联想（association）问题，一个人的联想是与他的“自我”（self）在一起的，他的联想对他来说是独一无二的（与别人的联想可能相同或相似是另一回事）。休谟认为，一个人的“自我”无非就是“一捆”（bundle）想法与经验，而“联想”就是那种能通过“相似”，把许多不同想法和经验联系到一起的认知原理。例如，你的“记忆”与那些你记得的人或事是相似的，你在阅读中理解的与你在自己日常经验中体会的，也是相似的。这样的联系让你有了一个可称为“自我”的你。这就是为什么一个人一旦失去记忆，就不再能知道他自己是谁了。消灭记忆因此成为一种极大的罪恶。

《奥德赛》里奥德修斯应对女妖塞壬的故事传递了一个“自捆手

脚”的观念，我们可以用这个观念来形成与自己生活经验有关的联想，例如，设计防止腐败的制度是一种预想防范、避免危险的“自捆手脚”；把权力关在笼子里，也是一种“自捆手脚”；用闹钟把自己从香甜的睡梦中唤醒也是一种“自捆手脚”。为了战胜自己的弱点，你必须先承认自己的弱点，决定捆绑自己，这是解决问题的唯一办法，之后才是如何捆绑自己的手脚。

用自行捆绑手脚的办法，我们可以把诱惑拒斥在一个安全的距离之外，趁自己还有意志力，对未来那个意志力薄弱的自我早作防范。因此，为了有效使用闹钟，我们不仅需要设定闹铃响起的时间，而且还需要把闹钟放在一个我们不能一伸手就够得到的地方，以免自己因为贪睡，朦朦胧胧地按掉已经响起的闹钟。同样，只是把权力关在笼子里是不够的，还需要把权力手里那把开笼子锁的钥匙取走，不要给权力一个想要开锁就能开锁的机会。

联想的想象力

联想需要有想象的能力，想象力就像语言能力一样，是每个人天生就有的潜能，但需要在后天通过学习和训练才能得到培养和发展。因此，就像人们实际的语言能力有高下之别一样，人们事实上也会表现出优劣悬殊的想象能力。18 世纪启蒙非常重视人的想象能力，也将之视为一种根本的理性思考能力。

联想作为一种学习方法一直受到重视，有助于学习的联想方式包括类比、比喻、举一反三、温故而知新、因果联系等等。这些也都是理解和积累启蒙知识的基本方法。休谟在《人性论》（第一章第三节）里把联想当作是“想象”的作用。想象与记忆不同，记忆受印象的次序和形式束缚，而想象则不受原始印象的次序和形式的束缚，“想象可以自由地移动和改变”它们。[1] 想象的官能能随分离和意结合简单观念，也就是解构和重构。想象是一种敏锐地接受和感知信息的能力，经常是在一个人思考热点（兴奋点）的影响下起作用，熟悉文学的人，文学联想丰富；精通医学的人，医学联想丰富；关心政治的人，政治联想丰富。一个人如果对什么都没有兴趣，那么就什么联想都没有，顶多不过有些胡思乱想。因此，丰富的知识准备对于有效联想的能力是必须的。

休谟认为，“产生这种联结，并使心灵以这种方式在各个观念之间推移的性质共有三种：类似（Re-semblance）、时空接近（Contiguity in Time or Place）、因果关系（Cause or Effect）”。[2] 观念的“联结”，也就是联想。在休谟所说的三种“观念联系”的原则（principles of association）——也就是“联想”——里，与我们人文阅读体会最为相关的就是“相似”。

联想提醒你已经保持在自己记忆中的经验、体会和知识，这些经验或体会可以是你亲身经历过的，也可以是你从他人那里知道的。而知识则是你通过某种途径（读书、学术讨论、见证叙述）获得的。例如，你虽没有劳动改造的亲身经历，但对杨贤惠的《夹边沟记事》里他人经历却可以感同身受。你没有经历过秦始皇的暴政，但你却可以从历史书或孟姜女的故事里获得这方面的知识。因此，当你读到柏拉图、马基雅维利、孟德斯鸠著作中的暴君暴政时，你就会有对你知道的暴君和暴政有所联想。个人的好奇、知识兴趣、思想敏感都是联想产生并发挥效能的重要条件。如果你情感麻木、思想钝

① 休谟《人性论》，贺江译，海峡文艺出版社，2018 年，第 21 页。
② 休谟《人性论》，第 24 页。

化、知识兴趣索然，就算你有过个人的亲身经历，同类的事情也还是不会对你产生联想的影响。

联想对人的基本要求是能保持思想活跃和对知识的好奇，若能如此，那么，由于联想的作用，读书或学术讨论中对一些问题的深入理解会强烈地提醒你记忆中类似的对象内容，并大大增强你对这些问题的兴趣和理解。当然，你原来的兴趣和理解也会让你对有这些内容的图书或学术讨论特别有兴趣。许多人对晚清的往事特别感兴趣，特别有联想，就是这个道理。

就引发人文问题的联想而言，思想的深度和视野都是重要的因素，是可以借鉴的。例如，近年来，在跨学科的人文研究中，对人道灾难的创伤、见证和记忆的深度思考就是在借鉴国外研究的基础上形成的新知识聚焦点。这方面的重要著作基本上都是翻译而来的。对人道灾难的深度思考将文学、媒介研究与心理学、社会学、历史学等多学科联系在一起，形成了诸多富有活力的研究议题，如人以什么理由来记忆历史的人道灾难和创伤？创伤历史的记忆有什么认知和伦理特征？这样的记忆见证了怎样的20世纪极权统治？这样的记忆如何在极权统治下被扼杀或扭曲？这样的记忆又是如何在后极权的大众文化、文学、艺术中继续处于权力的压制之下？其压制是通过怎样的思想审查机制在操作的？这样的操作与极权和后极权的统治逻辑有着怎样的关系？

像这样的问题思考中，以休谟提出的联想三原则来看，有不同的“观念联系”原则在起作用。希特勒和斯大林的极权国家里发生的人道灾难之间有“类似”的关系；在极权和后极权（或新极权）对待灾难记忆的延续和变化中有“时空接近”的关系；在人道灾难与制度恶和人性恶之间有“因果关系”。每一种联想关系都不是单纯或单一的，不同的联想关系经常交织在一起。

深入的思想和学术讨论为人文启蒙的知识传播打下必要的坚实基础，不光是学理的，而且也是道义的基础。在这个工作中，启蒙知识分子发挥着无以代替的作用，人道灾难的受害者和见证人们可以叙述他们的亲身经历和感受，但是，要对暴力、恐惧、残害、压迫的本质有透彻、细致的认识，还必须要有知识分子的学理分析和理论提升。因此，哪怕是在不完全自由的环境里，一个严肃而活跃的思想环境——包括历史、人文和社会学科、学术和研究、文艺创作——对人文启蒙也是非常重要的。只有在这样的环境里，人文启蒙才能更好地发挥它的知识传播作用。

错误的联想逻辑

联想不应该是随心所欲地调换和改变观念，不能任凭联想者自己的需要或偏见，信马游缰地随意发挥。联想需要正确的逻辑依据，错误的联想问题不在于联想本身，而在于其不当的逻辑。不当的联想会导致错误的理解。在18世纪启蒙的批判理性与20世纪极权主义的工具理性之间建立“因果”联想关系就是一个错误联想的例子。

第二次世界大战刚结束时，霍克海默（Max Horkheimer，1895—1973）和阿多诺（Theodor Adorno，1903—1969）在《启蒙的辩证法》里提出的联想问题包括，为什么欧洲遵循理性，仍然会产生法西斯和大屠杀？为什么理性的光明会走向理性的黑夜？他们说，“启蒙一向的目的，是将人们从恐怖中解放出来，并建筑他们的自主性。然而，在经过充分启蒙的（欧洲）土地上，灾难却发出胜利之光。”霍克海默和阿多诺认为，启蒙运动本身“已包含了今天处处可见的倒退的种子”。[1] 据他们说，这个自毁的种子，就是启蒙运动形成的“理性易于变成绝对”，导致绝对的错与对的判断。绝对的思想，不仅同保障民主自由的多元化价值相去太远，而且会转变为不宽容和暴力。暴力和理性联姻是危险的，希特勒和斯大林的极权主义就是这个联姻产下的邪恶怪胎。

霍克海默和阿多诺在启蒙理性与法西斯理性之间建立了联想关系，依靠的是“辩证法”的逻辑关系，这是一种特殊的，经过变化的因果关系：事物都要一分为二，有好的因素，也有坏的因素，在特定条件下，好事变坏事，好事也就成为坏事的“因”，坏事也就成为好事的“果”。

在习惯于用辩证法思考的人们的头脑中，辩证法是“真理”的方法，由于方法的可靠，结论也是可靠的，因此用辩证法论证的结果有毋庸置疑的“真理”价值。真的是这样吗？其实，和演绎法一样，辩证法也只是一个逻辑框架，在这个框架里，论说可以左右逢源，什么都能解释，但在这个框架之外看问题，就不是这么回事了。辩证法说是要“一分为二”，“好事变坏事，坏事变好事”，这听上去似乎是普遍真理，是认识世间事物的普遍可靠的方法。但是，站在辩证法之外，我们可以问，辩证法本身是否也要一分为二？如果也要的话，那么，辩证的方法再可靠，不也有不可靠的一面吗？辩证法不是也会有时候说得通，有时候说不通吗？辩证法是不是也会“好事变坏事”呢？本来说得通的辩证法是不是也会变成说不通呢？如果说不通还要硬说，是不是会变成强词夺理呢？辩证法不是绝对

---

① Theodor W. Adorno and Max Horkheimer. *Dialectic of Enlightenment*, translated by John Cummings. NY: Continuum, [1947] 1972, pp. 3, xi.

正确的真理逻辑方法，用辩证法来把启蒙的怀疑和批判理性解释成极权理性就是一个谬误。

联想可以影响理解，理解也可以引导联想。不同的联想会导向不同的理解和思考结论。不难看出，由 20 世纪极权的“果”联想到 18 世纪启蒙运动的“因”，是基于某种因果联想。霍克海默也承认，理性有两种层面。一种是批判理性，旨在创造和确立人类精神价值；另一种是工具理性，以计算、度量和功效来规定事物的合理性。工具理性的作用是找到做事的手段，只要能达到目的，可以不择手段。启蒙运动强调理性，最终导致了像希特勒的雅利安种族优越和斯大林的阶级斗争那样的工具理性。

这样的因果联想造成了对启蒙理性错误且有害的理解，因为启蒙运动的批判理性与 20 世纪极权的工具理性之间的所谓“辩证转换”因果关系并不是真的。批判理性是工具理性的天敌，不是它的宿主，更不是它的源头。早在启蒙运动之前就已经有了工具理性，15—16 世纪的马基雅维利主义就是众所周知的代表，启蒙哲人普遍不接受《君主论》中那些不讲道德只论目的的政治建议，被称为“马基雅维利主义”的原则不是非理性的，而是工具理性的。18 世纪启蒙哲人普遍将马基雅维利与马基雅维利主义分开，例如，休谟承认马基雅维利是一位天才和优秀的历史学家，但他指出，马基雅维利生活在一个残酷、败坏和玩世不恭的时代，正是这样的时代，让他陷入悲观主义并提出一些很坏的建议。[①] 这些建议很坏，不是因为无效，而是因为只要有效就可不择手段，这恰恰正是希特勒和斯大林的所作所为。为什么不从希特勒或斯大林残酷时代的工具理性联

---

① Hume，*The Philosophical Works*. Ⅲ，p. 156；Ⅳ，p. 391.

想到比启蒙运动更早的马基雅维利主义？更何况启蒙运动并没有继承马基雅维利主义。用因果关系的联想来解释极权理性的启蒙运动根源是说不通的。

伟大的启蒙思想家康德在《纯粹理性批判》一书的序言里这样描述他那个伟大的理性时代：那是“一个真正的批判时代，一切都要接受批判。通常，宗教通过其神圣性，而立法通过其权威，想要免于批判，但是这样一来，它们就激起了对自身的怀疑，并且不能要求别人不加伪饰地敬重，理性只能把这种敬重给予那些经受住它的自由而公开地检验的事情”。康德所说的理性是以怀疑和批判为宗旨的理性，不是工具理性。批判理性和工具理性是相互对立，相互排斥的。工具理性不是因为它传承了批判理性，而是因为它根本就与批判理性南辕北辙。所以，认识这二者的本质，需要的是理解它们差异和对立的“对比联想”，而不是“因果联想”。

错误的联想经常是因为错误地理解了事物之间的逻辑关系，人文启蒙的联想应该是一种有清晰和正确逻辑关系的联想，不是诗歌或神话里那种信马游缰的想象。诗和神话的想象可以把各种知觉印象组合成非同寻常的复杂形象，这是一种创造：长着独角的人马怪兽，《山海经》里的夸父逐日，还有长着六只脚丫四只翅膀，能歌善舞的“无脸怪”（即“混沌”）。但是，启蒙知识的联想不同，这样的联想是一种逻辑的“构造”，而不是“创造”，不同的逻辑关系构造成不同的联想。“接近联想”用相互接近的事物进行联想，例如历史上彼得一世的改革和明治维新，希特勒的极权和斯大林的极权；“相似联想”用相似的事物联想，例如意大利的地图像靴子；“对比联想”由相反事物的一方想到另一方，例如民主和独裁、君主专制和共和；“归类联想”从同类事物中来联想，例如地球、水星、金星都是太阳的行星；“因果联想”从原因想到结果或从结果想到原因，例如鸡叫和天亮，感冒和天冷。

联想是人文思考所需要的“酶”

在不同的关系联结中，联想都起到人文思考所必需的“酶”的作用。“酶”的作用也就是催化作用，由酶催化的反应中，反应物称为底物（在人文思考中就是具有重要意义的人生经验和人道问题），生成的物质称为产物（人文思考产生的价值和道德判断、观念和信念）。几乎所有细胞内的代谢过程都离不开酶。酶能大大加快这些过程中各化学反应进行的速率，使代谢产生的物质和能量能满足生物体的需求。同样，通过阅读来进行人文思考，它的知识更新和发展也离不开联想，联想能大大提高阅读的效能和思考成果，满足我们保持思想活力的需要。

与人身体里的酶不同，人的联想能力，就像人的想象能力一样，虽然是人的一种潜能，但并不是天生就成熟的。联想和想象的能力都需要持续的培养和不断的运用。18 世纪对英国礼仪启蒙（enlightenment of manners）发挥过重要作用的随笔作家约瑟夫·艾迪生（Joseph Addison）在《旁观者》第 417 期里说，诗人“应当像哲学家尽力培养自己的理解力那样，下功夫培养自己的想象力”，同样，认真的人文阅读者应该尽力培养自己的联想能力。

对不同的联想我们应该有所辨析，并不是所有的联想都具有同等的合理性和可靠性。这和我们应该辨析不同的想象是同一个道理。休谟赞同艾迪生对想象的重视，但他认为，有必要区分想象的两种原则，一种是恒常的、不可抗拒的、普遍的；另一种是变化的、脆弱的、不规则的。第一种想象原则关乎我们“通过记忆所呈现出来的那些生动的印象”，“我们从不将之视为过去知觉的真相。所以，我们可以看到，记忆、感官和认知都建立于想象或认知的那种生动性上”。相反，第二种想象原则对我们并不是不可避免的，也不是必然的，甚至不是生活所需要的。我们“借助于幻觉想象”来建立虚幻的因果关系，无法“使我们免于陷入极为危险的困难之中”，“如果我们应和想象的每一个肤浅的隐示，而这些隐示不仅往往是相互反对的，它们还往往使得我们陷入那种谬误、滑稽与模糊的状态之中，最终让我们后悔自己的轻信。想象的跳跃最容易带来理性判断上的错误，并使得哲学家犯下诸多错误。我们可以将想象跳跃的人比作《圣经》中拿翅膀盖住眼睛的那些天使”。①

联想应该同时具有“启发”和“提醒”的作用。仅仅提醒，联想唤起的就只是记忆中已有的东西，很难说是添加了新的知识内容；仅仅启发，联想容易变成一种捷径思维，虽然接触到未知的新东西，但缺乏问题意识将之化为自己的认识和体会，只知其然，不知其所以然。在阅读产生联想的时候，你平时积累和储备的知识、想法、阅历、经验和观察都会被调动起来。死东西变成活东西，联想才能举一反三、左右逢源。若要说善于思考，这些都是思考的基本材料。如果这样的基本材料不够，那就会在无形中形成你的思维框架（frame）的局限，对你的联想形成限制，联想者应该对此有所自觉认识。

在阅读联想的过程中，特别要注意和警觉“框架狭窄”和“理论诱导的盲目”。狭窄框架（Narrow Framing）是指看不见“大图画”（Big Picture），而只是把注意力落在眼前的某一事情上。鼠目寸光、井底之蛙就是这样。思维框架狭窄的人，他们的认知系统是

① 休谟：《人性论》，第287、289页。

封闭的，只能接受固定来源的信息。有的也许书读得不少，但因为阅读内容太专一，所以永远无法拓宽见识。通识教育扩大阅读面和知识面，就是为了开拓眼界。可以想象，只读“专业书”的人很难有跨学科的人文联想。对“外国”东西不熟悉又有心理抵制的人，也不可能有跨文化的联想。

理论诱导的盲目（Theory-induced Blindness）是因为一味按固定不变的理论或原则看待事物，结果自以为用理论擦亮了眼睛，其实也会变得瞎子摸象和见木不见林。“文革”时对经典著作的“批毒草”就是按照固定不变的理论在进行“阶级斗争”的联想，从儒家著作联想到的是“批林批孔”。意识形态、政治观点、宗教立场、身份政治（民族、族裔、性别）都可能成为造就盲目的理论，看到这一点当然不是说不需要这类理论，而是说不要让它们成为蒙住你眼睛的宏大话语。

拒绝理论诱导并不是全然否定思考问题需要基本的政治或伦理立场。1946 年，乔治·奥威尔在《作家与利维坦》一文中说，尽管我们应该警惕称为某某主义的意识形态，但不能否定“政治立场的必要性”，“这是一个政治的时代。战争、法西斯、集中营、橡皮警棍、原子弹等等，既是我们每天所想的事情，在一定程度上，也是我们每天所写的话题，尽管我们可能没有明确地列出它们的名字。我们这也是没办法。如果你待在一条正在沉没的船上，那你的思想必定会围着沉船打转”。[①] 如果你发现在阅读的时候，你的联想老是在某些问题上打转，那么下一个问题也许就是“为什么”了。那些让你思想打转的问题会告诉你生活在怎样的一个时代，怎样一个社

① 乔治·奥威尔：《政治与文学》，李存捧译，译林出版社，2011 年，第 438 页。

会，你是怎样一个人，而你又希望未来将如何改变这些。这样的联想也就可以说是人文思考的联想了。

4. 启蒙与认知和审美

有的人一面痛恨法西斯的暴力和邪恶，而一面却又不由自主地被纳粹的“新艺术”所打动：庄严的集会和领袖崇拜仪式、雄壮而优美的音乐、英挺的军服和仪态、气势磅礴的群众大会和游行、宣传作品里体格十全十美的雕像和人体画像。人能够一面认清恶的本质，痛恨恶，但一面却爱上恶的外表吗？如果确有这样的人，那么，在他们对恶的认知与他们对“美”的感受之间又存在着一种怎样的紧张和矛盾关系呢？这种矛盾关系又是因为什么原因而造成的呢？

识别法西斯美学及其宣传修辞

18 世纪的启蒙还没有碰到过这样的法西斯美学问题，而今天的启蒙就不能漠视这样的问题了，任何熟视无睹、视而不见都是一种认知和美感的失败。法西斯美学用繁缛、夸张的仪式来虚张声势地对民众煽情鼓动，达到操纵他们行为和思想，使之整齐划一、千人一面的统治效果。法西斯美学的魅力特别体现在它的多种崇拜仪式之中：暴力崇拜、领袖崇拜、集体崇拜、权力图腾崇拜等等。

16 世纪宗教改革运动的时候，一项重要的改革要求就是要简化天主教的繁缛而夸张的仪式。文艺复兴时的伟大人文主义者伊拉斯谟在《愚人颂》中同时批评了当时教会的华丽仪式和腐败，不是因为这些仪式本身，而是因为这些仪式的美丽外表遮掩了教会腐败的实质。初期基督教以《圣经》为本，朴素、平实、建立在信徒的心灵圣殿中。但是，到第5世纪末，崇拜仪式日趋繁复华丽，讲道越来越少。在罗马国教化的基督教教会里出现许多不合《圣经》的教义和活动：为死人祷告、相信炼狱、四十天大斋期、圣餐和献祭必须由祭司主持、圣品阶级与平信徒阶级分明、烧香烛向圣徒致敬、崇拜殉道者及圣徒遗物、迷信遗物有奇异能力。种种仪式不仅是教堂里的活动，而且更是将所有人的生活彻底宗教化的手段，这样的宗教控制一切，唯我独尊，不遗余力地逼迫异端及异教徒。18世纪启蒙运动要求宗教宽容，抨击教士们的虚伪，但并没有从实质上涉及基督教的教义。

20世纪，在希特勒的德国和斯大林的苏联，虽然宗教退出，但政治生活被宗教化了，而审美在这个过程中一直起着重要的作用，是党国的要害部门“宣传部”一手掌控和部署的。美国历史学兰德尔·彼特沃克在《弯曲的脊梁：纳粹德国与民主德国时期的宣传活动》一书里指出，极权统治造就了一种“世俗宗教信仰”，首先从改变德国人的“时日”感觉开始。他们生命中每一年的过程都是由纳粹在一年中所定下的“神圣节日”来标识的，“一种宗教需要崇拜的时间和地点，以及使不可见之事物可见的各种方式。要如此做，节日和庆典都是重要的方式。纳粹党人倾注了巨大努力来建立和推进那些能合理地成为宗教节日与仪式的事情”。[1]

到1934年，纳粹党人已建立了他们的礼拜历。它开始于1月20日，希特勒就职周年纪念日，2月24日则是1920年政党纲领公布的纪念日子，每个月都有对纳粹国家和党重要的日子：国家节日、事

① 兰德尔·彼特沃克：《弯曲的脊梁》，第15—17页。

件或人物的纪念日、活动或宣誓的特殊日子。这些都是“仪式化”的日子，每个人不管是否觉得与他有关，都必须做出与他有关的样子，并有公开的表示或活动。然而，这种仪式化行为并不只是被动的，久而久之，这些行为改变了人们的“感觉”（sensibility）。不仅感觉到“光荣”“庄严”“高尚”“崇高”，而且还感觉到“美”。人们对仪式的这些审美感受，大大增强了“政治日历”对他们的思想宣传和灌输效果。

正如德国历史学家提尔曼·阿勒特描述的那样，在纳粹统治时期，行希特勒问候礼——一句套语“希特勒万岁”加上一个摊开手心，伸展右臂至眉梢的动作——是一种示忠的仪式，这个纳粹仪式在德国人心中唤起一种崇高的美感，让他们“沉浸在‘罕见的前现代仪式所营造的幸福’当中”。在外国人眼里，这是一个既夸张又滑稽的动作，但外国人在德国必须小心翼翼地把这种感觉隐藏起来。

阿勒特提到了一位外国运动员自述的这样一件事：“1935年春天的一个晚上，我去俱乐部训练。我像往常一样同队友打招呼，对他们说‘Salut’（法语，“你好”）。就在这时，一个家伙很放肆地朝我冲过来，大声对我嚷道：你这家伙难道不知道，德国人打招呼应该说‘希特勒万岁’吗?！一开始我以为这是个低劣的玩笑，但是周围鸦雀无声，空气沉闷得让人窒息，所有人的脸上都木无表情。我一下子明白了：这并不是玩笑。于是我什么话都没说，走到更衣柜前，把随身用品一股脑扔进运动包里，一句话都没说就离开了那里，后来再也没有回去。”①

---

① 提尔曼·阿勒特：《德意志问候：关于一个灾难性姿势的历史》，孟翰译，江苏人民出版社，2008年，第6、9页。

法西斯的仪式美感是非常有欺骗性的，很容易让人上当受骗，这应该成为批判性思维和知识启蒙的一个重要部分。由于学校教育课程对美和审美问题的忽略，这部分的知识启蒙是非常欠缺的，成为当下启蒙知识传播的短板。其结果就是，许多人在法西斯美学和宣传美文修辞的洗脑和灌输攻势面前，丝毫没有危险的感觉，完全不知所措，更不要说抵抗的能力了。法国哲学家米歇尔·拉克鲁瓦（Michel Lacroix）在《暴力之美》一书里指出，法西斯主义美学的魅力有三个因素：对英雄领袖的崇拜、对青春的赞美炫耀、政治壮观景象，而在这些因素背后则是暴力的美。[①] 这种“美”能够在群众，尤其是青年人身上产生一种魅惑和着迷的效果，让他们像被符咒镇住一样，被人牵着鼻子走，轻而易举地上当受骗。

18 世纪启蒙思想已经开始对“美的迷惑”有所思考，但与我们今天对法西斯美学的感受是完全不同的性质。那时候，这只是一个“诗的美学”问题，而今天这已经成为一个更严重的“政治美学”问题。

“诗的美学”包含在诗的想象与真实的关系之中，思考者们强调的是理性对“美”的判断和辨别作用。盖伊在《启蒙时代》里列举了不少 18 世纪思想家们对理性与诗歌想象关系的讨论。[②]

1754 年，尼古拉·特吕布莱神父（Nicolas Trublet，1697—1770）写道：“随着理性趋于完善，人们将越来越倾向于判断力而不是想象，如此一来，诗人将越来越得不到赏识。据说，最早的作家都是诗人，我对这个说法深信不疑，他们几乎不可能不是这样。最

① Michel Lacroix，*De la Beauté comme violence. L'esthétique du fascisme français*（*1919–1939*）. Presses de l'Université de Montréal，2004.

② 以下文献见《启蒙时代》，下卷，第 197—198 页。

后一批作家会是哲学家。”实际上，特吕布莱是在暗示，诗歌艺术是一门令人愉悦、富有教益的艺术。但是，只有当它是真诚的，当它用贴切的隽语、恰当的意象和明断的比喻来描绘美德的祝福，来劝谕人们在人生的变幻无常中保持一份冷静时，它才是有教益的。

诗歌虽然美好，但也是一门撒谎的艺术，诚然，那是一些迷人的谎言，但谎言终究是谎言。正如很久以前柏拉图就认识到的，谎言是感人而危险的，因为能感人，所以特别危险。休谟也说过，诗人“以撒谎为业，总是力求给予他们的虚构以一种真实的模样”。诗歌是真诚还是虚伪，取决于它是源于真情实感的热情奔放，抑或只是矫揉造作、惺惺作态的想入非非。真情的诗能让人多感动、矫情的诗就能让人多恶心；前者是最好的想象，后者是最坏的想象。

在 18 世纪的一些启蒙人士眼里，诗人炮制和传播的最危险的谎言是神话，也就是说，宗教。诗人给平淡无奇的谎言披上了令人让人难忘的外衣。诗人的想象渲染和美化了政客的政策和教士的迷信，随即又唤起了受众的狂热。政治人物喜欢炫耀自己的诗才，以此来增强亿万民众对他狂热的个人崇拜。狂热是一种不受理性和礼仪约束的宗教情感的迸发，是受病态想象驱使的激情。神学的想象也是病态的，它运用的不是论证的逻辑，而是蛊惑的伪逻辑，这种伪逻辑认为美即是真，其证明是通过意象和隐喻而不是论证。因此，哲学家的任务就是要防范和抵制诗歌污染哲学。

这样的批判对剖析法西斯美学和极权美文宣传修辞有启示作用。极权宣传和灌输具有双重的欺骗性：内容的欺骗和形式的欺骗。内容的欺骗是谎言，谎言是通过伪造和扭曲事实来制造的。形式的欺骗则是极权宣传所爱用的“诗的语言”，因为这样的语言最适合掩饰极权宣传的虚假和谎言。宣传语言运用了诗的手段，有了诗的特征，并不就成了诗，而是成了一种貌似诗的“仪式化”语言。它诱使人们享受令人愉悦的虚构，而把真实和真理抛到脑后。

在古代，诗和箴言、成语一样，曾经是一种智慧的语言，今天，在许多人的头脑里，仪式化的诗的语言很容易引起与智慧、睿见或深刻思想有关的联想。宣传和灌输的语言添加诗歌的修辞特征，增强美感，并刻意利用“美的就是真的”的假象。这也是美文宣传更有欺骗作用的原理。美文宣传经常利用的修辞手法包括排比、对偶、比兴、夸张、比拟（把物当作人来描写叫拟人，或把人当作物来描写叫拟物）、借代（借用相关的事物来代替所要表达的事物。借代可用部分代表全体，具体代替抽象，用特征代替人），等等。

仪式化的语言给人一种“美文”的感受，因为仪式本来就是为“美感”而制造出来的东西：诗文表演、音乐或舞蹈、歌唱、游行、宣誓、致敬礼、升旗仪式、授奖典礼等等。所有这些仪式的渲染、表演和展示都是为了让参与者在群体中找到归宿的感觉，让他们的心灵脱离平庸的现实，进入一种高尚的亢奋状态。克莉丝汀·贝尔（Catherine Bell）（1997）在《仪式：视角与维度》（*Ritual*：*Perspectives and Dimensions*）一书里指出，造成仪式美感效果的形式特征类似于诗，都是通过人们熟悉的风格、样式、形式规则和象征运用来实现的。[1]

莫里斯·布洛赫（Maurice Bloch）在《仪式：历史与权力》（*Ritual*，*History and Power*）一书里指出，仪式迫使参与者使用某

---

① Catherine Bell，*Ritual*：*Perspectives and Dimensions*. New York：Oxford University Press. 1997，pp. 138－69.

种老一套的话语风格，它的语调、句法、词汇、节奏和秩序都有严格规定。就像大人物做报告的时候那样，这些都是“有规矩”的，必须遵守，才显得庄重、威严，有权威。在采用这种风格时，说话的内容是受到限制的。说话方式和腔调的重要性甚至超过了内容，因为拿腔拿调的说话方式为的就是展现说话者的威严和权威，让听众觉得必须“接受、服从和忍受”。这种腔调突出权威，具有威慑和压迫的力量，从而使得挑战和反叛不再可能。仪式是保守的，有助于强化固有的权威和高低等级，因此是维持权威所需要的。唯一能打破它的只有真正意义上的文化革命。[①]

仪式化的美文常被用来营造对权威有利和有用的错觉、幻觉和神话。在美文的作用下，丑的变成了美的，拍马屁和颂圣变成了“崇敬”和“激情，吹捧变成了“忠诚”，夸大其词变成了“浪漫”，不讲逻辑被当作“胆略”，暴力和粗野变成了“豪放”，自我吹嘘和炫耀变成了“乐观”和“自信”，不知所云变成了“创意”。这种美丑颠倒的语言渗透到新闻和大众媒体中，甚至连文学创作和学生作文也不能幸免，它成为严重的精神腐蚀和语言污染，扭曲了正常人的思维方式。

美的欺骗和美的迷信

启蒙重视“美的欺骗”和“美的迷信”，因为启蒙的使命就是揭穿谎言、颠覆神话，消除迷信。启蒙是要揭露诗化的“美言欺骗”，而不是反对诗本身。在18世纪的启蒙著作中我们可以看到，启蒙偏

① 转引自Bell，Catherine，*Ritual*：*Perspectives and Dimensions*. Oxford University Press，2009，pp. 139－140。

好一种非诗化、非精雕细琢的语言，这是一种能体现严谨分析、缜密思考和透彻理解力的散文语言。今天，在公共生活中使用这样的说理语言，本身就是在对抗矫饰、虚假、空洞、煽情的情绪和激烈语言。说理的语言与夸张、滥情的诗化语言是不同的，文字感官愉悦与清晰表达的不同说服效果也是可以区分的。平静的说理诉诸人们理性和逻辑的理解，它的特征是客观自然的用词，避免夸大其词或抓眼球的标题，或带有强烈情感色彩的措辞。

18 世纪的英国公共随笔就已经开始倡导这样一种平和、理性的言说方式和写作审美意识。它幽默、含蓄、机敏、避免过度的激情和夸张，把社会文明礼仪与审美的写作风格结合在一起。新的写作审美感受形成了新的认知特征，让人们对社会形成一种相对复杂、细致、深入，而非简单、粗糙、笼统的感受和观察，学会以一种真诚、平和、深入、令他人愉悦的方式，而非以粗暴的争吵和对抗来谈论共同的问题。虽然我们今天把这主要当作公共说理的启蒙问题，但同样也是学术品味和文字鉴赏的美感启蒙问题，不仅可以用来对抗说理认知中的非理性和情绪性谬误，而且还可以用来对抗宣传洗脑和网络哄客的恶俗文字趣味：亢奋、虚伪、浮夸、轻薄、煽情、矫情、污秽和张扬。

如果说认知与审美之间有着密切的关系，那么伦理与审美之间的关系更加密切，因此是启蒙知识的一个重要部分。这使得真、善、美成为密不可分的组合。纳粹和其他极权统治用“美”来欺骗和洗脑，那是不真，用“美”来宣传和散播暴力、仇恨、残忍和杀戮，那是不善。这样的“美”成为邪恶的帮凶和伪装。

美国哲学家范·麦特·埃姆斯（Van Meter Ames）认为：“教授伦理学而不提到美学就像教授伦理学而不涉及善，那是不可思议的。"[①] 同样，教授美学而不涉及真或善也是不可思议的。哈佛大学美学与价值理论教授伊莱恩·斯卡里（Elaine Scarry）在《美与正义》（*On Beauty and Being Just*）中则指出，美的感受对于提升正义的意识是必不可少的。人看到美的东西，第一个冲动就是要把它"复制"出来，与他人分享。看到美丽的景色就想画下来，用照相机记录下来，或者就是用诗歌或文字记录自己的美好感受。但是，美也会引起人的贪欲，看到美丽的瓷器、玉器、字画，就想占为己有，或者如马塞尔·普鲁斯特（Marcel Proust）在《追忆似水年华》（*à la recherche du temps perdu*）里委婉表示的那样，看到美貌的女子就想把她变作永远供自己凝视的占有物。又如，人为了美的贪欲，可以把小叶紫檀、海南黄花梨、奇楠这样的树种砍伐到近于绝迹。所以，美也被视为一种诱惑和危险，而伦理则是对诱惑或危险的必要遏制。审美于是被置于哲学-伦理学的标准之下，必须接受伦理的制约。[②]

20世纪下半叶以来，随着人们更多地认识到美的欺骗和美的迷信，美在哲学中的地位下降了，哲学美学和艺术哲学对美的兴趣也有所减退，并倾向于将审美价值和道德价值分离开来。这导致了两个一般人不愿意看到的发展。首先，艺术中的美变得微不足道，因为哲学关心得更多的是艺术的意义和价值表达，而不仅仅是它提供的快乐和乐趣。第二个发展是出现了更多、更普遍的对美的不信任，其中的一个重要原因就是玛丽·德维卢（Mary Devereaux）等批评家对纳粹宣传影片《意志的胜利》（*Triumph of the Will*）的法西斯

---

① 转引自P. 拉马克著，章建刚译：《〈英国美学杂志〉40年（续）》，《哲学译丛》，2001年第3期，第50页。

② Elaine Scarry, *On Beauty and Being Just*. Princeton University Press, 1999, pp. 5 - 6.

美学的批判分析和结论：美可以让不道德的观念显得魅力无限。[①]

对哪些是法西斯美学现象应该有一个完整的认识，现在人们讨论的基本上都是类似《意志的胜利》里的——也是昆德拉在《不可承受的轻》里讽刺的——那种大检阅、正步走、集体敬礼、军服、群众集会这样的法西斯美学现象（我称之为“仪式行为”，ritual behaviors），这些固然重要，但难以解释为何群众爱唱那些温情脉脉的“抒情”宣传歌曲。大检阅的法西斯美学解释不了这个。法西斯美学分为两个部分，一个大检阅的那种，另一个是“抒情音乐”的那种（包括诗化的洗脑灌输），互相配合，互相支持，这才是最可怕的。

法西斯美学暴露出来的严重问题是，作为一种愉悦的形式，在严肃的道德问题面前，确认极权统治权力的艺术作品要么是肤浅而微不足道的，要么是不负责任和危险的。法西斯美学一开始并不是一个谴责的用语，而是来自墨索里尼说过的一句话：“所谓法西斯主义，首先是一种美。”由于纳粹在当时使用各种的艺术手段包装自己，进行宣传。慢慢地与支持的民众产生了一种美感上的沟通和共鸣，法西斯美学就此诞生。从纳粹的法西斯美学发展出一些具有普遍特征的极权审美体现，如狂热的偶像崇拜和权力崇拜、千人一面和整齐划一的行动规范、绝对地服从命令听指挥、彻底消除个体意识和主体自由。

从反法西斯的角度来看，纳粹美学的审美价值是与自由和人道的道德价值相抵触的。这也引发了人们对审美价值本身的再思考，

① 参见 Mary Devereaux，“Beauty and Evil：The Case of Leni Riefenstahl’s Triumph of the Will”，https：//hettingern. people. cofc. edu/Ethics _ Aesthetics _ and _ Animals/Devereaux _ Beauty _ and _ Evil. htm。

存在唯美之美吗？美与政治无关吗？审美价值与道德价值真的是可以分开和隔离的吗？也正因为如此，人们重新关注康德的美学理论，因为他明确地反对将美贬低为一种纯粹的感官享受，而是强调美的道德意义和道德价值。

康德认为，美不仅仅是唤起快乐的感觉，而且在两个关键方面具有内在的道德意义。首先，美让我们确信自然是服从于普遍的道德目标的，所以虽然看起来自然与道德之善无关，却能帮助我们避免陷入道德冷漠和道德绝望（自然美对人的精神治疗作用）。其次，美可以是一种独立于人主观兴趣或欲望的无涉私利的感觉（如大自然之美），它类似于我们在表达道德赞许时的那种无私利的愉悦感（如对舍己救人义举的赞许）。因此，培养审美品味可以帮助我们识别与正确的道德行为相关的道德情感。康德美学理论是启蒙时代的宝贵遗产，从另一个方面证明，启蒙的批判理性与纳粹的工具理性没有亲缘关系。康德美学相对于20世纪的一些美学理论（包括法西斯美学）的优势在于，它不是怀疑美本身的价值，但要求我们在不损害道德价值的情况下追求审美价值，因为美本身具有道德价值。

审美的伦理和道德判断

康德在《判断力批判》（第59节）提出了美作为直观的道德和道德象征的问题，“美促成我们获得对道德上的善的一种直观”。[①] 美（美的东西）在这里是一个中介性、过渡性的环节，我们经由它获得对道德之善的一种直观。也就是说，我们关于善的直观是间接的。

① W. 沃森库尔：《美作为德性的象征——论康德伦理学和美学的共同根源》，艾四林译，《哲学译丛》，1993年第2期，第41页。

如此一来，我们就不免要问，如果没有这一中间性的环节，我们关于善的直观是否是可能的？在康德看来，这是不可能的。因为道德上的“善”作为一个概念，只能被认识而不能被直观。正如叔本华所言：“概念，只能被思维，不能加以直观。”① 而这里所谓的思维，实际上就是一种认知。善的认知要通过美的显像来表达，才能从不可见变为可见。但是，可见有可能是欺骗性的，因为看起来，听起来美的东西，未必就有美的本质。

在宣传作品里，英雄人物都具有身体形态之美，而反对派人物都是贼眉鼠眼，一脸坏相，革命的“好”和反革命的“坏”都是抽象的概念，如康德所说，“要阐明我们的概念的实在性，永远需要直观”②。宣传要灌输抽象的阶级斗争和仇恨观念，如果没有直观的形象（宣传画、舞台剧、表演），即使认识被认可，也是空洞的，所以需要用直观手段来呈现，这样才能让人们“看清”敌人的本质面目。在精心策划的宣传里，这样的直观处理是非常细致的，从来不会粗制滥造。纳粹的宣传都是高档的“艺术品”，好的宣传画在绘画技术上无懈可击，就像好的宣传音乐在作曲和演奏技巧上也都可以臻于完美。因此，许多产生于人道灾难岁月的艺术作品，因为看上去，听上去“很美”，所以有效地成为作恶生态的一部分，为崇尚暴力和恐怖的政策推波助澜。

对此，有的艺术家自己有深刻的反省。作曲家瞿希贤有一首在“文革”中很火的歌曲，《全世界无产者联合起来》。她自己在“文革”中受到迫害，坐过多年牢。人民音乐出版社编审秦西炫先生写

① 叔本华：《作为意志和表象的世界》，石冲白译，商务印书馆，1982 年，第 74 页。
② 康德：《判断力批判（注释本）》，李秋零译注，中国人民大学出版社，2011 年版，第 172 页。

过一篇纪念文章《我认识的瞿希贤》，文章中说，他和瞿希贤谈话，“常是对过去一些事的反思。一次，她说最近看了一个材料，知道大跃进年代全国饿死几千万人，心里很难过，并具体说及那年月她曾在甘肃省一个县里体验生活。这个县不具备条件建‘红旗渠’那样庞大的水利工程，但为跟上大跃进的步伐，硬是上马硬干。县领导请她写一首鼓干劲的歌，瞿写了并在工地上大唱起来。以后得知这个工程不但全部瘫痪，加之自然灾害，粮食无收，更是饿死了许多人。瞿说：‘我写了不止一首为大跃进鼓劲的歌，心中有一种负罪感！’”

秦西炫还特别提到一件与《全世界无产者联合起来》有关的事，2005 年，瞿希贤作品演唱会在北京举行。当观众起立高喊唱《全世界无产者联合起来》时，瞿希贤坚决制止了。她事先就跟指挥打过招呼：不唱此歌。而且，她在自己的歌曲集《飞来的花瓣——瞿希贤合唱作品》中收录此曲时，格外注释：“收入此集作为历史足迹。”然而，在音乐界乃至文艺界，有这种“负罪感”的并不多，勇于将自己的作品当作“历史足迹”的更是凤毛麟角。那个时代起误导作用的歌又唱了起来，舞又跳了起来，把人带进了曾经被抛弃的“美丽”幻觉和神话。就连许多自己并不热衷其道的人们，看到一些年轻的和年老的“文革”歌舞爱好者在那里表演的时候，也不能感觉到其中的危险，而只是以为，那不过是“好玩”和“有趣”而已。

因美感而上当受骗，这也许是人类特有的一种认知误区，究其根本，也就是康德所说的“美者是道德上善的象征”。[①] 这可以是一种真实的感觉，也可以是一种幻觉。英国历史学家和传记作家朱莉

① 康德：《判断力批判（注释本）》，第 174 页。

娅·博伊德（Julia Boyd）在《第三帝国的游客：法西斯的崛起1919—1945》（*Travelers in the Third Reich：The Rise of Fascism：1919－1945*）一书里指出，纳粹把旅游当作一种对外宣传的有效手段，利用的就是德国自然美景能在外国游客心里引起对纳粹德国的道德好感。

正如康德指出的那样，“我们把建筑或者树木称作雄伟的和壮丽的，或者把原野称作欢笑的和快乐的；甚至颜色也被称作贞洁的、谦虚的、温柔的，因为它们所激起的那些感觉包含着某种与道德判断造成的心灵状态的意识相类似的东西。”[①] 建筑、树木、原野或颜色等所激起的感觉，即是一种美学判断；我们之所以能用雄伟、壮丽、欢笑、快乐、贞洁、谦虚、温柔等概念来形容眼见的美景，是因为美学判断和道德判断有一种结构/形式上的相似性。这可能是真实的，但在纳粹宣传中，当美感被用来掩饰纳粹罪恶的时候，审美和道德的一致性也就成为一种欺骗。

启蒙的一项重要任务就是帮助人们识别这样的欺骗，这是启蒙传播的批判性思维的一部分，为的是帮助人们不要轻信，不要因缺乏批判能力而上当受骗。人的审美感觉是一种自然的知觉，人的爱美天性是一种常态。在一个正常的社会里，总会有“纯正之美”存在的可能，人确实也许可以像康德所说的“通过对（美的）鉴赏变得有道德”，或者如斯卡里所说，美有助于减少社会非正义，增加社会正义。[②]

但是，美并不会自动地实现这样的高尚目标，在专制和极权制

① 康德：《判断力批判（注释本）》，第 175 页。

② Elaine Scarry，*On Beauty and Being Just*，p. 42.

度下，“纯正之美”难以存身，它被蔑视、被批判、遭迫害，难以存身，因为它的存在本身就是对丑恶现实的控诉和指责。1987 年，布罗茨基在斯德哥尔摩发表诺贝尔文学奖获奖演说词中说，在 20 世纪的极权统治下，“一个带有趣味、其中包括文学趣味的人，就较少受到重复的各种政治煽动形式和节律咒语的感染”。之所以如此，其根本原因在于：“恶尤其是政治之恶，永远是一个坏的修辞家。个人的美学经验愈丰富，他的趣味愈坚定，他的道德选择就愈准确，他也就愈自由——尽管他有可能愈不幸。”[①] 布罗茨基说的是纯正的美学趣味，不是被极权统治政治化了的美学趣味。如果说纯正的美学趣味有助于一个人形成正确的道德判断，那么，被极权统治政治化的美学趣味正好相反，它不仅阻碍了正确的道德判断，而且也使得正确的道德判断不再可能。

---

① 约瑟夫·布罗茨基：《美学是伦理之母——1987 年 12 月在斯德哥尔摩的诺奖获奖演说》，网络资源。

第十章

启蒙知识的伦理诉求和道德人性

18世纪启蒙运动的基本原则是自由、理性、宽容和人道，虽然其内涵在这之后与时俱进，不断更新，也变得越来越丰富，但这些原则至今仍然是启蒙知识的伦理的基本诉求和主张。启蒙是一种关心社会和政治改革的知识传播，体现的是一种道德政治的诉求，它的伦理和道德性是不言而喻的。但是，启蒙知识和观念的任何一个道德原则都不是不证自明的，而是必须通过理性的道德理由（moral reasoning）为自己提供证据和支持，只有这样才能使启蒙知识具有理性的说服力。因此，理性不仅是启蒙的核心，也是启蒙的伦理基础。

启蒙的基本信念就是，人可以用理性来认识所有与人有关的知识领域，在伦理和道德的领域里，人不仅可以用理性来认识伦理的哲学和实践，而且还可以用理性来对人的个人和社会行为进行甄别和道德判断。伦理和道德是启蒙知识最重要的部分之一，是可以通过道德说理来影响社会，并促进社会和政治变革的。从根本上说，启蒙的政治就是德行的政治。孟德斯鸠提出的权力分散和制衡理论、贝卡利亚对司法改革的建议、卢梭为自由和人的自然权利的辩护、伏尔泰对宗教压迫和不宽容的抗议、休谟人性理论和斯密自由市场理论所包含的人道主义、康德的世界和平和道德普世主张，这些都是以普世适用的伦理原则作为基础的，其说服力都是来自理性而务实的道德说理。

1. 启蒙知识的伦理根基

人的解放是人文启蒙最本质的伦理。对作为独立自主的个体来说，启蒙知识不仅要在认知上可靠，而且要具备对善恶、是非、对错的道德判断，它的价值根基是真、善、美的统一。没有善，则美没有意义；没有善，真就没有方向。善既是道德的理由，也是道德的原则。不承认道德理由，不承认理性的道德价值是判断是非、善恶的原则，这是一种从根本上否认是非和善恶有区别的现代相对主义。法国哲学家和作家朱利安·邦达（Julien Benda）在《知识分子的背叛》（*La Trahison des Clercs*）一书里指出，相对主义是知识分子犯下的许多罪行之一，是对理性和人性的背叛。否认是非和善恶有区别的相对主义可能打开通向邪恶和暴行的道路，也就是奥威尔在《1984》里说的，战争即和平，自由即奴役，无知即力量。这不是虚构小说里才有的事情，也是现实中常见的现象。

就拿人们普遍珍视的自由来说吧，今天有人公然质疑和否认自由的价值，甚至讥讽说，为什么非要自由不可呢？自由真的在任何情况下都比不自由好吗？社会稳定、生活安逸的不自由不是比有危险的吉凶难料的自由更好吗？因此，自由或不自由不过是一种主观的价值选择，无从断定孰优孰劣。

同样存在着各种对理性、宽容和人道主义的怀疑和否定。人为什么非要理性不可呢？像电视剧里的梁山泊好汉那样敢爱敢恨，要出手时便出手，犯不着总是拿理性来把自己弄得束手束脚。宽容又有什么好呢？老祖宗不讲宽容，胳膊肘朝里拐，亲疏有别，几千年来不都是这样吗？人活着世上，与人斗其乐无穷，还讲什么宽容不宽容，人道不人道？还有人宣称，人道主义的“人性论”是资产阶级用来欺骗人民的，要讲阶级性，对阶级敌人就要像秋风扫落叶那样冷酷无情。

不仅是启蒙所倡导的道德价值，就连启蒙本身也成为蔑视和否定的对象。在康德的时代，作为愚昧和迷信对立面的启蒙曾经是一种公认的价值。启蒙要求人能够自己变得成熟起来，有一个经得起审视的清醒明白的人生。启蒙要求人必须自主，为自己负责，进而不可避免地扩展为对人类同胞的福祉负责。但是，今天却有人断言，成熟只不过是一种主观判断，成熟对许多人来说只不过是老于世故、工于心计。清醒自明也未必有好的人生，不过徒增人生的痛苦和烦恼，还不如当一天和尚撞一天钟，难得糊涂才能随遇而安，无忧无虑地过日子。

启蒙坚持以自由、理性、宽容和人道为基本价值的生活方式，坚持个人是自己身体和心灵的唯一主权者。启蒙的批判性思维不仅要求在认知上是真实的，而且也要求在伦理上是善的。那么，伦理又是如何关系到一个人审慎自明、不受人惑的自主人生的呢？

道德漂浮的人生是白活了的人生

伦理和道德虽然可以区分，但经常是混用的。伦理学也称“道德哲学”，是对道德的哲学研究，道德是对具体事情（行为或品性）的好坏评价。然而，对普通人来说，道德信念就是他的伦理；未必人人都懂伦理学，但都会有一些有意识的或无意识的正反道德信念，表达为常识智慧。正的如“做人要讲良心”“人在做，天在看”；反的如“人不为己，天诛地灭”“宁可我负人，不可人负我”；介于二者之间的如“防人之心不可无，害人之心不可有”“山中有直树，世上无直人”。

道德信念界定了一个人的价值观、形成了他的做人原则、规范他的道德行为、指导他的道德判断。一个人在一般状态下是个什么样的人，全在于他有什么样的道德信念。伦理或道德对一个人来说，不是抽象的信念，不是嘴上说的，而是实实在在地体现在他的言语行为和待人处事方式中。按照信念做人，知行合一，信念才有意义。所以道德要求言行一致、心口如一。

我们都希望过上“好的生活”，道德信念是好生活至关重要的部分。道德信念与我们认为“珍贵”和“要紧”的所有事物有关。道德信念的价值观让我们能够判断和决定什么是对人生最重要的东西，什么让我们拥有值得拥有的人生。没有道德价值，我们便无从判断什么是重要的善、在不同的善之间如何确定优先和次要的关系、应该追求怎样的人生或群体目标、应该培养怎样的美德，或者在逆境中为了正义、公正和善良，一个人可以如何承受怎样的痛苦和危险。

然而，尽管伦理对每个人的人生都很重要，但还是有人会回避伦理或道德的问题，或者选择不把它当一回事。他们选择过一种在道德上漂浮不定的人生，得过且过，难得糊涂。这并不意味着他们真的可以过一种与伦理无关的人生，他们只是把伦理的判断和决定交给他们生活于其中的群体或其他个人，他们按照群体或别人的规定，习惯性地稀里糊涂过日子，认为这样过日子既简单，又没有烦恼，是舒服和快乐的人生。

可是事情并没有那么简单。如果你选择只是按照群体或他人的道德规范过日子，你就没有任何理由对发生在你身上的不公不义之事有任何的怨言。你被强行拆迁，你为养老而辛辛苦苦积蓄的钱被P2P贷款公司骗个精光，你不但得默默忍受，而且还必须在心里真的无动于衷，像是与你无关的事情。你做得到吗？你会认为发生在你身上的这些事情本来就是天经地义的吗？对这样的世道，你真的没有感觉，能够漠然处之吗？你能说在这样的社会里，你有了你希望过的人生吗？你不希望生活在一个道德更好的社会里吗？

有人选择道德冷漠的生活方式，因为他们承认，人活在世上，无法控制的东西太多了。公元 2 世纪，从奴隶到哲学家的爱比克泰德（Epictetus）说，哲学家的第一要务很简单，那就是区分哪些是我们可以控制的，哪些是我们不能控制的。就像希腊谚语所说那样，哪些由我们决定，哪些不由我们决定。爱比克泰德生下来就是奴隶，又有终身残疾。这些不是他能决定的，他认为，对你无能为力的事情生气是没有用的。哲学家肯定不会对自己无能为力的事情生气。

睿智的人知道自己控制不了别人的意见，他们控制不了交通，他们控制不了天气，他们控制不了生来就是凡夫俗子的事实，他们控制不了经济或者他人口中的粗鲁言辞。他们控制不了过去，也控制不了遥远的未来。但他们可以控制自己的选择，以及自己对所有那些他们无法控制的事情的反应。除了自控，其他一切都不值一提，然而，真的是这样吗？

即便像爱比克泰德这样能够对命运随遇而安的哲学家，他也还是有自己的道德信念。他认为品德比名声更重要，有道德的人生才是有价值的人生。所以他说："为什么我们要努力为善呢？因为，为善就有快乐，就有内心的安宁，就能远离烦忧。当你积极着手逐步完善自我时，你将远离那种掩饰自己或寻找借口的懒散的行事方式。你不会让低级的羞愧萦绕心间，而是创造性地利用当下一切机会，勇往直前。那一刻你开始完全地安下心来，而不是试图逃避，或希望正发生的事情是另外一个样子。你要全身心地投入生活，并在生活中前行。”[1]

爱比克泰德的人生方式可以给“启蒙有什么用”当一个注释：启蒙不能告诉人们如何避免人生的不幸或灾祸，但会告诉人们，即使是充满不幸和灾祸的人生，也不应该是在道德上漂浮不定的人生。道德上无所定见的人生是一种“白活了”或“活惨了”的人生，它让人随时都可能陷入道德上无所适从的困境。“文革”的时候，许多迫害和残害过自己老师甚至亲人的学生们就曾陷入过这样的困境。他们中的许多人都曾参与作恶，后来有所觉醒，发觉不得不为自己的行为付出良心的代价。有一位叫张红兵的老人，当年检举了自己的母亲，说她在家里为刘少奇鸣不平，他母亲被以“反革命”罪枪毙了。后来张红兵为此痛苦不堪，他说：“当年，我举报了我的母亲，她第二天就被枪毙了，如今我老了，每晚都在做噩梦。”如果当年的张红兵能对自己的行为，对发生在他周围的事情有认真的道德伦理思考，他断然不至于有这样悲惨的人生。

启蒙是为了帮助人们避免这样的悲惨人生，因为这样的人生是一种无可挽回的失败，是不值得去过的。但是，曾经白活了的人生并不意味着它的最终价值只能是彻底的失败，因为人生最终的价值在于觉醒和思考，不只是在于不可改变的经历。在伦理和道德上不能觉醒和思考才是更危险的。启蒙不能改变人曾经有过的经历，但却能影响和改变他看待自己过去经历的方式，“无悔”和“忏悔”（或“后悔”“悔不该”）是两种完全不同的人生思考方式的结果。

未经启蒙的人很容易在道德上步入歧途。道德判断上的愚昧会使人在道德选择时无所适从，是非不明，善恶不分。这样的人生是

---

① 爱比克泰德：《沉思录》，陈思宇译，中央编译出版社，2009年，卷五，第79页。

悲惨而且没有价值的人生。人为善的道路只有一条，而作恶的道路却有许多条，为什么这么说呢？这是因为，唯有为善之路才能得到普遍的公认，而作恶之路却是可以各走各的。走在不同的为恶之路上的人们各取其道，时而互相利用，时而互相仇恨，时而互相勾结，时而互相攻讦，恶的最大克星不是善，而是另一种恶。人们常说的“歪理十八条”也是同样的道德，正理只有一条，歪理却有许多，正理和歪理不是同一个说理法，歪理根本不在乎正理。歪理害怕的不是正理，而是别的歪理。

伦理的普遍原则和相对原则

善是普世的，恶是相对的，因此启蒙传播的伦理知识首先要求区分两种不同的伦理原则，一种是普遍的原则，普遍的原则不等于绝对主义的原则；另一种是各种各样的相对主义原则，大多数的相对主义原则都认为自己无条件地正确，因此都是绝对主义的。

道德启蒙秉持的是普遍的原则，但也不因此就简单地否定其他的原则。伦理的普遍原则可以用作检验不同的相对主义伦理的合理性的标杆，没有这个标杆就无法在相对主义的伦理主张里，把合理和不合理的部分区别开来。任何一种相对主义的伦理都无法代替普遍原则的这一作用。

伦理的普世原则有三个要素：一、普遍适用，二、一律对待，不偏不倚，三、道德规范优先于其他任何规范。首先，普遍适用指的是，在一种情况下适用的道德原则、标准和判断在所有相同或相似的情况下也都适用，它的反面是各种说辞的双重标准。如果你认为在某些情况下说谎是错的（如法庭作证、新闻报道、政府公告），那么这个道德原则应该适用于所有国家，而不是某一个国家。如果一国的国情与普遍原则不符，那么应该改变的是国情而不是普遍原则。

其次，普世原则指的是对谁都不偏不倚。在普世原则下，所有的人都是平等的，都应该受到相同的对待，任何保留特殊待遇的道德规则都是不道德的。普世规则之下，所有的人都拥有相同的权利，负有相同的责任。如果医疗保健是人应有的权利，那么，它对所有人都是适用的，不允许因为社会身份的贵贱不同或官职高低而有所差别。任何人以任何理由享受特别的医疗待遇或特权都是不道德的。

普世原则的第三个要素是，道德规范优先于其他规范。并非所有的规范都是道德性质的，还有法律的规范（法律、法规）、美学或审美的规范（趣味、品味、格调）、处事的行为规范（自我保护、可行不可行）等等。按照普遍主义的伦理，在所有不同性质的规则中，道德规则优先；道德考量的重要性和分量超过其他任何性质的规则。例如，为人处世的规则告诫“不可信任陌生人”“知人知面不知心，遇人遇事防三分”，虽然有道理，但却应该服从与之相左的道德规范：“应该帮助遭遇危难的陌生人”（《圣经》里的好撒玛利亚人）。你看到老人跌倒在大街上，因为害怕被碰瓷，不愿上去相助，虽然情有可原，但仍然是道德行为的过失。艺术规范允许的一些事情（如色情表现），在道德考量面前（如保护未成年人）也得让道。法西斯艺术很精湛，但它为暴力和仇恨服务，所以就应该摒弃它。法律规范如果违背道德原则，就会被视为恶法和暴政，公民不合作和公民抗命就是以道德理由来违抗国家或政府的法律或法规。

宽容与文化多元没有必然的关系

与伦理普遍原则不同的是各种各样的伦理相对论，其中最有代表性的就是主观相对论和文化相对论——种族或民族、传统、阶级、身份等级等等的相对论可以视为不同形态的文化相对论。

主观相对论有个人的和国家的两种。个人主义相对论把伦理的是非区别和对错判断当作个人仁者见仁、智者见智的不同，各有各的看法，谁也不比谁更正确。因此，在它那里，道德说理（moral reasoning）是多余的，也是没有意义的。道德说理永远是鸡同鸭讲，谁也说服不了谁。一个人说人生应该过得清醒自明，另一个人说人生应该随遇而安、难得糊涂；一个人说“自由最可贵”，另一个人说“自由不能当饭吃”；一个人说“家暴是一种犯罪，社会应该为受害者主持公道”，另一个人说“一只碗不响，两只碗叮当，清官难断家务事”。在个人主观相对论者看来，凡此种种，不过是“看法”不同而已，并无是非、对错可言。每个人所做的事情，如果从他的立场来看，都不存在犯错的问题。对或错不过是人的主观印象和看法，只要你不觉得它错，它就不错。

个人主观相对论离国家主观相对论不过是一步之遥。国家主观相对论不过是把道德行为的主角由个人变成了政府，其历史观就是无是非、善恶可言的成王败寇。希特勒认为他的屠犹计划和侵略行动有益于德意志民族，因此他所做的一切都是对的。红色高棉说，他屠杀千千万万的柬埔寨人是为了实现社会主义和共产主义，消灭的是阶级敌人，是正义的事业。从他们的立场来说，其他国家的人民无权对他们有道德谴责，任何指手画脚的批评都是别有用心，干涉他们的内政。

今天大多数人事实上已经不太可能会接受在伦理问题上的个人或国家主观相对论，但是，文化相对论却仍然支配着许多人的伦理观。从表面上看，文化相对论依据的是“宽容”的原则：它主张不同的文化之间应该互不干涉，应该避免用“客观的价值标准”来相互批评，唯有这样尊重彼此不同的基本价值观，才算是“宽容”。

我们当然希望在文化多元的世界能够洋溢着宽容的精神，然而，实际情况是，在宽容和文化相对论之间并没有必然的关系。文化相对论的根本主张是，道德价值是相对的，不同文化之间不存在客观的道德价值观。那么，宽容是不是一种客观的道德价值观呢？如果是，那么文化相对论的根本主张就是错误的。如果不是，那么这也就意味着，如果一种文化认可宽容，那么宽容就是正确的；如果另一种文化不认可宽容，那么宽容就不是正确的。这样，文化相对论也就失去了它主张宽容的合理性。可见，文化相对论在它最坚持的“宽容”价值上是不能自圆其说的。

文化相对论有三个致命伤。第一，文化相对论的逻辑推理是，只要一个人的行为在道德上符合他所属的文化规范，他就不可能犯错。如果一种文化允许烧死女巫、贩卖奴隶、种族歧视、阶级压迫、草菅人命、宗教迫害，那么做这些事情的人便在道德上无可指摘，其他国家的人们就无权“干涉内政”。

第二，文化相对论的另一个推导是，任何与现有社会文化不符的改革都是错误的。既然文化是道德事务（对错、好坏、是非、善恶）的绝对和最终权威，那么，谁要求社会、政治、文化的改革，就一定会违背这个最高权威，必然有损国家利益，所以是错误的，必须受到谴责。因此毫无疑问，20 世纪初的“新文化运动”或者外来的什么“主义”都是错误的。同样道理，18 世纪启蒙运动也是错误的，因为许多启蒙人士都坚持要在自己的社会文化里进行具有普遍道德意义的改革，如孟德斯鸠和贝卡利亚主张刑法改革，玛丽·沃斯通克拉夫特（Mary Wollstonecraft）主张女权改革。1787 年，

12 位英国人要求英国结束买卖奴隶，后来得到英国民众的支持，30 万英国人用他们自己的方式加入了这个“损害”英国利益的运动，那就是拒绝购买奴隶生产的血汗产品：白糖。①

第三，文化相对论经常被用作对抗外来批评的挡箭牌。既然文化的存在就是它正当性的依据，那么一切外来的批评都是不怀好意、别有用心的，因此断然不能接受。文化相对论于是成了专制政府对本国人民作恶的最好掩护。

其实，不同文化之间的伦理价值差别远不像文化相对论所夸大的那么泾渭分明，不可逾越。实际情况是，不同文化之间有许多相同的人道价值：珍惜生命、诚实无欺、敬老爱幼、知恩图报、礼尚往来、公正行事、不乱伦不通奸、好荣誉知羞耻、遵法守纪、言而有信等等，所不同的只是这些价值在具体情境中的运用，而非价值原则本身。

启蒙传播的是不同文化能够共同认可的道德价值，把它们当作客观的普遍价值，并用这样的价值来衡量和评价每一种文化中的社会和政治现象。启蒙本身就是一种批判性的知识，它并不是针对某一种文化的，它针对的是任何一种文化中的不道德现象，并试图揭露其文化制度的根源。正是因为这样的批判，鲁迅对中国文化的剖析至今仍然具有启蒙的意义。我们在阅读鲁迅的时候，会禁不住把他笔下的国民劣根性与当下的道德弊端作联想，并思考中国文化在过去一百年间到底有没有发生实质性的道德进步。对一个坚定的文化相对论者来说，这种跨时代的比较是没有意义的。因为每一个时

---

① Adam Hochschild, *Bury the Chains: Prophets and Rebels in the Fight to Free an Empire's Slaves*. Boston: Houghton Mifflin, 2005.

代的文化都有它自己的特征，既然不存在客观的道德标准，又怎么能衡量一个时代比另一个时代有所谓的“进步”或“退步”呢？只不过是“不同”而已。但是，启蒙认为人类的进步是可以衡量和判断的，而这就需要用理性来建立具有普遍意义的衡量标准。

道德原则和道德运用

在伦理问题上，文化相对论比个人主观相对论和国家相对论更有欺骗性和误导性，就算不接受个人或国家相对论的人们，有许多也会错误地赞同文化相对论。不同的相对论有一个共同的原则，那就是，在道德问题上不同的个人，不同的国家或文化都不可能形成必要的共识，对你的文化不道德的，对我的文化可以是道德的。但是，从启蒙开放性的普遍伦理哲学来看，事情并没有那么简单。

启蒙要求把伦理区分“道德原则”和“道德运用”，虽然道德运用不同，道德原则却是相同的。启蒙传播的是关于道德原则的知识，同时鼓励对现有的道德运用有批判性的思考。如对一夫多妻、血仇报复、一律要求割礼的批判性思考。

以一夫多妻为例，《圣经》研究发现，圣经时代的一夫多妻制是一种与妇女生存需要有关的习俗。嫁汉嫁汉，穿衣吃饭，女性缺少独立谋生的能力和机会，便把嫁汉当作一种生存之道。不止一位女子嫁给同一位经济富裕的男子，是一种解决女性生计问题的办法，而且，在较富裕家庭出生的儿童有较好的存活机会。因此，一夫多妻起到了对妇女和儿童的福利保障作用。在这样的文化习惯中，一夫多妻只是一种道德运用，而它后面的道德原则——保护妇女和儿童——与我们今天的一夫一妻并没有什么不同。

美国人类学家海伦·费雪（Helen E. Fisher）在《爱的剖析》

（*Anatomy of Love*）一书里指出，一夫多妻也许是人类进化的结果，在人类有记载的823种文化中，只有16%是规定一夫一妻制的。然而，在一夫多妻制的文化社会里，并非所有的男子都多妻，只有少数（5%—10%）拥有相当财富的男子才多妻。美国的摩门教（Mormon）曾经是允许多妻的，但1890年摩门教就已经废止了这一习俗。不过，少数教徒至今仍然延续了这一习俗，许多都是富有的教徒，经济实力是多妻一个主要的因素。还有的文化社会是一妻多夫的，占人类社会的0.5%，“但都是特殊的情况，“那就是女人特别富有”。[①] 正因为经济不平等在现有的一夫多妻或一妻多夫现象中起着决定性的作用，我们要小心有人用“文化传统”来为这种社会不平等做掩护。在一个腐败的制度中，一个男子包养多名女情人或一个女子包养多名男情人，都不能以“文化”为借口。启蒙所要做的正是揭示这种看似“文化现象”后面的纵欲、腐败和社会不平等。

2. 启蒙知识分子的道德义务

知识分子关注社会的道德状况，但他们不是社会的道德卫士。社会的道德水准不是靠他们来维持的，他们可以在自己身上提高社会文明的上限，但社会道德的下限是由大多数人来维持的。就算知识分子想当社会道德的卫士，想提高大多数人的道德下限，他们也是办不到的。这是因为，社会的道德状况并不全是道德的问题。

---

① Helen E. Fisher，*Anatomy of Love*. N. W. Norton，1992，p. 69.

有的社会里普遍存在说谎和欺诈，并不简单地是因为人们一下子都变得不诚实起来，而是因为有人逼着他们在一些事情上不能说真话，不说假话就让他们不得安生，不戴假面就没法在社会中混，不行贿打点就处处被刁难，办不成事。有句话叫“世道人心”，可以理解为，有怎样的世道，就有怎样的人心。道德规则是老百姓过日子的方式，不是他们的精神修炼。称此为道德实用主义也好，机会主义也罢，这就是休谟所说的个人道德的社会性质。人们在一些社会环境中的行为符合某些道德原则或信条（如诚信、诚实、助人为乐），并不就意味着他们道德高尚，道德底线特高，而只是因为这种行为方式对他们的生存更为有利和有效。换了一个不同的环境，几十年，甚至数代人积累起来的良好道德习惯，也会在短时间内崩溃和蜕变。

这当然不是说不会有少数人在任何环境下都能坚持他们心中的道德规范，但他们是极少数，而且也只可能是极少数。知识分子理应属于这个人群，但事实上大多数知识分子并非如此。所以，那些能够在逆境中坚持道德操守的极少数知识分子也就更加难能可贵。启蒙知识分子应该成为这样的知识分子。即便如此，在这方面，他们扮演的角色倒也不一定是用自己的道德行为成为社会的表率，而是应该成为像苏格拉底那样的“牛蝇”。苏格拉底在受审的时候对雅典人说：“我就像一只牛蝇，整天到处叮住你们不放，唤醒你们、说服你们、指责你们。”

牛蝇是一个比喻，指的是那种因为对社会或群体提出批评意见，而令人感到不快、不爽的人。苏格拉底知道他必须为此付出什么代价，但他在意的并不是自己的生命，而是他的死会给城邦带来什么后果，“如果你杀死像我这样的人，你伤害自己比伤害我更多”。他把刺痛城邦当作自己的义务，他说："刺痛人们并鞭打他们，这一切都是为了真理。"这样的义务后来被称为"牛蝇伦理学"（gadfly ethics）。美国数学史学家、数学哲学家、数学教育家莫里斯·克莱因（Morris Kline）在《为什么教授不能教授》一书里就此写道："牛蝇提出的问题是许多专家都故意视而不见的，在这一点上，牛蝇的作用无以代替。带刺的批评有益于健康。"①

启蒙知识分子对社会的道德状况提出批评，是一种无以代替，有益于社会群体健康的义务行为。但并不是所有的知识人都会担当起这样的义务。启蒙是特定条件下知识人对社会所尽的道德义务，通常只有极少数知识人会担当这一义务，而大多数知识人并不愿意。这里面当然有能力不够的原因，但更多是因为他们为自己设定的"专家"角色。他们认为，知识人的义务和责任是在专业上精益求精，至于介入社会批评，那是"多管闲事""不务正业"。那么，我们应该如何看待知识人介入社会事务的道德义务呢？

完全义务和不完全义务

对知识分子来说，社会启蒙是一种康德所说的"不完全义务"。康德把人的道德义务分为两种：完全义务和不完全义务。如果一件事在逻辑上或实行中，一旦所有的人都这么做（普遍行使）就会造成相互冲突，那么，这件事就不能去做。不做这样的事是人的完全义务（perfect duties）。完全义务禁止人有违反普遍法则的行为。例如，人有不杀人、不偷盗的完全义务，因为"可以杀人"，"可以偷盗"不能作为社会的普遍法则。禁止杀人是以生命价值观念为基础

① Morris Kline, *Why the Professor Can't Teach*, St. Martin's Press, 1977, p. 238.

的，没有这样的观念，杀人算不了什么。禁止偷盗是以财产的观念为基础的，如果没有财产的观念，一个人想拿什么就拿什么，也就无所谓偷盗。完全义务又叫“严格义务”（strict or rigorous duties），严格义务不能因个人喜好或选择而允许有所例外，任何违反的行为都应该受到法律的惩处。

与完全义务不同，不完全义务（imperfect duties）是一种“不严格义务”或“值得称赞的义务”（laxer 或 meritorious duties），例如，你可以做慈善也可以不做，看到有人中风倒地，可以去帮助，也可以不去帮助，如果你有做慈善或救助他人的行为，那么，你就是在尽不严格的义务。不严格义务可以因个人选择而允许例外。例如，就算人人都给父母洗脚表示孝顺，你也可以不这么做。学雷锋做好事也是一种不完全义务，就算人人都学雷锋做好事，你也可以是个例外。一个人做一件不完全义务的事情，奉行的是一个他希望能够普遍化的原则，例如，范仲淹说，做官和做人要“先天下之忧而忧”，那是一个他自己选择去做，也希望别人也能选择去做的事情，尽管他知道许多别人是根本就不会这么做的。是否愿意成为批判型的公共知识人，或是成为传播启蒙知识的非专业型知识分子，都取决于他是否愿意担当一个知识分子的不完全义务。

在国家和社会的大环境和制度里，普通个人所能作出的不完全义务善行是很有限的，例如，一般人看到农民工被欠薪，顶多也不过就是为他们发出不平之鸣而已，并不能给他们以实际的帮助。而一个律师则不同，他有特别的法律知识，也受过关于守护公平正义的道德教育，他可以为这些农民工发声或主持公道，通过在法律上的介入，要求欠薪的雇主改变他们的不良行为。他还可以通过公共媒介，向社会呼吁，诉诸公共舆论，对农民工的正当要求提供同情和支持。他更可以传播关于劳工权利、维护公正劳资关系、国家保护劳工等方面的知识，要求对不合理的社会和政治制度作出改革。

如果能够这么做的话，那么，这个律师就能像18世纪启蒙时代的孟德斯鸠和贝卡利亚推动刑法改革，维护司法正义一样，作出重要的启蒙贡献。法律人士或学者的普法启蒙也是一样，法学教授成百上千，但像罗翔那样选择做法律启蒙的教授即使还有一些，也是凤毛麟角。他们要尽的就是知识分子的那种不完全义务。在康德的道德哲学里，这种不完全义务是“值得称赞的义务”，而不是“严格义务”。在我们对当今知识分子的认识里，只有能够尽到这种“值得称赞的义务”的，才可以说是公共型知识人或启蒙知识分子。

有实践意义的义务伦理是一种“情境伦理”（situational ethics）。完全义务或不完全义务都不是绝对的教条，而是必须放到具体情境中来具体考量，涉及政治、舆论环境、知识分子的道德感等复杂的问题。在需要社会批评但又不能自由批评的环境里，不可能要求所有的知识分子（学者、艺术家、科学家）担当批评和启蒙的义务。如果有知识分子能像罗翔那样担当起自己“值得称赞的义务”，本应该给予他们称赞的肯定。然而，等待他们的却经常是“木秀于林，风必摧之”的命运。他们收获的不是称赞，反而是讥讽和嘲笑。这是一个社会犬儒化和道德虚无主义化的必然结果。

有人将此归结为一个如何看待“做了好事，反遭嗤议”的问题，认为当事人应该在自己身上找原因，看看是否因为自己一直抬高自己，自我膨胀，功德有漏，这才惹得别人不服气，不但得不到称赞，反而多有嗤议。所以，他们的告诫是，“故君子必慎为善”，做好人好事，应该非常谨慎才对。

还有人认为，做好事应有做好事的方法，做好事当然应该，但要智慧地处理，不合于智慧地处理，做好事反倒惹来麻烦。“德之所荡”就是这个意思：道德有它的标准，也有它的做法，你不懂用智慧，就超过了这个范围，道德反而变成不道德或非道德的了。所以做好事要小心，不要因为做好事而给自己招惹麻烦和不快。这就是“德之所荡，而知之所为出乎?”的人生名言。中国人一直以这样的智慧在生活，在一个正常社会里，这也许有些道理，但是，在一个犬儒主义和道德虚无主义弥漫的社会里，拿这种眼光看知识分子的社会贡献，那就太迂腐，太不公道，太没有见识了。

美国记者赫德里克·史密斯（Hedrick Smith）在《俄国人》一书中谈到他在1970年代与一位叫图尔钦（Valentin Turchin）的苏联建筑师的谈话。图尔钦对他说，在苏联没有人相信一个人会无缘无故地做好事，“人群中有一种难以相信的犬儒主义。……诚实的人使得那些沉默的人由于没有大胆说话而觉得有罪。他们无法了解，他怎么会有勇气去干他们本人所不能干的事。因而他们感到不得不攻击他，以安慰他们自己的良心。而且，根据他们自己的经验，他们觉得每一个地方的每一个人，都是在演戏。他们好像妓女一样，因为自己是妓女，便认为所有的女人都是妓女。他们认为根本不存在真正的诚实，根本没有人真正追求真理。那些异议人士，很可能就是一些撒谎的骗子”。①

在图尔钦生活的那种环境里，有许多人自己害怕或不愿意做好事，也并不乐意看到别人做好事，他们不乐意被提醒自己没有做好事。谁都不做好事，这会让他们更觉得心安理得一些。因此他们会

① Hedrick Smith, *The Russians*. Quarangle/The New York Times Book Co., 1976, pp. 452 - 453.

本能地对做好事的人感到不快和不爽。对那些尽不完全义务的少数人，他们不仅报以蔑视和嘲笑，还把这样的事情视为“自以为是”和“不自量力”。

人文启蒙也许很难改变这种犬儒主义的心态，但是，它会把抵抗这种犬儒主义视为自己的“不完全义务”。它要善意地提醒一切有理性的人们：就算自己不去做道德好人，也不能因此失去道德上的是非感，不要对敢于做好事的人怀有蔑视和仇恨，更不应该把自己不敢做的好事说成是不应该做的事情。即使自己不能做好事，赞美或同情做好事的人，也是起码的道德要求。

后果论和非后果论的伦理

知识分子尽到传播启蒙知识的义务，这是他们值得称赞的义务，是一种道德行为。这是从“非后果论”（Nonconsequentialist）伦理来看待启蒙的知识传播行为。传播启蒙知识是一种由知识分子自愿担当的义务，其公共道德价值是内在的，不管它能不能获得期待的对公众或社会的有益后果，不管公共知识人的工作是否能够得到理解或受到尊重，也不管反智势力会如何糟蹋知识分子的公共人格，他们的启蒙本身都是有价值的，这个价值是以启蒙本身的道义性，而不是以启蒙的结果来衡量的。

现在有一种常见的论调：“启蒙没有用，启蒙已经失败，还要启蒙干什么?”就是在用启蒙的后果来评价启蒙本身是否具有意义。这么看待启蒙，暗含的是一种“后果论”（Consequentialist）的公共伦理观。它的原则是，任何一件可以被称为“尽义务”的事情，任何一件有道德意义的事情，都是因为它能带来某种有益的、有用或有效的“好结果”（善果）；一个行为的善果越多，越大，它也就越道德。善果是多种多样的，快乐、幸福、福祉、个人或家族的兴旺、事业的发达、知识的丰富等等都是善果。必须有了“善果”，才能回溯到道德的“善因”。“后果论”的伦理主要有两种，一种是实用主义（Utilitarianism），它主张集体（包括任何一个个人）的善果；另一种是“伦理自我主义（Ethical egoism），它只在乎当事人自己的善果。

“非后果论”与“后果论”的不同还在于，后果论认为，一个行为有善果便是道德的，无善果便是不道德的。非后果论则认为，善果是难以确定，且无法量化的，因此不能用善果来判断行为是否道德；道德应该由行为本身的性质所定。行为道德的性质取决于它“是什么”，而不是它“产生”什么。以非后果论来看待启蒙，启蒙是人的自觉自知，是活得清醒自明，这本身就是一种善，即便是为它付出痛苦的代价，甚至丢了性命，它也仍然是善的。苏格拉底说：世界上有两种人，一种是痛苦的人，一种是快乐的猪，宁做痛苦的人，不做快乐的猪。18 世纪启蒙主张人要运用理性，让自己成熟起来，但是，成熟的道路并不平坦，而且还会充满坎坷、折磨和痛苦，因为人必须凡事为自己的行为和选择负责。然而，就算启蒙和清醒自明让人生很辛苦，那也比依靠神或世俗的权威，舒舒服服地享受岁月静好要有价值。这样的选择是非后果论的，它的人生价值基础——自由和理性——也是非后果论的。

“非后果论”中最广为人知的是康德所说的“道德律令”（moral imperatives），指可作为道德基础的先验的普遍法则与条件，是从纯粹理性指导的意志引导而出，适用于一切时代和一切人。它有三条：一、人的“普遍立法”，即由人（而非神）设立的行为标准必须成为普遍规律；二、“人是目的”，即人的行为必须把人当作目的，而不是当作工具；三、人的“意志自律”，人服从道德律令，不是因为他服从道德规律。而是因为他是规律的立法者，并且正因为如此，他才服从这一规律，不是出于恐惧，也不是因为爱好，而完全是由于对规律的尊重。道德主体不受外界因素制约，为自己规定法则，以此指导自己的行为。

没有人规定知识分子必须在社会中担负起人文启蒙者的义务，也没有一种宗教或哲学为读书人创制了这样一个角色，是他自己为自己构建了这样的角色定位。人文启蒙把“活得明白”和“拒绝道德漂浮”当作一种适用于所有人类的普遍价值，以此确立人是目的、不是手段的伦理原则。不管这样的原则是否被普遍认可，或能否实现，启蒙知识分子自己必须按照这个原则去从事他的知识活动。但是光有原则，没有方法，还是没有用的，所以既要坚持启蒙的原则，又要探究启蒙的知识传播方法、条件和原理。只有在这二者的结合中，才有启蒙最可靠的决心。

作为非后果论的自然法

“自然法”（Natural law）也是非后果论的一种，自然法指的是一个独立于政治性实在法，自我完足地存在的正义体系，包括道德理论与法学理论。自然法的道德理论认为，支配人类行为的道德规范起源于人类的自然本性或和谐的宇宙真理。自然世界，包括人类，展现出一个理性的秩序，在这个理性的秩序里，万事万物都有自己应有的位置和该有的样子。自然法代表世界是怎样的和该是怎样的，人应该按照自然的法则生活，该怎么做就怎么做。只要顺从自然，对错、是非、道德和不道德也就自然明确。例如，在自然法里，说谎是错的（不道德的），说谎违背人的天性。人生来就是社会的动物，说真话是人的天性使然，小孩天生不会说谎，说谎都是后天学会的。惟有说真话，人类才能自然地相互对待和相处、相互尊重，也才能维护一种自然的好生活。又例如，性欲对人类是自然的，没有性欲，人类就不能繁衍。因此，违背这一自然需要的性行为和性关系（如同性恋）便是不道德的。

18 世纪启蒙哲人的伦理观在后果论的功利主义和非后果论的自然法之间摇摆。他们试图把自然法建立在经验的基础上，但自然法是无法用经验科学来证明的。启蒙哲人基于经验主义的认识论、社会学和历史学必然颠覆自然法的逻辑，但是，出于对信仰和信仰语言的需要，他们继续用自然法及其语言来支撑他们的社会批判，指导他们的改革纲领。在他们的著作中，自然法犹如一个不证自明的信念，甚至是一个常识，仿佛所有受过教育的人都对之了然于胸、没有受过教育的也都把自然法当作他们相信的“上天”的某种简写符号，把自然神当作一个主持正义和公正的最高权威。只要人们还有朴素的“上天”观念，就有对自然法的简单理解和接受。

一直到今天，对启蒙知识传播来说，自然法仍然像在 18 世纪一样能直接打动人心，因为启蒙的对象不是专业的法学家、道德专家或伦理学者，而是普通民众。自然法是普通人能听明白的信仰和伦理话语。在中国也有“道法自然”“效法天地”这样的观念，出自影响深远的《道德经》，“人法地、地法天、天法道、道法自然”，将天、地、人乃至整个宇宙的深层规律涵括、阐述出来。“道法自然”揭示了整个宇宙的特性，囊括了天地间所有事物的根本属性，宇宙天地间万事万物均效法或遵循“自然而然”的规律。可以说是中国版的自然法，也是普通人能够接受的。

18 世纪时，美国革命和法国大革命期间的小册子中充斥着自然法的措辞，这不是偶然的，它们是有力的呐喊，是改革、人道和立宪的呼声，对普通民众影响极大。在18世纪后期革命时代来临之前，许多启蒙哲人就已经以社会和政治改革为己任，他们重视启蒙知识伦理话语的宣传实效性，希望能对改革产生实际影响。他们并不拘泥于自然法的一致性，在18世纪的进程中，“启蒙哲人对自然法的态度越来越怀疑，越来越疏远……。在法国，18世纪50年代末，莫佩尔蒂（Pierre-Louis Moreau de Maupertuis）作出了想象力丰富的暗示，爱尔维修在《论精神》里大胆地从功利主义角度来诠释政治根源和政治义务。功利主义学说开始与自然法学说一争高下，在英国，边沁在1776年出版的第一部著作《政府片论》中，根据休谟、爱尔维修和贝卡里亚的思想得出了一个逻辑结论：最大多数人的最大幸福乃是衡量对错的标准”。①

今天，主张社会和政治改革的启蒙所诉诸的实际上主要是功利主义，如改革的成功取决于思想的自由和开放，思想钳制不利于国家的强大；政治民主有利于社会和谐和稳定；对发展经济，智民比愚民是更有效的策略，等等。就连本来用自然法伦理来辩护的人文理想——人的自我实现、自由和理性的价值、人的基本权利和尊严——也经常是用功利主义的理由来重新陈述。例如，国家的科学发展和国际竞争力需要有能够自由、理性地思考的具有独创能力的人才。

这种变化在18世纪从前期过渡到后期时就已经显山露水。启蒙运动上半叶的主线是自然法学说，功利主义则在启蒙运动下半叶独领风骚。相比之下，功利主义没有自然法那么激动人心，但在其他

① 《启蒙时代》，下卷，第421—422页。

各个方面却更适合用来鼓励开明专制的改革。我们可以将此视为一种有实际需要的启蒙策略调整，启蒙哲人越来越多地用国家的功用来证明国家的正当性（国家提供国民需要的安全、秩序和服务），而不是用传统或原始契约（历史形成或人民自愿组合）。国家存在的这种正当理由于是成为衡量政府得失的标准，如果国家不能尽职或根本不称职，那就成为召唤革命的理由。

为了推动政治和社会的变革，18 世纪启蒙灵活地运用自然法和功利主义的伦理理由。这种灵活性本身就是一种启蒙要倡导的美德：变通。变通的对面不仅是认知论的教条主义，而且是道德论的自说自话。我们和他人生活在同一个世界上，道德和伦理的不同经常是起于不同的利益，变通是一种能考虑他人不同利益，能妥协折中，努力实现双赢的有效方式。

变通也是一种亚里士多德说的不走极端的“黄金中道”（golden mean）美德：“美德是两种恶习之间的黄金中道，而这两种恶习，一种是过头，而另一种是不足。”换句话说，我们应该考虑每一种情况并进行妥协和折中。比方说，在战争中，毫不畏惧的士兵对他自己和别人来说都是个危险，因恐惧而裹足不前的士兵也同样糟糕。但勇气就处在这些极端的中间。许多其他的美德也都是如此：吝啬和挥霍之间是大方。温顺和傲慢之间是谦虚。犹豫不决与头脑发热之间是自我控制。冷漠与贪婪之间是抱负。

变通也是这种性质的“中道品德”，它既避免绝对的抽象原则，也避免无原则的利益考量。变通是启蒙伦理的实践理性，是一种在（绝对）自然主义和（单纯）功利主义这两个极端之间的灵活的“应用伦理”（applied ethics）。启蒙对普通人传播应用伦理的知识，应该尽量清晰、明白、连贯一致、避免逻辑谬误。应用伦理关注的是现实生活中实际问题，是一种低调、但可能有实际成果的伦理。[1]

应用伦理是一种对普通人的说理，说的是普通人能懂的道理。运用伦理话语是启蒙知识传播经常采用的关键性策略手段，它在自然法的和功利的伦理话语之间游走，因为它们各有各的用处，需要在实际运用中灵活变通，不能拘泥于单一的原则。在实际环境下，自然法的和功利的理论话语经常是混合使用的。

自然法伦理能够弘扬自由、理性、尊严的道德本质，但功利的伦理能让人们根据政府自己的主张和所作所为来评判政府。从 18 世纪启蒙的经验来看，一个政府标榜自己的治理愿景和美好承诺，功利伦理会说，好吧，就让我们看看政府有没有兑现自己的承诺吧。说到做到，能兑现就是好；光说不练，不能兑现到就是不好。与自然法相比，这样的功利伦理话语更直截了当，因此也会更加有效。它可以在政府未能恪尽职守时用来批评政府。

而且，它还有非常丰富的潜台词：那就是，只有致力于追求普遍幸福的政府，才是人民愿意接受的政府，也才能延续其合法性。洛克和卢梭的政治理论都可以得出这样的结论：政府本身并非目的，它的存在并非出于神的指示或历史必然性，而完全是为了执行个人、大家族乃至社会集团无力承担的任务。为民造福是政府的职责，政府的职能就是保障人民的自由权利、保护私有财产、促进相互交流，从而带来社会的公正和安定。正因为如此，人民才需要政府，政府也才是一种政治之善。

这样的功利性伦理与自然法伦理已经非常接近。这也就是休谟

---

① Ellsworth Lapham Fersch，*Thinking about Law and Ethics*. Lincoln NE，iUniverse，2007，p. 10.

在政府问题上所持的立场，他不相信政府只可能是脱胎于某种社会契约，他说，“理性、历史的经验向我们表明，所有政治生活的起源都不是那么清晰和正规”。像其他事物一样，国家和政府是经验的产物，国家和政府会延续下去，因为人是习惯的动物，但人也是会因为实际需要而要求变化的动物，如果政府不正义，背离了政治之善，国家让人民活不下去，他们就会造反，就会革命。[①]

3. 启蒙的伦理与人性

哲学的人性观

自古以来，人性就一直是哲学家们思考的一个主题。18 世纪启蒙时代也不例外。休谟在《人性论》里认为，道德是习俗和习惯的产物，不是理性设计的结果，我们在这个世界所学到的东西是通过习俗和不断重复的经验，而非通过纯粹理性学习到的。道德教育乃社会之道，实际上是人类日积月累形成的习俗。社会之道并非理性之道，而是人类习俗经验之道，它开始于小型的家庭团体，继而逐渐扩展为国家。依据纯粹理性的原则干预自发演化——其实也就是人性的演化，这样产生的社会道德机制是不可靠的。

休谟认为，理性所能揭示的只是一个对人的善恶毫不关心的神秘宇宙，道德必须遵循人的本性，而不是虚无缥缈的理性而行，柯克解释道，这就意味着，我们必须理解人性，并以此为指南，“我们无法知道得更多，因为我们的智力很有限。‘所有时间和地方的人类

① Hume, *The Philosophical Works*, Ⅲ, pp. 450.

都非常相似，就此而言，历史给我们的启示没有什么新意或意外。历史的主要功能仅仅在于发掘恒定且普遍的人性原则’”。18 世纪中叶之后，休谟的影响开始改变人们对理性的认识，并把注意力投注到像历史和政治学这样不太追求知识完美的学术研究。①

休谟对道德和人性的认识是以英国式的经验主义为基础的，他仰慕牛顿的科学方法，在他看来，解释人类的精神活动就意味着把复杂情况简化为少数几个原因，通过可核实的经验来发现精神活动的规律。只要尽量减少不确定变量的影响，让讨论尽可能简单，就能成功地进行对人性、道德和政治的讨论，这样的讨论追求的不是学术研究的最终完美，而是有不断深入的可能，能够持续扩展对人的认知和了解。迄今为止，这也是启蒙对人的认识方法、性质和目标。正是在这样的意义上，我们称启蒙为一种人文主义的知识，它首先就需要有不断深入的对人性的认识。

与伏尔泰一样，休谟把人性看成是不变的。但他却又认为，人的行为、制度和信仰中的绝大多数多样性都应当归因于习俗、礼仪和民族性格。与伏尔泰不同的是，他认为大多数的人类差异能够用政体的差异来加以解释，这令我们想起古希腊人对城邦政体塑造公民品格的敏锐见解。休谟说：“人类离开社会就无法生存，离开政府就无法结合起来。政府划定人们的财产，确定人们的等级。这就产生了工业、交通、制造业、诉讼、战争、联盟、同盟……以及所有其他的行动和对象，这些既导致了人生中的多样性，也维持了人生中的一致性。”②

---

① 拉塞尔·柯克：《美国秩序的根基》，张大军译，江苏凤凰文艺出版社，2018 年，第 368 页。

② 拉塞尔·柯克：《美国秩序的根基》，第 402 页。

休谟是否始终如一地保持历史中人性不变的观点呢？他后来的作品（《人类理解研究》，1748）是否与早期的作品有同样的人性观呢？批评家对此有不同的看法。有的人认为，休谟相信人性是不变的，因为他在一些表述中似乎不承认历史和文化的可变性，比如“人类在一切时空之中是如此一致，以至于历史不能告诉我们任何新东西”。还有的人则认为，休谟对人性不变的认识不是无条件的，因为他说，“然而，我们不得期待……相同环境下所有人会完全一致地行动，而不允许性格、偏见和观点的多样性”[1]。环境是一个影响的因素，但不是决定的因素。

人性与环境在个人身上的相互作用，以及对个人行为的影响，这是哲学人性论的一个特色主题，看似矛盾，其实是统一的，都符合我们今天对人性的认识和理解。在孟子的人性观里也有类似的说法。孟子从“四端说”得出人性本善的结论。他还说：“人之所不学而能者，其良能也；所不虑而知者，其良知也。孩提之童，无不知爱其亲者；及其长也，无不知敬其兄也。”（《孟子·尽心上》），爱父母，敬兄长，这是人与生俱来的本能，是与生俱来的善良意识所致。孟子还说：“仁义礼智，非由外铄我也，我固有之也，弗思耳矣。”（《孟子·告子上》）那些不用学，本能就具有的，不用教，天生就固有的，就是人的天性。良善是人与生俱来的，所以人性本善。

然而，孟子同时认为，虽然人性本身向善，但外在的环境会带坏人，让人作恶。要从向善转向真正行善，依靠本性是不够的，还需要对善有相当的自觉，主动控制自己的行为。孟子说：“子服尧之

---

① Hume：*Enquiries concerning Human Understanding and concerning the Principles of Morals*，ed. L. A. Selby-Bigge，3rd edn. Oxford University Press，1975，pp. 83 - 83.

服，诵尧之言，行尧之行，是尧而已矣；子服桀之服，诵桀之言，行桀之行，是桀而已矣。”（孟子·告子下）也就是说，若你像尧那样言行，那你就是尧；若你像桀那样言行，那你就是桀；善恶本性不是从娘胎里带来的，而是言行的结果，这简直就像是现代存在主义的人性观了：有怎样的行为，就有怎样的人，“存在先于本质”（existence precedes essence）。这样的人性认识甚至可能显得比休谟更加现代，因为它强调，塑造人性的是个人行为而非社会和习俗的力量。

人文启蒙之所以关注哲学中的人性观，乃是因为不同的人性观背后都有某种政治关联，经常是特定政治制度的理论支持。在霍布斯、洛克和卢梭那里是这样，在中国古代哲学家那里也是这样。例如，荀子认为人性恶，但也认为人性虽恶而可以为善，所以他主张的仍然是用儒家的仁政和礼治来教育人。但他的学生韩非、李斯不同，他们认为人性恶且无为善之可能，于是主张一种刻薄寡恩，专用暴力和惩罚的专制统治。他们把老师的思想带向另一个政治方向。韩非子认定自私为人类之本性，虽家庭骨肉之间也是如此。而且，人民不仅无仁厚之情，更是缺乏见识，永无长进，“民智之不可用，犹如婴儿之心也”。人民是缺乏辨别能力的愚众，“昔禹决江浚河而民聚瓦石，子产开亩树桑郑人谤訾。禹利天下，子产存郑，皆以受谤，夫民智之不足用亦明矣。故举士而求贤智，为政而期适民，皆乱之端，未可与为治也”（《韩非子·显学》）。正因为人民的天性就是愚昧凉薄，所以仁恩德教对他们是不管用的，唯有专制君威和法制的鞭子才是唯一的治民之术。

从古到今，关于人性的思考和争论一直是哲学和神学的中心焦点，但论述的方式各有不同。柏拉图的人性理论包含在他的灵魂说里，柏拉图的苏格拉底提出了一个著名的“灵魂马车”的比喻。苏格拉底把灵魂比喻作两匹飞马和一个御车人的组合。他说凡是神所使用的马和御车人都是好的，他们的血统也是好的，其他一切生物所使用的马和御车人则是复杂不纯的。人类灵魂的御车人驾驭着两匹马，一匹驯良，一匹顽劣，所以驾驭它们是件麻烦的工作。如果灵魂是完善的，羽翼丰满，就往上飞，不然就往下沉。往下沉的是那些没有灵魂，只是肉体的速朽动物。（《斐德罗篇》246A—247C）灵魂的良马和劣马成为人性中的善和恶的象征。

这种对人性分裂的认识也同样出现在基督教神学中，它理解人性的方式是属灵的、圣经的、有神的。人是按照上帝的形象被造的，上帝将创造表示为“好”，将人性与野兽的本性区分开来。但是，亚当和夏娃因违背上帝的旨意而被逐出伊甸园，标志着人性的堕落和罪孽。尽管如此，罪孽可以救赎，所以人性的本质并不是恶，人性中有善良的天使。

18 世纪启蒙时代的人性观不同于基督教，它理解人性的方式是社会的，普遍的和自然神论的，在休谟那里更是无神论的，因为他把人性完全世俗化为习俗、礼仪和民族性格的产物。现代的人性观又与休谟不同，它不是纯哲学推理的，而是要寻找一个更可靠的心理学基础。

从心理学来看人性，人性的改变即便有，也是微乎其微。现代社会心理学把人性视为由人的多样化自然情绪、情感、欲望等等构造而成。这些人性因素都是在几万年的进化过程中缓慢形成的，其中有自利的，也有利他的，有无害于他人的，也有有害于他人的。不同的人性因素受不同的个人自我利益和自我保护本能驱使，即使是在相同的环境下，也会有不同的行为表现。例如在“文革”这样的环境中，有的人出于不同的动机加害他人，有的人则不愿意这样做；有的受害人能忍辱负重，苟且活命，有的人则宁愿玉碎不愿瓦全。他们的行为不同，并不表明他们的人性不同，而只是因为人性中的不同方面或因素占了上风，所以更直接、强烈地影响了不同个人的不同行动而已。

对人性的“恒”与“变”和不同人的不同人性表现，孔子有一句言简意赅的话：“性相近也，习相远也。”值得注意的是，孔子说的是人性的“相近”而不是“相同”。也许可以理解为，人性天生并不一样，有的善，有的恶，但天生的差别不大，也不是不可改变的趋向，因为后天的学习是更重要的因素。儒家人性论中包含着一些有待发掘的，可以与现代人性理解接轨的因素，例如，孟子以心说性，性善原是心善；荀子则以情、欲说性，性恶归之于情恶或欲恶。今天的人性伦理不是建立在抽象的人性善或恶的判断上，而是建立在心理学对人的基本欲望和情绪的研究之上，而无论是孟子的“心”，还是荀子的“情”或“欲”都可以朝这个方向去理解。

心理学和道德理论的人性研究

美国政治科学教授罗伯特·姆切阿什（Robert J. Mcshea）在《道德与人性》（*Morality and Human Nature*）一书里，通过对人类价值观起源的分析认为，价值观不是基于理性，而是基于情绪和情感。这与休谟对道德的理解是一致的。人类有回忆过去的能力，有想象未来行为后果的能力，还有同时感知过去、当下或将来情感的能力，这些能力形成了人的道德判断基础。人类的物种本性决定了人的这些能力，其他动物不具备这样的能力，因此，道德理论也就是对人性的研究。姆切阿什称之为道德认识的人文主义传统，从苏格拉底说的“认识你自己”（know thyself）到18世纪英国诗人亚历山大·蒲柏（Alexander Pope）在《论人：第二封信》（*An Essay on Man*：*Epistle II*）里说的“人类研究的合适对象是人”（the proper study of mankind is man），道德和人性一直是联系在一起的，从人性来认识道德，也就不再把道德视为源于神启或只是来源于文化或文明，因为对文化或文明的认识本身就离不开对人性的认识。

以人性来看待道德伦理，这为开放式的普世伦理观铺垫了基础，既然人类有共同的人性，而人性又是道德伦理之本，那么也就没有理由坚持人类基本的道德原则会因为文化（或文明）的差异有所不同。英国心理学家迪伦·埃文斯（Dylan Evans）在《情绪：情感的科学》（*Emotion*：*The Science of Sentiment*）一书里指出，构成人性内涵的要素是人的多种基本情绪（emotions），喜怒哀乐的自然情绪是人类共同的，是没有文化界限的。

人类学家发现，不同文化的人们之间可以不用文字就进行沟通，靠的主要是人类共同的基本情绪。研究人员首次造访与世隔绝的原始部落时，与土著交流只能靠面部表情和身体动作来示意，表情和动作大多是用来演示情绪和情感的。研究者们向土著展示笑容，土著马上就能会意，并报以笑容，这表明双方都能理解彼此的情绪与情感。

埃文斯因此认为，人类相同的情绪和情感遗产形成了不同群体之间的自然纽带，这些共同特征是超越文化差异的。尽管有地区或时代的差别，但微笑表示高兴，哭泣表示悲哀，发怒表示敌意却是相同的。不同的文化会将基本情绪（常见的有喜悦、愤怒、悲伤、恐惧、厌恶、惊奇）结合成不同的复杂情绪。复杂情绪又称“社会情绪”（如嫉妒、惭愧、羞耻、自豪、怨恨、窘迫、内疚、害羞、骄傲、自暴自弃)。基本情绪与复杂情绪的区别在于，基本情绪和原始人类生存息息相关，复杂情绪必须经过人与人之间的交流和生活经验中学习得到。由道德因素产生的情绪都是复杂情绪，在社会生活中，这些情绪是有道德意味的，有的被认为是好的，有的则是坏的。做错了事，羞愧是有良心，不羞愧是厚颜无耻。

在不同的社会中，或对不同的人来说，同一种情绪的道德意味会有所不同，经常并不是绝对的道德与不道德之分。例如，柏拉图在《理想国》里赋予愤怒某种模糊的道德地位。发怒通常似乎被描绘成危险的坏事情，既是道德误识的原因，也是道德误识的症状，是缺乏节制和深思熟虑的，既伤害自己，也伤害他人。但是，柏拉图并不是想要消除发怒，让人变得不会发怒，也不是要求人具有神一样的自制能力。在有的情况下，人们应该变得愤怒，并采取行动来发泄愤怒——从道德上讲，这是正确的做法。但很明显，柏拉图认为，优秀的人会更倾向于温和和冷静，而不是常见的那种发火、暴躁、易怒、苦毒。即使碰到非常恶劣、非正义的事情，由于发怒于事无补，也是最好能够克制怒气，这样对别人也有平静情绪的影响。①

相比之下，罗马哲学家塞内加在《论愤怒》里，从他的斯多葛主义自我控制的原则出发，对发怒做出了明确的道德谴责："发怒是所有情感中最丑陋和疯狂的。其他情绪都还包括一些和平与安宁的元素，而发怒完全是暴力的。"(《论发怒》卷一，1)发怒所引起的后果和损失是可怕的，他写道："没有哪一种灾难比发怒要求人们付

① https：//medium. com/practical-rationality/lessons-about-anger-in-platos-dialogues-50bd39211a77.

出的代价更高。你会看到因发怒而引起的屠杀、毒害、法庭上的起诉和可怜的反诉，城邦被蹂躏、被抢劫了，整个国家灭亡了，王公贵族的官衔在市场上被公开拍卖了，房子被敌人纵火燃烧了，大火竟然都烧到城墙外面去了。看，你将看到往日曾经是最繁华的城市，现在却连基底都不见了，是大怒把它们给毁了，留下来的只是一里接一里的没有人烟的荒漠。”（《论发怒》卷一，2）

中国古人对发怒也有所思考，只是似乎要间接一些。《论语》中没有记载孔子直接阐释“怒”或者“制怒”这方面问题的内容。孔子一向提倡修身，提出“君子有九思”，“思”就是“好好想想”，包括气愤发怒时要想想可能产生的后患。但孔子也不主张刻意压抑自己，他本人也有生气和发怒的时候。《论语·阳货》记载，宰我同孔子讨论“三年之丧期”问题。宰我说，这个时间太长了，守丧期间不行礼乐，会礼坏乐崩（“君子三年不为礼，礼必坏；三年不为乐，乐必崩。”）。孔子听了不高兴，反问宰我，那你能心安吗？（“食夫稻，衣夫锦，于汝安乎”）。没想到宰我很干脆地回答“安”，当场就叫孔子下不来台。孔子生气地说，你心安，就随你的便吧（“汝安则为之。”）。宰我大概没有再搭理孔子，出门走开了。这个时候孔子应当是真的发火了，骂道，你真是个不仁的家伙！还说了一大通道理。（“予之不仁也。子生三年，然后免于父母之怀。夫三年之丧，天下之通丧也。予也有三年之爱于其父母乎”。）当然，我们可以说圣人生气、发怒不是因为鸡毛蒜皮的小事，而是因为在“仁”这样大是大非的问题上不能苟且。关键不在于是不是发怒，而在于为什么发怒，什么是发怒的目的和结果，所以有“文王一怒而安天下之民”之说。

《战国策》里有一篇《唐雎不辱使命》的史传文，背景是这样的，公元前225年，秦国灭掉魏国之后，想以“易地”之名占领安陵国。安陵是附属于魏国的一个小国，安陵君原是魏襄王的弟弟。安陵君派唐雎出使秦国，与秦王周旋。唐雎和秦王谈判，因为不肯屈从，把秦王惹恼了。秦王勃然大怒，对唐雎说：“您曾听说过天子发怒吗?”唐雎回答说：“我未曾听说过。”秦王说：“天子发怒，倒下的尸体有百万具，血流千里。”唐雎说：“大王曾经听说过平民发怒吗?”秦王说：“平民发怒，也不过是摘掉帽子光着脚，把头往地上撞罢了。”唐雎说：“这是平庸无能的人发怒，不是有才能有胆识的人发怒。从前专诸刺杀吴王僚的时候，彗星的尾巴扫过月亮；聂政刺杀韩傀的时候，一道白光直冲上太阳；要离刺杀庆忌的时候，苍鹰扑到宫殿上。这三个人都是出身平民的有胆识的人，心里的愤怒还没发作出来，上天就降示了征兆。现在，专诸、聂政、要离，加上我就要成为四个人了。如果有才能和胆识的人一定要发怒的话，就要使两具尸体倒下，血流五步远，天下百姓都要穿孝服，现在这个时候就是这样。”于是拔出宝剑起身想要与秦王同归于尽。秦王变了脸色，直身而跪向唐雎道歉说：“先生请坐!”

我们不知道唐雎在秦王面前是真的发怒，还是假装发怒，因为装着“很生气”或者勃然大怒能产生一种虚张声势、克敌制胜的效应。如果唐雎当时真的怒火中烧，却保持君子的风度，自我克制，继续对秦王好言相劝，那么秦王能听他的吗？唐雎的发怒被后世视为临危不惧的美德。在中国古代和当今的民间戏文里，发怒经常被当作某种好品质的显示（所谓“坏脾气的好人”），张飞和李逵都有火爆的性格，发起怒来，不计后果，张飞甚至还为此丢了性命。但他们那种冲动、非理性的发怒却经常被当作是正直、刚毅、讲义气、爱憎分明、嫉恶如仇的表现。发怒因此被当作美德而不是恶习。这种道德观至今影响着许多人的行为，他们一开口不是好好说理，而是摆出一副“不高兴”“很生气”“不是好惹的”“义愤填膺”的架势，好像他们只要一“满腔怒火”，无论怎么对别人恶言相向、肆意侮辱、满口脏话，甚至行使身体暴力，攻击、残害他人，也都还是他们有理。因此，研究他们的情绪特征可以帮助了解为什么人的道德观会因为不自律或故意放纵的情绪而发生非理性的扭曲，为什么不同的文化或社会环境中，同类的情绪、情感和欲望会有不同的道德意义。

进化论和本质论的人性

人类本性中具有普遍性的基本情绪或情感，这似乎显示，人类有某种生物性的自然本性。如果认为情绪或情感源于文化，那就很难解释那种明显超越文化的共同特征。人类的身体虽然有一些局部的差异，但却有相同的构造，人类的心灵也是如此。因此，我们可以说，普遍人性是编码在人的基因组（genome）里的，是人类共同进化史的遗产。①

人的自然情绪和欲望就是人性，这代表一种对什么是人性的“进化论”观点，它不同于对人性的“本质论”观点。本质论认为，“人”有一种亘古不变的本质，这个本质是由人在宇宙万物秩序中的特殊位置决定的，是一种“合理的必然”（rational necessity）。进化论的人性观不认为“人”有一种合理的必然本质。它认为，人的特殊性是从人的“特征”（traits）得出的。所谓“人性”，指的不是不

① Dylan Evans：*Emotion*：*The Science of Sentiment*. Oxford University Press，2001，p. 13.

变的本质，而是描述一些基本的特征功能，告诉我们人类成员碰巧有哪些相像的地方。

这跟孔子“君子有三戒”所包含的人性看法倒有些相似。孔子从来没有说过人性有善或恶的本质，但他说：“君子有三戒：少之时，血气未定，戒之在色；及其壮也，血气方刚，戒之在斗；及其老也，血气既衰，戒之在得。”（《论语·季氏》）孔子似乎是从情绪和欲望的特征来看待人的本性的。可以观察到的不是实质性的人性，而是随年龄变化的情绪和欲望特征，这样的特征和欲望便成为人性的显现。一个人从少年、壮年到老年，都有应该予以约束（“戒”）的自然情绪特征（“血气”）：年轻时的色欲（passion）、中年时的冲动（violence）、老年时的贪婪（avarice），都是窥视人性的窗口。

这样观察和理解的人性既有特殊性，又有共同性，在每个人那里都可以观察得到，正如英国哲学家玛丽·米雷（Mary Midgley）在《野兽与人》（*Beast and Man*）一书里说的，你要认识人类，观察和研究你的邻人就可以了。

根据这样的观念，人类与其他动物的区别通常取决于人类的一些认知和感知能力：如语言、理性、制造工具、道德感、文化等等，当然也包括埃文斯所说的情绪和情感。这些能力特征并不需要只是人类才拥有的，事实上，现代科学研究发现，其他动物有的也具备这些能力特征，只是表现方式和程度不同而已。玛丽·米雷强调，要了解人性，我们并不只是局限于研究人的生物性特征，还要研究人的社会学和人类学的特征（如亚里士多德所说的人是政治的动物，人是社会的动物）。正如德国医学家保罗·埃尔利希（Paul Ehrlich）在《人性：基因、文化和人的前景》（*Human Nature：Genes，Cultures，and the Human Prospect*）一书里指出的那样，人性并不是单一的，由于文化对人生活方式的重大影响，人性是多方面的。其实，早在现代科学得出这个结论之前，哲学家、文学家、思想家、宗教家就已经提出了关于人性多面和复杂的看法。

从古代开始，人性就一直是道德神学的内容，人性中有“恶”或“罪”，是“善”的对立面。基督教认为上帝是善的化身，人要从善、克恶，就必须信仰上帝。与人性不同，人心首先是道德哲学、政治哲学、教育学的内容，后来又成为现代道德进化论和遗传心理学的内容。17 世纪基督教思想家布莱士·帕斯卡（Blaise Pascal）说，人类心灵既是伟大的又是可悲的，“人是怎么样的虚幻啊！是怎么样的奇特、怎么样的怪异、怎么样的混乱、怎么样的一个矛盾主体、怎样的奇观啊，既是一切事物的审判官，又是地上的蠢材；既是真理的储藏所，又是不确定与错误的渊薮，是宇宙的光荣而兼垃圾”。人性里既有天使，又有魔鬼。人性有两重性，这是不会变的，但是，但在不同环境中，人性的表现是会不同的，有差别地表现为道德或不道德行为。①

人性的复杂和纠集至今仍然是一个深不见底的黑洞，只是偶尔让我们窥见它深藏着何等可怕的东西。对食人、乱伦、弑父这样的罪恶，人都有一种发自灵魂的厌恶，但又有一种发自本能的好奇。如果有一天好奇大于厌恶，越过红线，人很容易就回返野蛮。古代对人性的认识基本上是哲学的“猜测”或“推断”（speculation），现代对人性的研究则要为之寻找科学的基础。但是，现代科学对人性的研究证明，人性的研究也许永远不可能取得自然科学研究的那种完美和确定。休谟早就把人性和政治归入无法完美认知的知识范

① 布莱士·帕斯卡尔：《思想录》，何兆武译，天津人民出版社，2014 年，第 215 页。

畴，看来他是对的。

作为一个知识对象，人性和政治，与物理和化学，显然是不同性质的。研究者对前者不可能像对后者那样追求有确定性的知识。人性显得如此深不可测，有太多未知和无解的领域，研究者们甚至不能全然知道什么是他们还不知道的，或者还有什么是有待知道的。但是，正如生物伦理学家基波涅克（George E. Kaebnick）在《人、天性与伦理》（*Humans, Nature, and Ethics*）一文里指出的那样，就算这样，我们还是有理由把认识人性与道德判断联系在一起，并把人性当作道德的根据。这是因为，如果我们对人性的认识是错误或残缺的，那么我们的许多道德判断也就会不可靠，甚至是错误的。

例如，在电影《大红灯笼高高挂》里我们看到，某些历史时期，或在某些社会里，女性有婚外情是一种“犯罪”和“邪恶”，因此会被用乱石砸死或以其它方式处死。这被视为“伸张正义”或恢复家庭的“荣誉”。如果我们认为，爱情和性爱是人性的自然要求，老夫少妻是违法人性的，那么，基于这样一种对人性的认识，我们就不会赞同对红杏出墙的女子“罪有应得”的道德判断。同样，假如一个人因真言获罪，遭到严惩，被监禁判刑，乃至家破人亡，而如果我们把说话，说真话当作人的社会学和人类学特征，是正当的人性显示，那么就一定会做出这样的判断：对他的惩罚是非正义的，是一种暴政。

卢梭说，人生而自由，杰弗逊在《独立宣言》里写道，“我们认为下述真理是不言而喻的：人人生而平等，造物主赋予他们若干不可让与的权利，其中包括生存权、自由权和追求幸福的权利”，他们指向的都是人的天性的一些社会学和人类学的特征：自由、平等、追求。从这样的人性认识出发，便会在要求公民政治、社会权利时更加强调，任何违背和压制人性的，任何试图改变人性的作为都是危险的，也是不道德的。

人性的逆转

王小波写过一篇杂文叫《人性的逆转》，他把人性的趋乐避苦解释为一种最基本的追求，“人人都追求快乐，这是不言自明的”。然而，也就是这种最基本的人性特征被逆转成“崇高”的趋苦避乐，结果造就了以受虐为荣的伪善道德，专门让人做“一点价值也没有的……活计，老乡们概括得最对：没别的，就是要给人找些罪来受”。这样试图改变人性是极其危险的，因为它让人的生命变得毫无价值，甚至还不如一根木头。

王小波记叙了一桩他那个时代的往事：“在七十年代，发生了这样一回事：河里发大水，冲走了一根国家的电线杆。有位知青下水去追，电杆没捞上来，人也淹死了。这位知青受到表彰，成了革命烈士。这件事引起了一点小小的困惑：我们知青的一条命，到底抵不抵得上一根木头？结果是困惑的人惨遭批判，结论是：国家的一根稻草落下水也要去追。至于说知青的命比不上一根稻草，人家也没这么说。他们只说，算计自己的命值点什么，这种想法本身就不崇高。坦白地说，我就是困惑者之一。”王小波所说的“人性逆转”是通过宣传和洗脑来实现的。除了极少数像他那样的“困惑者”（其实是明白人）之外，大多数人都因为相信这样的宣传和洗脑，而让他们的人性在不知不觉中被逆转了。

1924 年列宁去世，列宁的战友托洛茨基从列宁之死来展望一个非凡的未来时代，那时候，实现了共产主义，“普通人都能达到亚里士多德、歌德和马克思的高度”。共产主义新人将是“超人”，是优秀的“全能天才”。为了实现这个伟大的目标，就必须通过强制性的“教育”和“洗脑”，把从旧社会过来的俄国人彻底再造为苏维埃“新人”。谁拒绝改造，就要毫不留情地消灭谁。在改造的过程中，要坚决用无产阶级的“阶级性”取代资产阶级的“人性”。这是一项规模空前的逆转人性的国策。秘密警察和古拉格看守就是这项国策的残酷无情的执行者。

赫胥黎在《美丽新世界》一书里描述的是另一种逆转人性的工程，它不需要古拉格，也不需要秘密警察，它是在干净整洁、井井有条的实验室里，由穿着白大褂的技术人员来有条不紊地完成的。它用高科技的手段对人的身体和心理生物特征进行彻底再造。由于21世纪的基因改造工程的成功，对人类和人性进行改造和再造已经不再只是恶托邦虚构小说的想象，它正在变为一种现实的可能。在这样一种可怕的未来可能面前，思考人性与道德伦理的关系变得前所未有地紧迫。

一切强行改变人性的企图都必然打着优生和改良人性的崇高旗号，让人类变得更高尚、更优秀、更健美、更守纪律、更有战斗力。这种“提升人性”（enhancement of human nature）是对人类的严重威胁。今天的启蒙必须对任何改变人性的计划或企图保持怀疑和警惕，这是18世纪启蒙不曾有过的任务。在经历过20世纪的极权灾难之后，我们不能不对改变人性有更深的道德忧虑。历史的教训告诉我们，以任何方式想要改变和提升我们人性的个人、组织和制度，无一不是要通过逆转人性来更为彻底地控制我们，更加有效地统治我们。

新的现实在不断地向启蒙伦理提出新的问题，生物基因工程的优生诱惑就是这样的新问题。哈贝马斯在《人性的未来》（*The*

Future of Human Nature，2003）一书里批评有的父母希望通过基因选择来“优化”未出生的子女。他指出，这是父母在替还未出生的子女决定其人生目标，这种“优化”体现的是一种“提升人性”的野心。显而易见，哈贝马斯的这一批判同样适用于非基因工程的社会洗脑和改造，适用于任何出于统治利益需要的“优生学”。

哈贝马斯对人性所持的是一种进化论的观念：人性不是按照某种神启的或人为的设计被制造出来的，人性是在充满偶然性的进化过程中非常缓慢地形成的。人有许多才能，也有许多缺陷。我们并不知道到底可以从人性期待或指望这么，所以我们对人性应该有一种对未知因素的开放态度，也就是说，我们必须承认，至今仍然无法形成一种确定的关于人性的理论。

但是，这并不意味着我们对人性不能形成一些具有普遍概括意义的观念或理论，而这些正是启蒙需要传播的重要知识。关乎人性的启蒙需要有对人性的认知和道德判断，而且对任何制度性或人为的“提升人性”持怀疑和批判的态度。

关于人性的启蒙首先是知识性的，但这种知识认知中必然包括与人性理解相一致的道德判断。关乎人性的知识是一种跨学科的综合性知识，有多种不同的来源，包括各种心理学（人类心理学、进化心理学、群众心理学、人格心理学和病理学、情绪和情感研究等等)、社会研究和社会心理学（尤其是特殊环境下人性逆转的实验性研究，如菲利普·津巴多的《路西法效应》、米尔格兰的《服从权威》)、多样化的历史（专制和极权统治史、人性灾难的见证和记忆、亲历者的回忆录和文字记录、对希特勒或斯大林时代的专门研究、与邪恶统治合作的知识分子研究，等等)、文学（像《1984》《美丽新世界》这样的反乌托邦文学、对人性灾难的纪实或虚构作品、人道灾难的见证文学，等等）、各种涉及人性问题的哲学或理论研究（如阿伦特的《极权主义的起源》、谢天佑的《专制主义统治下的臣民心理》、兰德尔·彼特沃克的《弯曲的脊梁》、罗伯特·韦特的《希特勒的世界：一部心理传记》）。

多样化的著作为我们提供了关于人性、人性逆转和扭曲、改造人性的手段和环境条件等等的多角度，多层次认知。这些著作的一个共同点就是对人性逆转和扭曲作出人道主义的批判。不仅要认识和批判逆转和扭曲人性的外部力量，而且还要认识和防范人性中自身的软弱和缺陷，正是由于这样的人性软弱和缺陷，有的人才那么容易在邪恶当道的环境中协同作恶。

邪恶，正如如菲利普·津巴多所说，“是建立于伤害、虐待、命令、缺乏人性、毁灭无辜他者的刻意行为，或者使用权威、系统力量鼓励且允许他人这么做，并从中取得利益、简而言之，就是‘明知故犯’。”[①] 人性的启蒙，归根结蒂，是为了抵抗邪恶，拒绝作恶。它的道德目的是十分明确的。

认识人性不是为了改变人性，而是为了对人性中软弱和劣质的因素有所认识，进而有所掌控。人性的软弱与制度的凶暴，人性的劣质与制度的邪恶，是互相关联，相互塑造的。统治者用专制来控制社会，教化百姓，营造更适合专制运作的土壤，而一代代百姓显露出来的人性软弱和劣质——贪婪、短视、懦怯、自私、奴性、互损互害——则成为专制制度诱导并利用的人性因素。愚昧百姓的价值取舍无不起到了支持和拥护专制的作用。他们畏惧和艳羡官员，

---

① 菲利普·津巴多：《路西法效应》，孙佩妏、陈雅馨译，生活·读书·新知三联书店，2010年，第4页。

崇拜强权、迷信明君、期盼清官、只恨贪官不怨昏君，固然有外部环境的原因，但对自己的人性实质懵懂无知，也是一个原因。人文启蒙要对此等愚民发挥起懦振迷的作用，改变他们的懵懂无知，从而改变他们对自己以及与制度关系的认识。

在严酷的环境里，每个人既可以是人性摧残的受害者，又可以是施害者；既可以是人性改造大牢里的犯人，又可以是那里的狱卒。恶不是外在于人的，恶深藏在人性之中。恶违背良善的人性，但却又是人性所致。看似不变的人性在不同环境中会有迥然不同的人性表现，表现出道德或不道德的行为，善和恶的区别。

认识邪恶需要从认知包括“我”在内的普遍人性开始，这是一种对人性的自我反思，只有在这样的基础上，才能对人性有更深入的认知，思考何以“人之为人”的问题：何为真正的人？如何做真正的人？哪些是与真正的人一致的价值观？如何在人类的群体中，与他人共同实现人的真实自我和人生意义？人文启蒙通过人文教育和公民教育提出这样的问题，但对这样的问题没有单一、确定的答案。每个人都必须为自己回答这样的问题。

4. 文科衰微的时代更需要人文启蒙

从文艺复兴时期开始，“人文教育”的“人文主义”就既是一种教育理念，同时也是一种学科名称，大致相当于我们今天所说的“文科”。美国历史学家保罗·克利斯特勒（Paul O. Kristeller）指出，“人文主义这个词就来自人文主义者和人文学科这两个词，……人文主义者就是讲授人文学科的人，而人文学科这个词则代表了一组学科，它由语法学、修辞学、诗学、历史学和道德哲学组成。从这一定义中可以明显地看到，文艺复兴时期的人文主义就是上述意义的人文学科的伟大兴起与发展；人文主义对其他文化领域，诸如文学、艺术、科学、宗教可能产生的任何影响必定都是间接性的”。[1]文艺复兴的时代精神最重要的贡献之一就是发现了现代教育及其教育主体。教育主体包括老师和学生，因为老师是从学生来的，而教育则是在一代又一代的师生关系中传承的。

在今天的大学里，人文主义的教育理念——人能够依靠自己的力量，造就身心和谐，渴望主体意识的解放、人性的丰满、精神升华——已经与学科教育，包括文科教育脱离了。就连文科教育也已经不再是以培养人文主义的“人格主体”为目的，而只是为了劳动人力市场提供它所需要的“人才”资源。大学正在失去反思和批评短视功利的知识结构、价值观和目标的作用和能力，大学本身正在成为劳动人力市场的一部分。这个市场需要的主要是理工科和其他实用人才，大学文科的衰微也就是不可避免的了。

从劳力市场需要来看待国民该受怎样的教育，成为哪种对它“有用”的“人才”，体现的是一种只讲实用供需的工具理性，与人文教育关注的那种以人为本的启蒙理性和主体人格是不同的。人文启蒙是一种对人的价值和意义的教育，人的成熟和成长是其自身的目的，不从属于劳力市场随时会有变化的需要。文科生的需要量可以改变，但人文启蒙的需要并不会因此有所不同。现代大学里的知识早已在工具理性的指导下被分割为畛域分明的不同专业“类别”

---

① 保罗·克里斯特勒：《意大利文艺复兴时期八个哲学家》，姚鹏、陶建平译，上海译文出版社 1987 年版，第 3—4 页。

或“学科”，人文启蒙一直在努力跨越和突破这样的隔阂，弥补“专业主义”的不良教育效应，虽然成效并不显著，但一直没有放弃。

专业主义的弊病不只是在于使人知识狭窄，更在于培养缺乏主体意识的工具型知识载体。在中国延续了1300年的科举制度培养的就是这种缺乏主体意识的知识分子，知识变质为升官发财的手段和工具。被“八股”知识牵着鼻子走的士人因此失去了作为独立认识主体存在的可能，成为“士人”（“仕”）无非就是进入权力体制，成为这部权力机器中的一个齿轮或螺丝钉，充当专制君王的工具和奴才。专业主义教育不过是以现代的方式（以考研代替科举）在继续这种以取消个人主体意识为代价的知识教育。

文科的危机是什么

大学的专业主义把知识分割为四种主要“学科”。一是人文学科，包括历史、文学、哲学、宗教、音乐、美术等。“科学”（science）一词本来的意思是系统的学问，故 the humanities 应译为人文科学，但今人既已惯用科学一词来指自然科学，则可译作人文学科以资区别。二是自然科学（natural sciences），包括物理、化学、生物等。这两类学术历史悠久，相比之下，作为第三种学科的社会科学（social sciences）——包括社会学、经济学、政治学、心理学等——的历史则较短。第四种是主要源于自然科学应用的技术学科（technologies），例如机械工程、电脑与网路、生物工程、商管会计等。后者由于特重应用，实效性强，容易转化为产品，开创商机，与市场经济连成一体，所以发展势头超越了自然科学和社会科学。

至于人文学科，由于在知识实用主义和工具理性的大气候下显得特别“无用”，所以被当作“次一等”的专业选择。不独在中国，在美国和许多其他国家也是如此。但是，所不同的是，美国大学并没有因为“文科”的衰落而放弃人文教育。相反，人文教育比以前更加受到重视。不同形式和建制的人文教育——普适教育、公民教育、批判性思维教育——已经成为每个学生必修的课程。人文启蒙正是通过这样的课程发挥作用的。中国的情况有所不同，由于技能教育长期占据主导地位，人文教育仍然是一种相对陌生的教育理念。学校缺乏这方面的传统和制度性经验，教师储备严重不足（极少有自己受过人文教育的），所以即便提倡，也很难实施，这就增加了推行人文教育的困难。与狭隘的学科分割和文科的衰微相比，普遍缺乏大学人文教育才是更为严重的问题。

人文启蒙不是为知识专一、狭隘的学生们添加一些专业之外的普及性知识，而是培养一种依靠理性认识和表述，与人的存在意义和价值有关的智识能力。没有这样的智能，人就无法形成独立的自我意识。这种自我意识（自觉）——我是谁，我为什么活着、我要成为什么样的人——是突破和破除外力强加于我们的自我知觉方式的结果。用德裔美国哲学家和政治理论家赫伯特·马尔库塞（Herbert Marcuse）在《论自由》（*An Essay on Liberation*）一书里的说法，这是一种给人带来自由的，具有解放意义的“新知觉”（new sensibility）。[①]

人文启蒙就是这样一种具有自由意义的自我意识解放过程，而人文学科——历史、文学、语言、哲学、宗教、音乐、美术——正是传授人文启蒙知识的领域。自我意识不仅是自由意志和独立判断，

---

① Herbert Marcuse, *An Essay on Liberation*. Boston: Beacon Press, 1969, p. 23.

而且是关注自己的道德状态，否则不可能有反思、忏悔、良心检查这样的自我拯救和自我解放。独立主体的“人”的解放是人文启蒙最本质的伦理，必须在一个理性、自由、宽容、人道的社会环境里实现，而人的解放本身就是为了创建和维护这样的社会环境。

由于思想环境的逼仄，文科的人文思想之路越走越窄，于是只好用技能化的知识来取代。在今天的职业市场上，文科提供的是一些实用性技能的“人才”和“知识”，例如，中文系传授的技能性知识包括语文教育、文秘、新闻采编、数字信息处理、互联网应用技术基础；英语系传授的是笔译和口译的技能、或者是外语教育，甚至是应付留学外语考试的技能。当教师成为许多文科生的唯一职业出路。由于劳动市场需求的改变，文科生的需要量已不如以前，不只是在中国，在美国选择文科的学生也在减少。但是，这并不意味着文科对人文教育的重要性也会随之降低。

文科的去思想、去人文关怀，而转向技能培训，本来是一种应对文科危机的变通之道，但也是一种短视的自救方式，恰恰是这种饥不择食的克服危机方式，反而加深了文科的危机。文科不当地取消了自己本来不可替代的社会作用和意义，那就是人文教育。

文科的本质不是提供当秘书、当译员、当广告文字策划、当宣传画师、当流行歌手等等的技能，而是培养每个人都需要的，对最基本、最普遍问题的思考能力，18 世纪启蒙思想家们称之为“哲学”，他们也因此把自己看成“启蒙哲人”。贯通“文科”的是人文关怀，它本身就是一种哲学性质的思考，因此发挥一种其他学科难以替代的重要作用。人文教育创造了一个“做好人的运作系统”——如何解决人生问题、如何管理脾气、如何扩展视野、如何学习宽容和同情、如何不受人惑，不上当受骗、如何识别伪装成

“美”的邪恶、如何对待金钱和权力、如何在怀疑的时代守护信仰、如何在败坏的世道守护良心、去哪里寻找意义和价值、如何思考死亡，等等。

这个做好人的运作系统不是自然的存在，而是用对历史、文学、语言、哲学、音乐、美术的学习和思考建构而成。它是一种人文意义上的“哲思”，不同于专业哲学家的那种深奥、玄妙的专门学问，而是更接近罗马思想家塞涅卡在《斯多葛主义者的来信》（*Letters from a Stoic*）里所说那种哲学，“哲学不是客厅戏法，也不是摆摆样子。它跟言语无关，只关乎事实。它不是用来消遣时间的乐子，也不是为了舒缓我们闲暇时的不安。哲学可以塑造和构建灵魂，让生活有序，给行动提供指南，为我们展示什么是该做和不该做的——当我们在不确定中犹豫不定时，它会坐在舵手的位置为我们指引方向。没有它，没人可以过上没有恐惧或者无需照顾的生活。每一小时都有无数需要提供建议的决定，而那样的建议，应该从哲学中寻求”。文科是一个学习生活哲思的地方。

从根本上说，只有人文的哲思才能帮助我们理解，什么是与普通人相关的哲思？普通人为什么需要哲思？哲思就是用普通人都有需要和都能理解的方式来提升他们通过不同渠道获得的知识。哲思是一个要当明白人就不能缺少的独特思考方式，如批判性思维、用理由论证结论、弄清别人告诉你的事情是否可能或可靠、什么是真和善、什么是好的生活方式、什么是幸福、人有自由意志吗、公平好还是不公平好、善与恶的分别在哪里、人为什么要有良心、在灾难发生的时候还有天理和“老天”吗，等等。没有这样的哲思，就不可能有人的正确自我意识，也不可能去寻找人生的意义和价值。

正确的自我意识是臣民奴性的唯一解药

汉语中的“人文”二字最早见于《周易·贲·彖传》：“观乎天文，以察时变；观乎人文，以化成天下。”其中，人文（即人的活动现象）是与天文（即天的自然现象）对举，“文”都是普遍现象的意思，在人的现象中，最关键的就是自我意识，因此也是人文启蒙最关注的部分。

人的自我意识不是孤立的，也不是抽象的，而是在种种社会和政治关系中形成和显现的。这些不同的关系中（家庭或家族的、阶级或职业的、种族或民族的）最潜移默化，也是最关键的，是统治和被统治关系中形成的自我意识。一旦形成了错误和有害的自我意识，便是最难打破的。倘若人文启蒙不能打破它，“新知觉”断难形成，人文启蒙也就失败了。

鲁迅先生指出，对中国人毒害最深的错误自我意识是“奴性”，在这样的自我意识支配下，人一方面逆来顺受，自甘卑贱，屈辱贫寒而不自知；另一方面，一朝得势，便以贵凌贱，以富凌贫，加倍压迫自己的同胞。中国只有两种人：主子和奴才。以奴性自处的人，得志是主子，骄横跋扈，表现出兽性的残忍；失意时是奴才，摇尾乞怜，惟主子之命是从，分吃人的余羹，现出奴性的卑微和无耻。奴性是绝对的主奴关系之树上结出的果子

奴性意识是臣民意识的一种，臣民意识是专制传统人身依附关系的产物，表现为两大方面：一个是生产关系中的人身依附关系，如农奴对农奴主，以及魏晋至唐宋时期奴婢、佃客对官僚地主的关系，现代雇员与雇主或单位的关系。另一个是政治方面的关系，依附一方要么供权贵差遣，要么是权力阶层关系中的“下级”。即便是

在权力体制之外，也仍然处处被权力摆布、控制和利用，充当“奴民”或“韭菜”。人身依附关系的政治-社会制度与人身依附关系中人的自我意识是联系在一起的。要改变这样的制度，必须先改变这个制度中人的自我意识，人文启蒙无力改变制度，但却有可能改变人们看待制度的方式。

对制度与人的自觉意识的关系，马尔库塞写道，建设一个不同的社会，“需要有一种具有不同意识和直觉的人：说一种不同的语言，有不同的行为，有不同的冲动；对于残忍、暴力、丑恶有不同的心理抵抗。只有当社会分工和生产关系有所改变之后，人的这种本能改变才会成为社会变革的一个因素。这样的社会改革取决于新的男女民众，他们有做人的良心、温暖、敏感，不再为是他们自己而感到羞耻——正如尼采所说，‘不为自己感到羞愧，这是自由的标志’”。[①] 由于错误的自我意识，人的羞耻心和羞愧感经常也是扭曲和错误的。

因此，人文启蒙必须是人的心灵和情感启蒙，它要让人们知道，人的感情、情绪、爱憎、荣耻是多么容易被外界的力量误导和扭曲，而这又会改变人的行为模式。斯德哥尔摩综合征现象就是这样一个例子。在心理学里，这叫“心理奴役”（psychological slavery）。

奴役是一种社会关系，并转变为政治关系。一个人失去人身自由，沦为了另一个人的“财产”，这是“奴隶”原来的社会关系意思。奴隶指的是专制政体下那种只有义务没有权利，只有依附没有自由，只会当臣民不会当自由公民的顺民、贱民和草民。一个人被他人剥夺了做人的自由——言论、集会、组成团体，或其他形式的

---

① Herbert Marcuse, *An Essay on Liberation*, p. 21.

政治自由——那么，他也就成了一个政治上的奴隶。奴役是对人的一种压榨式控制，心理奴役的结果便是奴性。被奴役者失去了原有的自我意识，他变得认同奴役者，认敌为友，以害为利。被家暴和性侵的妇女、乱伦性关系的受害者、战俘营里的战俘、劳改营里的罪犯、人道灾难的无辜受害者，所有这些受害人在特殊的环境下，都有可能对加害者表示谅解，不但没有敌意，反而满怀爱意和感激，以至怀念和感恩戴德。这样的事情屡屡发生，层出不穷。

对于这样的心理奴役现象，人文启蒙能做些什么呢？它可以传播哪些与此有关的启蒙知识呢？怎么才能对奴役做到“知其然”且“知其所以然呢”？

这样的启蒙知识应该是多方面的。第一，心理奴役是暴力控制下的一种普遍现象，之所以普遍，是因为每个人都有求生的本能。当一个人的命运和生命安全完全掌握在生死大权拥有者手里时，他也就不再能自主他的自我意识。在暴力统治的环境里，人的灾难命运不可预测，朝不保夕，随时可能大祸临头。身体和心理的安全完全没有保障，人在暴力和恐惧中生存，求生成为唯一的本能意识。这是一种彻底令人绝望、无助、无尽头、无期盼的生存环境。因为绝对没有逃脱的可能，所以唯一的求生方式就是通过心理调适来适应这样的环境，而心理调适的关键就是改变自己的自我意识和对外部环境的感知方式。

第二，心理奴役需要小恩小惠。在暴力控制“重罚少赏”的强制环境中，只要统治权力稍微施以一点小恩小惠，就能让受害者受宠若惊，把小小的“恩惠”（表扬、平反、摘帽、补发工资等）当成是莫大的关怀和恩情。受害者还会把发生在自己身上的迫害合理化，当作领导对自己必要的“帮助”和“挽救”。这样一来，他就会更加满怀感激、感恩戴德，对恩人的忠诚和崇敬也就油然而生。

第三，感恩心态是一种在逆境下的自我意识调整，使得原来难以忍受的环境变得不再那么充满威胁和压迫，而且还满载着一种严厉但慈祥的威严之爱。这就进入了一种主奴关系的最高境界，奴隶觉得自己和主人是心连着心，凡事都会站在主人的立场上看问题，想问题。这样的奴隶也就成了奴才。

第四，心理奴役是暴力环境的产物，但是，暴力环境不需要都像津巴多在《路西法效应》一书里所设计的那种由牢头看管的监狱，或者像索尔仁尼琴所描绘的古拉格群岛，而是可以变形为1989年东欧剧变前东欧知识分子所描述的天鹅绒牢笼。因此，人们经常难以察觉自己生存环境中的实际暴力控制，因而产生自己是自由人的幻觉。由于不自由的人以为自己是自由的，不自由也就成为他自己心甘情愿的选择。

人文启蒙要打破的就是这样的奴性，让人学会自己变得成熟起来。人文启蒙传播的是一种具有普遍意义的，有助于人的自我意识解放的知识。人文启蒙不能改变奴隶或奴才的实际生存状态，但却有可能影响他们，改变他们对自己生存处境的看法，形成他们要做有尊严的自由人的意愿和自我意识。这就是马尔库塞所说的那种社会变革所需要的，具有解放意义的“新知觉”。马尔库塞写道，“新知觉成为一个政治因素，新知觉可以成为当代社会变化转折点的一个标志……对构建一个自由社会产生影响”。[①]

社会个体的自我观念必须先发生变化，随后才是社会改革具体细节的变化。在强大的外界力量面前，人文启蒙要积极影响普通人

① Herbert Marcuse, *An Essay on Liberation*, p. 23.

的感受和行为变化，不是一件容易的事情，更不可能一蹴而就，先要让社会个体知道自我意识的重要意义，然后才能要求自我观念从奴性向独立主体性的转变。

最后讲一个启蒙的科幻故事

人文启蒙要开启人的主体意识和独立思考，它的出发点是：没有人能代替你自己思考，你必须为自己的选择和行为负责，自己决定要不要像艾希曼那样成为希特勒作恶机器上的那颗只是服从命令的螺丝钉。这就需要你有作为个体人的自我观念和自我意识："我自己"。只有意识到"我自己"，知道"我是谁"，才有可能决定"我要如何思考""我要怎么做"，"我要成为怎样的我自己"。看起来这么简单，这么不言而喻的道理，怎么还会是一个问题呢？加拿大科幻小说家彼得·沃茨（Peter Watts）的著名作品《盲视》（*Blindsight*）给了我们一个富有启发的人文启蒙思考机会。

2082 年，也就是 21 世纪末的时候，有几千个外星探测器突然降临地球，几分钟之后，他们释放强烈的电磁信号，只一小会儿的工夫，就完成了对地球的扫描，并把扫描的结果发送了出去。收集了需要的信息后，外星探测器就全部在大气层里焚毁了。这是人类第一次遭遇外星文明，这些外星探测器来到地球，是来干吗呢？

在这之后，外星文明就再也没有重新出现过。所以地球人类始终不知道到底是因为什么原因，他们才被这个外星文明给盯上了。很多年以后，到了 22 世初，地球人类忽然从太阳系最遥远的星际截获到了信号，这个信号很有可能与当年的探测器降临事件有关。于是人类派出了一艘飞船前往调查。经过了几十年的飞行，飞船终于到达目的地。船员从休息中被惊醒，发现了一艘巨大的外星飞船。

从各种迹象判断，这个外星飞船应该就是属于当年派出探测器的那个外星文明的。这个外星文明这次重新降临，显然是要对地球采取进一步的行动。飞船上的地球人意识到了危险，他们决定先下手为强。一番战斗之后，地球人攻入外星人飞船，结果捕获了两名受伤的外星人。他们死也不肯透露外星人的秘密，最后，地球人只好拿他们来做一些小实验。

地球人最想知道的是，这群要跟地球人为敌的外星人的智能水准到底有多高。测试结果让他们惊诧不已。外星人虽然样子像是大型的蜘蛛，有 9 条腿，但智能却远远超过人类。在智能测验的过程中，地球人发现了一个很诡异的现象：这些外星蜘蛛的智商虽高，但在回答一种问题的时候却总是犯错。比如问蜘蛛人，现在这个房间面都有谁啊？他会指出在房间里看见的每个地球船员，但唯独没有他自己。也就是说，外星蜘蛛人居然是完全没有自我意识的。外星蜘蛛的智商高到可以解答各种极为复杂的数学或物理问题，但只要问题一涉及他们自己，他们就完全懵了，茫然不知所措。

蜘蛛人可以描述自己受到的伤有多严重，但却不能描述自己，或对自己的伤有什么感觉或想法。无所不能的蜘蛛人居然完全意识不到自己的存在，在他们的认知智能里没有“我”的概念，也完全没有关于“我”的意识。这就像那个下围棋无敌手的人工智能人“阿尔法狗”（AlphaGo）。它虽然有高超的智能，甚至有自己学习的能力，并在此基础上能百战百胜，但它却不知道自己是在下围棋，不会为自己的胜利高兴，也不能回答，它为什么是在下围棋，而不是在下象棋。

这就给地球人提出了一个非常重大的问题：自我意识对于一个高等智能的生物是不是必须的呢？下围棋的智能机器能天下无敌，

是否就够了呢？同样，一个人能够完美地完成不管是谁交给他的任何任务，是否就够了呢？做物理、化学、生物的研究，或从事任何技术专业，兢兢业业，卓有成效，却不知道自己与机器人有什么区别，自己不能判断工作的意义、价值和目标，是否就够了呢？

彼得·沃茨在《盲视》对这类问题的表面回答是，自我意识并不是必需的，一个人可以非常聪明，非常专业，但同时对工作性质和目的一无所知。人可以完成很高级很复杂的任务，但完全不需要自我意识的介入。然而真的是这样吗？这就需要我们自己的思考了。

智能与自我意识分离，狠斗私字一念间，“忘我”地投入到任何叫你干啥就干啥的工作中去，让每个人都成为高效机器上永不生锈的齿轮和螺丝钉——彼得·沃茨将此描绘成外星文明得以无障碍发展的独门秘笈和康庄大道。他为此提出了一个理论：自我意识只不过是人的“注意力”，注意力是有限度的，投向“我自己”，给“我”分散掉了，就不能全心全意地投入到集体的事业中去。这样的自我意识是有害的，必须清除干净。外星蜘蛛人是因为在集体进化的早期就已经消灭了自我意识，才使得他们能够在科技发展上一路高歌猛进，在科技智能的发展上远远把人类抛到了后头。这就是他们的心理制度优势。

当外星蜘蛛人在宇宙里截获到来自地球人类之间的无线电信号时，他们意识到了人类有一种叫“自我意识”的东西，这个东西对他们文明的存在是一种致命的危险。在人类之间互相交换的信息里，有大量描述主观经验和个人自我意识的信号，“我觉得”“我认为”“我喜欢”“我生气”……。在地球人类表达的愿望、选择、判断、结论里都有这种令外星人感到不安的奇怪东西。

外星蜘蛛人完全不懂人类信号背后那个东西的意思，但他们有超高的智能，一下子就能分析出来。而且，他们立刻意识到，一旦这样的信息在蜘蛛人的世界里开始流传，就可能诱发蜘蛛人的自我意识。“偷听人类敌台”或者“翻墙”的可能使得蜘蛛人的思想处在被潜移默化腐蚀的危险之中。地球人类的“自我意识”会成为对蜘蛛人的精神攻击武器，使高度智能的蜘蛛人因为分散注意力而变得“愚蠢”，这会从根本上破坏蜘蛛人世界赖以存在的智能优势和稳定秩序。蜘蛛人必须防患于未然，把危险杜绝在萌芽状态。这便是他们在 21 世纪末曾派数千探测器到地球来侦查，几十年后又派出飞船去毁灭地球的真正原因。

外星蜘蛛人害怕的不是地球人类的科学和技术，而是地球人的自我意识。在蜘蛛人眼里，地球人的自我意识才是一种最可怕的，比发达科技和智能更强大的精神武器。蜘蛛人只能在一种世界里才感到安全：在那个世界里，智能生物的智能和自我意识完全分离，他什么都会，但什么都不知道，他知道多了，就会损害集体，也就变成了一个危险的异己分子。这就是一个只要科技，不要人文的世界。

彼得·沃茨让我们看到的是一个外星蜘蛛人的僵尸世界。他们不是美国导演乔治·罗梅罗（George A. Romero）丧尸影片里的那种活死人，而是认知科学和心灵哲学（philosophy of mind）讨论的那种“僵尸”。僵尸是一种在行为上与你我一样的存在，他们表现出清晰的语言、学习、智力和其他能力，但在内心缺乏知觉和自我意识。从哲学上来说，个人（我）真正知道的一切（根据笛卡尔的说法）都来自内省，而世界上的其他人很可能是一台机器，或一台自动机，只是在模拟意识；至少我们有理由相信，《盲视》里的那些外星蜘蛛人是这样的存在。

《盲视》以一种特殊的方式提出人的自我意识问题，但并不是这个问题的全部。对人文启蒙来说，只有“我是一个人”的意识是不够的，还需要有“我是怎样一个人”的意识。我是自己的主人，有做人的尊严，有不容剥夺的权利，我不是任何人的附庸、奴仆或奴才。然而，现有的文理分科教育体制并不利于培养这种能够抗拒依附和奴性的人文自我意识。

普通人接受的那种“有用”的专业教育——医生、教师、电脑与网络、生物工程、商贸、会计、酒店或商店管理——正在或者已经把他们变成了一部巨大而无情的机器上的齿轮和螺丝钉。他们可能有很强的学习能力，但独立的自我意识却非常薄弱。他们在学校里是优秀的学习机器，从业之后迅速习惯于把职业角色当作自己的全部自我。他们从来没有机会接触到人文教育。人文启蒙乃是对他们人文教育欠缺的补课，让他们也有机会在理智和心智的成长中摆脱愚昧和不成熟的状态。

在一个“自动机”成为许多普通人生活方式象征的时代，许多人活成了科技和物质的奴隶——手机奴，工作奴，游戏奴，房奴，车奴，信用奴——因此，了解人的意义、价值和自我意识也就越加成为每个人的迫切需要。人文启蒙可以帮助他们培养所需要的自觉意识、敏锐感知和判断能力，让他们知道，在思考人生问题时，随波逐流，与世浮沉，跟现有的社会形态合模，并不是唯一的选择，当“自动机”也不是一个好的选择。无论是对个人，还是对社会，都还存在着更多更好的可能，能不能实现这些可能，就取决于每个人在当下的活法。

后记

这本书一开始是我为自己准备的一个工作笔记。我在与启蒙有关的写作过程中，积累了一些经常碰到的概念、观念、看法、争论等问题。有的来自媒体的采访，有的来自读者的反馈或与朋友们的交流，有的来自我在阅读中的随机想法。我把一些基本问题的想法记下来，一是为了有机会可以补充自己以前的想法，二是为了有一个可以保持一贯看法的记录。

这类与启蒙有关的概念或观念问题也是当下人们在各种人文讨论中经常争论的，如“理性”“进步”“宽容”“人道”“信息-知识”“真实”“启蒙”“人性”“自然法”等。还有的是带有普遍性，但未必有答案的问题，是一些与知识分子、大众社会、大众媒体、互联网、政治文化、启蒙必要性和可能性等有关的问题。例如常见的对“公共知识人”的两种指责：知识不专业和人品有问题。又例如对教育大众可能性的疑虑：从道理上讲似乎应该相信有教无类，但又不得不承认，现实中许多人确实“朽木不可雕也”，再好的教育对他们也只能是“对牛弹琴”。

开始的时候我只是记下对这些问题的想法。后来由于我写成了《与时俱进的启蒙》和《西方文学经典阅读：启蒙运动》两书，便有了完成“启蒙三部曲”的想法。我用“知识传播原理”的论述框架，在人文启蒙的诸多问题之间形成了十个方面的百多个可持续扩展的论题，凸显启蒙的基本方法、伦理、价值和判断特征。于是便有了这本书现在的模样。

由于我本人关注的是一种与人文教育有关的启蒙——我称之为“人文启蒙”——所以我就把这本书叫作“人文启蒙的知识传播原理”。书里的原理是我从自己的阅读和写作经验中总结出来的一个小写的 enlightenment code，无意于代言或指导别人的同类经验。我相信，每个长期从事这类阅读和写作的同行都会有自己的体会，也都能从自己的经验中总结出可以与他人分享的东西。

我把人文启蒙放在与“光”和“视”有关的“知识”“智慧”和“哲理思考”传统中来理解，涉及的主要是西方的传统。这是因为我的学识所限，并不是因为这个传统仅仅是西方的。“光”“眼睛”“盲目”与“知识”“智慧”“愚昧”的象征性联系是不同文化中都有的，也是中西相通的。舜的父亲愚蠢而顽固，因不能分辨好坏，故时人谓之瞽，其字瞍，为瞽瞍。瞍也就是没有眼珠的盲人。他对舜非常凶狠。但是，在舜的努力下，他能去恶向善，复以慈善之心待舜，心眼开明了。

在写作的过程中我恰巧看到一些关于三星堆文物和考古的论述，其中就有关于远古人像“眼睛”的材料。有的出土人类头盖骨上有一个规则的圆孔，像是外科手术的杰作，世界其他远古遗址发掘时也发现过类似带有头顶圆孔的遗骨。结合远古遗留的图像，有论者做出了这样的假设：远古的大祭司们称为“纵目族”，他们有三只眼睛，头顶上的那个洞就是与上天沟通的第三只眼睛，开脑洞也就是“开眼”——“纵目族”是唯一拥有智慧的人。后来，“纵目族”随着萨满文化的消亡而失去了与天廷沟通的能力，人间世界也就臣服于酋长和国王的权杖之下了。

从已发掘到的远古图像来看，王族才配有两只正常人的眼睛。“臣”的眼睛是没有瞳孔的（瞍：有眼珠但没有瞳仁），而“民”的眼睛则是瞎的（矇：有眸子而失明）。据说，在甲骨文里，“民”的形状就是戳瞎的眼睛（眸子中留下伤疤），许多这样的民都是被捕获的“奴”，奴民是他们的统称。

直到今天，我们仍然可以把启蒙的作用理解为“开眼”，不过不是在头盖骨上开第三只眼，成为“纵目族”。开眼是让那些“臣”不要有眼无珠，眼睛只是朝上，自欺欺人；开眼更是让千千万万普通的“民”和“奴民”不要被迫成为瞽蒙，不要被戳瞎眼睛。然而，正如柏拉图《理想国》里的苏格拉底所说，有了眼睛还会有“迷盲”，当眼睛“离开了无知的黑暗进入了比较光明的世界，较大的光亮会使眼睛失去视觉”。所以有了眼睛，还要学会看，“整个身体不改变方向，眼睛是无法离开黑暗转向光明的”。（*Republic*，518c）

在中国古代的“瞽蒙”乐师或者索福克勒斯悲剧里的盲人先知那里，失明被当作是另一种心灵光明的开启，像是获得一种超自然的力量。然而，正如若泽·萨拉马戈在《失明症漫记》中让我们看到的那样，当整个城市都患上失明症之后，集体失明不但不会开启人们期盼的“另一种光明”，反而会让整个社会秩序迅速崩塌，人们在智力和道德上都集体蜕变为行尸走肉般的动物。在这个失明的故事里，人们犹如生活在一个启蒙不再起作用的世界里。《圣经》里说，“没有人点灯放在地窨子里，或是斗底下，总是放在灯台上，使进来的人得见亮光”。（路加福音 11：33）然而，在一个集体失明的世界里，就算还有人屏住呼吸，点亮了灯放在灯台上，也不过像是把灯又放在斗底下，不让光流出来。人们置身于黑暗之中，岁月静好，习惯了黑暗，不再记得曾经有光的日子。

2021 年 7 月 5 日于奥克兰